Thomas Druyen

Krieg der Scheinheiligkeit

Thomas Druyen

Krieg der Scheinheiligkeit

Plädoyer für einen
gesunden Menschenverstand

MAXLIN Verlag

Die deutsche Bibliothek – C I P Einheitsaufnahme
Ein Titelsatz für diese Publikation ist bei der Deutschen Bibliothek erhältlich
ISBN 978-3-9814141-4-1
1. Auflage, September 2012
Copyright © 2012 by MAXLIN Verlag Michael W. Driesch, Düsseldorf
Lektorat: Anke Ernst und Christian Weller
Herstellung und Gestaltung: der carlstädter michel
Foto Rückseite Schutzumschlag: Markus J. Feger
Druck und Bindung: Westermann Druck Zwickau
Printed in Germany

www.maxlin.info

Für die Treuen und Authentischen.

„*Heine ist von den meisten anderen Dichtern verschieden, weil er alle Scheinheiligkeit verachtet, er zeigt sich stets als der, welcher er ist, mit allen menschlichen Eigenschaften und allen menschlichen Fehlern.*"

(In: Elisabeth von Österreich-Ungarn, Tagebuch, zitiert nach: Joseph A. Kruse: *Heinrich Heine, Leben und Werk in Daten und Bildern*, Frankfurt am Main 1983, S. 11.)

Inhalt

Vorwort

Es herrscht Krieg. Rund um die Welt sterben Menschenmassen in militärischen und terroristischen Auseinandersetzungen. In vielen Ländern toben verheerende Bürgerkriege. Eine weltumspannende Kriminalität torpediert die legalen Systeme aus dem Untergrund. Gleichzeitig rütteln Staats- und Finanzkrisen an den Fundamenten der Gesellschaften und verursachen Leid und Verelendung. Im Vordergrund steht ein zersetzender Machtkampf zwischen Politik und Finanzwelt. Letztere betreibt eine neue Art der Kriegsführung, die eine vergleichbare Strategie verfolgt wie in der Vergangenheit die militärischen Eroberer. Sie zielt auf die Übernahme staatlicher Infrastruktur und die Aneignung von Land und Ressourcen. Sie erhebt ungeheure Tributzahlungen und erzwingt die Abtretung unkontrollierbarer Schuldenmengen. Selbst im Hoffnungsträger Internet vollzieht sich ein Cyberkrieg, der in seinem Zerstörungspotenzial unabsehbar erscheint. Die irritierende Vielfalt dieser Kriegsszenarien erinnert an ein Ungeheuer aus der griechischen Mythologie: Die Hydra war ein schlangenähnliches Wesen mit neun Köpfen. Selbst wenn es gelang, einen Kopf abzutrennen, wuchsen zwei neue nach.

Die Hydra der aktuellen Kriege hat so viele unterschiedliche Köpfe, dass schon der Gedanke ans Abschlagen ein grausiges Schaudern erzeugt. Davon losgelöst kann man aus der europäischen Geschichte lernen, dass fast alle Revolutionen und kriegerischen Umstürze aus dem Nährboden der Überschuldung erwachsen sind. Früher war diese exorbitante Verschuldung eine Ausnahmesituation in Kriegs- und Krisenzeiten. Heute ist dieser Wahnsinn zu einem systemischen Prinzip geworden. Die komplizierten Sachlagen und globalen Verhältnisse erscheinen so abstrakt, dass uns der gesunde Menschenverstand abhandengekommen ist. An seine Stelle ist eine latente Scheinheiligkeit getreten, die in den letzten Jahren inflationäre Ausmaße angenommen hat. Diese Einsicht in ebenso scheinheiliger Ignoranz zu verdrängen heißt, die Augen vor den konkreten Tatsachen zu verschließen.

Diese Sätze mögen nach donnerhafter Offenbarung klingen, aber sie sind vielmehr wütender Ausdruck einer ehrlichen Besorgnis. Dieser Sturm legt sich nach den ersten bleihaltigen Kapiteln, und es folgen klare Betrachtungen, um die Fährte des verlorenen Menschenverstandes wieder aufzunehmen. Unsere Vernunft ist unter die Räder der

Scheinheiligkeit geraten. Um dieser unheilvollen Entwicklung zu trotzen, sollten wir uns verbinden und verbünden. Die Scheinheiligkeit ist eine Infektionskrankheit des Geistes, die nur therapiert werden kann, wenn wir bereit sind, Selbstkritik zu üben und das Verdrängen zu überwinden. Ein gesunder Menschenverstand weiß, dass man aus Fehlern klug werden kann. Nun bedarf es der radikalen Bereitschaft, aus den aufgetürmten Irrtümern auch zu lernen. Nur so kann unser Gehirn eine falsche Programmierung verändern. Hören wir nicht länger auf die Scheinheiligen, die das Besserwerden dem Besserwissen geopfert haben.

In dieser prekären Situation brauchen wir einen lernbereiten Menschenverstand. Er kann als simples Werkzeug dienen, um den abstrakten und nebulösen Gefahrenlagen konkrete Erklärungen entgegenzusetzen. Statt politischer Hebelprognosen und ökonomischer Wachstumsvisionen wollen wir Menschen praktische, überschaubare und verlässliche Problemlösungen. Erst wenn wir merken, dass Probleme gelöst werden können, werden wir langsam das verlorene Vertrauen zurückgewinnen. Wir haben gemeinsam das Recht und die Pflicht, dies zu verlangen und danach zu streben.

Verdrängung und Scheinheiligkeit haben dazu geführt, dass wir mit einer Vielzahl unterschiedlicher Kriegsszenarien konfrontiert werden. Solange Schein und Sein in eklatanter Weise auseinanderfallen, gilt das vorsintflutliche Recht des Stärkeren. Wollen wir uns diesem erbärmlichen Theater wirklich weiter aussetzen? Um der Bankrotterklärung unseres Menschenverstandes die Stirn zu bieten, ist es notwendig, unser Denken und Handeln mit tatsächlicher Verantwortung zu verknüpfen. Diesen Prozess, Sinnvolles und Verantwortungsvolles wirklich zu tun und bis zum Schluss dafür geradezustehen, nenne ich Konkrethik. Es geht darum, das radikal Gute und Richtige zu erkennen und umzusetzen. Diesen konkrethischen Weg zu suchen und einige scheinheilige Schleier zu zerreißen ist das Ziel der nun folgenden Kapitel. Die Tatsache, dass wir den ersten wirklich weltumspannenden Krieg der Menschheitsgeschichte erleben, ohne uns dessen bewusst zu sein, ist der Ausgangspunkt dieser Publikation.

Mein Essay bemüht sich darum, mich und vielleicht andere aufzuwecken. Darüber hinaus ist es an der Zeit aufzubegehren. Diesem Impetus gehorchen die folgenden Bekenntnisse. Sie erheben keinen Anspruch auf eine Gesamtlösung aller Probleme, sondern verstehen sich als persönliches Experiment, das Denken zu überdenken. Die grundsätzliche Haltung meines Vorgehens spiegelt sich in einem imposanten

Satz von Gottfried Benn wider: „Ich bin kein gepflegtes Gehirn, das seine Produkte an gekachelte Molkereien abliefert." Trotz und wegen dieses Anspruches auf Originalität ist es mein Ziel, dem geneigten und kritischen Leser einen Anreiz für eigene Betrachtungen zu bieten.

Über dieses Buch

Der Leitgedanke dieses Buches ist einfach. Ich gehe davon aus, dass der Mensch und seine Institutionen extrem überfordert sind. Wir können die Welt im 21. Jahrhundert nicht umfänglich begreifen. Daher geht jeder von seiner eigenen Perspektive aus und produziert zwangsläufig Fehleinschätzungen und Täuschungen. Schon Jean Paul hat es treffend formuliert: „Im Wagen verachte ich den Fußgänger und auf der Straße den Fahrer." Dieser Selbstbezug ist gefährlich, da er den Blick auf das große Ganze verstellt. Aus der Summe dieser Verwirrungen entstehen katastrophale Krisen, deren Auswirkungen schon längst die Gestalt eines globalen Krieges angenommen haben. Der gesunde Menschenverstand ist orientierungslos und leidet an dieser undurchschaubaren Komplexität. Dieses Chaos führt geradewegs in die Scheinheiligkeit, da sich fast jeder Mensch auf seine Art zu behaupten versucht. Scheinheilig schon allein deshalb, weil man nicht bereit ist, die eigene Verantwortung anzuerkennen. Hier grassiert eine verlogene Krankheit unserer Zeit, welche die Schuld immer bei anderen sucht und sich die Sünden stets selbst vergibt.

Mein Lösungsvorschlag, um diese geistige Verirrung zu überwinden, ist die Hinwendung zum lernbereiten Menschenverstand. Er kann als gemeinsamer Nenner dazu beitragen, ein Mindestmaß allgemein nachvollziehbarer Beurteilungen zu schaffen. Um diesen Weg erfolgreich zu beschreiten, müssen die abstrakten Problemlagen auf eine konkrete Ebene gebracht werden. Erst wenn ein Problem tatsächlich erfasst und begriffen worden ist, kann man Vorgänge zu Ende denken und Verantwortung übernehmen. Die dazu notwendige Haltung bezeichne ich mit dem Begriff „Konkrethik". Er soll verdeutlichen, dass die Richtigkeit des Handelns erst dann feststeht, wenn dessen Ergebnisse sichtbar geworden sind.

Die Begriffe „Scheinheiligkeit" und „Krieg", „Menschenverstand" und „Konkrethik" sind die vier Säulen dieses Buches. Ihre Wechselwirkung ist der rote Faden, der sich durch die folgenden Texte zieht. Diese werden nicht zwingend chronologisch entwickelt, denn jedes Kapitel ist auch eine weitgehend eigenständige Betrachtung.

Die Form des Buches spielt bei der Verwirklichung meiner Intention eine wichtige Rolle. Da in den letzten Jahren die Produktion wissenschaftlicher Publikationen sintflutartig gestiegen ist, lässt sich heute beinahe jede These mit Fußnoten, Verweisen und Zitaten untermauern. Vom Zweifel am Urknall bis zum Versprechen des ewigen Lebens finden sich formal abgesicherte Erläuterungen. Jeder mögliche Hinweis auf die Übereinstimmung mit einem Nobelpreisträger suggeriert den Charakter einer notariellen Beglaubigung. Diesem Supermarkt des Wissens wollte ich kein weiteres Standardprodukt hinzufügen. Daher habe ich bewusst auf meine wissenschaftliche Schreibpraxis und ihre Routine verzichtet. Es ging darum, einen persönlichen Gedankenteppich zu weben, der jedem Leser einen eigenen und freien Zugang zum Thema ermöglicht. Es ist nicht meine Absicht, eine sachliche Geschichte des gesunden Menschenverstands oder eine systematische Abhandlung über Konkrethik zu schreiben.

Wir alle stehen auf den Schultern vorangegangener Generationen. Heinrich Heine als leuchtender Antipode der Scheinheiligkeit hat mich zweifellos inspiriert. Sein Gefühl, ein Taubenherz zu besitzen, das sich durch einen Geierschnabel ausspricht, ist mir sehr vertraut. Auch die fragmentarische Architektur meiner Kapitel orientiert sich an traditionsmächtigen Vorbildern. Nur zwei seien zum besseren Verständnis genannt. Auf der einen Seite sind es die *Selbstbetrachtungen* von Marc Aurel (121–180), der als Philosoph auf dem römischen Kaiserthron in rückhaltloser Selbstbefragung und gnadenloser Ehrlichkeit sich selbst gegenüber Zeugnis ablegte.[1] Auf der anderen Seite sind es die tagebuchartigen Aphorismen des Essayisten Ralph Waldo Emerson (1803–1882), dessen aus der Betrachtung der Natur geschöpfte Weisheit ungebrochen aktuelle Bedeutung hat.[2] Beide Geistesgrößen sind herausragende Vertreter eines gesunden Menschenverstandes. Für mich sind sie darüber hinaus die Paten meiner Konkrethik, da sie sich immerfort bemüht haben, für die praktische Verwirklichung der Vernunft zu kämpfen.

Auch dass ich im Rahmen der Vermögenspsychologie beruflich mit Traumanalysen zu tun habe, hat sich im Buch niedergeschlagen. Vor diesem Hintergrund sind die einzelnen Kapitel entweder als Assoziation oder als Reflexion gemeint. Diese Aufteilung führte zu zwei Arten von Überschriften: Die persönlichen Tagträume habe ich mit „von" oder „vom" eingeleitet, was so viel bedeutet wie „ich träumte von etwas". Die kritischen Überlegungen beginnen mit „über", im Sinne von „ich reflektierte über etwas". Traum und Reflexion bedienen sich unterschiedlicher Quellen. In den Traumsequenzen habe ich mich mit emotionalen Bildern beschäftigt, während in den Reflexionen rationale Betrachtungen zur Sprache kommen. Darin steckt der Hinweis, dass ein großer Teil unseres inneren und äußeren Lebens ohne unser Wissen abläuft. Sigmund Freud hat eindrücklich gezeigt, dass das, was wir „Ich" nennen, nicht Herr im eigenen Haus ist. Diese historische Entdeckung wird von jedem Menschen täglich bestätigt. Insofern sollen meine Inhalte auch, wie Freud sagt, hinter das „offizielle" Bewusstsein reichen, um uns ein Bild der Einflüsse zu vermitteln, die menschliches Verhalten bestimmen.

Erlauben Sie mir vorab den Hinweis, dass es gut wäre, sich beim Lesen etwas Zeit zu nehmen. Gerade bei der Bestandsaufnahme einiger aktueller sozialpolitischer Zustände möchte ich Sie ermutigen, am Ball zu bleiben. Insgesamt gibt es eine Fülle positiver Anknüpfungspunkte, die durchaus Perspektiven bieten. Die vorgelegten Fragmente des Nachdenkens und der zuweilen polemischen Beobachtung sollen Ihnen als Angebot dienen, um Ihr eigenes Puzzle des Verstehens zusammenzustellen. Entscheidend ist es, dem Menschenverstand bei der Arbeit zuzusehen. In einem nächsten Schritt soll diese freie Struktur zu interaktiven Diskussionen auf der dafür gegründeten Internetplattform *www.krieg-der-scheinheiligkeit.de* führen. Ein konkrethischer Gemeinsinn kann nicht als quasireligiöse Verkündigung postuliert werden, sondern sich als Grundkonsens der Kulturen, der Glaubensbekenntnisse und der Menschlichkeit nur im respektvollen Dialog entwickeln. Insofern ist das ganze Buch eine Einladung und ein Aufruf, am eigenen Menschenverstand zu arbeiten und an der Gestaltung eines vereinten Menschenverstandes mitzuwirken.

Natürlich kann eine solche Vision nicht ohne politische, repräsentative, marktübergreifende und durchsetzungsfähige Institutionen und Persönlichkeiten verwirklicht werden. Aber diese organisatorischen und verwaltungstechnischen Fragen stehen nicht im Vordergrund der Betrachtung. Es sollte vielmehr eine Perspektive aufgezeigt werden, die den Bürgern und auch den Führungspersönlichkeiten der Zukunft eine Orientierung bietet. Wir können die komplexe Entwicklung des Planeten nicht allein mit zivilgesellschaftlichen Fantasien steuern. Die Zeit der Macht- und Vorteilshoheit, die wenige Dominanzträger für sich instrumentalisieren, ist dem Untergang geweiht. Jetzt ist die Zeit gekommen, sich ernsthaft an einen Tisch zu setzen. Diese Publikation steuert eine Sammlung von Stichworten bei, die erst durch Zustimmung, Diskussion und Ergänzung die Ebene eines gesunden Menschenverstands erreichen wird.

Meine Funktion ist die eines Scouts oder Kundschafters und die Arbeit besteht darin, meine persönliche und berufliche Erfahrung zu nutzen, um Aspekte der Scheinheiligkeit zu durchdringen und die gegensteuernde Wirksamkeit eines gesunden Menschenverstandes zu erläutern. Ich habe zu der vorliegenden Thematik seit gut zehn Jahren Zeitungsartikel und Bücher gelesen und gesammelt. Neben meiner beruflichen Praxis in der Soziologie und der Psychologie mit den zentralen Arbeitsschwerpunkten demografischer Wandel und Vermögensforschung haben längere Auslandsaufenthalte in Indien, Sri Lanka, Amerika, Ungarn, den Niederlanden sowie zahlreiche Reisen dazu beigetragen, den persönlichen Horizont zu erweitern. Es waren nicht nur meine Gespräche und Interviews mit Entscheidungsträgern, Vermögenden und herausragenden Persönlichkeiten, die meinen Blick für das Gemeinsame und das Trennende in den Kulturen geschärft haben. Eine ebenso wichtige Horizonterweiterung und einen unverstellten Blick in die universale Seele des Menschen haben mir meine Begegnungen und Berührungen mit armen, ausgegrenzten und chancenlosen Individuen und Schicksalsgemeinschaften eröffnet. Begegnet ist mir jedoch auch überall eine babylonische Vielfalt an Arroganz, Größenwahn, Heuchelei, Ehrlosigkeit und Hochstapelei. Gerade die vermeintlich aufgeklärte Wohlstandsgesellschaft ist dieser Gefahr in besonderer Weise ausgesetzt. Materielle Verfügungsgewalt macht es durch die Distanz zur unmittelbaren Notwendigkeit wesentlich leichter, sich verblendete Ansichten zu erlauben.

Meine Ausführungen sind zwangsläufig biografisch, kulturell und neuronal beschränkt. Alle hier versammelten Gedanken spiegeln meine Meinung, meine kulturelle Identität und meine individuelle Sicht der Dinge wider. Insofern ist es selbstverständlich und gewollt, dass diese Zeilen auf kritische und unterschiedliche Meinungen treffen. Diese spezifische Optik macht es erforderlich, dass Menschen hier und anderswo in Asien, Afrika, Amerika, Australien, in möglichst vielen kulturell eigenständigen Regionen, ihre jeweilige Anschauung hinzufügen. Für dieses sich anschließende Projekt mögen die vorliegenden Betrachtungen als Ausgangspunkt dienen. Wir können nicht länger auf wunderbare Heilsbringer warten. Jeder Einzelne ist angesichts der gefährlichen Machtverschiebungen aufgefordert, seine Stimme zu erheben.

Wer über Scheinheiligkeit schreibt, ist nicht davor gefeit, selbst in diese Falle zu geraten. Dieser Hinweis soll nicht einer vorauseilenden Entlastung dienen, sondern dokumentiert lediglich das Bewusstsein, dass ich mich auf sehr glattem Parkett bewegt habe. Seit einigen Jahren höre ich von befreundeten Ratgebern, dass ich ein Talent zur Sprechstellerei besitze. Inwieweit ich die einstmals von Kurt Tucholsky definierte Begabung ins Schreiben hinübergerettet habe, wird sich zeigen. Da ich als Sprechsteller zuweilen aus der Hüfte schieße, mag auch im sitzenden Schreiben mancher Schuss nicht ganz ins Ziel treffen. Ich darf mich jedoch dafür verbürgen, dass mir das Zentrum nicht aus dem Visier geraten ist. Und so konstatiere ich frei nach Heinrich Heine: „Die Zeit der Eitelkeit ist vorüber, und ich erlaube jedem, über die eingeflochtenen Geständnisse und Einschätzungen zu lächeln – solange das Wesentliche gehört wird."

Über Scheinheiligkeit

Gegenüber ethischen Ansprüchen und realen Verhältnissen hat das Phänomen der Scheinheiligkeit längst die Oberhand gewonnen. Wir stehen inmitten von Kriegen, Ölkatastrophen, Bankenwahn und Erfolgssucht. Aber Verursachung und Folgen werden mit medialen, juristischen und politischen Mitteln im Sand zerrieben. Opfer und Täter sind zu Igel und Hase verkommen; mächtiger und rechtsfähiger sind diejenigen, die es sich leisten können. Daneben reisen fragwürdige Vorbilder durch den Orbit des Entertainments und überschütten die Seelen ihrer Bewunderer mit Nichtigkeiten. Das Geschwätz der Politiker, der Mensch stünde im Mittelpunkt, die Heuchelei der Banken, den Menschen auf Augenhöhe zu begegnen, oder auf den Märkten, der Kunde sei König, ist schlicht unerträglich. Der Mensch ist längst zum bloßen Konsumenten degradiert worden. Die ihn jagende Werbung erzählt Märchen, die selbst in geschlossenen Abteilungen niemand glaubt. Man reibt sich ungläubig die Augen, und die überall aufkeimende Wut wirkt wie ein Juckreiz, der den verletzt, der sich kratzt.

Scheinheiligkeit ist zur Volkskrankheit Nummer eins geworden. Das Zerstörungspotenzial dieses folgenschweren Zwangs zur Verleugnung und Selbstblendung wird schon durch eine Handvoll Synonyme deutlich: heuchlerisch, arglistig, boshaft, doppelzüngig, niederträchtig, schadenfroh, lügnerisch oder verbrecherisch.[3] Aber besser als selbst eklatante Beispiele dieser Untugend kann uns die Aussage einer der am meisten bewunderten Persönlichkeiten unserer Zeit zur Selbstüberprüfung sensibilisieren. Nelson Mandela gesteht: „Ich war nicht nur einmal, sondern hundertmal Opfer der Schwäche meiner Generation. Ich muss unumwunden eingestehen, dass ich, wenn ich auf meine frühen Schriften und Reden zurückblicke, entsetzt bin von ihrer Pedanterie, ihrer Künstlichkeit und mangelnden Originalität. Der Drang, zu beeindrucken und zu werben, ist in ihnen unübersehbar."[4]

Am Anfang einer Reflexion über Scheinheiligkeit steht die Selbsterforschung. Man kann sie nur ergründen, wenn man Spurensuche bei sich selbst betreibt. Die Schleier der Selbsttäuschung heben sich nicht von allein. Schon in der Kindheit lauert die Gefahr der Unaufrichtigkeit, wenn man den Vorgaben der Eltern und Lehrer nur vordergründig Folge leistet. Die erste Zigarette, der geschwänzte Schultag oder die abgeschriebene Hausaufgabe sind zwar kleine Funken der Rebellion, aber auch ein Geburtskanal der Heuchelei. Die Anforderungen des Alltags bieten ein riesiges Potenzial für kleine Lügen, um Korrekturen an der subjektiv wahrgenommenen Wirklichkeit vorzunehmen. Jedem Menschen ist die Redensart „mehr Schein als Sein" vertraut, sodass sich das Gefühl der Sündhaftigkeit in Grenzen hält. Aber psychologisch betrachtet haben wir es mit einem starken Hebel zu tun. Durch Sprache und Verhalten kann man die Realität beeinflussen und verändern. Es gibt einen unendlichen Fundus von Möglichkeiten, um einen bestimmten Anschein zu erwecken. In gewisser Weise steckt darin eine seltsame Effizienz, da man inszenieren kann, ohne tatsächlich praktisch handeln zu müssen. Der Verführungskraft des Scheinheiligen zu widerstehen ist anstrengender, als sich ihrer mit Leichtigkeit zu bedienen. Das macht sie so fatal und je nach Ausmaß zu einem sozialen Gift.

In Familien und Beziehungen weiß man, dass vermeintliche Notlügen manchmal große Tragödien nach sich ziehen. Im beruflichen Alltag führen scheinheilige Zustände zu Depressionen, Hass und Heuchelei. Auf politischer Ebene sind Millionen von Menschen betroffen, wenn Diktaturen, Kriege oder Machtspiele mit hemmungsloser Scheinheiligkeit betrieben werden. Alles in allem ist diese verlogene Scheinbarkeit eine verheerende Waffentechnik, deren dramatischste Gefahr darin liegt, weitgehend unterschätzt und verharmlost zu werden. Da wir uns als Menschen überall, unabhängig von der Lebenslage, in einem guten Licht präsentieren wollen, sind wir alle von der Bigotterie bedroht.

Die weltumspannende Präsenz des Internets überschwemmt unser Bewusstsein mit scheinheiligen Inszenierungen, da Persönlichkeit, Identität und Selbstbild zu einem Konstrukt der Selbstdarstellung werden. Da geht es nicht nur um Naivität und Narzissmus. Entstanden ist ein lukrativer Jahrmarkt der Eitelkeit, der keine ökonomische Spielwiese außer Acht lässt. Die materielle Dimension der Scheinheiligkeit führt zu seelischer Verkümmerung, sozialer Verdrängung und zu gerissenen Umverteilungen in Billionenhöhe. PR-Kampagnen, die globalen Märkte für Finanzprodukte, Unterhaltungsmedien, Starkult und technische Spielereien halten selten, was sie versprechen. Die Scheinheiligkeit ist die größte Blase des 21. Jahrhunderts.

Im Kern handelt es sich bei der Scheinheiligkeit um die Vortäuschung falscher Tatsachen. Man erzeugt in der Außenwelt ein Bild, das mit den gegebenen und inneren Verhältnissen nicht übereinstimmt. Das Spektrum dieser Täuschung umfasst den gesamten Horizont menschlicher Vorstellungskraft. Die Tragweite dieses Verhaltens reicht von erlogenen Urlaubsgeschichten im Sportklub über jede Form der Hochstapelei bis zur vorsätzlichen Menschenrechtsverletzung eines Diktators, der in tyrannischer Wirklichkeitsverleugnung Massenmorde in Auftrag gibt. Das Verlangen, sich dieses manipulativen Mediums zu bedienen, liegt in der komplexen Psyche des Menschen. Seine Beschaffenheit ergibt sich aus charakterlichen, kulturellen und milieubedingten Umständen. Anders als der Neid, der sich selbst bestiehlt, ohne etwas zu ändern, haben wir es hier mit einem Stimmungs- und Situationsaufheller zu tun. Wie ein Joker im Spiel jede beliebige Karte ersetzen kann, zaubert die Scheinheiligkeit dazu noch etwas aus einem leeren Hut. Sprachlich ist es leicht, eine nicht erbrachte Leistung auf dem biografischen Lebenskonto zu verbuchen oder unter Vorspiegelung falscher Tatsachen Dinge zu tun, die nur den eigenen Interessen dienlich sind. An dieser Stelle soll es allerdings weniger um eine tiefgründige Interpretation der Scheinheiligkeit gehen als um ihre exponentiell wachsende Präsenz.

Durch Selbstanalyse und Fremdbeobachtung habe ich festgestellt: Je stärker sich die Augen auf die Außenwelt richten, desto kleiner erscheint die ohnmächtige Innenwelt. In dieser Maßstabsverlagerung wimmelt es von Viren der Selbsttäuschung. In dieser ichschwachen Atmosphäre wird die Scheinheiligkeit zu einer Allzweckwaffe der Kompensation. Zu dieser Verklärung zählt auch die Kümmerlichkeit, immer die anderen für das eigene Los verantwortlich zu machen. In diesem Sinne gehört ebenso das Programm der Selbstentwertung zur Scheinheiligkeit. Da unsere Gegenwart wesentlich von Reputations- und Statushalluzinationen geprägt wird, wurde die Scheinerzeugung zu einer autogenen Selbstverständlichkeit. Sowohl in der Werbewirtschaft als auch in der Medienlandschaft hat sich eine Schwarz-Weiß-Malerei durchgesetzt, die Personen und Produkte entweder auf den Sockel hebt oder zum Abschuss freigibt.

In der Ökonomie der Aufmerksamkeit wird die Scheinheiligkeit zu einem strategischen Kommunikationsmittel, das Weg und Ziel vorsätzlich miteinander verwechselt. Die Infektionsgefahr wächst dabei proportional zu den materiellen Möglichkeiten. Je höher die Verfügungsgewalt, desto stärker sind die Anziehungskräfte. Den Hochstapler gibt es in jedem Milieu. Ständig schwebt er in der Gefahr, entlarvt zu werden. Deshalb operiert der Scheinheilige umso subtiler und mächtiger. Zuweilen ist er so authentisch, dass er die Täuschung selber glaubt. Für den normalen Menschen ist dieses psychologische Versteckspiel schwer zu durchschauen. Man weiß zwar, was Scheinheiligkeit ist, es fällt aber schwer, die Scheinheiligen zu identifizieren. Da der Status des Menschen so enorm wichtig geworden ist, tanken viele Menschen den Sprit des Lebenssinns in der Außenwelt. Die eigenen Quellen haben sie vergessen. Wer aufgrund seiner prekären Verhältnisse gar nicht in der Lage ist, irgendwelche Inszenierungsregister zu ziehen, dem bleibt nur der Konsum scheinheiliger Effekte, von denen ganze Wirtschaftszweige leben.

Menschen, die im Licht der Öffentlichkeit stehen, und jene, die es suchen, sind in besonderer Weise gefährdet. Die psychologischen Grundlagen für diese Anfälligkeit sind ausgesprochen vielfältig. Sie gleichen zuweilen einem komplizierten Puzzle, das nur selten noch das eigene Persönlichkeitsbild reproduzieren kann. In meinem Leben gab es häufig Berührungspunkte mit diesem Phänomen, ohne dass ich es bis vor einigen Jahren überhaupt verstehen wollte. Mittlerweile konnte ich Ordnung in dieses unbewusste Theater bringen und lebe mit den Folgen dieser harten Desillusionierung besser.

Als Kind schon waren berühmte Persönlichkeiten für mich eine besondere Spezies, deren Status erstrebenswert schien. Diese hohe Wertschätzung hatte ich von meinem Vater übernommen, der einige Koryphäen aus Kunst und Kultur, Wissenschaft und Politik tief verehrte. Die Beschäftigung mit diesen persönlich nicht bekannten Vorbildern war ein Ritual meiner ersten beiden Lebensjahrzehnte. Danach zogen mich Kreise und Organisationen magisch an, in denen sich bedeutsame Individuen versammelten. Auf eine verblendete Weise suchte ich die Nähe exzellenter Personen. Auf den Gebieten der Philanthropie und der Weltverbesserung gelang mir schließlich der Zugang zu dieser Welt.

In den folgenden zwei Jahrzehnten entstanden auf internationaler Ebene Arbeits- und Vertrauensverhältnisse bis hin zu Freundschaften mit herausragenden und zum Teil weltberühmten Persönlichkeiten. Die jugendliche Neigung, das Licht der Großen auch auf mich abstrahlen zu lassen, hatte ich verdrängt. In meinem Bewusstsein halluzinierte ich einen ethischen Auftrag, der mein Selbstwertgefühl stärkte. Erst nach vielen Jahren wurde das Bedürfnis unabweisbar, nicht nur eine Rolle im Leben der anderen zu spielen, sondern selbst etwas Originäres zu leisten.

Diese privilegierten Erfahrungen wurden zu einem Fundus intimer Einblicke. Ohne die blauäugige Bewunderung wäre mir vielleicht der naive Zugang gar nicht gelungen. Sicher ist aber auch, dass wirkliche Zufriedenheit niemals aufkeimen konnte, da ich mich in den Sphären der Unerreichbarkeit abmühen musste. Es ist mir nicht immer gelungen, mich in dieser Liga aufzuhalten, ohne ihre geliehene Bedeutung in meiner Umgebung eitel und selbstverliebt einzusetzen. Dass sich die Verstrickung in scheinheilige Prozesse drastisch verändert hat, ergab sich aus dem allmählichen Erkennen der vorsätzlichen Inszenierungen.

Der Blick hinter die Kulissen der Prominenten und Privilegierten hat mir vor allem eine Einsicht geschenkt: Auch hier wird nur mit Wasser gekocht. Für überragende Talente muss man einen Preis bezahlen. Je größer das innere Werk und die äußere Lebensleistung, desto auffallender ist häufig die Unfähigkeit, mit emotionalen und familiären Herausforderungen fertig zu werden. Jede große werkbezogene Begabung zieht eine seelische Unzulänglichkeit nach sich. Die Diskrepanz zwischen Innen- und Außenwelt führt oftmals zu dramatischen Verdrängungen, die eruptive Schübe von Ignoranz, Angst, Größenwahn, Depression oder Selbstherrlichkeit bewirken. Die dauernde öffentliche Präsenz zwingt dementsprechend zur Verleugnung und Verschleierung der privaten Befindlichkeit. Wer will schon einen Star anbeten, der so ist wie du und ich. An dieser Schnittstelle wird die Scheinheiligkeit zu einem strategischen Mittel, um Selbst- und Fremdbild manipulativ zu gestalten. In jahrzehntelang eingeschliffenen Routinen verliert sich die Fähigkeit einer kritischen Selbstbeobachtung und auch der Zugang zum gesunden Menschenverstand. Meisterliche Strahlkraft und autistische Schatten gehen Hand in Hand.

Solche Entwicklungen vollziehen sich meist nicht in einsamer Klausur. Die großen Stars sind beeinflusst von einflüsternden Managern und flankierenden Industrien der Vermarktung und Mediatisierung. Im Zuge dessen entstehen auch offene Märkte für Geheimnisse, die wiederum Futter für manipulative Eingriffe oder vernichtende Kampagnen bieten. Das Scheinwerferlicht der Prominenz überstrahlt die Meute, die im Hintergrund blendende Geschäfte betreibt – und die Masse des Publikums, das nur konsumiert. In diesem Business gehört beides, wie überall, untrennbar zusammen: Schatten und Licht. Die enorme ökonomische Attraktivität hat dazu geführt, dass die Zahl der Prominenten exponentiell gestiegen ist, obwohl die Mehrheit dieser Scheinbaren gar nicht über ein Werk oder gar eine Besonderheit verfügt. Sie sind die seriellen Ergebnisse einer Scheinheiligkeitsproduktion. Dass immer mehr junge Menschen danach streben, prominent zu werden, ist zwar dumm, aber nachvollziehbar. Sie sind lediglich der Sprit, der den Tank der medialen Betriebsamkeit füllt. Auf diese Weise hat sich die Scheinheiligkeit in die öffentliche Kommunikation eingeschlichen und vermehrt sich dort unaufhörlich. Als Folge herrscht größtmögliche Aufregung in Verbindung mit absoluter Folgenlosigkeit.

In diesem Meer der Halbwahrheiten und der Mittelmäßigen ragen natürlich echte Größen heraus. Ihre Werke sind prägend und epochal, ihre Leistungen gehören in die Galerie der Schöpferkraft. Sie sind jedoch besondere Ausnahmen, und nicht alle eignen sich zum Vorbild. Denn es gehört neben der Schaffenskraft ein sehr starker Charakter dazu, um sich der Verführung, überhöht zu werden, maßvoll zu entziehen. Die außergewöhnliche Affinität, die die meisten Gesellschaften in aller Welt ihren Prominenten entgegenbringen, legt den Verdacht nahe, dass sie als Opium fürs Volk gebraucht werden. Die vergebungsbereite Resonanz steht in keinem Verhältnis zu jenem Argwohn, der beispielsweise erfolgreichen Unternehmern entgegenschlägt, die Tausende von Arbeitsplätzen geschaffen haben oder herausragende Leistungen erbringen. Gegenüber dem Objekt seiner Begierde verliert der normale Menschenverstand leicht seine Zurechnungsfähigkeit. Dieser lauernden Gefahr sollten wir uns bewusst werden. Ob Stellvertretersyndrom oder Wunschverlagerung, die pauschale Verleihung von Heiligenscheinen erscheint, zumindest vor dem Hintergrund meiner Kenntnisse, absurd.

Zu den Faktoren, die Scheinheiligkeit fördern, zählt auch die vorsätzliche Verdummung. Angesichts von Milliarden Menschen, die akut in ihrer Existenz bedroht sind, hat die Medienindustrie das andere Ende des Spektrums auf Sendung geschaltet: jene Stars und Sternchen, die im Zeitalter medialer Dauerbeschallung als Avatare scheinheiliger Belanglosigkeit fungieren und sich als Vitaminpräparate der Werbung instrumentalisieren lassen. Die Pest der Prominenz ist wie eine schön verpackte Praline in den Zuckerhaushalt der Öffentlichkeit eingedrungen und produziert Verdummungserkrankungen, die auf unser geistiges Immunsystem wirken wie freie Radikale auf unsere Zellen. Das Wegschauen ist der erste Schritt zur unterlassenen Hilfeleistung.

Aber auch in diesem Umfeld darf man nicht zynisch generalisieren, denn ohne Zweifel gibt es begnadete Künstler, Vorbilder und Lebenswerke. Aber es drängt sich die Frage auf, wer von der ständig wachsenden Zahl der Prominenten wirklich etwas zu bieten hat. Zu häufig führen die dünnen Lebensleistungen die tägliche Mühsal des normalen Menschen ad absurdum. Dieses nachweisliche Gefälle zwischen Schein und Sein produziert haltlose Illusionen, die die Glaubwürdigkeit von tatsächlichen Vorbildern aus den Angeln heben. In den mächtigen Systemen der industriellen Medienverwertung wurde die Prominenz mit einem künstlichen Magnetismus aufgeladen, von dem nun Personen aus allen Lebensbereichen angelockt werden wie Motten vom Licht. In diesem Zusammenhang von Scheinheiligkeit zu sprechen ist keine Verurteilung, sondern eine Zustandsbeschreibung. Wer in der Befriedigung seiner Eitelkeit den primären Lebenszweck entdeckt, hat das Pulver für die Übernahme konkreter Verantwortung bereits verschossen.

Machen wir uns nichts vor: Die Produktion der Scheinheiligkeit dient der Umsetzung kommerzieller Interessen. Dieses gewinnträchtige Geschäft verleiht Macht. Die kulturell erzeugte Käuflichkeit hingegen evoziert ohnmächtigen Konsum. Offenbar ein Zustand, mit dem sich viele Menschen abgefunden haben. Ohnmacht ist die psycho-logische Folge von Fremdbestimmung. Aus ihr ein vorsätzliches Geschäftsmodell zu entwickeln ist eine charakterlose Spitzenleistung der Scheinheiligkeit.

Kaum eine Branche repräsentiert dieses Blendwerk derart schlagend wie die im Rampenlicht stehenden Ratingagenturen. Die hundert Jahre alte Idee, Firmen zu analysieren und zu bewerten, war ausgezeichnet. Großprojekte wie der Ausbau der Eisenbahnnetze bedurften enormer Investitionen. Möglichen Investoren eine sichere Entscheidungsgrundlage für den Einsatz ihres Kapitals zu bieten, ergab Sinn. Dass seit einigen Jahren ein Oligopol von drei Agenturen 95 Prozent des globalen Geschäftes kontrolliert, ist dagegen eine Aushebelung des gesunden Menschenverstandes. Die staatliche und von Seiten der Bankenaufsichten erteilte Ermächtigung profitorientierter Privatunternehmen, allein die Bewertung von Firmen, Ländern und Finanzanlagen zu verantworten, widerspricht jeder Vernunft. Der Umstand, dass die zu bewertenden Institutionen ihre Gutachter auch noch bezahlen, dokumentiert die Widersinnigkeit dieses gefährlichen Spiels. Es ist bewiesen, dass gerade auch in der Finanzkrise zwischen 2007 und 2010 unseriöse Produkte und halbseidene Firmen von den Ratingagenturen mit Bestnoten versehen worden sind. Daraus entstanden Milliardenschäden mit der zusätzlichen Duftnote, dass die Kontrolleure selbst keinerlei Aufsicht oder Haftung befürchten mussten. Wenn Erwachsene mit Kindern spielen, sind sie meist einen Zug voraus. Dass mit einem solchen Vorsprung in der Weltwirtschaft agiert werden darf, ist schlicht unannehmbar. Der Begriff des „Monopoly-Kapitalismus" mag amüsant klingen, aber die sich dahinter verbergenden paradoxen Zustände machen uns allesamt zu stimmlosen Duldern. Die monopolisierten Ratingagenturen sind schizophrene Organisationen, die jeder praktischen Vernunft widersprechen.

Es wäre Unsinn, alle Mitarbeiter von Ratingagenturen als Geiselnehmer zu diffamieren. Wir bezeichnen ja auch nicht alle Arbeiter in der Automobilindustrie als Umweltsünder. Aber die Strukturen dieses Geschäftes sind so blauäugig, dass man sich ratlos und beängstigt fragt, ob es sich um Raffinesse oder gnadenlose Dummheit handelt. Wenn Schüler ihre Lehrer bezahlen, diese wiederum extrem lukrative Geschäfte mit den Eltern machen und alles zusammen vom Erziehungssystem legitimiert wird, ist die Absurdität perfekt. Auf diesem Niveau agieren die Ratingagenturen – und alle spielen mit. Die Platzhirsche der Branche haben nicht viel mehr als vierzehntausend Mitarbeiter. Aber global bewerten sie Hunderttausende von Staatspapieren, Unternehmensanleihen, Schuldtitel der öffentlichen Finanzwirtschaft, Finanzinstitute und Unternehmen aller Art. Ihnen obliegt selbst die Beurteilung ganzer Staaten. Diese Rolle verlangt Übermenschliches. Es ist klar, dass es immer wieder zu dramatischen Fehleinschätzungen und kalkulierten Bewertungen kommen wird. Es liegt in der Natur der Risikobeurteilung, dass sie fehlerhaft ist. Noch hat diese Branche keine weisen Seher oder unfehlbare Propheten hervorgebracht. Und doch ist die Macht dieser vermeintlichen Kontrollinstanz fast grenzenlos. Wie vor einer Himmelspforte kontrollieren sie den Zugang zu den Finanzmärkten. Ihre Einschätzung, mit welcher Wahrscheinlichkeit ein Gläubiger sein Geld zurückbekommt, entscheidet letztlich über das Wohl von Milliarden von Menschen.

Summa summarum hat sich vor unseren Augen ein Popanz etabliert, der päpstliche Freiheiten genießt und nerohaft mit dem Daumen spielt. Schaut man sich diese Art von Geschäften an, wird deutlich, was es heißt, eine Goldgrube zu besitzen. Um diese untragbare Konstellation zu verändern, liegen für den gesunden Menschenverstand einige Maßnahmen auf der Hand. Die Einrichtung unabhängiger Agenturen, die nicht mehr vom Kunden bezahlt werden, ist unumgänglich. Sowohl die Interessenverflechtungen als auch die Bewertungsmodelle müssen transparent gemacht und unter Aufsicht gestellt werden. Für den Fall erwiesener Vorteilnahme oder gravierender Analysefehler muss eine Haftungsklausel eingeführt werden, um Schadensersatz fordern zu können. Die bisherige dominierende Unanfechtbarkeit sollte zugunsten eines qualitätsorientierten Wettbewerbs unabhängiger Agenturen aufgehoben werden. Letztlich ist die Macht der Ratingagenturen angreifbar. Es liegt an den Personen und Anlegern, sich nicht auf die Nase binden zu lassen, hier würden endgültige Wahrheiten ausgesprochen. Wehren wir uns gegen ein Komplott von politisch inthronisierten Schicksalsmachern, die offensichtlich nur ihre eigenen Interessen vertreten. Die Scheinheiligkeit blüht nur da, wo wir ihr Wasser geben.

Die Ratingagenturen sind nicht vom Himmel gefallen. Die internationale Politik hat sie ermächtigt und den Bezug auf ihre Bonitätsnoten sogar in Gesetzen verankert. Insofern sind sie das Ergebnis politischer Geburtshilfe. Damit kommt eine weitere Variante der Scheinheiligkeit zum Vorschein. Mit einem Mal bekämpft die Politik jene Kettenhunde, die sie selbst von der Leine gelassen hat. Für die Fehleinschätzungen der Vergangenheit hat man Sündenböcke gefunden, auf deren Rücken das eigene Verschulden abgeladen wird. Nehmen wir das Beispiel Griechenlands. Schon im Jahre 1993 betrug sein Haushaltsdefizit 13,8 Prozent. Im Jahre 1998 wurde dem Land als einzigem EU-Bewerber der Beitritt verweigert. Und im Jahre 2004 musste eine neu gewählte griechische Regierung zugeben, dass die nach Brüssel gemeldeten Haushaltsdaten abenteuerlich von der Realität abwichen. Die desaströse Entwicklung war also in diesem Fall nicht die Schuld der Ratingagenturen, sondern das Resultat einer pathologischen Ignoranz europäischer Herrschaftskultur. Ebenso stellte sich die Frage, warum die Kreditwürdigkeit von Staaten nicht von legitimierten Institutionen wie dem Internationalen Währungsfonds oder der Europäischen Zentralbank bewertet werden konnte. Dass in der Mitte des Jahres 2011 die Politik erschreckt aus einem Tiefschlaf erwacht ist und die geförderten Ratingagenturen zu Feindbildern stilisiert hat, war nichts als ein scheinheiliges Ablenkungsmanöver. Für einen gesunden Menschenverstand war klar, dass die Bewertung der griechischen Staatsanleihen durch die Ratingagenturen die Krise nicht verursacht, sondern lediglich konstatiert hat. Eine Feststellung übrigens, die auch ein Laie bereits viel früher hätte treffen können. Schon längst geht es nicht mehr nur um das strukturelle Problem der Agenturen, sondern um das unabsehbare Ausmaß scheinheiliger Inszenierungen, die fatale Konsequenzen nach sich ziehen. Der in der Politik weltweit Alltag gewordene Reflex, jedwede Schuld zu delegieren, ist ein unakzeptabler Freibrief für verantwortungsloses Handeln. Mit dieser scheinheiligen Immunität muss endlich Schluss sein!

Eine andere Bühne der Scheinheiligkeit steht im Wanderzirkus der Prognostiker. Da jeder Mensch der Zukunft mit Hoffnung und mit Unbehagen begegnet, sind Prognosen seit Menschheitsgedenken ein einflussreiches Instrument und ein beliebter Zeitvertreib. Offenbarungen und Prophezeiungen sind ein mythischer Bestandteil aller Weltkulturen, und einige von ihnen gehören zum Fundus der großen Kulturerzählungen. Es verwundert daher nicht, wenn der Blick ins Undurchschaubare auch Scharlatane anlockt. Das war so, das bleibt so. In verschiedenen Regionen und Epochen gibt es unterschiedliche Methoden, das Schicksal aus der Hand zu lesen.

Im Zuge der wachsenden Bedeutung von Ökonomie und Wissenschaft wurde es selbstverständlich, dem Kommenden mit rationalen Mitteln zu Leibe zu rücken. Heute zählen die ökonomischen Prognosen zu den Schrittmachern der nationalen und globalen Wirtschaft und beeinflussen einen existenziellen Teil unseres Lebens. Die Sehnsucht der Menschen nach Vorhersagen ist verständlich, denn sie schlagen eine Bresche in die Zukunft. Die Auseinandersetzung mit dem Unbekannten erzeugt ein künstliches Licht, das Ängste verringert und Vorstellungen ermöglicht. In einer von weltwirtschaftlichen Belangen dominierten Zeit besitzen ökonomische Prognosen eine herausragende Funktion. Der Staat benutzt ihre Daten zur Steuerschätzung, die Unternehmen für Planung und Investitionen, die Öffentlichkeit für die Messung des Wirtschaftsklimas. Während der Finanzkrisen haben sich diese Vorausschauen jedoch als weitgehend fehlerhaft erwiesen. Die Veröffentlichungen, die in Bezug auf dieses Unvermögen entstanden sind, füllen mittlerweile Bibliotheken. Die Elite der Neunmalklugen reitet jedoch unverdrossen auf dem hohen Ross der Allwissenheit und hadert mit einer Realität, die sie immer wieder eines Besseren belehrt. Konjunkturforscher und Ökonomen spielen in ihren Modellwelten weiterhin mit Minus- und Pluswerten. Scham und Selbstkritik gehören nicht zu ihren Tugenden. Im Gegenteil: Es lässt sich eine durchweg herrschende Unfähigkeit zur Aufrichtigkeit attestieren.

Natürlich gibt es auch zutreffende Prognosen. Im Konzert der falschen Töne dringen sie jedoch selten ins allgemeine Bewusstsein. Dies liegt nicht nur daran, dass man die Qualität von Prognosen erst im Nachhinein beurteilen kann. Im September 2006 veröffentlichte der *Spiegel* einen Artikel mit dem Titel „Die Billionen-Bombe".[5] Dabei handelte es sich weniger um eine Prognose als um eine von realistischen Einschätzungen und einem gesunden Menschenverstand geleitete Tatsachensammlung. Die Stichworte machten klar, was uns erwartete: Milliardenpoker, Weltfinanzsystem in Gefahr, finanzielle Massenvernichtungswaffen, Ritt auf dem Rücken des Tigers. Der journalistische Stil konnte sicher nicht mit den mathematischen Laborberichten der Experten konkurrieren. Aber die Ausführungen hatten zwei entscheidende Vorteile: Sie waren nachvollziehbar und vernünftig und am Ende sogar zutreffend. Wären dieses und andere Beispiele ernst genommen worden, hätte man den Schaden vermutlich begrenzen können. Leider wird den Nebelwerfern aus der Fachwelt mehr Aufmerksamkeit geschenkt als den Hinweisen praktischer Intelligenz, die aus schlichter Besorgnis resultieren. Der Siegeszug der ökonomischen Wissenschaften als Leitmedium hat die Scheinheiligkeit salonfähig gemacht. Die Dogmatik der Prognosepäpste ist leicht zu durchschauen: Sie wollen ihren Ball im Spiel halten. Dass sie dabei als Krisenbeschleuniger wirken, wird achselzuckend in Kauf genommen.

Die Realität sieht anders aus: Ihre Voraussetzungen, die Zukunft vorherzusagen, sind denkbar schlecht. Allein der Glaube, dass die Theorie der effizienten und selbstorganisierenden Märkte die wesentlichen Risikooptionen beinhaltet, ist nicht haltbar. Die uns umgebenden Systeme sind labil, wie wir alle aus den Krisen der Umwelt, der Finanzsysteme und der politischen Gestaltungskraft wissen. Um Unsicherheiten in berechenbare Risiken zu übertragen, sind ganze Computerarmeen ständig im Einsatz. Neben exzellenten Berechnungen gibt es aber immer wieder Situationen, die niemals von mathematischen Modellen vorhergesagt werden können; egal in welchem Bereich. Selbst Japan, seismologisch auf der Höhe antizipierender Kompetenz, wurde 2011 durch einen Tsunami auf allen Ebenen überrascht und überflutet.

Gerade die ökonomischen Prognosen werden zusätzlich von einem allzu menschlichen Faktor beeinträchtigt: Auch Wirtschaftswissenschaftler müssen Geld verdienen. Ihre Institute brauchen Aufträge, ihre Berichte und Bücher sollen gelesen werden, ihre Reputation bestimmt den Marktwert. Da ist es geschäftsschädigend, als fehlermachender Fliegenfänger bewertet zu werden. Die Erhaltung des Rufes vermengt sich unwillkürlich mit öffentlichkeitswirksamen Strategien. Falsche Prognosen werden kompensiert durch wortmächtige Interpretationen der Vergangenheit. Die Scheinheiligkeit ist da ganz in ihrem Element, wo sie im Nachhinein stolz verkündet, alles schon vorher gewusst zu haben. Es soll nicht unerwähnt bleiben, dass die Pessimisten im Prognosezauber Vorteile genießen. Die Struktur der Schwarzseherei funktioniert ähnlich wie eine stillstehende Uhr, die zweimal am Tag die richtige Zeit anzeigt. Man kann also damit rechnen, dass grundsätzlich negative Einschätzungen irgendwann zutreffen. Gegenüber Wirtschaftsprognosen sollten wir die gleiche kritische Distanz einnehmen wie gegenüber den Ratingagenturen. Der Nobelpreisträger Robert Solow hat bissig bemerkt, dass er von seinem Klempner keine Vorhersage erwartet, wann seine Toilette nicht mehr funktioniert, sondern lediglich die Kompetenz, sie bei Bedarf zu reparieren. Nun stehen die Ökonomen in der Pflicht, ihr Dienstleistungsspektrum neu zu justieren.

Um uns auf die unübersehbaren Erfordernisse der Gegenwart einzustellen, ist ein bewusster Richtungswechsel notwendig. Das kulturelle Reich der Prophezeiungen, sei es in Literatur, Kunst oder Wissenschaft, gehört zum Menschheitsvermögen. Als Auseinandersetzung mit den Möglichkeiten der Zukunft sind Gedankenmodelle großartig und unverzichtbar. Als eindimensionale Wahrheitsverkündigungen jedoch widersprechen sie dem Wesen des Natürlichen. Auch in den ökonomischen Wissenschaften sollte die Einsicht einkehren, dass eine verstärkte Zusammenarbeit mit Psychologen, Anthropologen, Neurologen oder Soziologen die Verständnisbreite erhöht. Für uns alle gilt: Selbstüberschätzung ist keine Privatangelegenheit mehr, sondern vorsätzliche Heuchelei mit riskanten Folgen.

Scheinheiligkeit ist ein Gift, das je nach Verbindung unterschiedliche Erkrankungen auslöst. Ob Banken, Boni oder Bomben, wer sich einbildet, Risiken durch mathematische Kalkulation beherrschbar zu machen, fährt stur geradeaus, auch wenn zu erwarten ist, dass die Straße eine Kurve macht. Zahlen und Statistiken mögen ein Gefühl von Sicherheit suggerieren, aber sie sind Vermutungen ohne Garantie. Dass man hier skeptisch bleiben sollte, ist eine Binsenweisheit. Und doch verfallen ganze Branchen der Kontrollillusion. Selbst herausragende Professionalität bleibt waghalsig, wenn sie ohne soziale und konkrethische Substanz voranpescht.

Wenn Risiken dann zu guter Letzt in Handelsgut wie Wertpapiere oder Termingeschäfte verwandelt werden, ist endgültig die Grenze zur Alchemie überschritten. Betrachten wir das dramatische Scheitern dieser wundersamen Geldvermehrung, gelangen wir zum Gipfel der Scheinheiligkeit. Die in den Wirren der Finanzkrise hochoffiziell erfundene *Bad Bank* ist das erschreckende Monument ultimativer Verantwortungslosigkeit. Die Absonderung von toxischen Wertpapieren, von Schulden und den Kosten der Fehlspekulationen entlarvt den Zeitgeist in seinem Endstadium. Es ist naheliegend, dass immer mehr *Bad Countries* identifiziert werden. Griechenland markiert nur den Anfang einer offiziellen Staatsentmündigung, die im Dekor demokratischer Scheinheiligkeit Schule macht. Sollte der Herrschaftswahn so weit eskalieren, dass auch *Bad People* ausgesondert werden können, steht der Wiedergeburt des Faschismus nichts mehr im Weg.

Wenn wir alles, was uns nicht passt, auf eine Sondermülldeponie werfen, ist uns endgültig jedes Gefühl für Maß und Verantwortung verloren gegangen. Allein im Bankensektor übernehmen die Staaten Risiken und Verluste in der Größenordnung von Billionen Dollar, die das Ergebnis von Gewissenlosigkeit und Veruntreuung sind. Wie bei einem üblen Taschenspielertrick wird die Rechnung mit einem Mal den Bürgern vorgelegt. Die einzig mögliche Schlussfolgerung aus diesem Willkürakt lautet, dass offensichtlich Recht und Gerechtigkeit nur noch von Macht und Größe abhängen. Ab einer bestimmten Größenordnung hören die Begriffe „Schuld" und „Verantwortung" anscheinend auf zu existieren. Die Schaffung neuer Gettos und die Ausgliederung unliebsamer Probleme überflutet die uns bekannte Ordnung wie ein Tsunami. Die Informationen über diesen Niedergang sprudeln mithilfe der neuen Technologien unentwegt an die Oberfläche. Wir sind gezwungen hinzuschauen, ohne sie allerdings in ihrem Zusammenhang zu verstehen. Nun werden die Folgen menschlichen Versagens in Endlager gepackt und schwelen neben dem Atommüll. Langsam erhält die Hölle ein Gesicht, und es ist menschlicher, als wir je zu befürchten gewagt hätten. Haben wir scheinheilige Aktivitäten bisher als Kavaliersdelikte verharmlost, ist es jetzt an der Zeit einzusehen, dass es sich in der Summe um Kapitalverbrechen handelt.

Über Krieg

Mitte des 19. Jahrhunderts wurde das Rote Kreuz gegründet. Damals waren die Opfer der Kriege zu 99 Prozent Angehörige des Militärs, die auf Schlachtfeldern starben. Heute verlieren in kriegerischen Auseinandersetzungen zu 90 Prozent Zivilisten ihr Leben und ihre Existenzgrundlagen. Laut Bericht des Heidelberger Instituts für Konfliktforschung aus dem Jahr 2012 hat es vom Ende des Zweiten Weltkrieges bis zu diesem Zeitpunkt 388 militärische Kriege gegeben. Darunter wurden 38 hochgewaltsame Konflikte identifiziert, 20 dieser Auseinandersetzungen erreichten die höchste Intensitätsstufe des Krieges. Das Jahr 2011 bot die kriegerischste Atmosphäre seit 1945. Allein ihr *War on Terror* hat die Amerikaner seit dem Jahre 2001 vier Billionen Dollar und 225.000 Menschenleben gekostet. Und dort, wo Konflikte noch nicht eskaliert sind, bestimmt allzu oft der drohende Waffengang die Logik des Alltags.

Diese Situation begünstigt natürlich den Waffenhandel. Seriösen Schätzungen zufolge haben im Jahre 2010 die Staaten insgesamt mehr als 1,6 Billionen Dollar für das Militär ausgegeben – das wären 2,6 Prozent des weltweiten Bruttoinlandsproduktes. Das Volumen für den internationalen Waffenhandel schätzte man 2009 auf 50 Milliarden Dollar im Jahr. Ein Großteil dieses Geldes fließt zu den Marktführern der internationalen Rüstungswirtschaft: den USA, Russland, Deutschland, Frankreich, Großbritannien, Spanien, China. Hinzu kommt, dass der Waffenhandel mehr als 40 Prozent der Korruption im gesamten Welthandel ausmacht. Der Journalist Andrew Feinstein konstatiert in einem aktuellen Überblick: „Waffenhandel erfolgt in geheimem Einverständnis von Staats- und Regierungschefs, Geheimdienstleuten, führenden Industrieunternehmen mit ihrer Spitzentechnologie, Geldgebern und Banken, Lieferanten, Mittelsmännern, Geldwäschern und gewöhnlichen Kriminellen."[6] Diese Verwicklungen beweisen Scheinheiligkeit und Heuchelei als politische und strategische Kriegstreiber erster Ordnung. Unser frommer Wunsch, es handle sich dabei lediglich um eine Attitüde verzeihlicher Unaufrichtigkeit, ist eine rabenschwarze Fehleinschätzung.

Neben militärischen Konflikten und Waffenhandel hat sich der Terrorismus als Global Player etabliert. Häufig sind die Aktionen von Invasionen oder Bürgerkriegen nicht mehr zu unterscheiden, zuweilen sind vollkommen neue Formen der Bedrohung entstanden, wie an den autonomen Zellen des Al-Qaida-Netzwerks deutlich geworden ist. Ganze Staaten und Landstriche sind infiltriert. Durch den zeitgenössischen Terrorismus ist der Krieg jedoch auch ortlos geworden. Er kann unvermittelt überall auftreten, ob in New York, Bali oder Madrid. Eine neue Entwicklung besteht darin, dass vermehrt auch Einzelne ihrer Umgebung den Krieg erklären, wie man in Norwegen und Belgien sehen konnte.

Kriegerische Auseinandersetzungen mit einem weitreichenden Zerstörungspotenzial finden wir mittlerweile überall. Auch in der virtuellen Welt ist der Krieg längst ausgebrochen. Staaten, Firmen und Interessengruppen agieren mit Viren und Trojanern, mit Ausspionieren und dem Lahmlegen von Servern. Auf der privaten Ebene der sozialen Netzwerke mehren sich Fälle von erschreckendem Mobbing. Nähern wir uns dem Krieg aller gegen alle, den der Philosoph Thomas Hobbes als Gegenbild zum vernünftigen Gemeinwesen wie den Teufel an die Wand malte? Im Unterschied zur Vergangenheit reicht es heute nicht mehr, die militärischen Aktionen im engeren Sinn in den Blick zu nehmen, um ein Bild der herrschenden Konflikte zu bekommen. Wir beobachten neue Formen der Kriegstreiberei, nicht zuletzt im ökonomischen Bereich. Es ist höchste Zeit, die universalen und globalen Folgeerscheinungen unseres Verhaltens in ihrem sozialen und ökologischen Zerstörungspotenzial zu bilanzieren und sich diese Ergebnisse zu Herzen zu nehmen. Die erschreckende Einsicht lautet: Der dritte Weltkrieg ist schon längst in vollem Gange.

Ein weiterer Indikator, dass wir in scheinheilig verklärten Kriegszuständen leben, ist die unbestreitbare Existenz einer riesigen Schattenwelt krimineller Unternehmungen. Laut Schätzungen der Weltbank entsprechen die durch Korruption entstehenden jährlichen Kosten einem Wert von circa 2,6 Billionen Dollar. Andere Schätzungen berechnen einen Umsatz von 1,5 Billionen Dollar pro Jahr für die weltweite organisierte Kriminalität. Im Drogenhandel wird nur der umgesetzte Wert an Kokain mit 88 Milliarden Dollar angegeben. Allein in Europa erzielt die Prostitution im Zusammenhang mit Menschenhandel Einnahmen von jährlich rund drei Milliarden Dollar. Die Einkünfte, die Schlepper durch den Transport von Migranten erwirtschaften, belaufen sich auf circa 6,7 Milliarden Dollar. Beim Rohstoffdiebstahl liegen allein die Erträge aus dem illegalen Verkauf von Nutzholz bei 3,5 Milliarden Dollar. Und in der Cyberkriminalität werden für Kinderpornografie circa zwei Milliarden Dollar umgesetzt.

Diese jährlichen Umsätze der kriminellen Schattenwirtschaft sind Hochrechnungen, da umfassende und eindeutige Berechnungen nicht zugänglich sind. Im Dunkeln bleiben auch die Kosten der Rechtssysteme, die Aufwendungen für Prävention sowie für öffentliche und private Sicherheit. Rechnet man nicht zuletzt die Opportunitätskosten für Opfer und gezwungenermaßen auch für Täter hinzu, lassen sich zweistellige Billionensummen erahnen. Trotz dieser Brisanz ist das Thema weitgehend tabuisiert. Da sich nicht nur die legale Welt, sondern auch das Verbrechen im Zuge der Globalisierung beschleunigt, ist eine transparente Aufarbeitung jedoch unverzichtbar. Die großen Verbrecherorganisationen operieren schon längst in Netzwerken, wie multinationale Konzerne es tun. Mit enormen Investitionen in die legale Wirtschaft wächst auch der ökonomische und politische Einfluss der kriminellen Gruppierungen. Die Gefahr, dass die Grenzen zwischen Legalität und Illegalität verschwimmen, ist offensichtlich. Es winken enorme Gewinne, die die Menschen an ihrer schwächsten Stelle herausfordern: der Gier.

In diesem Zusammenhang bewirken ganz automatisch auch Staats- und Finanzkrisen Szenarien, in denen große Teile der Bevölkerung in unzumutbare Existenzkämpfe gedrängt werden. In Griechenland wurde diese kriegerische Instrumentalisierung als Sippenhaft augenscheinlich. Oder will man ernsthaft behaupten, dass jeder Grieche ein schlechter EU-Bürger ist? Auch die verantwortungslose Vergabe von Krediten an nicht satisfaktionsfähige Schuldner durch amerikanische Banken belegt eine erbarmungslose Ausnutzung der Abhängigen. Ob nun Bürgerkrieg oder Finanztransaktion, wenn das Resultat zur unverschuldeten Obdachlosigkeit führt, ist der Anspruch auf Unversehrtheit nicht mehr gegeben. Selbst Arbeitnehmer, die jahrzehntelang in Pensionskassen eingezahlt haben, degradiert man zu Opfern, wenn ihre materiellen Zukunftsperspektiven durch Spekulation verspielt werden. Mir erscheint es legitim, all diese vorsätzlich herbeigeführten Zustände, die zur Existenzlosigkeit führen, als Ausdruck kriegerischer Aggression zu betrachten.

Ein ganz anderer und weniger offensichtlicher Krisenschauplatz betrifft die Mitglieder der Wohlstandsklubs, die vermeintlich in Frieden leben. Dort hat in den letzten Jahrzehnten eine spektakuläre Spaltung von innerer und äußerer Welt stattgefunden. Das innere Erleben der eigenen Person und das äußere Erleben der gesellschaftlichen Verhältnisse haben sich radikal verselbständigt. Gefühle und seelische Konfliktlagen wie Ungewissheit, Orientierungslosigkeit und Zukunftsängste finden kaum Berücksichtigung in den eigenmächtigen Strukturen der Politik, der Ökonomie und des Finanzwesens. Die Verkündigung der interessengebundenen Standpunkte durch Politiker, Manager und Medienpropheten haben nichts mehr mit der vom Zeitgenossen gefühlten Wirklichkeit zu tun. Daher verstärkt sich der Eindruck, dass diese Protagonisten der Öffentlichkeit eigennützig die Unwahrheit sagen, Vorgänge bewusst verschleiern oder eben schlicht überfordert sind. In diesem Vakuum zunehmender Verständnislosigkeit fühlen sich selbst die Bürger demokratischer Staaten mehr und mehr zu Untertanen degradiert. Sie sind mit einer Undurchsichtigkeit konfrontiert, die nicht nur frustriert und erzürnt, sondern auch Ängste erzeugt, die immer mehr zu Volkskrankheiten werden. Diese bösartige Kolonisation des menschlichen Inneren durch herrische äußere Sachzwänge hat den Charakter einer Versklavung angenommen.

Den Zustand unserer Zivilisationsgemeinschaft als Krieg zu bezeichnen heißt nicht, die unendliche Zahl von guten und wertvollen Begebenheiten sowie von wissenschaftlichen und technischen Entwicklungen zu ignorieren. Aber bedingungslos aus eigener Perspektive das für sich selbst Günstige zum objektiven Gradmesser der Bewertung zu machen ist in Anbetracht der Weltlage fahrlässig, ignorant und scheinheilig. Natürlich sind Ignoranz und Scheinheiligkeit selbst Vexierbilder, die im Auge des Täters, des Opfers, des Unbeteiligten oder des Gleichgültigen widersprüchliche Bedeutungen annehmen. Der auf Lügen basierende Irakkrieg dokumentiert auf mahnende Weise, wie Fiktionen zu Tatsachen deklariert wurden. Auch die Anomalie, dass zwei amerikanische Präsidenten diesen fortdauernden Krieg zweimal für beendet erklärt haben, belegt, wie weit sich Sprache und Realität voneinander verabschiedet haben. Dieser Irrsinn ist kein exklusives Phänomen des Westens. Die Leugnung des Holocaust durch die iranische Führung oder die lebendige Vorstellung vom Heiligen Krieg in südlichen und östlichen Regionen der Erde sind weitere Anhaltspunkte. Sie belegen die scheinheilige Anstrengung einiger Volksvertreter, den Naturkatastrophen, dem Ressourcenmangel oder dem Klimaschock selbst erzeugten Sprengstoff hinzuzufügen. Diese Vorgänge kann man im internationalen Sinne für strafrechtlich relevant halten.

Auch die Veröffentlichung geheimer US-Feldberichte durch Wikileaks[7] ließ erahnen, wie weit die absurde Wirklichkeit der Wahrhaftigkeit hinterherhinkt. Dies galt in gleichem Maße für die anschließende Debatte. Ihr Gründer Julian Assange wurde sowohl als brandgefährlicher Terrorist als auch als Heilsbringer eingestuft. Mit ihm hat man das Internet endgültig als genuines Schlachtfeld identifiziert. Aus dem amerikanischen Establishment erschallten Spionagevorwürfe und Mordaufrufe, auf der anderen Seite wurden Internet-Unabhängigkeitserklärungen ratifiziert, und die Netzaktivisten bliesen zum Sturm. Hier prallen Welten aufeinander, deren traditionelle und digitale Gesetzlichkeiten noch vollkommen unvereinbar erscheinen. Eins ist gewiss: Die großen Fragen der digitalen Gesellschaften des 21. Jahrhunderts können mit den überholten Antworten des 20. Jahrhunderts nicht gelöst werden.

Kommen wir am Schluss zum größten Kriegsschauplatz dieses Planeten. Das unvorstellbare Elend wird noch dadurch zynisch gesteigert, dass hier ein Krieg tobt, den niemand wahrhaben will. Auf der Erde leben sieben Milliarden Menschen. Für zumindest vier Milliarden von ihnen ist unser Wohlstand völlig außer Reichweite. Ihre Realität ist gekennzeichnet von Armut, Hunger und Chancenlosigkeit. Der Bioethiker Peter Singer konstatiert: „Zählt man die Armutsopfer der vergangenen zwanzig Jahre zusammen, kommt man auf mehr Opfer, als die Kriege, Bürgerkriege und Terrorregime des 20. Jahrhunderts, des Jahrhunderts von Hitler und Stalin, insgesamt gefordert haben."[8] Verhungernde Kinder, ausgetrocknete Landstriche, Epidemien, Elendsgettos – das sind ohnmächtige Stichworte des Grauens, die noch nicht einmal das riesige Heer der vollkommen Mittellosen erfassen. Damit gemeint ist jener beträchtliche Anteil der Weltbevölkerung, deren lebenspraktischer Horizont nichts weiter fokussiert als den nahen oder fernen Tod. Das, was wir „Welt" in unserem Sinne nennen, betrifft eine Gruppe von zwei Milliarden Privilegierten, denen allein die Segnungen einer ganzen Zivilisationsgeschichte zur Verfügung stehen. Dieser unhaltbare Zustand wird noch von der Tatsache übertroffen, dass weltweit rund die Hälfte der Lebensmittelproduktion vernichtet wird. Von dem, was beim Verbraucher ankommt, landet in den Wohlstandsländern wiederum die Hälfte im Mülleimer.

Eine nüchterne Bestandsaufnahme unserer Gegenwart, in der die Würde des Menschen ernsthaft berücksichtigt wird – sein Recht auf Unversehrtheit und Selbstbestimmung ungeachtet der Herkunft, der Hautfarbe, des Alters und des Geschlechts –, kommt zu einem vernichtenden Ergebnis, nicht nur in den sogenannten Krisenregionen, sondern auch in den Enklaven des Wohlstands. Die seit Jahren in der Öffentlichkeit kursierenden Schlagworte des Kriegs der Kulturen, des Atomkriegs, der Ressourcen- oder Generationenkriege, der Klimakriege, des Cyberkriegs und die Rede vom Währungskrieg unterstreichen den Eindruck eines ausufernden globalen Krieges. Vor diesem Hintergrund erscheinen auch Krieg und Frieden als Vexierbild[9], das je nach Betrachtungswinkel und Interessenlage zu unterschiedlichen Einschätzungen und widersprüchlichen Schlussfolgerungen führt. Unsere einzige Chance besteht nun darin, mithilfe eines gesunden Menschenverstandes zu versuchen, diesen einseitigen Beurteilungen aufrichtige, maßvolle und gültige Einschätzungen entgegenzusetzen. Je länger wir uns selbst belügen, desto mehr entziehen wir unserem Geist die Grundlage.

Über gesunden Menschenverstand

Wie jede zielgerichtete Reise eine Landkarte erfordert, so braucht der Mensch eine grundlegende Orientierung, um im Leben navigieren zu können. Ein intuitives und überschaubares Navigationssystem bietet uns ein gesunder Menschenverstand. In fast allen Kulturen und Zeiten geschätzt, aber mit dem Siegeszug der Scheinheiligkeit in den Hintergrund geraten, steht er nun bereit, wieder zum Einsatz zu kommen. Dieses in allen Menschen angelegte intuitive Grundvermögen ist geeignet, religiöse und kulturelle Eigenarten nachzuempfinden, unterschiedliche Lebensbedingungen zu verstehen und die Würde der anderen zu respektieren. Es handelt sich um eine individuelle und durchaus erlernbare Fähigkeit, sich in den Wirren des Lebens zurechtzufinden, einen Weg in die Zukunft zu bahnen und Verantwortung zu übernehmen. Die entscheidende Frage lautet: Lässt sich diese Form einfacher Vernunft auch auf die globale Ebene übertragen? Angesichts der weltumspannenden Krisen ist vielen Menschen bewusst geworden, wie wenig wir in der Lage sind, über den eigenen Tellerrand zu schauen. Notwendig ist eine zweite, auch globale Perspektive der Vernunft, um auf die Ebene einer kooperativen Kultur zu gelangen. Nur sie befähigt uns, aus dem Hamsterrad einer mörderischen Untergangslogik herauszukommen.

Weder der individuelle noch ein vereinter Menschenverstand bieten Patentlösungen. Es gibt nicht den einen Königsweg zum Glück. Stattdessen geht es um den Versuch, ein grundlegendes und mehrdimensionales Verständnis unserer Lebenswelt zu entwickeln. In diesem Zusammenhang wird schnell klar, dass man nur das begreifen und verarbeiten kann, was man selbst denkt und fühlt. Wir sehen die Dinge so, wie wir sie zu bewerten vermögen. Dieser Umstand der vom Beobachter abhängigen Beobachtung ist wichtig für das Verständnis des menschlichen Denkens. Wir haben es mit zwei gleichzeitigen Betrachtungswinkeln zu tun. Man kennt das Beispiel vom halb leeren oder halb vollen Glas. Diese gleichzeitige Existenz von zwei Eindrücken bezeichnet man als Vexierbilder. Es handelt sich um Bilder, die, je nachdem wie man die Wahrnehmung fokussiert, andere Objekte oder Blickwinkel ins Zentrum der Aufmerksamkeit rücken. Ein berühmtes Beispiel ist jenes Bildnis, auf dem zwei höchst unterschiedliche Frauen zu sehen sind, eine sehr junge und eine sehr alte. Man kann nur die eine oder die andere wahrnehmen, niemals beide zugleich. Unser Gehirn ist nicht in der Lage, mehrdimensionale Informationen gleichzeitig zu verarbeiten. Deshalb bleibt bei einer schnellen oder einseitigen Wahrnehmung oft die andere Hälfte vom ganzen Bild verborgen.

Dass wir vieles nicht verstehen, das meiste nicht kennen und eine Menge falsch interpretieren, gehört zu unserem Schicksal. Dazu gesellen sich aber noch besonders vertrackte Phänomene, wie das Beispiel der Vexierbilder veranschaulicht, die uns je nach persönlichem oder kollektivem Verständnis auf völlig falsche Fährten locken können. Die Brüder Grimm sprechen in ihrem Wörterbuch von einem in der Zeichnung verborgenen Betrug. Franz Kafka unterstrich diese paradoxe Annahme und sagte, dass das Versteckte in einem Vexierbild deutlich und gleichzeitig unsichtbar sei. „Deutlich für den, der gefunden hat, wonach er zu schauen aufgefordert war, unsichtbar für den, der gar nicht weiß, dass es etwas zu suchen gilt.“[10] Diese Doppeldeutigkeit verweist auf die Begrenztheit unserer Wahrnehmung und erfordert den Maßstab des Konkreten, um zu klaren Bewertungen zu gelangen.

Der Begriff des gesunden Menschenverstands wird seit der Antike kontrovers diskutiert. Fast alle großen Denker haben das Thema gestreift, aber auf eine praxistaugliche Beschreibung hat man sich nicht einigen können. Einstein verlachte ihn, Marx verhöhnte ihn als bürgerliche Borniertheit, und Nietzsche verachtete ihn als ordinären Allerweltsglauben. Auf der anderen Seite gab es ganz andere Stimmen: Cicero zählte ihn zur Grundausstattung des Menschen, Kant sah ihn als „Probierstein der Orientierung“, und Hannah Arendt bezeichnete ihn als „Wirklichkeitssinn“. Die Internetrecherche fördert ein unüberschaubares Sammelsurium weitschweifiger Texte zutage, die von einer praktischen Anwendung eher wegführen. Bücher, die anhand ihres Titels Auskunft erwarten lassen, überraschen mit esoterischen Heilsbotschaften. In einigen großen Enzyklopädien dagegen sucht man brauchbare Einträge vergeblich. Insgesamt erscheint ein verworrenes Bild, das vermutlich den momentanen Stellenwert des gesunden Menschenverstandes recht gut widerspiegelt.

Die Dringlichkeit seiner Anwendung im 21. Jahrhundert lässt sich im historischen Rückblick auf eine Vielzahl internationaler Vordenker zurückführen. Insofern ist es hilfreich, sich kurz mit der langen Entwicklung des hier verwendeten Begriffs zu beschäftigen. Der gesunde Menschenverstand ist ein Produkt der europäischen Geistesgeschichte.

Im Englischen heißt er *common sense*, im Französischen *sens commun* oder *bons sens* und im Lateinischen *sensus communis*. Dieser Terminus bildet die Grundlage des Gedankenkomplexes und ist eine Übersetzung des von Aristoteles geschaffenen Wortes *koine aisthesis*, das knapp als „Gemeinsinn" übertragen werden kann. Der große Philosoph hat also die Initialzündung gegeben, indem er neben den fünf bekannten Sinnen einen sechsten Sinn eingeführt hat, den gemeinsamen. Dieses synergetische Konstrukt ist von vielen Denktraditionen jahrhundertelang bearbeitet worden. Die Persönlichkeiten, die sich mit diesem Thema auseinandergesetzt haben, bilden ein Pantheon der Geistesgrößen. Platon, Cicero, Thomas von Aquin, Leonardo da Vinci oder René Descartes waren darunter, um nur wenige zu nennen.

Einer der bedeutendsten, wenn auch ein kritischer Verfechter des gesunden Menschenverstands war Immanuel Kant. Ihm erschien die nicht wissenschaftliche Urteilsfähigkeit gemäß empirischer Prinzipien höchst bedeutsam. Er sah im gemeinen Verstand ein Vermögen und eine Erkenntnisbasis, um gemeinsame Urteile *in concreto* einzusehen. Für ihn war er der Sinn für das Machbare und das Realistische. Kant sah darin ein unentbehrliches Wahrheitskriterium. Darin steckt die Botschaft, die eigenen Urteile mit denen der anderen zu vergleichen und möglicherweise auftretende Widersprüche zum Anlass einer erneuten Selbstprüfung zu machen. Die seit der Aufklärung zentrale Fähigkeit des Selbstdenkens bildet hier einen wesentlichen und konkrethischen Kern.

In Bezug auf sein Potenzial für unsere Lebensbewältigung scheint mir ein gesunder Menschenverstand der Retter in der Not zu sein. Mit seiner Hilfe werden wir uns gegen die herrschende „Sinnflut" behaupten. Es ist deshalb an der Zeit zu schauen, welche Rolle er heute spielen kann. Der Theologieprofessor Calvin Ellis Stowe bezeichnet ihn als Talent, die Dinge zu sehen, wie sie sind, und Dinge zu tun, die getan werden sollten. Jetzt geht es darum, in einem gemeinsamen Verständigungsprozess jene grundlegenden Lebenseinsichten herauszuarbeiten, die jedem Menschen zur Verfügung stehen. Die menschliche Orientierung beruht auf dem ganzen Spektrum praktischen Alltagswissens, einem verinnerlichten Verhalten, das von der Notwendigkeit der Ernährung bis zur Erholsamkeit des Schlafes reicht und sich unserer bewussten Wahrnehmung weitgehend entzieht.

Eine vertraute Alltagssituation kann die Funktion eines gesunden Menschenverstandes recht anschaulich dokumentieren. Bei jeder Fahrt im Straßenverkehr vollzieht sich Erstaunliches: Ohne nachzudenken, orientieren sich die meisten Verkehrsteilnehmer an den gegebenen Verhältnissen. Diese unaufgeregte Akzeptanz der gegenseitigen Abhängigkeit ist den Fahrern so selbstverständlich, dass fast alle Handlungen automatisch erfolgen. Die Reibungslosigkeit des Ablaufs wird noch dadurch verstärkt, dass sich fast alle Fahrenden von selbst vorausschauend verhalten. Dieser Selbstschutz gewinnt unwillkürlich eine Qualität der Rücksichtnahme. Bei der riesigen Masse von Automobilen auf unseren Straßen erscheint dieses Gelingen weit spektakulärer als die punktuell auftretenden Unfälle. Wer sich dennoch nicht an die Ordnung hält, indem er beispielsweise dauernd hupt, zu nah auffährt oder rechts überholt, verstößt nicht nur gegen abstrakte Regeln, er weckt auch den Zorn der übrigen Fahrer. Die vertraglose Übereinkunft anonymer Verkehrsteilnehmer wäre ohne den nahtlosen Einsatz eines gesunden Menschenverstandes gar nicht denkbar. Natürlich bilden die Verkehrsregeln das entscheidende Koordinatensystem, an dem man sich orientiert, aber ohne deren Verinnerlichung fingen wir immer wieder von vorne an. Wie immer ein Unfall sich ereignet – in irgendeinem Moment ist der gesunde Menschenverstand nicht zum Einsatz gekommen.

Ob man in der Wissenschaft neue Motoren entwickelt, sich in den Konzernen zu geringerem Benzinverbrauch durchringt, ob man Fiat oder Rolls-Royce fährt, spielt für einen gesunden Menschenverstand im Straßenverkehr keine Rolle. Seine Orientierung liegt einzig und allein in dem Bestreben, das Leben unbeschadet weitergehen zu lassen. Ein gesunder Menschenverstand ist ein natürliches inneres Reaktionssystem, das versucht, in diesem Sinne in jedem Moment richtig zu handeln. Das Gefühl der Angemessenheit richtet sich zweifellos auch nach den kulturellen Bedingungen. Mein Loblied auf die Funktionstüchtigkeit des westeuropäischen Straßenverkehrs kann nicht auf Indien übertragen werden. Dort besitzt ein gesunder Menschenverstand eine andere Grundierung. Auch Eskimos, Chinesen oder Brasilianer besitzen jeweils eigene Ausrichtungen ihres Realitätssinnes. Aber allen ist gemeinsam, dass sie über ein solches praktisches Urteilsvermögen verfügen. Der gesunde Menschenverstand bezieht sich ausschließlich auf handfeste Dinge, man könnte ihn auch als Alltagsweisheit bezeichnen. Strategien und Theorien gehören nicht zu seinem Wesen. Er ist ausschließlich auf eine positive Gestaltung der Lebensumstände ausgerichtet und insofern ein zentrales Instrument des Überlebens.

Sein Handlungsvermögen entspringt keiner ethischen oder moralischen Einsicht, sondern schlicht und einfach praxiserprobter Intuition für richtiges Verhalten. Man kann ihn durchaus als ein Bauchgefühl werten, das den Kontakt mit dem eigenen Selbst nicht verloren hat. Je stärker diese Fähigkeit der Selbstbesinnung ausgebildet ist, desto größer erscheint die Chance, sich in andere Menschen einzufühlen und ihre Absichten zu erahnen. Seine wohl wichtigste Anregung liegt in der pragmatisch gewonnenen Erkenntnis, dass sich die Menschen nicht grundsätzlich voneinander unterscheiden. Er ist wie ein innerer Kompass in uns angelegt. Und je besser er funktioniert, desto sicherer und weitreichender greift unser Urteilsvermögen.

Der Philosoph Robert Nehring hat eine der seltenen ernsthaften Auseinandersetzungen mit dem Phänomen des gesunden Menschenverstands verfasst. Für ihn steht der *common sense* „für eine Gabe natürlicher Intelligenz bei rationalen Geschöpfen – für gewöhnlichen, normalen oder durchschnittlichen Verstand wie für einfache Weisheit oder Klugheit, über die jeder verfügt."[11] Es handelt sich um einen allgemeinen Sinn, eine Urteilskraft oder ein Gefühl bei Personen oder Gruppen, in dem sich ein Sinn für das Verhältnismäßige und das Verallgemeinerbare äußert. Der *common sense* repräsentiert den Normalverstand und besitzt die Attribute der Selbstverständlichkeit, der Gradlinigkeit und der Unbeirrbarkeit. Seine Handhabung ist praktisch, anschaulich und nachvollziehbar. Insofern ist er klar und deutlich von abstraktem Expertenverstand, von wissenschaftlichem und systemischem Wissen zu unterscheiden. Er entspricht einem Realitätssinn, der auf Erfahrung und Anwendung basiert. Sein Feld sind die praktischen Erfahrungsbeispiele und die konkreten Situationen. Strategische, spekulative oder esoterische Einschätzungen liegen außerhalb seiner Praxis.

Seine Urteilssicherheit beinhaltet auch die Intention, im Einklang mit der Allgemeinheit zu stehen. Er versetzt sich in die Perspektive anderer und berücksichtigt einen allgemeinen Standpunkt. Er orientiert sich an den zu teilenden Überzeugungen. Es ist diese Kraft des Brückenbaus, die ihm auch einen moralischen Charakter verleiht. Die Berücksichtigung anderer Vorstellungen entspringt dem Bemühen um Zustimmungsfähigkeit. Seine verallgemeinerbaren Fähigkeiten machen ihn zu einem Wegbereiter des Alltagsvermögens, ohne den eine lebenswerte Koexistenz in der Zukunft kaum realisierbar erscheint. Sein Leistungsspektrum umfasst auch die Aufgabe, eine gesunde Einstellung zu Egoismus und Eigennutz zu entwickeln. All diese Elemente gemeinsam machen ihn zum Inbegriff geteilter Überzeugungen. Die Idee, den gesunden Menschenverstand als *common sense* zu bezeichnen, war ein genialer Gedanke zur Gemeinschaftsbildung.

Zugleich ist der gesunde Menschenverstand keine hundertprozentig zuverlässige Quelle gesicherten Wissens oder moralisch einwandfreier Urteile. Er bedarf der ständigen Überprüfung an den konkreten Ergebnissen der Alltagspraxis. Gemeinplätze und Vorurteile Einzelner können je nach gesellschaftlichen Umständen unreflektiert auf die Allgemeinheit übertragen werden. Die Geschichte liefert viele Belege für diese Gefahr der Bildung von Vorurteilen und der Popularisierung von Irrtümern. Wer sich zur Durchsetzung seiner Strategien wider besseres Wissen auf den gesunden Menschenverstand beruft, trägt zur Abwertung seiner Glaubwürdigkeit bei. Ein Missbrauch, der auch den Tatbestand der Scheinheiligkeit erfüllt. Diese unterschiedlichen Nutzungsoptionen machen auch ihn zu einem Gegenstand der Widersprüchlichkeit.

Anders als der Name vermuten lässt, verfügt nicht jeder Mensch in gleichem Maße über diesen Verstand. Ein Mindestmaß an Lebenserfahrung und Realitätstüchtigkeit ist notwendig. Auch der Vollbesitz des geistigen Vermögens im medizinischen und psychologischen Sinne ist eine Voraussetzung. Vorsicht ist allerdings dort geboten, wo das „Gesunde" als das nicht von der Gruppennorm Abweichende verstanden wird. Eine der zentralen Funktionen eines gesunden Menschenverstands besteht darin, den Einzelnen gegenüber fehlgeleiteten Gruppenprozessen skeptisch und widerständig werden zu lassen.

Vereinfacht gesagt verfügt ein gesunder Menschenverstand über zwei unterschiedliche Seiten. Auf der einen Seite steht das für fast jedermann Nachvollziehbare und Selbstverständliche, auf der anderen Seite aber auch das, was dadurch verborgen und verdeckt bleibt. In einem ewigen Kreislauf, der das Alte und Neue, das Bewusste und Unbewusste immerfort ineinander transformiert, wandelt sich auch der Horizont der Selbstverständlichkeit wie ein dynamisches System. Ein gesunder Menschenverstand repräsentiert keine unumstößliche Wahrheit mit unveränderlicher Gültigkeit, sondern er besitzt je nach Gesellschaft, Epoche und Kultur eine eigene Prägung. Wenn die mit dieser Prägung verbundenen Normen und Wertvorstellungen ins Wanken geraten, entstehen Unsicherheit und Krisenanfälligkeit. In Zeiten der Veränderung reicht das alte Erfahrungswissen nicht mehr aus, um die neuen Herausforderungen zu meistern. Dieser Verlust des Selbstverständlichen kann wie eine Infektionskrankheit verstanden werden, die das Immunsystem von Individuen, Familien, Ländern und Kontinenten angreift. Die Symptome reichen von der individuellen Desorientierung bis hin zu kriegerischen Entgleisungen. Der Menschenverstand wird sozusagen von einer Krankheit heimgesucht und verliert den Status seiner Unversehrtheit. Es bilden sich Widersprüche, und er verliert den Zugang zu seiner natürlichen Selbstverständlichkeit.

Gesundheit bedeutet in diesem Zusammenhang, dass das Alltagsdenken über einen widerspruchsfreien Zugang zur Allgemeingültigkeit verfügt. Den Wert dieses Gesundheitsaspektes kann man leicht nachvollziehen, wenn man sich ihm von seinen Auswirkungen her nähert. In diesem Fall betrachten wir seine Abwesenheit, seine Leugnung oder sein schleichendes Verschwinden. Ein kranker Menschenverstand ist in diesem Sinne derjenige, der abhandenkam oder im Begriff ist, sich zu verabschieden. Bei Neurosen oder psychopathischen Entwicklungen ist diese Möglichkeit offenkundig. Die zeitgeistige Verdummung, die ich als einen Prozess der Verscheinheiligung begreife, verstärkt diesen drohenden Verlust. Auch bei schizophrenen oder paranoiden Menschen können diese Symptome festgestellt werden: Allmählich verschwindet die Fähigkeit, Dinge im gesunden Licht zu sehen. Man verliert das Gespür für andere Menschen und andere Meinungen. Die Auflösung des Taktgefühls verringert die Verhaltenssicherheit, auf Situationen angemessen zu reagieren. Die Spielregeln mitmenschlichen Handelns geraten aus dem Blick. Orientierungslosigkeit beschädigt das Urteilsvermögen fundamental.

Im ersten Schritt betrifft dies weniger das Vermögen, zwischen Wahrem und Falschem zu unterscheiden, als vielmehr das Gefühl für das Wahrscheinliche und das Unwahrscheinliche. Während Philosophie und Wissenschaft die klassischen Arenen der Suche nach dem Wahren sind, obliegt es einem gesunden Menschenverstand, sich mit dem Wahrscheinlichen auseinanderzusetzen. Es ist für das menschliche Leben unverzichtbar, die Dinge im Sinne der tatsächlichen Sachlage zu beurteilen. Robert Nehring konstatiert: „Eine Zurückdrängung des gesunden Menschenverstands wäre verheerend. Verloren ginge das die Menschen verbindende, gegenseitige Verstehen ermöglichende, Orientierung und Bedeutung gebende Grundverständnis von der Welt."[12]

In einer überschaubaren Welt fällt es einem gesunden Menschenverstand leicht, seinen Dienst zu verrichten. In den Industrienationen ist er in den Jahrzehnten des rasenden Wandels auf bedenkliche Weise ins Abseits geraten. Als inneres Instrumentarium einfacher Prinzipien wird er in einer Zeit der Maßlosigkeit und Hyperkomplexität offensichtlich als Fremdkörper und Störenfried empfunden. Aber gerade weil wir uns nicht mehr auskennen, erscheint mir die Wiederentdeckung dieses inneren Orientierungssinns von existenzieller Bedeutung.

Allerdings lässt sich der gesunde Menschenverstand nicht mit Aufträgen von außen manipulieren. Er ist unmittelbar mit dem Selbstwertgefühl des Menschen und seiner Orientierungsfähigkeit verbunden. Da wir die meisten Prozesse der uns umgebenden Geschehnisse von den universalen Bedrohungen bis zur Weltwirtschaft nicht mehr verstehen und nachvollziehen können, ist auch die Verbindung zum gesunden Menschenverstand abgerissen. So treiben wir entwurzelt durch eine rationalisierte und ökonomisierte Welt, in der der Mensch zunehmend als Versuchskaninchen und Ware gehandelt wird.

Doch diese Instrumentalisierung stößt immer deutlicher auf Ablehnung. Überall auf der Welt sind Bewegungen junger und engagierter Leute entstanden, die nach aktiver Beteiligung an der Gestaltung ihrer Gesellschaften verlangen. Auch ihnen möchte ich ans Herz legen: Da die politischen, ideologischen und religiösen Gräben, die unseren Planeten überziehen, heute noch unüberbrückbar erscheinen, sollten wir die Annäherung auf kleinerer Flamme probieren. Ein gesunder Menschenverstand steuert eine grundsätzlich friedfertige und maßvolle Perspektive bei – auch wenn er durch die jeweilige Kultur geprägt wird, in der jemand lebt und seine Erfahrungen sammelt. In der Besinnung auf einfache und pragmatische Lebenseinstellungen steckt zumindest die Möglichkeit, der allgemeinen Ziellosigkeit etwas Greifbares entgegenzusetzen. Wissenschaftliche, ökonomische, technologische und intellektuelle Entwicklungen werden damit keineswegs aufgehalten, aber es können ihnen menschennahe Bezugspunkte zugeordnet werden, damit sie sich nicht weiter vollkommen losgelöst verselbständigen.

Richard Layard, Gründungsrektor der London School of Economics, steuert einen vorwärtsgewandten Ansatz zur Diskussion bei. Neben seiner Konzentration auf wirtschaftswissenschaftliche Themen hat er den Mut gehabt, sich mit den Bedingungen eines gelingenden Zusammenlebens auseinanderzusetzen. „Wenn wir aber wirklich glücklich leben wollen, dann brauchen wir ein gemeinsames Ziel, ein gemeinsames Gut oder Gemeinwohl, zu dem wir alle unseren Beitrag leisten können."[13] In der Schlussbetrachtung seines Buches *Die glückliche Gesellschaft* macht er deutlich, dass er sich kein besseres Ziel vorstellen kann als das größtmögliche Glück für alle und jeden Einzelnen. Nun ist auf absehbare Zeit keine Chance in Sicht, diesen Planeten in ein Schlaraffenland zu verwandeln. Gleichheit und Brüderlichkeit sind wertvolle ethische Ideale, und es ist sinnvoll, sie hochzuhalten. Aber die biologische, soziale und individuelle Ausstattung des Menschen widerspricht dieser Utopie. Von Mensch zu Mensch und von Kultur zu Kultur wird es Personen geben, die ihre vielfältigen Anlagen in weit auseinanderliegenden Dimensionen ausleben werden. Und wenn wir ehrlich sind, hat in der Vergangenheit die ganze Welt von einigen dieser Persönlichkeiten erheblich profitiert und unter anderen unvorstellbar gelitten. Es scheint sinnlos, den Besten und den Schlechtesten einer Klasse auf einem Niveau ansiedeln zu wollen. Wenn jeder seines Glückes Schmied ist, dann gibt es auch Milliarden unterschiedlicher Wege, sich diesem Glück anzunähern. Es ist vor diesem Hintergrund nicht hinnehmbar, dass ein Drittel der Menschheit die Segnungen der letzten hundert Jahre in Anspruch nehmen darf und zwei Drittel noch in fast mittelalterlichen Lebensumständen hausen. Es ist untragbar, einen bedeutenden Teil der Menschheit chancenlos zurückzulassen, ohne unentwegt zu versuchen, diese Schere zu schließen. Gleichzeitig wäre es absurd, den dynamischen Fortschritt in der Hirnforschung oder in der Medizin aufhalten zu wollen.

Um die „Sinnflut" des 21. Jahrhunderts zu kanalisieren, benötigen wir dringend ein Mindestmaß an gegenseitiger Verständigung und persönlicher Orientierung. Zur Verwirklichung dieses Ziels sehe ich gar keine andere Möglichkeit, als ein jahrhundertealtes Bewusstsein zu aktivieren, das auch über den Zweifel der Parteilichkeit erhaben ist. Warum stellen wir uns nicht erst einmal gemeinsam jene Fragen, die mit der praktischen Vernunft zu beantworten sind? Da die neuen Kommunikationstechniken uns Instrumente an die Hand geben, uns selbst zu organisieren, steht einer kollektiven Willensbildung nichts im Wege. Schon Galileo Galilei hat mithilfe hocheffizienter Ferngläser ein altes Weltbild umfassend revolutioniert. Ich denke, ein gesunder Menschenverstand ist das geeignete Werkzeug, um Dummheit und Scheinheiligkeit auf die Schliche zu kommen. Wenn wir jetzt die Diskussion in die Breite tragen, in Familien, in Schulen, in alle gesellschaftlichen Ebenen, müsste es doch möglich sein, dem gesunden Menschenverstand in einer derart vernetzten und vernetzenden Form neues Leben einzuhauchen.

Fast jeder Lebensbereich ist in den letzten Jahrzehnten wissenschaftlich und publizistisch beobachtet worden. Nur dem gesunden Menschenverstand haben wir die Aufmerksamkeit verwehrt. Wie die Hirnforschung allmählich auch die zentrale Rolle der Intuition bestätigt, so sollten wir den Mut finden, uns in Anbetracht der Auflösung unserer Gewohnheiten und Ordnungen der einfachen Grammatik unseres gesunden Menschenverstandes zu vergewissern. Es ist bezeichnend für uns Menschen, dass gerade das uns am allernächsten Liegende oft besonders schwer zu fassen ist. Das Magnetfeld unseres Egos ordnet die vielschichtige Realität nach subjektiven Erwägungen. Das Naheliegende wird heillos komplex und undurchschaubar. Eine Haltung und einen Standpunkt der Distanz einzunehmen erfordert Charakterstärke, meditative Veränderung des Blickwinkels und ständiges Üben.

Zugleich benötigen wir im Kleinen wie im Großen zumindest eine oberflächliche Mustererkennung, die wie eine Landkarte Orientierung ermöglicht. Die philosophische Analyse und die wissenschaftliche Kausalitätsforschung sind Basis und Baustein zukünftiger Entwicklungen. Aber auf ein diesen bewussten Kompetenzen vorgelagertes synergetisches und ganzheitliches Erfassen der uns umgebenden Welt können wir nicht verzichten. Dieses Alltagsvermögen muss einer überwiegenden Mehrheit der Erdenbürger zugänglich sein, es muss interkulturell nachvollziehbar sein und mit dem Wissen über unsere innere wie äußere Realität abgeglichen werden. Ansonsten sind wir dazu verurteilt, das Wort Fortschritt durch das Wort Blindflug zu ersetzen.

Über Konkrethik

Betrachtet man eigene oder fremde Verhältnisse als Wetterphänomene, die man nicht beeinflussen kann, oder will man irgendeine Form der Verantwortung übernehmen? Schon einfachste Fragen der Lebensgestaltung und Berufsethik scheinen heutzutage die Unterstützung von Rechtsanwälten, Psychotherapeuten, Pressereferenten, Ernährungsberatern und Fitnesstrainern zu erfordern. Diese Lebenseinstellung stand mir allmählich bis zum Hals. Bereits im Jahre 2006, als ich an meinem Buch *Goldkinder* arbeitete, habe ich die Idee der Konkrethik entwickelt. Seit dieser Zeit beschäftige ich mich mit dem Versuch, eine allgemein zugängliche Grundlage für richtiges Handeln zu entwerfen. Ausgangspunkt waren emotionale und intuitive Eindrücke auf der Ebene des gesunden Menschenverstands. Zunächst wollte ich mir selbst helfen und eine konkrete Umsetzung ethischer Haltungen in der Praxis erarbeiten. Schnell wurde mir klar, dass es einer wirklichen Kunstfertigkeit und Selbstbeherrschung bedurfte, um endlich zu lernen, in vielen Situationen Nein zu sagen. Bei diesen ganz praktischen Selbstversuchen war es unumgänglich, Illusionen zu entlarven und Widersprüche zu entdecken.

Die neue Perspektive führte dazu, dass ich mich von Scheinheiligkeiten umzingelt sah. Ich musste meine Innen- und Außenwelt neu synchronisieren und kalibrieren. Unabweisbar wurde der Gedanke, dass es auch darum ging, bestimmte Dinge nicht zu tun, weil diese möglicherweise zum Nachteil anderer gereicht hätten. Der banale Satz „Es gibt nichts Gutes, außer man tut es" bekam unversehens eine praktische Bedeutung. Mir wurde bewusst, dass die wirkliche Freiheit nur im eigenen Handeln liegt – wenn es auch zu einer tatsächlichen Ausführung kommt. Ich konnte faktisch spüren, wie mein Gehirn in neue Bahnen gelenkt wurde. Immer wenn die Kraft nicht ausreichte, den inneren Schweinehund zu bewegen, griff ich auf mein konkrethisches Motto zurück: *dictum factum – gesagt, getan*, und kam mühsam einen Schritt weiter. Auf zunehmend entkrampfende Weise habe ich so das Potenzial eines gesunden Menschenverstandes immer deutlicher wahrgenommen.

Aber war das neu gefundene Instrumentarium auch auf so etwas Großes anwendbar wie die abhandengekommene Einheit zwischen Geist und Natur? Die Errungenschaften der Technik versetzen uns in die Lage, sowohl Geist wie auch Natur fundamental zu bearbeiten und zu verändern. Diese Prozesse unterliegen einem ständigen Wandel, der allem Anschein nach aus dem Gleichgewicht geraten ist. Wie finden wir eine Lösung für dieses Dilemma? Ein gern verwendetes Zauberwort bei der Suche nach Antworten lautet: Wissen beziehungsweise Wissensgesellschaft. Diese vielversprechende Bezeichnung suggeriert, dass ausreichendes Erkenntnisvermögen vorhanden ist. Schauen wir uns die Wissensbasis am Beispiel der Ozonproblematik an, betreten wir wieder scheinheiliges Gelände. Die meisten Menschen wissen um die Bedeutung der Ozonschicht für unsere Lebenserhaltung und auch, dass diese gefährdet ist. Die Klimakonferenzen und ihre lächerliche Unverbindlichkeit hingegen zerreiben jede ernsthafte Maßnahme zu Staub. Offensichtlich ist unser verfügbarer Wissenshorizont keine Hilfe, unverzichtbare Aktivitäten umzusetzen oder Gewohnheiten zu verändern. Insofern sollten wir lieber von Informationen sprechen, die erst die Stufe von handlungsrelevantem Wissen erreichen, wenn sie verinnerlicht und angewandt werden. Auch avancierte Wissensgesellschaften bieten keine Garantie für richtiges Verhalten. Schon im Jahre 1934 resümierte der Wissenschaftsphilosoph Karl Popper, dass unser Wissen ein kritisches Raten, ein Netz von Hypothesen, ein Gewebe von Vermutungen ist.

Im Spiegel unserer Informationen erscheint ein Ozonloch als etwas Abstraktes, und je abstrakter ein Phänomen für uns ist, umso größere Schwierigkeiten haben wir, ein umfassendes Verständnis zu erlangen. Wir kennen das Problem nicht nur aus der Naturwissenschaft oder der Mathematik, sondern auch in Bezug auf Finanzkrisen, Umweltkatastrophen oder die Politik. Das Abstrakte vollzieht sich im Kopf, während sich unsere Realität im Konkreten äußert. Da das Abstrakte in erster Linie einen geistigen Vorgang verlangt, scheint es grenzenlose Möglichkeiten zu geben, sich diesem zu nähern. In diesem Universum ist es leicht, Mut zu haben und waghalsig zu theoretisieren. Aber wer konkret etwas unternimmt, setzt sich der Überprüfung und dem Risiko aus. Den Trott einer dösenden Mehrheit zu stören, hinter die Kulissen der Machttheater zu blicken, aktiv gegen Missstände aufzubegehren – das erfordert weit mehr Mut und Charakter, als sich scheinheilig in abstrakten Vorschlägen und Ankündigungen zu verausgaben.

Konkret zu handeln heißt, Nägel mit Köpfen zu machen. Es bedeutet, scheitern zu können, Fehler zu begehen, Nebenwirkungen zu erzeugen, sich selbst zu überfordern oder Gegner auf den Plan zu rufen.

Nur im konkreten Handeln zeigt sich, ob wir einer Sache gerecht werden, eine Tugend wirklich beherrschen und unsere Authentizität höher stellen als die Verführung durch das Scheinbare. In diesem Zusammenhang wird auch die Ethik leicht zum gefährlichen Terrain. Grundsätzlich hat das Gute und Wahre eine Menge Fans und Verehrer. Aber leider teilen sie sich in eine Minderheit konkret Ausübender und in eine Mehrzahl bloßer Liebhaber. Seit Jahrhunderten treiben wir in den Gezeiten ethischen Hoffens und Wünschens. Ein unabweisbares Fundament unseres Zusammenlebens sind sie nicht geworden, eher ein Relikt musealer Gewissensberuhigung. Daher brauchen wir eine Konkrethik, die sich aus der formalen Bewunderung löst und endlich die Stufe der praktischen Umsetzung erklimmt. Zu dieser Praxis gehört es auch, Passivität nicht als Neutralität zu interpretieren. Die Unterlassung des Guten hat, ebenso wie die Ausübung des Bösen, negative Konsequenzen.

Die Konkrethik kann eine Brücke schlagen zwischen Geist und Natur, Innen- und Außenwelt, Wissen und Verantwortung. Dazu gehört auch, dass wir erst verstehen, bevor wir den Anspruch erheben, verstanden zu werden. Die Konkrethik ist ein Seismograf, um die Verschiebungen der Scheinheiligkeit sichtbar zu machen. Bei der notwendigen Synchronisation von Innen- und Außenwelt eröffnen sich viele unlautere Interpretationen. Eine verlässliche Auskunft über uns selbst und das Spektrum der Taten, zu denen wir imstande sind, erhalten wir erst dann, wenn es konkret wird. Im Moment ist das Einzige, was zählt, das konkrethische Tun. Die österreichische Schriftstellerin Marie von Ebner-Eschenbach hat gesagt: „Wer den Augenblick beherrscht, beherrscht das Leben." Nur wer einer zwielichtigen Gelegenheit widersteht, lernt seine Selbstbeherrschung und die Stärke seiner ethischen Grundsätze kennen. Es ist leicht, die Trockenübungen des Guten in der Theorie ablaufen zu lassen. Am Firmament der Scheinheiligkeit bleibt der Himmel ungetrübt. Die verschwommene Annahme der eigenen Unschuld stellt die Ampeln der Selbstkontrolle immer auf Grün. Im Talmud wird dieser Vorgang wunderbar beschrieben: „Fehlt die Gelegenheit zum Stehlen, glaubt der Dieb, er sei ehrlich."

Es geht hier nicht darum, eine neue Ethik zu erfinden. Die wird seit Jahrtausenden entwickelt und verfeinert und bildet ein großartiges Gerüst für moralisches Denken. Die Konkrethik ist vielmehr ein eigenständiges Anwendungsmodell, das seine Leistungen aus der Sicht der erzielten Ergebnisse betrachtet und bewertet. In Verbindung mit einem gesunden Menschenverstand reduziert sie die unendliche Fülle möglicher Verhaltensweisen auf zentrale Perspektiven, die zügiges und nachvollziehbares Handeln möglich werden lassen. In diesem Sinne ist mit Konkrethik eine praktische Aufrichtigkeit gemeint, mit bestem Gewissen etwas verantwortungsbewusst zu Ende zu bringen und umzusetzen. Konkrethik manifestiert die Verantwortung für die Folgen des eigenen Handelns. Schon im Matthäusevangelium wird verkündet: „An ihren Früchten sollt ihr sie erkennen." Darin steckt auch die konkrethische Botschaft, dass wir jeden Anfang besser begreifen, wenn wir ihn vom Ende her denken.

In diesem Sinne erschallt mittlerweile überall der Ruf nach Transparenz. Es ist jedoch zwingend notwendig, zwischen konkrethischer und strategischer Transparenz zu unterscheiden. Während die erste zu Recht nach lückenloser Aufklärung und prozessualer Klarheit verlangt, richtet sich die zweite in erster Linie nach den eigenen Interessen aus. Diese Form der Transparenz wird zwar inflationär beschworen, sie ist aber nichts anderes als der Wunsch nach Bestätigung eigener Interpretationen – und damit alles andere als konkrethisch, sondern scheinheilig. Diese bedrohliche Seite der Transparenzgesellschaft will alle Prozesse kontrollieren, steuern und berechnen. Sie ist der Ausdruck eines tiefen Misstrauens und ein Nachweis verlorenen Vertrauens. Im Umgang mit der Transparenzformel erleben wir einen Überfluss an Worten und Versprechungen im Schulterschluss mit einer kläglichen Ausbeute an Taten und Erfüllungen. Betrachten wir zum Beispiel die Diskussionen um die Managergehälter, hören wir viel Gerede, aber kaum Fakten. Im Umgang mit einer lautstark geforderten Transparenz, die davon ablenken soll, dass eigene Verpflichtungen nicht erfüllt werden, ist Wachsamkeit gefordert.

Wie könnte eine ehrliche Bestandsaufnahme stattdessen aussehen? Wissenschaftliche Berechnungen gehen davon aus, dass die Zahl der in den letzten 52.000 Jahren geborenen Menschen bei circa 110 Milliarden liegt. Es war allerdings erst im Jahr 1804, dass die Milliardengrenze überschritten wurde, und nach mittleren Prognosen werden wir bereits im Jahre 2050 mehr als neun Milliarden Erdenbewohner haben. Angesichts der uns bereits bekannten Versorgungs- und Umweltprobleme können nach den bisherigen Erfahrungen massive Verteilungskämpfe gar nicht ausbleiben. Schon heute, da ausreichend Mittel zur Verfügung stehen, lebt mehr als die Hälfte der Menschheit in prekären Verhältnissen.

Die individuelle und kollektive Wirklichkeit wird geprägt von geografischen, politischen, ökonomischen und kulturellen Faktoren. Über diesen realitätsnahen Lebensverhältnissen hat sich seit 20 Jahren ein neuer globaler Horizont ausgebreitet, der strukturell einer Weltgesellschaft nahekommt. Der Preis für diese im Prinzip großartige Entwicklung ist hoch. In kaum 200 Jahren haben wir das naturbedingte Gleichgewicht von Milliarden Jahren Erdgeschichte durcheinandergewirbelt. Wissenschaftler schätzen den gesamten Jahresertrag des globalen Bioreichtums auf rund 32 Billionen Dollar. Wie präzise diese Zahl auch sein mag, in ihr steckt eine ungeheure Botschaft: Wir alle sind Nutznießer eines naturgegebenen Vermögens, das wir ignorant als völlige Selbstverständlichkeit hinnehmen. Die Natur ist der Garant einer unersetzbaren Grundlagenversorgung. Und wir greifen immer massiver in sie ein.

Neben diesem globalen Raubbau am Allgemeingut vollzieht sich eine profitorientierte Aneignung der Bioressourcen durch einzelne Gruppen und Staaten – je nach Verfügungsgewalt. Die Beantwortung der Frage, wem die Welt gehört, wird für den Menschenverstand immer unverzichtbarer, um sich grundlegend orientieren zu können. Aus rechtlicher, ökonomischer oder religiöser Perspektive lassen sich eine Menge Antworten finden, die vom jeweiligen Standpunkt geprägt sind. Sie liefern jeweils einsichtige Begründungen, aber keine Lösungen. Die Konkrethik markiert den Versuch, über konkurrierende Ideale hinaus auf konkrete Problemstellungen mit definitiven Lösungen zu reagieren. Je mehr der Staudamm offener Fragen überläuft, desto weniger können wir uns zeitverzögerte Antworten leisten. Die notwendige radikale Urteilsfindung wird nicht die Interessen aller Beteiligten befriedigen. Deshalb muss der Fokus auf die Berücksichtigung der gemeinsamen Interessen gerichtet werden. Das große Ganze steht im Vordergrund, und doch wird den Einzelnen im Sinne der Gemeinschaft Rechnung getragen. Auf den ersten Blick scheint diese Idee enorm abstrakt. Aber das Gegenteil ist der Fall: Aus der Unübersichtlichkeit der Optionen finden wir jeweils eine konkrete Lösung, deren Umsetzung die Wirklichkeit tatsächlich verändert. Es geht darum, in den Wald der Probleme Schneisen zu schlagen. Der Wille zum Kompromiss und seine Verankerung im alltäglichen Denken und Handeln werden dabei zu unserer vordringlichsten Aufgabe.

Die Ethik bemüht sich seit Jahrhunderten, eine Orientierung zu geben, wie der Mensch angesichts von Übeln und Bedrohungen ein gutes

Leben führen kann. Die Definition des Guten ist eine Hauptaufgabe der Ethik, die sie aus unterschiedlichen kulturellen und religiösen Moralvorstellungen herauszufiltern sucht. Im Zeitalter der Globalisierung, der Digitalisierung und der Verschiebung politischer Machtzentren findet im Rahmen der Wissenschaftsethik ein ständiger Versuch statt, Werte in der Praxis zu konkretisieren.[14] Der Abgleich zwischen dauerhaften Grundhaltungen und sich wandelnden Zeitströmungen ist ein wichtiger Gegenstand dieser Beschäftigung. Die Frage, wie sich das erstrebenswerte Gute fördern lässt, wird in der Ethik als Leitidee verfolgt und orientiert sich natürlich auch an Idealen. Leider findet eine Überprüfung gelebter oder umgesetzter Ideale kaum statt. Das ist die Krux und macht das ganze löbliche Unterfangen zur Trockenübung. Dennoch gehören die Geschichte der Ethik und ihre philosophische Fortsetzung unzweifelhaft zu den großen Schätzen unserer Gesellschaft. Die Konkrethik ist jedoch keine konkrete Ethik und keine angewandte Ethik, sondern das definitive Ergebnis konkreten ethischen Verhaltens. Die Konkrethik erhält ihre Bedeutung einzig und allein durch die Umsetzung. Sie definiert sich von den Resultaten her.

Ethische Ideale sind unverzichtbare geistige Übungen, um Aussagen darüber zu treffen, wie wir sein sollen und was wir tun wollen. Die Überprüfung unseres gelebten Verhaltens gibt uns Auskunft darüber, wie wir tatsächlich handeln. Auf diesem Feld operiert die Konkrethik. Sie braucht die Ethik als Inspiration, aber sie ist selbst keine ethische Disziplin. Eine konkrethische Lehre zu konstituieren widerspricht ihrem Charakter, der sich ganz aus dem konkreten Handeln ergibt. Sie ist ein Agent des Menschenverstands. Erst in ihrer situativen Anwendung erkennen wir Muster, die zu einer Anleitung für den Einsatz der praktischen Vernunft werden können. Johann Wolfgang von Goethe hat gesagt, dass es nicht genug sei zu wissen, man müsse es auch anwenden; dass es nicht genug sei, zu wollen, man müsse es auch tun. Und Marie von Ebner-Eschenbach fügte hinzu, dass es für das Können nur einen Beweis gebe: das Tun.

In vielen moralischen und religiösen Geboten wird vorgeschrieben, etwas Böses zu unterlassen. Seltener werden wir aufgefordert, etwas konkret Gutes zu tun. In diesem Sinne führt die ethische Theorie auch in lähmende Wertkonflikte, da sie oftmals nicht zu vereinigende Vorstellungen zusammenbringen muss. Blickt man auf die tatsächliche Handlung, sind Kompromiss und Kooperation viel konkreter umzusetzen. Die vollendete Tat ist der Gegenstand der konkrethischen Perspektive. Angesichts der praktischen Ergebnisse kann jeder Mensch und jede Gemeinschaft ermessen, wo sie stehen. Die Nagelprobe für die Konkrethik ist die Überprüfung der eigenen Anwendungen. In der Sozialpsychologie ist man sich einig, dass Wissen und Einsicht allein keine nachhaltigen Veränderungen bewirken. Die wirkliche Veränderung ist die Praxis.

Blicken wir vor diesem Hintergrund noch einmal auf die immer weiter aufreißende Kluft zwischen Arm und Reich. Die ethische Forderung, die Armut mit Nachdruck zu verringern, ertönt lautstark und überall. Ein weltweiter Konsens darüber steht völlig außer Frage. Große Teile der Wissenschaft sowie eine Vielzahl politischer Gremien, Institutionen und Philanthropen sind mit der Verwirklichung dieser Aufgabe rund um die Uhr beschäftigt. Billionen Dollar fließen seit Jahrzehnten in die Realisierung dieser humanen Angleichung. Trotz all dieser Aktivitäten, trotz Berechnungsmodellen, die Hoffnung suggerieren, ist die Wirklichkeit erschreckend und paradox. Von den Ergebnissen her betrachtet ist das Ungleichgewicht ein epochaler Skandal, der den Grundpfeiler der Ethik, die Würde des Menschen, ad absurdum führt.

Die Zeit ethischer Appelle ist abgelaufen. Jetzt schlägt die Stunde der Konkrethik. Geld und Sachverstand, um erst einmal die Ärmsten der Armen aus der Hölle zu befreien, sind vorhanden. Der globale Wille, diese Schmach zu beseitigen, muss von der Ebene internationaler Gremien auf Länder, Städte und Dörfer heruntergebrochen werden. Von einem Dachfonds zur Armutsbeseitigung bei der Weltbank, dem Internationalen Währungsfonds oder den Vereinten Nationen über Steuergelder, Länder- und Städtefonds bis zu Stiftungen für Kleinstädte und Dörfer könnte eine solche Infrastruktur innerhalb von wenigen Jahren auf den Weg gebracht werden. Wissenschaftliche Projektgruppen und Nichtregierungsorganisationen haben die notwendigen Informationen und praktische Erfahrungen gesammelt, die, endlich gebündelt, weitreichende Anwendung finden müssen.[15] Auch innovative Lösungen werden bereits diskutiert, wie alternative Währungen, die die Benachteiligten vor Finanzfluktuationen schützen, oder eine Bildungsprämie für Arme.

Ein Teil des Problems liegt ja auch darin, dass gerade die sozial Schwachen vergleichsweise viele Kinder zur Welt bringen und damit die Perspektiven für die Familie und das Umfeld schwächen. Eine staatliche Geburtenregelung ist mit humanen Freiheitsvorstellungen schwer zu verbinden. Die Verwendung von Verhütungsmitteln, pädagogische

Einflüsterungen zur Sterilisation oder Selbstkontrolle treffen auf so viele kulturelle Besonderheiten, dass kurzfristige Maßnahmen kaum greifen. Armen Familien nach dem zweiten Kind eine Bildungsprämie anzubieten, die statt weiterer Kinder die Ausbildung der bereits Geborenen sichert, hat jedoch sofort pragmatische Auswirkungen. Nicht nur für die Zukunftsfähigkeit der Kinder, sondern auch als Lernprozess für die Eltern und ganze Familien. Es gilt, einen gesunden Menschenverstand überall zu fördern. Die Bedingungen der Armut müssen nicht nur den Bessergestellten verdeutlicht werden, sondern vor allem den Betroffenen selbst.

Solche Gespräche habe ich in Afrika und Indien erlebt und warne davor, die Armen auch als die Dummen im doppelten Sinne zu diskriminieren. Es wäre anmaßend, hier mit einigen Zeilen ein Konzept aus dem Ärmel zu schütteln. Für den normalen Menschen geht es um glaubwürdige Ergebnisse, die anzeigen, dass diese Geißel der Menschheit endlich überwunden werden kann. Wir hören viele Argumente, warum das alles nicht so schnell geht. Korruption, schwierige Einigungsprozesse und das Fehlen eines Allheilmittels werden vorgeschoben, um die Ansicht zu verbergen, dass die Armutsbeseitigung mehr kostet, als sie bringt. Dieser menschenverachtende Unterton hinter vorgehaltener Hand schiebt die rettenden Maßnahmen auf die lange Bank, obwohl scheinheilig das Gegenteil behauptet wird. Betrachtet man die milliardenfache Armut vom bisherigen Ergebnis her, fehlt es nicht an individueller Betroffenheit, auch nicht bei den Besitzenden. Was fehlt, ist die allgemeine und institutionelle Bereitschaft, den eigenen Wohlstand zu teilen. Konkrethisch zu Ende gedacht ist aber gerade die Aufhebung der Armut jener unverzichtbare Quantensprung, um den globalen Wohlstand zu vermehren.

Schauen wir uns ein ganz anderes Beispiel aus konkrethischer Perspektive an: Die Bedeutung der Politik als herausragende Regelungsinstanz ist tief im menschlichen Denken verankert. Die versiegende Glaubwürdigkeit und der verheerende Vertrauensverlust rütteln an den Grundfesten aller Herrschaftsformen und führen zu massiven Orientierungsproblemen. Mit Politik und Macht assoziiert man heutzutage vor allem eins: Selbstbedienungsmentalität. Deshalb will das in aller Welt aufbrechende demokratische und bürgerliche Begehren der Mitbestimmung nicht die Politiker eliminieren, sondern lediglich ungeeignete durch integre Kräfte ersetzen.

Die Rekrutierung des politischen Personals vollzieht sich jedoch auch in demokratischen Gesellschaften auf höchst paradoxe Weise. Politikerbiografien entstehen in parteiinternen Prozessen. Die Auswahlverfahren obliegen geschlossenen Zirkeln, die allein bestimmen, welche Personen bei demokratischen Wahlen zur Verfügung stehen. Dazu kommt, dass das Handwerk des politischen Gestaltens bisher weder umfänglich erlernt werden kann noch charakterliche und kompetenzbezogene Fähigkeiten vorausgesetzt werden. Politiker und ihre Interessenverbände bestimmen letztlich selbst, wer die existenzielle Verantwortung für Länder und internationale Gremien übernimmt. Die in der unternehmerischen Praxis höchst notwendige Haftung für Missmanagement und Versagen hat in der Politik kein Pendant. So wird eine durch viele Faktoren eingeschränkte Perspektive zum Gradmesser für fundamentale und doch meist subjektive Entscheidungen. Konkrethisch betrachtet ist die Personalselektion in der Politik völlig unangemessen; sie widerspricht jedem demokratischen Grundverständnis.

Vollends absurd wird die Führungsaneignung in diktatorischen Systemen, wenn in steinzeitlicher Manier gewalttätige Kleptokraten ans Ruder der Macht drängen. Auch in feudalen Gesellschaften besteht die Gefahr, dass Geburt und Stand es ungeeigneten Personen ermöglichen, die Emporen der Herrschaft zu erklimmen. Es gehört zum Alltagswissen, dass der freiwillige Machtverzicht eine absolute Ausnahme ist. Und so verhandeln demokratisch gewählte Regierungen mit Terroristen und Verbrechern über die Zukunft unseres Planeten, die uns alle betrifft.

Aus konkrethischer Sicht gibt es dazu nur eine Lösung: Man muss damit aufhören. Die negativen Beispiele haben in letzter Zeit die Welt in Atem gehalten. Der Verlust moralischer Legitimation, die unübersehbaren menschlichen Opfer und die scheinheilige Durchsichtigkeit der ökonomischen Hintergedanken können nichts anderes hinterlassen als eine umfassende Bankrotterklärung. Vom beschämenden Ergebnis her betrachtet ist das Chaos der Gegenwart nicht aus Mangel an Kompetenz entstanden, sondern durch die moralische Fragwürdigkeit überholter Strukturen. Wenn man sich nun daranmacht, leichte Veränderungen als Weltrettungsplan zu konzipieren, ohne grundlegend an die Strukturen selbst heranzugehen, dann ist jetzt schon klar: Man wird nicht weit kommen. Zu viele Interessenkollisionen werden eine Einigung verhindern, also macht man weiter wie bisher und passt lediglich die Verkündigungen und Absichtserklärungen an.

Nehmen wir ein Beispiel aus dem Alltag. Wenn ein Elternpaar drei Kinder hat, wobei sich eines normal verhält, ein zweites drogenanfällig und das dritte antriebsschwach ist, werden sie keinen auf zehn Jahre angelegten Erziehungsplan diskutieren. Sie werden konkret eingreifen. Sie fühlen sich zweifellos überfordert, und eine Lösung der Probleme ist nicht garantiert, aber es findet eine wirkliche und ergebnisbezogene Auseinandersetzung statt. Übertragen wir diese lebensweltliche Intervention auf internationale politische Verhältnisse, bedeutet das konkrethisch, dass man zum Beispiel beschließt, und zwar ohne Ausnahme und Hintertürchen, keine Geschäfte mit kriminellen Staatsrepräsentanten zu machen. Ohne moralische Integrität verkommt die Politik zum scheinheiligen Business. Ihre riesige Hebelwirkung macht es jedoch völlig unakzeptabel, dass sie permanent gegen einen gesunden Menschenverstand verstößt.

Neue Gefahren können natürlich auch durch konkrethisch getroffene Entscheidungen entstehen. Irrtümer lassen sich nicht ausschließen. Entscheidend ist, dass man den permanenten opportunistischen Grenzüberschreitungen Einhalt gebietet und transparent macht, was rechtmäßig ist. Wenn es der Politik nicht gelingt, konkrethische Klarheit zu gewinnen, wird sie weiter in entscheidenden Fragen den Ereignissen hinterherlaufen. Diese Abhängigkeit trägt zur Verschärfung der Probleme bei, ohne auch nur ansatzweise Lösungen und Führungsfähigkeit unter Beweis zu stellen.

Die Konkrethik ist auch ein gedankliches Verfahren, um die Paradoxie der Lebenspraxis pragmatisch anzunehmen. Wir müssen lernen, mit großen und kleinen Gegensätzen zu leben. Ob in der Politik, in der Kultur oder anderen Lebensbereichen – Glück und Unglück, Wahrheit und Lüge, Gewalt und Friedfertigkeit stehen in einer unentwegten Wechselwirkung. Zu glauben, es gäbe das eine ohne das andere, bleibt eine Illusion. Nichts ist ohne sein Gegenteil wahr. Deshalb sind ethische Appelle und Versprechen aller Art vorläufige Fiktionen. Ohne praktische Verwirklichung verpuffen sie als scheinheilige Luftblasen.

Das Phänomen des Erfolges ist ein gutes Beispiel für die Widersprüchlichkeit und Doppelzüngigkeit einer einseitigen Wahrnehmung. Dass der Erfolg die Mittel heilige, ist als Sprichwort bekannt und als Leitsatz kennzeichnend für den herrschenden Zeitgeist. Dass für den Erfolg des einen meist andere einen hohen Preis bezahlen müssen, dass der Erfolg gekauft, manipuliert, durch Korruption, Verbrechen oder Mitleidslosigkeit errungen sein kann, wird vielfach einfach ausgeblendet.

Es wäre jetzt müßig, meinerseits mit einem neuen Wortschwall Erfolg grundsätzlich definieren zu wollen. Natürlich hat jeder Erfolg zwei Seiten, und nur wenn man ihm konkrethisch auf den Grund geht, kann man beurteilen, ob er als Vorbild oder zur Abschreckung taugt. Wir sollten jedenfalls immer prüfen, ob persönlicher Erfolg auch auf den Schultern anderer lastet. Zwischen Erfolg als Selbstoptimierung oder durch die Instrumentalisierung anderer liegen die uneinsehbaren Flure der Scheinheiligkeit.

Daher ist es unverzichtbar in komplexen Zeiten, die Dinge vom Ergebnis her zu betrachten. Natürlich können wir nicht wissen, wie sich die Zukunft gestaltet. Und dennoch handeln wir meistens so, als wüssten wir es. In der Ausbildung, in beruflicher und unternehmerischer Hinsicht sowie in der Privatsphäre arbeiten und leben wir im Hinblick auf eine bereits vorgestellte Zukunft. Wir fällen Urteile im Sinne einer antizipierten Realität. Je mehr wir zukunftsorientierte Handlungen im Licht der Umsetzung und der Resultate bewerten, desto größer wird auch unsere Zukunftsfähigkeit.

Dabei sollten wir uns über eines klar werden: Einen wesentlichen Teil der Zukunft entscheiden wir im Moment des Handelns. Ob wir betrügen, lügen, Gesetze übertreten oder integer handeln, auch wenn es mühsamer ist – im Augenblick der Wahl haben wir eine nachhaltige Entscheidung getroffen. Dass wir in allen diesen Fällen zur Verantwortung gerufen werden, gehört unweigerlich zu unserer Erwartungshaltung. Selbst wenn das entsprechende Handeln unentdeckt bleibt oder man es verdrängt, ist unser Gewissen infiziert. Wer sich jedoch bemüht, in Momenten der Entscheidung guten Gewissens zu handeln, hat sich nicht mit Schuld beladen. Dies garantiert keine Fehlerfreiheit. Aber man ist aufgrund des eigenen Entschlusses bereit, die Konsequenzen in der Zukunft anzunehmen. In diesem Sinne bedeutet konkrethisches Handeln, die möglichen Versionen der Zukunft mit gesundem Menschenverstand zu bedenken und ihren vorgestellten Ausgang zum Maßstab der eigenen Entscheidungen zu machen. Niemand kann wissen, was ihm widerfahren wird, aber wie er darauf reagiert, das bestimmt seine konkrethische Ausgangsdisposition.

Über Einstellungen und Absichten kann man endlos streiten. Das erleben wir jeden Tag in allen Lebensbereichen. Aber die konkrethische Methode, die gefällten Urteile anhand ihrer praktischen Konsequenzen zu überprüfen, erzielt substanzielle Ergebnisse. Dabei darf auch der Gegensatz zwischen äußerer und innerer Welt nicht außer Acht gelassen werden. Auf unsere äußeren Umstände können wir nur bedingt Einfluss nehmen, viele gut gedachte Maßnahmen verkehren sich durch unvorhersehbare Vorgänge in ihr Gegenteil. Dennoch versuchen wir, diese äußere Welt mit allen uns verfügbaren Handlungsmitteln zu durchdringen. Die von außen erfasste Wirklichkeit ist jedoch viel zu unübersichtlich, als dass wir sie wie ein offenes Gesellschaftsspiel betreiben könnten. Versuchen wir, mit ethischen oder strategischen Überlegungen die Welt zu vermessen, erzeugen wir zwangsläufig fiktive, ideale oder sinnstiftende Modelle, die in ihrer Begrenztheit die dynamischen Prozesse der uns umgebenden Welt nicht abbilden können. Es handelt sich um Muster unseres Geistes und unserer Interessen.

Deshalb lautet die Schlussfolgerung: Die primäre Option, die Gegensätze in ein Gleichgewicht zu bringen, besteht in der Erkundung unserer Innenwelt. Die Basis konkrethischen Handelns liegt im hart zu erarbeitenden Verständnis unserer inneren Verhältnisse. Die Psyche, das Gehirn und unsere Emotionen sind jene Dimensionen, deren konkrete Auswirkungen wir genauer verstehen müssen. Einige schöne Ideale wie Willensfreiheit und Gutmenschentum werden auf diese Weise schnell entzaubert. Und da müssen wir ansetzen, um neue Klarheit zu gewinnen. Je besser wir unsere Wahrnehmungen, Einstellungen, Reaktionsmuster und Wunsche verstehen, desto bewusster können wir unsere Handlungen gestalten. Der Fortschritt der letzten 200 Jahre hat im Wesentlichen das Volumen der äußeren Welt potenziert, während die innere Welt immer weiter verschüttet wurde. Wie unser Gehirn ist jedoch auch unsere Innerlichkeit gekennzeichnet durch lebenslange Plastizität. Diese Chance der Selbstgestaltung können wir durch Training, Askese und Selbsterprobung ergreifen, um das Disparate allmählich zusammenzufügen. Eine Entscheidung muss jeder für sich treffen: Will ich endlich Farbe bekennen und konkrethisch mit gutem Beispiel vorangehen? Dann erhält die Wahrheit eine moralische Funktion: Unser Handeln ist richtig, wenn es de facto Gutes intendiert und bewirkt. Dieser beschwerliche Weg ist dem gesunden Menschenverstand nicht fremd. Als Aufrichtigkeit uns selbst gegenüber leuchtet er jedem unmittelbar ein. Im Kräftefeld zwischen innerer und äußerer Welt bedarf es jedoch permanenter und wachsamer Übung, um das Fremde im Eigenen aufzuspüren.

Im Dschungel der Paradoxien und Gegensätze ist es nicht einfach, einen konkrethischen Pfad der Gemeinsamkeit zu beschreiten. Nur wenn wir uns schnell entschließen, für die dringendsten Probleme pragmatische Lösungen umzusetzen, geben wir ein glaubwürdiges Zeichen über alle kulturellen und ideologischen Differenzen hinaus. Exemplarisch könnte die entschlossene Abschaffung der Armut ein solches universales Monument sein. Der Krieg der Weltbilder ist nicht einzudämmen, ohne ein übergeordnetes gemeinsames Ziel zu definieren. Nur anhand konkrethischer Praxis lässt sich beweisen, ob die moralischen und religiösen Vermächtnisse der Menschheitsgeschichte wegweisende Weisheit oder Bruchstücke der Scheinheiligkeit sind.

Über Verdrängung

Die bisher vorgestellten vier Kernbereiche des Buches sind eng miteinander verknüpft. Die Scheinheiligkeit trübt den Blick auf viele kriegsähnliche Zustände und vernebelt den Zugang zu einem gesunden Menschenverstand. Mithilfe der Konkrethik sollte es gelingen, scheinheilige Muster zu erkennen und wieder zu einer konkreten Vernunft vorzudringen. Aber darüber hinaus neigen wir zu großflächiger Verdrängung, und diesem Aspekt will ich mich nun widmen.

Noch niemals in der Weltgeschichte hat es so viele Opfer gegeben wie heute. Allerdings handelt es sich nicht nur um Getötete, sondern auch um die schier unzählbare Menge jener, die in allen lebenswichtigen Belangen chancenlos vor sich hin vegetieren. Dazu kommt der neue Verlauf der Frontlinien. Nicht nur zwischen Staat und Bevölkerung, zwischen Individuum und Herrschaft, zwischen Bürger und Terror schwelen die Krisen, sondern auch zwischen Mensch und Natur, zwischen Finanz- und Gütermärkten, zwischen Bewusstsein und Realität. Sich in dieser historischen Phase auf einen gesunden Menschenverstand und konkrete Tugenden zu besinnen ist nichts anderes als der Versuch, Verständnis und Orientierung zurückzugewinnen. Wenn wir nicht umdenken, steuern wir direkt in einen ultimativen Krieg des Menschen gegen sich selbst, gegen die Schöpfung und gegen die Zukunft. Unter diesen Vorzeichen sind Ignoranz und Scheinheiligkeit keine verzeihlichen Kavaliersdelikte, sondern kapitale Straftaten.

Mein Buch ist kein Pamphlet der Apokalypse, sondern eine Polemik der Hoffnung. Wie immer wir uns entscheiden und verhalten, es wird evolutionär weitergehen. Wenn das Universum eins mit Leichtigkeit verschmerzen kann, dann ist es Dummheit, Verlust und Tod. In unseren Rohstoffen, in unserer Erde liegt das Vermächtnis Milliarden Jahre währender Tumulte. Jedes Ende birgt den Stoff, einer unabsehbaren Zukunft wieder Nahrung zu geben. Untergegangene Landmassen, Spezies und Kulturen singen ein Lied dieser ewigen Verwandlung. Wem es gelingt, sein Leben als Beitrag zur zivilisatorischen Entwicklungsgeschichte zu empfinden, findet seinen Standpunkt. Dafür gibt es keine dauerhafte Garantie, aber den Trost und den Ansporn einer unentwegten Lebensaufgabe, die uns zu einem Teil des Ganzen macht.

Die vielfältigen Kriegsszenarien sind real und paradox zugleich. Trotz ihrer ultimativen Bedrohung versetzen sie uns in eine historisch einmalige Lage. Zum ersten Mal ist es naheliegend, die gesamte Menschheit als eine Gemeinschaft zu betrachten. Mit dieser globalen Perspektive kommt es zu einer kollektiven Herausforderung, die niemals in der Geschichte so offensichtlich und umsetzbar zutage getreten ist: die vorsätzliche Verwirklichung der Vernunft aus dem Fundus des vereinten Menschenverstands. Dies bedeutet, die absehbaren Folgen unseres Handelns unmissverständlich zu benennen und daraus eine Weltpolitik der präventiven Gestaltung abzuleiten.

Die ungeheure Wirkung einer durch eine Hiobsbotschaft hervorgerufenen Verwandlung kennen wir auch aus alltäglicheren Zusammenhängen. Die besorgniserregende Diagnose einer schweren Erkrankung bewirkt bei vielen Menschen eine unglaubliche Veränderung, die zu völlig neuen Verhaltensweisen führt. Bewegung, Ernährung und Besinnung werden plötzlich zu alltagsbestimmenden Tugenden. Auch wenn das Wissen über eine gesunde Lebensführung schon vorher vorhanden war, hat paradoxerweise erst die Erkrankung die praktische Umsetzung ausgelöst. Nicht das fehlende Wissen ist das Problem, sondern Arroganz und Ignoranz, die verhindern, dass die Folgen des eigenen Verhaltens antizipiert werden. Aus globaler Sicht verhält sich der Mensch in seinem Allmachtsanspruch größenwahnsinnig. Aus diesem Blickwinkel ist die Menschheit dennoch nicht so allmächtig, dass sie das Leben an sich vernichten könnte. Ihr Größenwahn richtet sich ironischerweise vor allem gegen sie selbst.

Vor diesem Hintergrund inszeniert sich die Scheinheiligkeit in vielen Facetten: Im Namen eines Gottes zu töten, auf Lügen basiert Kriege zu betreiben, Atomkraft als friedensstiftend zu verkaufen, Armut als Geschäft zu missbrauchen oder die Leidenstragödie der eigenen Bevölkerung für eine verfehlte Außenpolitik zu instrumentalisieren sind nur einige Beispiele scheinheiliger Verklärung, die vorsätzlich die Wirklichkeit verzerrt. Ethnische, religiöse und kulturelle Unterschiede, Ungleichverteilungen jeder Art und der Hang, die eigene Sichtweise wehrhaft aufzustellen, bilden weltweit eine unerschöpfliche Fundgrube für dieses manipulative Theater.

Es ist an der Zeit, dass wir uns klarmachen, welches enorme Zerstörungspotenzial interessengebundene und fehlgeleitete Weltbilder in sich tragen. Die zwischen islamischer und vorwiegend westlicher Wahrnehmung grassierende Feindschaft hat schon längst jeden Rahmen der Vernunft gesprengt. Auch die scheinheilige Ignoranz der alten Industrienationen gegenüber den aufstrebenden Schwellenländern und deren berechtigter Anspruch auf Repräsentanz sind Aspekte einer ultimativen Frage: Ist das Wirken der unterschiedlichen Herrschaftssysteme, die kleinen Zirkeln eine überragende Dominanz einräumen, noch zeitgemäß? An der technischen Möglichkeit der Beteiligung von Bürgern an zentralen Entscheidungen sind erhebliche Zweifel erlaubt. Diese Bedenken werden von ernst zu nehmenden Persönlichkeiten aus allen Lagern deutlich ausgesprochen.[16] Man kann nicht immer mehr wissen und immer stärker vernetzt sein wollen, aber die Verantwortung anderen überlassen. Weshalb fällt es uns so schwer, den Strukturen der Manipulation etwas entgegenzusetzen?

Um hier wirksam werden zu können, ist es wichtig zu verstehen, dass ignorante Scheinheiligkeit ein Akt der Verdrängung ist. Für Sigmund Freud war die Lehre von der Verdrängung ein wesentlicher Grundpfeiler der Psychoanalyse. Als Abwehrmechanismus hilft sie dem Menschen, mit den Problemen und Schwierigkeiten des Lebens zurechtzukommen, ohne von Angst überflutet zu werden. Auf der einen Seite schützt der Organismus sich auf diese Weise vor Überforderung, um handlungsfähig zu bleiben, auf der anderen Seite werden Konflikte nicht gelöst, sondern mitgeschleppt. Im Unbewussten rumoren sie weiter und brechen durch Fehleinschätzungen, Träume, Neurosen oder psychosomatische Erkrankungen mehr oder weniger unerkannt hervor. Tiefenpsychologisch handelt es sich im Grunde um eine unüberwindbare Auseinandersetzung zwischen Triebwünschen und Regelwerken oder, mit Freud gesprochen, um einen Konflikt zwischen Lust- und Realitätsprinzip.[17] Die Einsicht der frühen Kindheit, dass wir unser Wunschdenken gegenüber der Realität zurückschrauben müssen, schwelt als Gefühl der Einbuße zeitlebens im Unterbewusstsein. Und dieser subtile Widerstand bleibt in der Verdrängung konserviert.

Die Fülle der im Unbewussten lagernden ungelösten Probleme kostet enorme Kraft. Das Verdrängte sucht ins Bewusstsein vorzudringen, sodass zusätzlicher Aufwand erforderlich ist, es in Schach zu halten. Diese unentwegte Anstrengung raubt oftmals jene Energie, die zur Bewältigung der realen Lebensaufgaben notwendig ist. Wird durch Überforderung die Grenze der individuellen Erträglichkeit erreicht, kommt es zu psychischen und körperlichen Erkrankungen. Dennoch steckt in der persönlichen Verdrängung auch eine konstruktive Funktion, die sich mit der Wirkung eines Überdruckventils vergleichen lässt.

Es wäre schlicht unmöglich, alle auftauchenden Probleme bewusst lösen zu wollen.

Freud bezeichnet aus der Sicht des Ich das Verdrängte als „inneres Ausland" und die Realität als „äußeres Ausland".[18] Darin steckt der wichtige Hinweis, dass die Gefahr besteht, seelische Belastungen auf externe Ursachen zurückzuführen. Dann werden Teile des Verdrängten als Vorurteile oder Schuldzuweisungen in die Außenwelt verlagert. Im Phänomen der Verdrängung liegt eine unbewusste Kriegsgefahr zwischen Innen- und Außenwelt, die es unverzichtbar macht, sich mit der Psychologie des Menschen in einer breiten, bisher nicht üblichen Weise auseinanderzusetzen. Die Übertragung nachvollziehbarer psychologischer Erkenntnisse in den Alltagsverstand sollte in Zukunft zu den Grundpfeilern des Lernens gehören. Wenn es auch für das Individuum hemmend ist, sich ständig mit irgendwelchen Schrecknissen zu beschäftigen, so kann eine Gesellschaft nicht darauf verzichten, sich den bedrohlichsten Problemen zu stellen. In diesem Sinne bedeutet die Verdrängung Fluch und Segen zugleich. Und wir müssen lernen, das eine vom anderen zu unterscheiden.

Mag dieser Abwehrmechanismus individuell und in Maßen zur Entspannung beitragen, kollektiv verschließt er uns die Augen. Diese Passivität macht uns zu Theaterbesuchern, die die aufgeführten Stücke nur konsumieren dürfen. Dass die Verdrängung in erster Linie Angst reduzieren will, kommt jenen Marktschreiern und Ideologen zugute, die kurzfristige Lösungskonzepte verkaufen. Wir Menschen sind empfänglich für holzschnittartige Rezepte, die uns vermeintliche Klarheit vermitteln und somit kurzfristig angstlösend wirken. Gerade diese Struktur macht jeden Populismus so hinterhältig attraktiv.

Hier bedarf es eines gesunden Menschenverstandes, der intuitiv meist ohnehin vorhanden ist, einer transparenten Struktur zur Orientierung und einer konzertierten Unterstützung des Einzelnen. Die vermeintliche Masse ist weniger dumm, als ignorante Verdummer selbst zu begreifen bereit sind. Jetzt gilt es zu erkennen, dass die vorläufige Linderung durch Verdrängung tatsächlich in eine enorme Verschärfung der Bedrohlichkeit mündet. Die Hebel der Selbstvernichtung im Sinne natürlicher, atomarer und zivilisatorischer Bedrohungen waren in der Menschheitsgeschichte nie mächtiger als heute.

Diese Einschätzung schließt eine besonnene und glückende Zukunft nicht aus. Es sei denn, wir verschließen uns weiterhin den unüberhörbaren Alarmsignalen und lassen uns bereitwillig mit kurzfristigen Scheinlösungen Sand in die Augen streuen. Ein gelungenes Fortschreiten ins 21. Jahrhundert erfordert eine drastische Reduzierung der grassierenden Scheinheiligkeit. Dazu gehört als erster Schritt eine schonungslose Inventur, die unseren gegenwärtigen Status quo auf den Prüfstand hebt. Es ist zum jetzigen Zeitpunkt entscheidender, alle verfügbaren Kräfte zu bündeln und gemeinsam auf globaler Ebene herauszuarbeiten, wie es weitergehen soll, als uns weiterhin mit kurzfristigen Reparaturmaßnahmen zu verzetteln und abzulenken.

Vom großen Durchblick

Um den Menschenverstand zu verstehen, muss man ihm bei der Arbeit zusehen. In den folgenden Kapiteln betrachte ich einige seiner alltäglichen Erscheinungen. Wer jemals Krankengeschichten erlebt hat, deren Ursache nicht festgestellt und deren Verlauf nicht angezeigt werden konnte, weiß, was mangelnder Durchblick bedeutet. Man trägt schwer an der Ungewissheit. Eine solche Orientierungslosigkeit ist jedoch in allen Lebensbereichen verbreitet, auf persönlicher Ebene wie auf universaler. Natürlich gibt es mittlerweile hervorragende Erkenntnisse über den Ursprung des Universums oder die Krümmung der Raumzeit. Schon seit Jahrzehnten suchen theoretische Physiker nach der Weltformel, also einer Theorie von „Allem". Selbst wenn dies irgendwann gelingt und das Zusammenwirken der Grundkräfte Elektromagnetismus, Gravitation und Kernkraft verstanden wird, bleiben jedoch unendlich viele Fragen offen. Gerade die unser konkretes Leben betreffenden Wirkungsweisen des menschlichen Geistes oder einer lebenden Zelle sind noch lange nicht enträtselt. Selbst eine winzige Schneeflocke ist für die Wissenschaft noch ein großes Problem, da die individuelle Vielfalt und Bildung von Eiskristallen bisher nicht erklärt werden konnte. Dass wir der menschlichen Schaffenskraft Wunder der Entwicklung zutrauen, ist auf die Geschichte blickend auf alle Fälle gerechtfertigt. Als Grundlage, um weiterhin rastlos in die Zukunft zu jagen, ist dieses Vertrauen aber nicht ausreichend.

Vermutlich werden viele Naturwissenschaftler und Zukunftsforscher dieser Ansicht vehement widersprechen, da ihre Experimente und Untersuchungen ja gerade die Zukunftsfähigkeit ermöglichen sollen. Es ist paradox, aber beide Einschätzungen sind nachvollziehbar und auf ihre Art auch zutreffend. Meiner Ansicht nach gibt es nur eine Begründung, warum die Protagonisten der vielen berechtigten, aber einander teilweise widersprechenden Zukunftsentwürfe für einen Moment innehalten sollten: Zum ersten Mal in der Menschheitsgeschichte existiert die einmalige Chance, eine Weltgesellschaft zu etablieren. Gleichzeitig besteht die ultimative Gefahr, die Weltbevölkerung ein für alle Mal auszuradieren. Diese einzigartige Situation versetzt uns in einen Ausnahmezustand, der nur mit einer neuen Vision des Menschlichen beantwortet werden kann und zu absolut konkreten und verlässlichen Entscheidungen zwingt.

Es spielt keine Rolle, wer das Recht oder die Macht hat, es geht in erster Linie darum, die Überlebensfähigkeit auf dem hohen Niveau unserer zivilisatorischen Errungenschaften zu gewährleisten. Wer diesem Ziel konkret dienen kann, bringt die Eignung für entsprechende Führungspositionen mit. Vor diesem unentrinnbaren Hintergrund müssen wir uns endlich eingestehen, dass unser Nichtwissen weit größer ist als unser Wissen. Deshalb ist zum jetzigen Zeitpunkt nicht eine *Ultima Ratio* oder mathematische Weltformel die Lösung, sondern einzig und allein ein gemeinsamer Weltentwurf, der konkrethisch realisiert werden kann. Dann erst kann wieder über Wachstum, Konkurrenzkampf und Zukunftsutopien nachgedacht werden.

Der große Durchblick ist eine Illusion. Die Disproportion zwischen Wissen und Nichtwissen sowie das unendliche Vakuum des Unvorhersehbaren machen ihn schlicht unmöglich. Das Versprechen, das Zusammenleben aller Individuen mithilfe einer objektiven und universalen Ethik zu regeln, erfüllt demnach alle Kriterien der Scheinheiligkeit. Die Ethik ist eine Reflexionstheorie der Moral. Es wäre aber naiv zu glauben, die Moral wie einen Gesetzestext für alltägliches Handeln lesen zu können. Unsere moralischen Orientierungen entstehen im Verlauf der Sozialisation und sind geprägt von kulturellen und regionalen Besonderheiten. Der Begriff des Gewissens kann die moralische Kompetenz immer noch gut versinnbildlichen. In unserem Geist fließen Emotion, Erkenntnis und Moral zusammen und liefern laufend Einschätzungen der Geschehnisse hinsichtlich ihrer moralischen Beurteilung. Aus diesem Grund haben wir es weniger mit einer präventiven Kraft zu tun als mit einer automatischen Begleiterscheinung, die sich über die Jahre intuitiv entwickelt hat. Dieses Vermögen ist aber kein feststehender Aufgabenkatalog, sondern ein Bauchgefühl, das sich oft erst dann meldet, wenn es bereits zu spät ist.

Bei der Bewertung unserer Lebensverhältnisse sind wir offensichtlich in keiner guten Position, da wir weder alle Umstände erfassen noch unseren eigenen Standpunkt proaktiv einnehmen können. In familiären, beruflichen und gesellschaftlichen Konfliktsituationen erleben wir immer wieder, wie schnell die Kontrolle und der Überblick verloren gehen und die Folgeerscheinungen unberechenbar werden. Auch an dieser Stelle wäre die Unterstützung durch einen gesunden Menschenverstand extrem wertvoll, um uns an Geistesgegenwart und Impulskontrolle zu erinnern. Um nicht länger den eigenen Reflexen ausgeliefert zu sein, ist es notwendig zu lernen, sich selbst gegenüber auch als Beobachter auftreten zu können. Ich schaue mir sozusagen beim Handeln von oben und außen zu und gewinne Distanz. Diese erhöhte Perspektive, die gleichzeitig meine Innen- und Außenwelt in den Blick nimmt, verhindert es, mich selbst und meine Umgebung zum Maß aller Dinge zu machen. Mit dieser Doppelfunktion der Beobachtung entsteht eine konkrethische Plattform, die Problemlösungen erleichtert. Diese Form der distanzierten Selbstbeobachtung ist ein Grundpfeiler der Konkrethik.

Stellen wir uns zwei beliebige Konfliktparteien vor, die diese Beobachtungsordnung anwenden. Bei dem Versuch, auch die andere persönliche, kulturelle, religiöse oder geschäftliche Einstellung zu verstehen, wird deutlich, dass keiner über einen alleinigen Wahrheitsanspruch verfügt. Damit werden die persönliche Identität und das eigene Kulturprogramm nicht infrage gestellt, aber es erweitert sich der Radius einer Einigungsmöglichkeit. Diese Fähigkeit der Selbst- und Fremdbeobachtung kann man erlernen und trainieren. Selbst wenn die Aneignung in unterschiedlichen Graden gelingt, können Menschen einander in einer grundsätzlich offeneren Weise begegnen. Eine dementsprechende Verankerung im gesunden Menschenverstand dient der Verbesserung des persönlichen, kollektiven und globalen Verstehens. Dieses Prinzip der Gegenseitigkeit erfordert bestimmte Grundlagen des Wissens. Die dafür notwendigen Informationen können durchaus auf dem Niveau der Alltagstauglichkeit liegen und bedürfen weder intellektueller noch akademischer Tiefenschärfe. Dieses Basiswissen entsteht durch familiäre, schulische und allgemeinbildende Aufklärung. Eine echte Institutionalisierung dieses Grundwissens schafft langfristig eine verlässliche Orientierungshilfe, die den Ansprüchen einer Weltgesellschaft gerecht werden kann.

Es ist besser, zumindest einen Kompass zu besitzen, als eine detaillierte Landkarte nicht nutzen zu können. Auch beim Wissensbegriff ist es erforderlich, sich klarzumachen, dass er als Verarbeitungsprozess von Informationen immer an ein Individuum gebunden bleibt. Ohne eigenständiges Denken, Bewerten und Verstehen kann kein Wissen erarbeitet werden. Auch Gefühle und moralische Orientierungen sind Bestandteil dieser Lebensbasis. Daher muss Wissen als ein fortlaufender Prozess verstanden werden. Es ist ohne lebenslanges Lernen nicht zu haben.

Eines ist jedenfalls klar: Wer Zukunftsvisionen präsentiert und den großen Durchblick suggeriert, errichtet scheinheilige Konstruktionen. Allzu oft ersinnen wir Erklärungen für große Ereignisse im Nachhinein, versuchen sie so nachvollziehbar zu machen – und hoffen insgeheim, dass sie auf diese Weise auch vorhersehbar werden. Solche interessengebundenen Interpretationen von Fakten und Vermutungen werden in allen Realitätsbereichen ständig hervorgebracht. Man kennt das nicht nur von Finanzkrisen, sondern auch von biografischen Lebensbetrachtungen, die die gelebte Vergangenheit nach vorsätzlichen Kriterien ordnen. Das ist schnell gemacht. Der tatsächliche Realitätsbezug bleibt jedoch mehr als fraglich. Noch viel weniger lassen sich damit gesicherte Aussagen über die Zukunftsentwicklung verbinden.

Allein in den letzten Jahrzehnten hat uns eine Fülle von Ereignissen in der Realität eingeholt, die wir nicht für unmittelbar bevorstehend gehalten haben. Sei es der Zusammenbruch des Ostblocks, das Ende der DDR, die Verbreitung des Internets, die Bürgerrevolutionen in einigen arabischen Staaten, das Ausmaß der Klimakatastrophen oder auch der Terrorangriff am 11. September 2001 in den USA. Aber es ist gar nicht nötig, die weltpolitische Bühne zu betreten, um Belege zu finden. In jedem individuellen Lebenslauf zeigt sich die Differenz zwischen Planbarkeit und Erwartungshaltung. Rückwirkend mag man in der eigenen Geschichte einen roten Faden erkennen. Eine zutreffende Vorausschau gelingt nur im Ausnahmefall. Die waghalsige Sinnstiftung im Rückwärtsgang hat schon Søren Kierkegaard mit den Worten auf den Punkt gebracht, dass das Leben vorwärts gelebt aber rückwärts begriffen werde.

Mit gesundem Menschenverstand betrachtet muss man zugeben, dass sich in den letzten 30 Jahren Erschütterungen und Beschleunigungen vollzogen haben, mit denen nicht zu rechnen war. Vor diesen Sachverhalten hat unser vormaliges Wissen kapituliert. Was politische und wirtschaftliche Vorhersagen betrifft, dokumentieren ganze Bibliotheken eine gigantische Anzahl von Fehleinschätzungen. Weit mehr als die menschliche Unzulänglichkeit verwundert in diesem Kontext die Verblendung angesichts dieser sprudelnden Fehlerquelle. Im Gegenteil, auf allen Ebenen wird noch immer der Anschein erweckt, als sei die Geschichte programmierbar und der Lauf der Ereignisse ein Resultat von Berechnungen und Projektionen. Der Philosoph Sokrates wusste schon vor 2.400 Jahren, dass der Mensch über kein sicheres Wissen verfügt. Diese Ansicht ist nicht nur immer noch zutreffend, sie gilt mehr denn je. Dass ihm die gegenwärtige Komplexität infolge von Technisierung, Verwissenschaftlichung und Virtualisierung überhaupt vorstellbar war, ist nicht anzunehmen. Für uns jedenfalls erhöhen diese Umstände die Zugriffsmöglichkeiten auf Gewissheiten – und begrenzen zugleich den Radius unserer überschauenden Souveränität. Der leicht zugängliche Fundus unseres bewussten Wissens korrespondiert mit einem weitgehend verborgenen Universum des Nichtwissens. In dieser Situation bedarf es einer neuen Form des konkreten Umgangs mit Ungewissheit.

Wir mögen uns in unserem eigenen Film und in unserem eigenen Umfeld noch leidlich auskennen, zumindest bis zur Grenze des sich neigenden Tages. Das Drehbuch der Weltereignisse kennen wir nicht. Wir sehen nur, was uns die geschichtlichen Ereignisse offenbaren. Dem Zufall gegenüber sind wir blind. In diesem unüberschaubaren Durcheinander schaffen wir Ordnung, indem wir uns die Dinge so zurechtlegen, wie sie zumindest vorübergehend Sinn erzeugen. Wo diese Sinnstiftung verloren geht und Orientierungslosigkeit ausbricht, entstehen psychische Störungen und gesellschaftliche Ausgrenzungen. In jeder psychotherapeutischen Praxis werden täglich die schmerzhaften Folgen dieses Sinnverlustes besprochen und behandelt. Eine unentwegte Berichterstattung dokumentiert die Probleme aus der Bahn geworfener Menschen. Die verzweifelten Versuche in Politik und Wirtschaft, eigene Macht und Privilegien zu festigen, führen nur tiefer ins Chaos. Betrachten wir dieses willkürliche Theater aus einer gewissen Distanz, wird ein erschreckender Verlust an gesundem Menschenverstand deutlich. Und es wird klar, dass letztlich nur im konkreten Handeln Kontrolle ausgeübt werden kann. Das Unvorhersehbare, das uns von allen Seiten bedrängt und überraschend zur Realität wird, kann sich dort willkürlich entfalten, wo wir uns der Logik des Zufalls willenlos ausliefern. Ein erster Schritt aus dieser Abhängigkeit besteht darin, unser punktuelles Wissen nicht mehr blauäugig als lineare Kausalität in die Zukunft zu projizieren.

Der gesunde Menschenverstand sagt uns, dass kein Mensch und keine Gruppe über den großen Durchblick verfügt. Dennoch diskutieren seit Jahren die Spitzenvertreter in Wirtschaft und Politik über Weltordnungsmodelle. Dem scheint die Vision einer globalen Welt zugrunde zu liegen, eine solche wird jedoch von den genannten Kreisen keineswegs ernsthaft umgesetzt. Seit der schwerwiegenden Finanzkrise im Jahre 2007 haben viele Gipfeltreffen stattgefunden. Weltfinanzgipfel, UN-Vollversammlungen, Welthandelskonferenz, Weltklimakonferenz oder Weltwirtschaftsforum – sie alle haben nach vereinheitlichenden Lösungen gesucht, aber letztlich bisher nur eines demonstriert: die Unfähigkeit, eine gemeinsame Weltsicht herzustellen und konkrete Ergebnisse zu erzielen. Engagement und Betriebsamkeit sind offenbar vorhanden, aber die Resultate entlarven das Ganze als wirkungsloses Palaver. Wozu dienen dann diese Gipfelkonferenzen? Geht es um die behaupteten Ziele, oder handelt es sich um scheinheilige Ablenkungsstrategien, die ausschließlich der Stärkung der jeweils eigenen Interessen dienen? Der Begriff des Gipfels deutet auf hochrelevante Themen, die nur von ausgewählten Spitzenrepräsentanten angepackt werden können. Misst man die Ergebnisqualität der Gipfelstürmer, kann man lediglich Armutszeugnisse ausstellen. Wenn aber diese Weltelite mit uns allen nur ihre Spielchen spielt, wen gibt es dann noch, der unser aller Interessen an einer friedlichen Welt vertritt? Es ist auch für den Laien zu erkennen, dass die Staaten sich nicht einer globalen Ordnung für das 21. Jahrhundert annähern, sondern, im Gegenteil, in die nationalstaatliche Interessenpolitik des 19. Jahrhunderts zurückfallen. Hinzu kommen die Weltkonzerne, die selbst zu eigenen, fast staatlichen Einheiten geworden sind. Der Unterschied ist nur, dass diese ökonomischen Raumschiffe keinerlei Verantwortung in der Gesellschaftsfürsorge übernehmen und somit den Eigennutz zum alleinigen Prinzip des Handelns erhoben haben.

Betrachten wir den Absturz systemischer Banken mit wachem Verstand, ist Unverständnis die einzig logische Reaktion: Wie kann es sein, dass eigenmächtige Pokerspieler vom Staat mit den Steuermitteln seiner Bürger gerettet werden? In diesem geistigen Labyrinth von Einbahnstraßen ist der Totalschaden ein Mittel vorsätzlicher Praxis. Die betäubende Dosis Scheinheiligkeit steuern Rechtsordnungen bei, die diese Prozesse legitimieren. In den Auswirkungen unterscheidet sich das nicht von Verhältnissen im rechtsfreien Raum. Das einzige Prinzip, das sich bisher als globales Ordnungsmodell durchgesetzt hat, ist ganz offenbar das Recht des Stärkeren und Dreisteren.

Auch im großen Weltmaßstab wird deutlich, dass Innen- und Außenwelt hoffnungslos auseinanderklaffen. In der Innenwelt kümmert sich der Mensch je nach Voraussetzung um sein Auskommen, in der Außenwelt sorgen die kurz- oder mittelfristig Mächtigen für ihr Einkommen. Der Begriff der Verantwortung hat hier die Gültigkeit eines längst abgelaufenen Zugtickets, mit dem man doch immer wieder vordergründig auf die Reise geht. Wer versucht, mit nationalen Maßnahmen globale Probleme zu lösen, verhält sich wie ein idealistischer Umweltschützer, der die Kuh mit Kaviar füttert, um den CO_2-Ausstoß zu verringern. Eine konkrete Wendung dieser unhaltbaren Missstände lässt sich nur herbeiführen, wenn lokales Engagement und globale Politik eine Allianz eingehen, die auf konkrete Ergebnisse abzielt. Das Neue mag aus der Wissenschaft und Forschung kommen, das Gemeinsame aber muss von unten wachsen. Hier gilt es, Menschen und ihre Nachbarn zu überzeugen. Das kann nicht gelingen, wenn die Repräsentanten der Macht und des Vordenkens nur ihre Interessen vertreten. Es überrascht nicht, dass sich ihnen gegenüber der Verdacht der Korruption und Manipulation weltweit verankert hat. Aufbegehrende Menschenmassen sind das Resultat dieses massiven Misstrauens.

Unsere Gegenwart zwingt uns auf lächerliche Weise, hinter vermeintlich ehrbaren Grundsätzen Aktivitäten zu verteidigen, die wir seit längerer Zeit nicht mehr verstehen. Die Gewissheit, dass keiner mehr durchblickt, ist offensichtlich und nachweisbar. So haben wir in der Wirtschaftskrise gesehen, dass immer erst dann reagiert wird, wenn alte Geschäftsmodelle kollabieren. Niemand kann behaupten, dass es keine Anzeichen und keine warnenden Stimmen gegeben hätte. Ich mag den Satz des Malers Gerhard Richter: „Alles sehen, nichts begreifen." So konnte man spüren, dass ein riesiges Problem auf uns zuraste. Es wurde ja auch gehandelt. Allerdings nicht effektiv und präventiv. Stattdessen versuchten die verschiedenen Spieler, ihre Schäfchen ins Trockene zu bringen und den folgenschweren Rest anderen zu überlassen.

Ein gesunder Menschenverstand weiß, dass im Laufe der Zeit die Kinder für ihre Eltern haften. Und so erleben wir zumindest im Hinblick auf die vorliegenden Informationen über Risiken eine historisch einzigartige Phase der Verantwortungslosigkeit. Wir verschließen die Augen und hoffen, dass die Sintflut erst nach uns kommt. Damit führen wir heute einen Krieg gegen unsere Nachkommen. Diese unfaire Kolonisation der Zukunft wird offensichtlich bei der Energie-, der Verschuldungs- und Ernährungsproblematik. In einigen Jahrzehnten müssen neun Milliarden Menschen versorgt werden. Das wissen wir, und wir sind auch begabt genug, die Probleme präzise zu formulieren. Aber dementsprechend handeln wollen wir nicht. Es erübrigt sich beinahe, an dieser Stelle auch noch den drohenden Umweltkollaps anzuführen. Man weiß, dass ein Systemabsturz des Klimas möglich ist. Finanzkrisen können vielleicht teilweise mit Geld kompensiert werden.

Die Vernichtung der menschlichen Lebensgrundlagen lässt sich jedoch nicht mit einer Scheckbuchmentalität wegzaubern.

In dieser erdrückenden Situation realer Problemlagen wird das weltweite Handelsvolumen an den Finanzmärkten auf mehrere Tausend Billionen Dollar[19] geschätzt, also Dutzende Male so groß wie die jährliche globale Wirtschaftsleistung. Diese Diskrepanz zwischen Bodenständigkeit und virtuellen Geschäften offenbart eine Realitätsverachtung und Selbstüberschätzung, die selbst römischen Kaisern oder osmanischen Heerführern abenteuerlich erschienen wäre. Eine Potenzierung erfährt dieser Irrsinn durch die Tatsache, dass mindestens drei Viertel der Menschheit an diesem russischen Roulette gar nicht aktiv teilnehmen. Das mag auf den ersten Blick als Segen erscheinen, tatsächlich treffen jedoch diesen größten Teil der Weltbevölkerung allein die negativen Auswirkungen des Größenwahns. Der ehemalige brasilianische Staatschef Lula da Silva hat es provokativ auf den Punkt gebracht, als er meinte, die letzte Finanzkrise sei von weißen Menschen mit blauen Augen gemacht worden, die vor der Krise alles wussten und jetzt nichts mehr wüssten.

Diese Aussage zeigt, dass die Ursachenforschung in den verschiedenen Regionen der Welt selbstverständlich zu unterschiedlichen Ergebnissen kommt. Die kultur- und geschichtsbedingte Betrachtung bringt in Indien, China, europäischen oder afrikanischen Ländern voneinander abweichende Varianten hervor: Die Themen Umweltschutz, Armutsbekämpfung oder globale Führungsstrukturen werden unterschiedlich bewertet und empfunden. Dementsprechend lässt sich die notwendige Diskussion über neue Weltordnungsmodelle nicht mehr über obsolete Befehlsketten oder finanzpolitischen Kuhhandel vorantreiben. Nicht nur westliche Führungsfiguren, sondern Potentaten in aller Welt wähnen sich noch immer auf dem Olymp des Feldherrnhügels, ohne zu registrieren, dass sie schon längst mit den Beinen in der Luft baumeln. Den großen Durchblick stellen wir uns anders vor.

Über das Vermögen des Menschen

Die offensichtliche Unfähigkeit, einen gemeinsamen Weltentwurf zu entwickeln, lässt darauf schließen, dass der Menschenverstand ernsthaft erkrankt ist. Es fehlt nicht nur ein umfassender Durchblick, es ist auch eine grundlegende und umfassende Wertschätzung der menschlichen Existenz abhandengekommen. Wir kommen nicht weiter, wenn wir die Fähigkeiten einiger weniger Überflieger zum allein selig machenden Maßstab machen. Stattdessen gilt es, das Vermögen des Menschen schlechthin in den Blick zu bekommen und zu aktivieren. Es gibt keinen Zweifel, dass die globalisierte Welt vor ihrer bisher größten Herausforderung steht. Die verschiedenen Ausprägungen der Scheinheiligkeit verstärken in diesem Zusammenhang kriegsäquivalente Verirrungen. In dieser bedrohlichen Situation spielt das Phänomen des Vermögens eine entscheidende Rolle. Dabei geht es nicht nur um materielles Vermögen. Es geht grundsätzlich um die Frage, was Werte, Wille und Verantwortung vermögen, um den Zug der Zeit nicht weiter Richtung Inferno rasen zu lassen.

Vor diesem Hintergrund ist es notwendig, ein verändertes Verständnis vom Vermögen zu entwickeln. Wenn sie das Wort „Vermögen" hören, denken die meisten Menschen unwillkürlich an geldwerte Rücklagen. In unserer Gesellschaft wird der Vermögensbegriff in erster Linie materiell und monetär wahrgenommen. Aus dem Blick geraten ist dabei, dass man Vermögen oder eine Vermögenskultur auch als Lebensprinzip begreifen kann: als eine Geisteshaltung, die alle Milieus betrifft; als eine Überzeugung, die nicht ausschließt, sondern einbindet; als eine persönliche Lebensauffassung, die auf das ausgerichtet ist, was man vermag. Es handelt sich um eine spezielle Wahrnehmung von Vermögen, die verbunden ist mit einer Kultur, sich die entsprechenden Handlungspotenziale anzueignen und diese umzusetzen. Der Prozess, Vermögen als Ermöglichung zu betrachten, entspricht der konkrethischen Strategie, das Machbare zu realisieren. Diese Vermögensvorstellung ist für die praktische Vernunft unmittelbar einleuchtend.

Nun steht derzeit eine unheilvolle Fähigkeit des Menschen im Vordergrund: die Kapazität, sich selbst zu vernichten. Hier spricht man besser von Unvermögen. Bereits vor einem halben Jahrhundert hat Karl Jaspers festgestellt, dass der Mensch vor der Alternative steht, unterzugehen oder sich zu wandeln. Diese Einsicht hat mittlerweile an ultimativer Dringlichkeit gewonnen und wird durch glaubwürdige Protagonisten aus Wissenschaft und Kultur unzweifelhaft bestätigt.[20] Die gesamte Welt ist gefangen in einem selbst erzeugten Bedrohungskomplex, der sich unübersehbar der Routine traditioneller Problemlösungen entzieht. Ursachen und Wirkungen erscheinen so kompliziert miteinander verzahnt, dass alle bisherigen Ordnungsmodelle, ökonomischer, politischer, gesellschaftlicher und wissenschaftlicher Art, versagen. Offensichtlich bestätigt sich wieder einmal die Einschätzung Albert Einsteins, dass die Denkweise, die ein Problem erzeugt, sich nicht dazu eignet, dieses auch zu lösen. Was wir heute brauchen, ist eine neue und veränderte Perspektive, die sich vor allem durch eines auszeichnet: allgemeine Verständlichkeit.

Eine Alternative, um eingefahrene Denkprozesse zu verwandeln, bietet der erweiterte Vermögensbegriff. Anhand seiner gängigen Verwendung können wir ablesen, wie sich ein jahrtausendealter Sinnzusammenhang in den letzten Jahrzehnten einseitig verändert hat. Herausgekommen sind dabei unhaltbare Wertvorstellungen. Der hier entscheidend zu beklagende Verlust ist die allmähliche Trennung von materiellem und immateriellem Vermögen. Damit einher geht eine unheilvolle Trennung von Geld- und Realwirtschaft, Leistung und Erfolg, Sinn und Konsum. Insgesamt hat diese Entwicklung zu einer Instrumentalisierung unserer Werte und Tugenden und letztlich zu einer Ökonomisierung unseres Bewusstseins geführt. Dieser Prozess der Entfremdung hat auch den Menschenverstand infiziert. Überspitzt formuliert lautet das Credo der Gegenwart: Das Gute muss sich rechnen, und das Richtige ist das, was sich rentiert. Mit dieser Versachlichung unserer Werte ist auch das Vermögen zu einer materiellen Disposition verkommen. Die scheinheilige Berechenbarkeit des Lebens ist jedoch dem gesunden Menschenverstand fremd und widerspricht seiner emotionalen Verankerung.

In dieser Situation ist es hilfreich, sich zu erinnern, dass der Vermögensbegriff viele Quellen besitzt. Sie reichen vom Geld- und Sachvermögen, vom Erkenntnis- und Leistungsvermögen bis hin zu den Vermögen der Gesundheit, des Glaubens oder des Vertrauens. In diesem Sinne erscheint Vermögen nicht länger nur als ein materielles Ziel, sondern als eine Selbstverpflichtung, aus sich, seinen Möglichkeiten und seiner Umgebung das Beste zu machen. Hierin liegt der konkrethische Grundgedanke des Vermögens, der unmittelbar auf die philosophische Weisheitslehre verweist. Für Aristoteles war Vermögen ein Prinzip der Bewegung und der Veränderung. Er verstand darunter eine besondere Eigenschaft, die einen Menschen dazu befähigt, sich und andere zu verändern und über sich selbst zu bestimmen. Nur derjenige, der sein Vermögen auch ausübt und es in Gebrauch nimmt, besitzt dieses wirklich.[21]

Der Sinn einer Kultur des Vermögens liegt darin, die unterschiedlichen Möglichkeiten des eigenen Handelns bewusst und verantwortungsvoll einzusetzen. Daher definiere ich Vermögenskultur als die grundsätzliche Wertschätzung und Umsetzung aller Arten von menschlichem Vermögen, die individuell, gesellschaftlich und global dazu beitragen, ein würdevolles Mitglied einer Nation und der Weltgesellschaft zu sein. Diese Definition räumt dem immateriellen Vermögen höhere Bedeutung ein als dem materiellen, ohne dieses auf irgendeine Weise abzulehnen. Entscheidend sind die Reihenfolge der Wertschätzung und die bewusste Nutzung des Vermögens. In einem allgemeineren Sinne betreibt die Vermögenskultur einen idealtypischen Umgang mit den Möglichkeiten, die jedem Menschen aufgrund seiner Einzigartigkeit gegeben sind. Dieses Vermögen, das jeder in sich trägt, verdient einen respektvollen Umgang. Aus pragmatischen Gründen geht es darum, ein Vermögen weder zu vergeuden noch es spurlos verschwinden zu lassen. Die wahre Verwirklichung eines Vermögens bezieht immer andere mit ein und ist sich dieser Beziehungsleistung bewusst. Das rein physische und materielle Vermögen beutet seine Ressourcen nicht aus. Erst wenn die geistige und emotionale Einsicht in das, was einem zur Verfügung steht, vorliegt, ist der Schritt zur Vermögenskultur getan.

Von zentraler Bedeutung für die Vermögenskultur ist die Wahrnehmung des Verantwortungsvermögens. Verantwortung für sich und andere zu übernehmen wird gerade in diesen Zeiten rasender Komplexität zu einer Schlüsselkategorie des persönlichen und gesellschaftlichen Handelns. Die Verantwortung ist der Ausgangspunkt der Konkrethik. In diesem Vermögen stecken Sinnfindung und Sinnerzeugung, ohne deren Umsetzung wir ziellos durch das Labyrinth der realen, virtuellen und seelischen Undurchsichtigkeiten vagabundieren müssen. Natürlich ist es leicht, von Verantwortung zu sprechen und sie einzufordern. Allein die Umsetzung stellt uns vor schwierige und viele Menschen vor unlösbare Probleme. Ohne eine mentale Vorstellung, was es zu erreichen gilt, und ohne ein Ziel, das umgesetzt werden soll, bleibt Verantwortung ein sehnsüchtiger Traum ohne Verwirklichungschance.

Es bedarf an erster Stelle eines Vertrauens in sich selbst, um handlungsmächtig agieren zu können. Erst dieses Selbstvertrauen schafft eine motivierende Grundlage, um realitätseinwirkend tätig zu werden. Die Vermögenskulturforschung bezeichnet diese Basiseigenschaft als Eigenvermögen, um den Blick dafür zu öffnen, dass nur in der Selbstaktivierung und Selbstveränderung der Schlüssel zur vermögenskulturellen Wirksamkeit liegt. Eigenvermögen ist ein zentraler Bestandteil der Konkrethik. Es verweist auf die Innerlichkeit des Menschen, die jenseits materieller Verfügungsgewalt existiert. Das Eigenvermögen ist kein Besitzstand einer Wirtschaftselite, sondern ein Menschenrecht. Die unverzichtbare Frage, um den Nebel der Scheinheiligkeit aufzulösen, lautet: Wer auf diesem Planeten verfügt tatsächlich über dieses Eigenvermögen? Über die Antwort lässt sich trefflich streiten. Meiner Ansicht nach sind drei Viertel der Weltbevölkerung nicht in der gesegneten Lage, ihr Eigenvermögen realisieren zu können. Das Eigene im Sinne der Souveränität des Eigentümers über sein Eigentum steht potenziell nur einem Viertel der Menschheit zur Verfügung. Und auch hier liegt es vor dem Hintergrund des grassierenden Konsumismus in einem erschreckenden Ausmaß brach. Um aber überhaupt vor sich, vor anderen und vor dem Gesetz souverän auftreten zu können, bedarf es einer unveräußerlichen Grundlage. Diese würdevolle Autonomie setzt voraus, dass der Mensch in seiner Gesellschaft als souveränes und freies Wesen leben kann. Um diesem Anspruch Genüge leisten zu können, braucht es nicht nur ein Mindestmaß an materieller Ausstattung, sondern vor allem einen Raum zur Entfaltung des mentalen Vermögens. Dieser Durchblick auf einer überschaubaren Ebene ist ein gesunder Menschenverstand.

Die Souveränität des Menschen als ein positivrechtliches Grundmuster jedes Vermögens ist erst dann verwirklicht, wenn ein Individuum auch im vollen Bewusstsein der eigenen Unabhängigkeit handeln kann. Diese Freiheit ist zwar rechtlich und ethisch allen Menschen zugesagt, aber höchstens 25 Prozent der Weltbürger erfreuen sich dieses Privilegs. Ein skandalöser und durch nichts zu rechtfertigender Umstand, der die Masse der Menschheit in Sklaverei hält und den Rest zu feudalen Imperialisten abstempelt. Die Kolonialisierung des Menschen ist immer dann gegeben, wenn die Außenwelt die Innenwelt dominiert und die individuellen Handlungsspielräume durch externe Ansprüche determiniert. Armut, Bildungsmangel, Wachstumsmaximen und geopolitische Diktaturen sind die Feinde des Eigenvermögens.

Das Eigenvermögen ist die Achse des inneren Koordinatensystems. Man muss fühlen, dass man etwas ist, dass man etwas kann und dass man über etwas verfügt. Dieses Vermögen ist die Quelle alles Menschlichen und der Geburtshelfer aller sich anschließenden Aneignungen weiterer Vermögen, seien sie materiell oder immateriell. Wo sich diese Vermögenspraxis nicht entfalten kann, kommt es zu Erkrankungen, Entgleisungen, Fundamentalismen, Aggressionen und einem fruchtbaren Humus für Verführungen aller Art. Das Eigenvermögen ist also kein Mittel, auf das man bei Bedarf zurückgreifen kann, sondern die mentale und emotionale Grundlage eigenständigen Handelns. Die konkrethische Vermögenskultur akzentuiert somit die aktuelle Aufgabe, so viele Menschen wie möglich auf diesem Planeten in die Lage zu bringen, Eigenvermögen zu erlangen und umzusetzen. Dieses Basiswissen kann mit einfachen Worten in das Alphabet eines gesunden Menschenverstandes übertragen werden. Wenn Familien, Schulen, Universitäten, Unternehmen und Institutionen diese Botschaft für ihr Handeln übernehmen, wird es einen tiefgreifenden Wandel zum Humanen geben. Diese Entwicklung vollzieht sich nicht anhand ethischer Forderungen, sondern allein auf der Basis konkrethischer Realisierung und Umsetzung.

Ein kurzer Blick in die Bedeutungsgeschichte[22] des Vermögensbegriffs zeigt eindrucksvoll, wie universal seine Verbreitung einst war und wie rudimentär und einseitig seine Verwendung geworden ist. Heutzutage steht der Begriff hauptsächlich für Reichtum, Eigentum und den Besitz materieller Güter. Letztendlich wird er meistens nur noch mit Geld gleichgesetzt. Die jahrhundertealte und eben schon erwähnte Bedeutungserweiterung des Vermögens als Fähigkeit, Potenzial oder Denkvermögen ist nicht mehr Teil der aktuellen Umgangssprache. Die Beraubung seiner inneren Kapazitäten dokumentiert auch das negierte Substantiv „Unvermögen", das sich ausschließlich auf die Einschränkung geistiger und körperlicher Fähigkeiten bezieht. Mir erscheint es verwunderlich, dass nicht auch sinnlose Spekulationen, verrückte Entlohnungen oder kriminelle Aneignungen als Unvermögen bezeichnet werden. Zweifellos besitzt zurzeit das materielle Vermögen höchste Attraktivität und zieht alle Begehrlichkeit auf sich. Im Bewusstsein und in der Sprache hat die materielle Variante eindeutig den Sieg davongetragen. Die inneren Vermögen des Menschen sind auf der Strecke geblieben.

Schon im Althochdeutschen (750 bis 1050) und im Mittelhochdeutschen (1050 bis 1350) findet man Nachweise für die Verwendung des Wortes „Vermögen". Es geht auf die Wurzelverben „mögen", „vermögen" und „können" zurück. Zu dieser Zeit wurde zwischen der Fähigkeit einer subjektiven geistigen Macht und einer objektiven Macht – der Möglichkeit, etwas auszurichten – noch nicht unterschieden. Erst im Spätmittelhochdeutschen ab 1250 und im Frühneuhochdeutschen ab 1350 kamen die Bedeutungen des Überredens, des Krafthabens, des Imstandeseins oder des Im-Besitz-Seins hinzu. In dieser Phase stand das immaterielle Vermögen des Menschen ganz klar im Vordergrund. Erst ab dem 15. Jahrhundert tauchen auch die Vorstellungen des Eigentums und des Besitzes auf, ohne allerdings die Fähigkeiten auszublenden. Dann verliert das possessive Verb „vermögen" im Neuhochdeutschen allmählich an Bedeutung. Im Jahre 1809 findet man im Brockhaus-Konversationslexikon noch die Unterscheidung zwischen innerem und äußerem Vermögen, also zwischen Talenten des Einzelnen und Warenwerten. Im Jahre 1857 ist der allgemeine Transformationsprozess ins Materielle so weit fortgeschritten, dass Herders Konversationslexikon „Vermögen" nur noch als den Inbegriff aller Güter verzeichnet. Unterschwellig ist das breite Vermögensverständnis wie ein dünnes Rinnsal im deutschsprachigen Raum erhalten geblieben. Aber die eindeutige Dominanz der Geld- und Sachorientierung wurde immer offensichtlicher. Im Zuge der Industrialisierung und einer zunehmend ökonomischen Logik wurde diese Entwicklung dominant.

Betrachten wir kurz einige andere Sprachen, um Pendants für den deutschen Vermögensbegriff zu finden. Im Altgriechischen war es das Wort *dynamis*, das vor allem von Aristoteles im Sinne der subjektiven Voraussetzungen und Fähigkeiten verwandt wurde. Im Lateinischen war es das Wort *facultas*, das verschiedene Vermögensoptionen benannte. Beide Altsprachen hatten enormen Einfluss auf die weitere Entwicklung anderer Sprachen und der philosophischen Literatur. Wir finden also die Grundsteinlegung für einen sinnvollen und umfassenden Vermögensbegriff schon vor über 2.000 Jahren. Im stark vom Lateinischen geprägten Französisch kann das Wort *faculté* als eine vage Annäherung verstanden werden. Im Englischen bieten sich viele Worte an, die Teilaspekte des Vermögensbegriffs darstellen: *ability*, *capital*, *property*, *wealth* oder *capacity*. Leider gibt es kein Wort, das die ganze Fülle der deutschsprachigen Version abbilden könnte. Im Russischen zeigt das Wort *sostojanie* eine semantische Ähnlichkeit, da es sowohl materiellen

Besitz als auch Fähigkeiten impliziert. Im Chinesischen kann das Wort *cái* mit aller gebührenden Vorsicht als eine annähernde Form an den Vermögensbegriff verstanden werden. Zusammenfassend lässt sich feststellen, dass die Übertragung des Vermögensbegriffs in andere Sprachen kompliziert ist, dass aber dennoch ein universales Verständnis der Bedeutungsoptionen angenommen werden kann. Da kein plausibles Pendant zum umfassenden deutschen Begriff zur Verfügung steht, brauchte die Vermögenskultur in der internationalen Kommunikation eine angemessene Übersetzung für dieses Wort. Der Versuch wäre vermessen und obsolet gewesen, den Begriff „Vermögen" wie den „Zeitgeist" global einführen zu wollen. Aus diesem Grund habe ich den Begriff *wealthibility*[23] entwickelt, der die universal bekannten Begriffe *wealth* für materiellen Reichtum und *ability* für konkrete Fähigkeiten zusammenführt. *Wealthibility* ist die sinnstiftende Übersetzung des Vermögensbegriffs, wie ich in *The empowerment of wealthibility*[24] erläutert habe.

Die letzten Jahrzehnte haben unter dem Leitstern des bedingungslosen ökonomischen Wachstums das monetäre Vermögen als Daseinszweck per se auf den Sockel gehoben. Die spezifisch inneren Vermögen sind in diesem Prozess weitgehend an den Rand gedrängt worden. Dieser Zustand ist unhaltbar und im konkrethischen Sinne zutiefst verkehrt. Geld kann nur als Mittel sinnvoll sein, nicht als Zweck. Dem gesunden Menschenverstand ist diese Einsicht vertraut. Niemals sind Männer oder Frauen nachhaltig in die Geschichte eingegangen, nur weil sie reich waren. Deshalb geht es bei meinen Ausführungen nicht um die Neuschöpfung eines Begriffs, sondern um die zukunftsweisende Definition eines Bedeutungszusammenhangs, der das geistige Vermögen des Menschen wieder in den Vordergrund rückt. Dieses Beharren ist kein frommer Wunsch und keine schöngeistige Spitzfindigkeit, sondern die einzige Chance, den Menschen aus Scheinheiligkeit und Selbstversklavung herauszuführen. Das Gute, das Wahre und das Friedfertige sind keine Hüte, die man nach Belieben auf korrumpierte Köpfe setzt. Sie sind Manifestationen des inneren Vermögens. Und nur hier finden wir die Quelle jener Eigenschaften, die uns in eine halbwegs gelingende Weltgesellschaft führen können.

Dennoch müssen wir uns dem Mythos des Geldvermögens zuwenden, denn sein Kondenswasser ist weltweit in die Gehirnflüssigkeiten eingetreten. Als Vermögensforscher untersuche ich auch die abgeschotteten Regionen des Reichtums. Nach vielen Gesprächen mit „Superreichen" und hochvermögenden Personen, nach dem Durcharbeiten von Biografien und Dynastiegeschichten kam ich zu einer auf den ersten Blick verblüffenden Schlussfolgerung: „Die Reichen" als zusammenhängende Gruppe gibt es gar nicht. Zwischen irreal vergüteten Hedgefonds-Managern und traditionsreichen Familiendynastien, zwischen weltberühmten Filmstars und Börsengurus, zwischen Medienmoguln und Stahlmagnaten, zwischen Oligarchen und generösen Philanthropen liegen individuelle und biografische Welten, die sich nicht angemessen unter einem einzigen Oberbegriff subsumieren lassen.

Die verfügbaren Zahlen über diese Klientel schwanken von Jahr zu Jahr. Gerade auch die Finanzkrise hat für erhebliche Dezimierungen gesorgt. Insofern handelt es sich bei der Einschätzung um Mittelwerte, die für einen Überblick in unserem Zusammenhang ausreichend sind. Zahlenmäßig haben wir es weltweit mit circa 130.000 Personen zu tun, die sich auf einer Vermögensskala zwischen 30 Millionen und 50 Milliarden US-Dollar bewegen. Darunter befinden sich zurzeit rund 1.300 Milliardäre. Weltweit rechnet man mit einer Zahl von circa 13 Millionen Millionären.[25] Alle diese Leute als „reich" oder „superreich" über einen Kamm zu scheren ist aber etwas anderes, als alle Personen über 1,80 Meter als „groß" zu bezeichnen. Um die komplexe Welt der dort herrschenden Größenordnungen zu durchdringen, bedarf es unvoreingenommener Differenzierungskriterien, die in der öffentlichen Diskussion weitgehend fehlen. Der Mythos „Reichtum" ist eine Spielwiese der herrschenden Ahnungslosigkeit und somit ein idealer Nährboden für scheinheilige Debatten.

Der bisherige Reichtumsbegriff ist weder empirisch noch theoretisch klar umrissen. Er wirft höchst unterschiedliche Gruppen in einen Topf und besitzt auch keine verbindliche Eintrittsgröße, wann Reichtum eigentlich beginnt. Neben den vielen vermuteten schwarzen Schafen und den medial vielfach zu Recht an den Pranger gestellten Abzockern gibt es ein weitgehend unbeachtetes Heer seriöser und verantwortungsbewusster Vermögender. In der öffentlichen Debatte hat sich eine erstaunliche Ignoranz gegenüber der Lebensleistung von Menschen verfestigt, die wesentlich zum Wohlstand und Wachstum der Gesellschaften, in denen sie leben und wirken, beigetragen haben. Nicht zuletzt verstellt diese herrschende Unklarheit den kritischen Blick auf diejenigen, die sich tatsächlich auf Kosten anderer persönlich bereichern. Solange die den Reichtum betreffenden Fragen nicht auf der Grundlage gültiger Maßstäbe beantwortet werden können, bleibt es bei einem strategischen Gesinnungsaktionismus, der die oberen Milieus handeln und die unteren träumen lässt. Und wenn wir unter den Kapitalstarken die Vorbildlichen nicht von den Halbseidenen unterscheiden können, weil sie unsichtbar bleiben oder wir keine Kriterien der Bewertung haben, dann überlassen wir die politische Meinungsbildung dem Boulevard und all denjenigen, die der Zeitgeist an die Mikrofone spült.

Aus diesen Gründen war es notwendig, nicht nur die Reichtumsforschung systematisch weiterzuentwickeln, sondern diese durch eine eigenständige Vermögensforschung[26] zu ergänzen. Der Vermögensbegriff erlaubt uns nicht nur, die Summe des materiellen Besitzes zu erfassen, sondern auch, seine qualitative Verwendung und seine individuellen Voraussetzungen zu erforschen. Vor diesem Hintergrund kann es gelingen, die Spreu vom Weizen zu trennen. Wenn wir lernen, Reiche von Vermögenden zu unterscheiden, verringert sich die Gefahr oberflächlicher Urteile und polemischer Stereotype. Mit einer allgemein höheren Sachkenntnis kann eine vernünftige Vermögenspraxis anschaulich gemacht werden, und es lassen sich maßlose oder kriminelle Aneignungen leichter ahnden. In diesem Sinne dient die Vermögensforschung der wissenschaftlichen Ausarbeitung humanistischen Verhaltens und verantwortungsbewussten Handelns. Sie steuert mit den Ergebnissen ihrer analytischen Arbeit auch zur Grundlegung der Konkrethik bei. Am Phänomen des Vermögens lässt sich sehr anschaulich nachweisen, welche Verirrungen und Verwirrungen unser Alltagswissen durchziehen. Dieser Zustand ist für eine konkrethische und pragmatische Lebenshaltung untragbar.

Indem wir eine verantwortliche Art, mit Besitz und Potenzial umzugehen, als gemeinschaftsbildende Qualität identifizieren, rücken wir Möglichkeiten in den Blick, die Gräben zwischen den gesellschaftlichen Milieus zu verkleinern. Die stereotypen Reaktionsweisen des Neids und des automatischen Generalverdachts einerseits und der Abschottung andererseits können durch eine solide wissenschaftliche Vermögensforschung überwunden werden. Die Ergebnisse dienen dazu, konstruktive Gedanken zum Vermögen als Teil eines gesunden Menschenverstands zu etablieren. Hier ist eine informative Basisarbeit erforderlich, die es dem Menschen möglich macht, sich eigene Urteile zu bilden, ohne durch ideologische Scheinbarkeiten manipuliert zu werden.

In diesem spezifischen Zusammenhang stehen die quantitativen Dimensionen allerdings nicht im Vordergrund des Interesses. Vor allem die qualitativen Aspekte bilden die zentrale Herausforderung, zum

Beispiel die Frage, was die reichen Schichten zur gesellschaftlichen Gesamtentwicklung beitragen. Ob jemand Multimillionär oder Milliardär ist, bedeutet für die Gesellschaft vergleichsweise wenig Erkenntnisgewinn. Viel entscheidender ist die Art und Weise, wie wohlhabende Menschen mit ihren vorhandenen Mitteln umgehen.

Das Umgehen mit Reichtum bildet den Charakter, und der Charakter beeinflusst die Fähigkeit, mit Reichtum angemessen zu verfahren. Man kann, wie geschehen, hundert Millionen Dollar seinem Affen vermachen, in einem Londoner Nachtklub 50.000 Euro für einen Cocktail bezahlen – oder man kann Kinderkrankenhäuser bauen. Jede Form des Handelns hinterlässt Spuren, sowohl in gesellschaftlicher und gemeinnütziger Hinsicht als auch im Selbstwertgefühl. Und in dieser motivierenden Sinnstiftung liegt ein unentwegtes Potenzial der konkrethischen Veränderung. Man vermag etwas zu tun. Demgegenüber verbleiben zum Beispiel reine Finanztransaktionen im Hamsterrad der Reichtumsanhäufung, ohne der Verantwortung innerhalb der Gesellschaft Rechnung zu tragen. Wer in einem Lebensstil egozentrischer Selbstgenügsamkeit stecken bleibt, untergräbt die Grundlagen einer schützenden Gemeinschaft.

Den Unterschied zwischen Reichen und Vermögenden, Superreichen und Hochvermögenden zu verstehen schafft erst eine Informationsbasis für eine faire öffentliche Bewertung. Er bedarf jedoch weiterer Aufklärung. Deutlich werden sollte, wie fundamental sich die Lebenshaltungen von Reichen und Vermögenden unterscheiden. Wir haben es mit zwei grundverschiedenen Mentalitäten zu tun. Selbstsucht und Ignoranz sowie Verantwortung und Weitblick stehen sich in dieser Konstellation konträr gegenüber. Die Vermögensforschung grenzt diese unterschiedlichen Lebenswelten klar voneinander ab und nimmt das Leistungsspektrum derer in Augenschein, die das Prinzip der Koexistenz verstehen und verwirklichen. Leider sind solche Ansätze nicht nur Mangelware, sie werden geradezu verschleiert durch willkürliche Biografien, feuilletonistische Beiträge und populistische Parolen. Das Ziel dieser Pionierarbeit ist nicht allein die Erforschung einer bisher weitgehend unsichtbar gebliebenen Klientel, sondern auch die Etablierung eines gesellschaftlichen Vermögensbegriffs im Sinne eines wachen und verständlichen Wertebewusstseins.

Neben der humanitären und wissenschaftlichen Ausrichtung sollte man volkswirtschaftlich nicht übersehen, dass gerade privater Reichtum und seine Inanspruchnahme für den Wohlstand eines Landes unverzichtbar sind. Dazu zählt nicht zuletzt, dass zum Beispiel in Deutschland die obersten zehn Prozent der Wohlhabenden für 54 Prozent der Einnahmen aus der Einkommenssteuer stehen, immerhin ein Anteil von circa 34 Prozent am gesamten Steueraufkommen. Der überwiegende Teil des Kapitals, von Immobilien und Rentenoptionen einmal abgesehen, steckt als Gegenwert in Unternehmen, die der Gesellschaft die Arbeitsplätze stellen. Da Arbeit und Beschäftigung in absehbarer Zukunft weiterhin zentral für unser gesellschaftliches Leben sein werden, wohnt jedem Beschäftigungsplatz ein doppelter Vermögenswert inne, als Plattform sowohl wirtschaftlicher Produktivität als auch sozialer wie persönlicher Integration. Insofern dient eine ernsthafte Vermögenskultur immer auch der Pflege und Förderung des gesamten gesellschaftlichen Humanvermögens. Diese Zusammenhänge sind für einen gesunden Menschenverstand entscheidend, um sich ein Bild der zusammenhängenden Strukturen zu machen. Auf der anderen Seite wird unabweisbar deutlich, dass Reichtum und Vermögen ohne die konstruktive Einbindung von Umfeld und Mitbürgern nicht ehrbar zu erzeugen sind.

Die Zukunft werden wir nur meistern können, wenn alle verfügbaren menschlichen Kräfte zusammenwirken. Im Welthaushalt und in der Weltordnung sind riesige Löcher gerissen worden, die mit den herkömmlichen Methoden wirtschaftlicher und politischer Steuerung nicht mehr zu schließen sind. Längst müsste uns zum Beispiel klar geworden sein, dass die Armut nicht eine Naturkatastrophe jenseits des bürgerlichen Horizontes ist, sondern globaler Nährboden für Unfrieden, Kriminalität und willkommene Rechtfertigung für terroristische Übergriffe. Diese Aspekte stellen Arme und Vermögende in einen korrespondierenden Zusammenhang, der die jeweiligen Lebensumstände miteinander in Verbindung bringt. Dabei ist es unerheblich, ob der Einzelne dies will oder nicht. Der wirkliche Gegenpart des Armen ist nicht der Vermögende, sondern der Reiche. Jene ignoranten oder egozentrischen Besitzenden, die die Welt als Selbstbedienungsladen begreifen und alle Verantwortung den anderen überlassen, sind die eigentlichen Gegner der Vermögenskultur und der Konkrethik. Andere einem nicht selbst verursachten Schicksal auszuliefern, ohne irgendeine aktive Regung zu zeigen, ist verabscheuungswürdig. Dieses Gefühl ist im gesunden Menschenverstand weltweit verankert.

Die unterschiedlichen Lebensvoraussetzungen sind jedoch nicht nur das Ergebnis unzulänglicher Steuerungsmodelle. Die Ungleichheit zwischen den Menschen ist meiner Meinung nach kein Defizit aufgrund noch nicht wirksamer Sozialprogramme, sondern ein Kernbestandteil der Evolution. Es gilt, gerade aus dieser Erkenntnis eine zukunftsweisende Perspektive zu entwickeln. Zumal es angesichts dieser Unausgewogenheit menschlicher Kräfteverhältnisse nicht verwunderlich ist, dass sich der Neid unentwegt aufdrängt. Er kühlt zwar kurzfristig die Wunden gefühlter Ungerechtigkeit, aber er heilt sie nicht. Stattdessen vernebelt er das Urteilsvermögen und vertieft Gräben dort, wo der Brückenschlag gebraucht wird.

Die Schere zwischen „Arm und Reich" klafft auch in den deutschsprachigen Ländern auseinander, im globalen Maßstab ist diese Relation jedoch tatsächlich desaströs. Wenn maximal zwei Milliarden Menschen weltweit jenen Wohlstand erleben, den westliche Mittel- und Oberschichten für völlig normal halten, ist es unausweichlich, ernsthaft über Gerechtigkeit, Lebensperspektiven und Verantwortung nachzudenken. Vor diesem Hintergrund ist es klar, dass sich die Debatte um die Rechtmäßigkeit von Reichtum noch zuspitzen wird – vor allem, da kein Zweifel daran besteht, dass aktuelle Rüstungsgeschäfte, Finanzspekulationen und die Korruption kriegstreibende Auswirkungen haben.

Durch Kriege ist schon immer exorbitanter Reichtum entstanden. Auch in Zukunft werden kriegerische Auseinandersetzungen als Kampfplätze gieriger Aneignung und zerstörerischer Tollwut auf der Tagesordnung bleiben. Da sich die Erscheinungsweisen physischer, digitaler und psychologischer Kriegsführung enorm unterscheiden, steht der normale Mensch oft vor einem Buch mit sieben Siegeln. Um einen bewaffneten Konflikt oder eine Cyberattacke umfassend zu bewerten, bedarf es themenspezifischer Voraussetzungen. Diese Kriegskompetenz ist, ähnlich wie die Medienkompetenz, bislang nur in Ausnahmefällen verfügbar. In diesen Wirren auch die geschäftlichen und strategischen Hintergründe zu entziffern, dazu ist kaum jemand von uns in der Lage. Das Verständnis wird zusätzlich durch eine Berichterstattung erschwert, die von politischen, interesseneigenen, ideologischen und scheinheiligen Strategien überlagert wird. In diesem Heuhaufen nach Ursachen des Krieges und Quellen des Reichtums zu suchen ist ein hoffnungsloses Unterfangen.

Unabhängig vom Krieg kommt hinzu, dass beim Mythos des Reichtums in indischen, chinesischen, arabischen, afrikanischen oder europäischen Kulturen ganz unterschiedliche Vorstellungen mitschwingen. Schon im Verhältnis zwischen den USA und Deutschland wird diese

Differenz augenfällig.[27] Während hierzulande dieses Thema nach wie vor weitgehend tabuisiert und unter den Schutz der Privatsphäre gestellt wird, sind US-amerikanische Bürger stolz auf materiellen Erfolg und schätzen ihn als Segnung der Freiheit und der eigenen Kreativität. Die bisher in der Vermögensforschung gewonnenen Erkenntnisse unterstreichen, dass das gesellschaftliche Gefühl für Rechtmäßigkeit und Angemessenheit von Vermögen maßgeblich von kulturellen und milieubedingten Voraussetzungen geprägt wird. Auch unter diesem Aspekt ist der lernbereite Menschenverstand ein vernünftiger Gradmesser, um nach einer geeigneten Balance zu suchen.

Demgegenüber gibt es auch übersteuerte Ideologen, die die Finanz- und Wirtschaftskrisen als legitimes Mittel der Umverteilung verstehen. Je nach Herkunft und Reichtumsbegriff meinen sie entweder eine Verteilung von unten nach oben oder von oben nach unten. Beide Varianten bezeichnen realitätsferne Gedankenspiele. Daher ist es wichtig, in dieser Pseudodebatte genau zu analysieren, welche Gruppe welche Meinung lanciert. Dann wird man zu der Erkenntnis kommen, dass kulturelle und ideologische Überlegungen ausschlaggebend sind. Der amerikanische Schriftsteller Upton Sinclair hat für diese Interessenverquickungen die präzise Formulierung gefunden, dass es schwierig sei, jemandem etwas verständlich zu machen, wenn sein Einkommen davon abhänge, es nicht zu verstehen. Für beide, Bewertende und Vermögende, stellt sich die grundsätzliche Frage: Welche Verantwortung ist mit Reichtum und Vermögen verbunden?

Die bevorzugte Plattform einer Bereitschaft zur Übernahme von Verantwortung ist das weite Feld der Philanthropie, des Stiftungswesens und der humanistischen Förderungen. In den letzten Jahren war eine sehr deutliche Steigerung der Aktivitäten von Wohlhabenden zu verzeichnen. Die Einsicht, dass wir in einer vernetzten und voneinander abhängigen Welt leben, führte zunehmend zu der pragmatischen Erkenntnis, sich auch als Teil seiner Umwelt zu begreifen. Im Bereich der Philanthropie spielen der Charakter, die Religionszugehörigkeit und vor allem die Kultur eine wegweisende Rolle. Vermögende Amerikaner sehen es als Verpflichtung und freiwillige Selbstverständlichkeit, der Gesellschaft etwas zurückzugeben. In Deutschland wird dieser Gedanke noch zögerlich verinnerlicht, beruft man sich doch meist noch auf die Verantwortung der Sozialsysteme. Dennoch stieg auch hier im letzten Jahrzehnt die humanistische Zuwendung ganz beträchtlich.[28] Es wäre allerdings naiv zu glauben, dass weitere fundamentale Verwerfungen auf den Finanzmärkten nicht zu spürbaren Einschränkungen im Bereich der Philanthropie führen würden. Wohin auch immer die gegenwärtigen Krisenkaskaden und Euphoriewellen führen werden, eine professionelle Verantwortungsübernahme der Vermögenden wird unverzichtbarer Bestandteil der Weltgesellschaft im 21. Jahrhundert sein.

Dieser Prozess wird durch den Begriff der Vermögenskultur symbolisiert. In ihm offenbart sich die sinnstiftende Einsicht, dass Vermögen ohne Verantwortung nur bloßer Reichtum ist. Ohne gesellschaftliche Voraussetzungen und die Hilfe anderer Menschen kann Vermögen nicht entstehen. Für einen gesunden Menschenverstand ist es einsehbar, diese Form des verantwortungsvollen Handelns wertzuschätzen, aber gierigen Reichtum abzulehnen. Insofern geht es neben Steuergesetzen und Spendenbereitschaft nicht um einen Aderlass des Wohlstands, sondern um die Verwirklichung sozialunternehmerischer Möglichkeiten. Im Vermögen liegt eine logische Verpflichtung, neue Lebensperspektiven zu schaffen und so vielen Menschen wie möglich die Chance zu eröffnen, aus der Armut in die Mittelschichten aufzurücken. Dieser konkrethische Paradigmenwechsel wird allen zugutekommen. Folgen wir dem klugen Rat des Nobelpreisträgers Paul Samuelson: „Um die Globalisierung akzeptabel zu gestalten, sollte eine gute Gesellschaft einen Teil der Gewinne der Gewinner benutzen, um einen Teil der Verluste der Verlierer auszugleichen."[29] Allerdings ist es eine Illusion, so zu tun, als könne man mit Geschenken und Großzügigkeit die Welt retten. Es geht vielmehr darum, gesellschaftliche Probleme mit arbeitschaffenden und unternehmerischen Mitteln zu lösen. Die Verantwortung der Vermögenden liegt in dieser dynamischen Aufgabe. Ausschließliche Geldanhäufung und Luxuswahn widersprechen nicht nur dem gesunden Menschenverstand, sondern sind Zeichen einer unterlassenen Hilfeleistung, deren Folgen alle treffen.

Über Grenzen und Krisen

Vermögen besitzt also eine innere und äußere Substanz, eine materielle und eine geistige Seite. Aus dem veränderten Verhältnis dieser beiden Pole entwickelte sich ein ultimatives Ungleichgewicht, das unlösbare Probleme erzeugt hat. Ein wichtiger Ausgangspunkt dieser Diskrepanz war die im Zuge der industriellen und ökonomischen Erfolgsgeschichte zunehmende Ablösung von materiellen und immateriellen Werten. Dieser Prozess wurde in den achtziger Jahren des 20. Jahrhunderts durch einseitige Konzentration auf Wachstums- und Gewinnmaximierung enorm beschleunigt und führte zur Trennung von Finanz- und Güterwirtschaft. Als historische Initialzündungen können die Aufgabe der Golddeckung des US-Dollars am 15. August 1971 durch den US-Präsidenten Richard Nixon sowie das Scheitern des Bretton-Woods-Abkommens im Jahre 1973 und die Freigabe der Wechselkurse angenommen werden. Diese Abkopplung bereitete den Boden für eine exponentiell sprießende Spekulationsökonomie, die eine vernünftige Relation zwischen Humanvermögen und Geldvermögen sprengte. Das Geld wurde zu einem eigenständigen Universum. Das Geld selbst und seine Vermehrung erschienen so bedeutsam wie der Sauerstoff für das Atmen. Der rote Faden zwischen Leistung und Erfolg, der uns bislang durch die Menschheitsgeschichte begleitet hatte, wurde durchschnitten. Nicht mehr Vermögen und Verantwortung standen im Zentrum potenziellen Handelns, sondern Wachstumsphobien und Geldhalluzinationen. Der Philosoph Peter Sloterdijk hat treffend vom „Märchenkern des kapitalistischen Reichtumsgedankens" gesprochen.[30] Ein unaufhaltsamer, grenzenloser Strom des Konsums breitete sich aus.

Schon seit Jahren befindet sich die Weltgesellschaft in einer Zerreißprobe. Einerseits rückte die Menschheit durch Globalisierung, Welthandel, Finanzmärkte, Klimawandel und mediale Vernetzung immer näher zusammen. Andererseits entfernten sich drei Viertel der Weltbevölkerung um Lichtjahre von der Aussicht auf eine konkrete Vermögensbildung. Während die Spielführer der Spekulationsindustrie in einer vermeintlich eigenen Liga spielen, stolpern die nationale und die supranationale Politik den aus dem Ruder laufenden widersprüchlichen Interessen hinterher. Hin und her gerissen zwischen wahlvolkstaktischen Strategien, ökonomischem Kalkül und einem halbherzigen

Wunsch nach kulturübergreifender Konsensbildung, hat sich in der Politik ein erschreckendes pragmatisches Unvermögen offenbart. Der emeritierte Wirtschaftswissenschaftler und Währungsspezialist Wilhelm Hankel bringt die paradoxe Situation auf den Punkt: „Es könnte durchaus sein, dass sich die Löschschäden der Feuerwehr als gravierender erweisen als die Verheerungen der Brandstifter."[31] Zwischen nationalen Interessen und supranationalen Notwendigkeiten irrten die politischen Protagonisten ziellos umher. Die heimliche Prioritätensetzung, bei der ihre eigenen Interessen dominierten, stand ihnen zusätzlich im Weg. Erst die Bankenkrise im Jahre 2008 holte die formschwachen Politiker wieder aufs Spielfeld. Eine Welle hektischer Regulierungsmaßnahmen sicherte ihnen mediale Aufmerksamkeit.

Die serielle Rettung von Banken auf Kosten der Bevölkerung dient nicht nur einer scheinheiligen Systemstabilität, sie ist vor allem der verzweifelte Versuch, die in Bretton-Woods verlorene politische Souveränität wiederzuerlangen. Bei der Beobachtung dieser historischen und kurzfristigen Entwicklungen fällt vor allem der Verlust eines entscheidenden Vermögens auf – die Auflösung der moralischen Kompetenz. Dieser Prozess korrespondiert mit dem Nachlassen der individuellen und institutionellen Fähigkeit, komplexe Problemlagen und Zusammenhänge zu durchdringen und zu begreifen. Die resultierende Vernebelung verhindert es zunehmend, klare, wirkungsvolle Entscheidungen zu treffen. Davon wurde auch das menschliche Denken umfassend getroffen. Das Vermögen des Verstehens, das im grandiosen Zeitalter der Wissenschaft scheinbar unaufhörlich anwuchs, scheint nun an eine epochale Grenze gestoßen zu sein. Eine Gewissheit, die Ludwig Wittgenstein schon im Jahre 1916 voraussah, verdichtet sich immer mehr: „Wir fühlen, dass selbst wenn alle möglichen wissenschaftlichen Fragen beantwortet sind, unsere Lebensprobleme noch gar nicht berührt worden sind."[32]

Nicht nur die Beschränkungen des individuellen und allgemeinen Erkenntnisvermögens sind offensichtlich geworden, sondern auch die Belastungsgrenzen der institutionellen Vermögensverwalter. Ob Regierungen, Vereinte Nationen, Weltbank, Thinktanks, Konzerne, Verbände, Universitäten oder Nichtregierungsorganisationen – im Angesicht der gegenwärtigen Weltlage drehen sich Prognosen, Einschätzungen, Beurteilungen und Interpretationen ständig im Kreis. Ein *Big Picture* der Gesamtentwicklung ist gänzlich außer Reichweite. Wenn Expräsident Bill Clinton verkündet, dass er erst nach seiner Amtszeit, mit seiner Stiftung, einigermaßen pragmatisch handeln könne, oder sich der viele Jahre die Weltfinanzmärkte beherrschende Notenbankpräsident Allan Greenspan entschuldigt, dass er bestimmte Entwicklungen schlicht nicht verstanden hätte, erkennen wir die Grenzen der individuellen und institutionellen Möglichkeiten auf sehr hohem Niveau. Diese Dimension der Ratlosigkeit wird durch die Tatsache universalisiert, dass die beiden Genannten den Zugriff auf die versammelte Globalintelligenz besaßen, ohne dass ihnen dies krisenpräventive Handlungen ermöglicht hätte.

Es ist offensichtlich, dass die Welt auf breiter Front an unüberwindbare Vermögensgrenzen stößt. Nach einem jahrzehntelangen Wachstumsrausch des Westens, dessen Logik auch in China und Indien Einzug gehalten hat, machen Weitsicht und Überblick eine Vollbremsung. Vertraute Prinzipien sind weitgehend außer Kraft gesetzt worden. Nach einer wahnsinnigen Beschleunigung bei der Überschreitung bekannter Grenzen in den Finanzmärkten, in der Technologie und bei der Globalisierung, nach einer überschallartigen Jagd auf Fremdkapital, Wachstum und Gewinn zeigen sich die Menschen zutiefst verwundert, dass Quellen versiegen, Risiken scheinbar aus dem Nichts auftauchen und Schulden gigantische Ausmaße annehmen.

Überträgt man dieses globale Szenario auf ein individuelles und unternehmerisches Modell, kann man die spielerische Naivität und Verblendung mit den Händen greifen. Jedes Familienoberhaupt und jeder Familienunternehmer weiß, dass er mit einer vergleichbaren Erfolgsstrategie sich und die Seinen in den sicheren Ruin befördert. Auch wenn man von Bank zu Bank geht und Schulden aufnimmt, um seine vorherigen Gläubiger zu bezahlen, oder wenn man gar seine Schulden zu verkaufen sucht, kommt man irgendwann an den Schlagbaum der unentrinnbaren Wahrheit. Und diese lautet: Es gibt Vermögenskapazitäten, es gibt Vermögensvolumen und es gibt Vermögensgrenzen, die nicht ungestraft und ohne eine intelligente und rückkopplungsbewusste Vorgehensweise überschritten werden können. Fast jeder Mensch weiß das, aber bei egozentrischen, spekulativen, computer- und algorithmusbasierten Entscheidungen scheint der Menschenverstand auf Stand-by geschaltet. Diese Systematik des Bodenlosen erfordert dringend die Einführung konkrethischer Bezugspunkte, um letztlich jede Leistung auch an ihrem Ergebnis und ihrer Auswirkung messen zu können. Wo diese konkrete Rückkopplung nicht stattfindet, werden die Problemlagen wie Quecksilber: Sie sind überall und nirgendwo zugleich.

In diesen Zusammenhängen vordergründig von Gier, Neid, Schlechtigkeit und Menschenverachtung zu reden ist nur ein Reflex der Ratlosen, um dem eigenen Unverständnis wenigstens mit einer Schuldzuweisung Orientierung zu ermöglichen. Dieser ganze Komplex ist durchsetzt mit Metastasen der Scheinheiligkeit. Mögen Urteile auch in Einzelfällen zutreffen, die Ursachen liegen viel tiefer. Vor allem entlassen sie kein einziges Wohlstandsmilieu aus seiner Verantwortung und Teilhabe. Die Menschheit rast in ihrem eigenen zivilisatorischen Weltvehikel vorwärts, dessen immer komplexere Beschaffenheit sie immer weniger versteht. Der Soziologe Armin Nassehi konstatiert: „Wir leben in selbst erzeugten Welten, in denen es nicht einmal mehr etwas hilft, alles richtig zu machen."[33] Das ist paradox, und genau das ist die Konsequenz, wenn inneres und äußeres Vermögen nicht mehr kompatibel sind. Die Wirkung kehrt sich gegen den Verursacher, oder, anders gesagt, man erreicht das Gegenteil von dem, was man wollte. Überall dort, wo Vermögensgrenzen ahnungslos überschritten werden, entstehen fatale Risiken. Es ist leicht zu begreifen, dass es schnell zu unvorhersehbaren Folgen führt, wenn man über seine Vermögensverhältnisse lebt. Und genau in dieser Situation befinden wir uns. Das rasante Wachstum der letzten Jahrzehnte übersteigt schlicht und einfach unsere emotionalen, neuronalen, kulturellen, organisatorischen, ökonomischen und professionellen Kompetenzen. Die Konkrethik will dazu beitragen, Entscheidungen wieder möglich zu machen.

Dieses Vermögensdefizit ist nicht allein einer grenzenlosen Gier oder einem grundsätzlichen Versagen der staatlichen Institutionen anzukreiden, es beruht auf der umfassenden Entwicklungs-, Informations- und Ereignisüberflutung unserer globalisierten Welt. „Wir haben zwar genug Informationen, mehr, als wir zur Entscheidung benötigen, aber leider, leider – die Kapazität unseres Gehirns reicht nicht aus, um damit fertig zu werden",[34] meint der Zeitgeistdiagnostiker Wolf Lotter. Die unendliche Fülle ständig wachsender und wechselnder Sachverhalte, der rasende Wandel bisher gültiger Lebenszyklen und die technisch erzeugte Schnelligkeit unserer Handlungsanforderungen übersteigen unser vertrautes Fassungsvermögen. Stark vereinfacht, aber hilfreich ist der Vergleich mit einem Pubertierenden, der in die noch unvorstellbare Welt der Erwachsenen vordringt. Die Weltgesellschaft befindet sich in der ersten großen Adaptionskrise der Menschheitsgeschichte. Noch niemals in der Vergangenheit war der Grad der Vernetzung und gegenseitigen Abhängigkeit so flächendeckend wie heute. Vor Jahrzehnten hat man über die aufkommende Chaostheorie gelächelt. Der Schmetterling, der mit seinem Flügelschlag anderswo ein Unwetter auslöst, erschien wie eine weit hergeholte Metapher. Heute weiß man, dass zuweilen schon ein Wort oder ein falsches Zeichen ausreicht, um ungeahnte Turbulenzen zu erzeugen.

Angesichts dieser Situation, in der Durchblick nur partiell, Weitblick nur intentional und Überblick nur strategisch vorhanden ist, ist es notwendig, das gesamte Spektrum der psychischen Befindlichkeit von Menschen und die Strukturen von Institutionen in den Blick zu nehmen. Orientierungslosigkeit ist eine geistige Herausforderung, die unsere Psyche auf eine harte Probe stellt. Die Verlagerung von äußeren Bedrohungen zu inneren Belastungen und von inneren Ängsten zu Schuldzuweisungen nach außen führt geradewegs in unentrinnbare Notlagen. Das gilt vor allem, wenn dem menschlichen Denken keine verlässlichen Erklärungen und Auswege mehr zur Verfügung stehen. In diesen Wirren neigen die Menschen in aller Welt dazu, individuell oder kollektiv von Krisen zu sprechen. Zustände also, in denen das psychische Vermögen nicht ausreicht, um kurzfristig eine Lösung zu finden. Seit Jahren erlebt dieses Wort eine inflationäre Hochkonjunktur. Aber die Praxis, damit umzugehen, ist nach wie vor geprägt von scheinheiliger Aufgeregtheit und Fatalismus.

Wir haben den Kopf in den Sand gesteckt und hoffen, dass der Kelch des Verdrängten auf diese Weise an uns vorübergeht. Unter diesen naiven und hilflosen Vorzeichen benötigen wir dringend eine erlernbare und trainierbare Krisenkompetenz. Trauen wir den Worten des Ökonomen Nouriel Roubini, dessen Vorhersagen bisher weitgehend zutrafen. Er sagt uns: „Finanzkrisen sind ein fester Bestandteil des kapitalistischen Genoms und keineswegs die Ausnahme, sondern die Regel."[35] Und mit dieser Einschätzung ist er nicht allein.[36] Gefordert ist deshalb ein neues konkrethisches Krisenbewusstsein. „Krisen müssen keine Katastrophen sein", meint Geseko von Lüpke, Spezialist für neue Denkansätze. „Das Wort Katastrophe bezeichnet im Griechischen die gefährliche Kurve bei antiken Wagenrennen im Stadionrund, an der so mancher Wagenlenker sein Gefährt zum Kippen brachte. Das Wort ist damit aber keine Aufforderung zum Stillstand, sondern zur Achtsamkeit beim Richtungswechsel. Genau der findet statt und steht uns weiter bevor."[37]

Man kann allerdings die Richtung nur sinnvoll wechseln, wenn man überhaupt eine Orientierung hat. Das Vermögen, sich bewusst zu ändern, besitzen glücklicherweise viele Menschen und Organisationen. Jetzt geht es darum, eine radikal neue Sicht auf Krisenphänomene zu entwickeln. Die traditionelle Gewohnheit, Krisen als überwindbare Betriebsunfälle zu verstehen, führt zu einer falschen systemischen Wahrnehmung. Im Angesicht häufiger und dauerhafter Krisen ist es daher hilfreich, aus dem reichen Fundus psychologischer und psychotherapeutischer Einsichten und Methoden zu schöpfen. Das seit Jahrzehnten in der Psychologie praktizierte Bewusstsein einer Krise als Chance erleichtert eine veränderte Herangehensweise. Ein Beispiel dafür ist die von unserem Institut an der Sigmund Freud PrivatUniversität entwickelte Vermögenspsychologie[38], die sich mit den psychischen Wechselwirkungen zwischen außergewöhnlichem materiellen Vermögen und der daraus erwachsenen Lebensgestaltung sowie ihren geistigen, familiären und emotionalen Konsequenzen beschäftigt. Vermögensforscher, Psychologen und Psychotherapeuten arbeiten gemeinsam an der Frage, wie Geld auf die Psyche wirkt, und setzen sich laufend mit Krisenszenarien auseinander.

Es gilt, das psychische Vermögen des Menschen endlich auf die neuen Herausforderungen unserer Zeit einzustimmen. Jahrzehntelang ist es versäumt worden, das innere Vermögen von Personen und Organisationen in der Ausbildung und den verschiedenen Lebenswelten auch als Gegenstand von Verhaltensroutinen und -prozessen deutlich zu machen. Erst in Problem- und Konfliktlagen werden psychische Zusammenhänge näher betrachtet, und zwar überwiegend rückwirkend. Diese Hilfestellungen sind zumeist Gratwanderungen, da seelisches und persönliches Versagen allzu schnell in die Nähe von Krankheit oder Leistungsverweigerung gerückt wird, mit allen Konsequenzen der Peinlichkeit und Tabuisierung. Wenn das menschliche Denken mit seiner umgebenden Welt nicht mehr kompatibel ist, wird das Tor für alle denkbaren Formen der Entgleisung geöffnet. Diese Einsicht lässt sich auf alle Kulturen und Gesellschaften übertragen.

Der Anthropologe und Feldforscher Jared Diamond hat festgestellt, dass Gesellschaften immer dann scheitern, wenn sie die alten Strategien der Krisenbewältigung trotz veränderter Umweltbedingungen beibehalten.[39] In der Ignoranz gegenüber Veränderung steckt ein gewaltiges Zerstörungspotenzial. Irak, Iran und Afghanistan sind drei Beispiele veränderungsresistenter Wahrnehmung. Während der Westen eigene

Interessen der Modernisierung verfolgt, sind die einheimischen Führungseliten in mittelalterlichen Strukturen stecken geblieben. Beide Haltungen der Ignoranz leugnen systematisch das veränderte Bewusstsein dieser Bevölkerungen und tragen dazu bei, die Krise als Dauerzustand zu etablieren.

Das Unvermögen, individuellen oder kollektiven Wandel zur Kenntnis zu nehmen, entspricht einer Mischung aus Dummheit und Scheinheiligkeit. Auch im Falle Ägyptens konnte die Weltöffentlichkeit unschwer miterleben, wie schwer sich sowohl das alte Regime als auch die Politiker dominanter Länder taten, überhaupt eine vernünftige Einschätzung abzugeben. Das ägyptische Volk hat sich nicht nur bewundernswert gegen eine jahrzehntelange Alleinherrschaft gewandt, sondern auch gegen die dieses System stabilisierenden Kräfte demokratischer Nationen. Die Heuchelei der politischen Großgrundbesitzer in Ägypten, in West und Ost hat jedoch bewirkt, dass die Ziele des Aufstandes immer noch in weiter Ferne sind. Diese Kräfte und vor allem das ägyptische Militär repräsentieren Musterbeispiele der Scheinheiligkeit.

Es ist wichtig, sich einige psychische Begleiterscheinungen dieser Krisen anzuschauen. Speziell die Finanzkrise bietet ausreichend Anknüpfungspunkte. Im Zentrum der allgemeinen Empörung standen die Spekulanten. Aber für einen gesunden Menschenverstand war es fast unmöglich, zwischen den Vernünftigen und den Wahnsinnigen zu unterscheiden. Es ist paradox, aber gerade die irrsinnigen Investmentkonstruktionen, die gegen den blauäugigen Boom wetterten und das Scheitern vorausahnten, konnten noch halbwegs als Äußerungen einer praktischen Vernunft verstanden werden. Solange es legal zuging, fanden auch unverschämte Bereicherungen im Rahmen einer weitgehend anerkannten Logik der Gewinnmaximierung ihre Entschuldigung. Im Gegensatz dazu standen der mexikanische Erdbeerpflücker, der mit einem Jahreseinkommen von 15.000 Dollar ein Darlehen zum Kauf einer 750.000 Dollar teuren Villa aufnahm, und jene Banken, die mittellosen Interessenten solche Mittel bereitstellten. Auf allen Seiten entdecken wir eine gespenstische Grenzüberschreitung, die selbst die Gewinner des Spiels als risikoblinde Illusionisten ausweist.

Wer sich gegen alle Vernunft in die Leere unkalkulierbarer Risiken wirft und auch für sein Umfeld beliebige Konsequenzen in Kauf nimmt, wird zum Söldner in einem Krieg gegen sich selbst und die Gesellschaft. Schon vor dem Ausbruch dieser Krise sprach der Großinvestor Warren Buffett in Bezug auf die Kreditderivate von finanziellen Massenvernichtungswaffen. Trotz dieser nicht alleinstehenden Einschätzung wurden toxische Kredite zu Wertpapieren gebündelt, in Tranchen geschnitten und mit den besten Gütesiegeln von Ratingagenturen verkauft. Käufer und Verkäufer verhielten sich wie Alkoholiker oder Suchtkranke, die die zu erwartenden Konsequenzen einfach ignorierten. Lüge und Ahnungslosigkeit triumphierten über die praktische Vernunft. Die Krise selbst lässt sich als Weckruf der Vernunft verstehen. Der eigentliche Wahnsinn begann vorher und grassiert ungehindert weiter.

Es sind viele Verletzungen des gesunden Menschenverstands an diesem Beispiel zu identifizieren. Der politische Skandal und der Gipfel an Scheinheiligkeit jedoch liegen in der Übertragung der Folgekosten auf die Unbeteiligten. Ich teile die Beunruhigung des Philosophen Jürgen Habermas, der die himmelschreiende soziale Ungerechtigkeit anprangert, dass die sozialisierten Kosten des Systemversagens die verletzbarsten sozialen Gruppen am härtesten getroffen hätten:[40] Steigende Preise für Grundnahrungsmittel in ohnehin armen Ländern, Investitionen in die Konjunkturankurbelung auf dem Rücken der Bürger und eine massive Erzeugung von Zukunftsangst, die sich drohend über die alltäglichen Existenzen ausgebreitet hat.

Diese realen Auswirkungen stehen in einem seltsamen Widerspruch zum alchemistischen Charakter der Finanzkrisen, die uns wie körperlose Simulationen heimsuchen. Die kriegerische Vernichtung offenbarte sich nur in Worten, in Zeichen, in Zahlen und in Abstraktionen. Sind hier Werte vernichtet worden, die es nie gegeben hat? Wenn der globale Finanzmarkt auf 700 Billionen Dollar geschätzt wird, die jährliche weltweite Wirtschaftsleistung aber nur 70 Billionen Dollar ausmacht, was liegt dazwischen? Ist der okkulte Traum wahr geworden, aus Dreck Geld zu schöpfen? Vor Jahrzehnten haben Pazifisten den wunderbaren Satz geprägt: „Stell dir vor, es ist Krieg, und keiner geht hin." Nun scheint es umgekehrt zu sein. Wir sind umzingelt von Simulanten, die es mit technischen Mitteln geschafft haben, uns mit echten Krankheits- und Verblendungssymptomen zu infizieren. Alle machen mit, und deshalb gibt es einen neuen, virtuellen Weltkrieg.

Wie wäre es, wenn wir unseren gesunden Menschenverstand bemühten und gemeinsam konstatierten: Es ist Krise, und keiner geht hin? Wie lange wollen wir noch brav ein Ticket für eine extern betriebene Geisterbahn lösen, die unaufhörlich unsere Vermögensgrenzen überschreitet? Die demokratischen Staaten schauen den Menschen in den arabischen Ländern beim Aufbegehren zu, als sei ein Aufstand im Zoo ausgebrochen. Dass wir selbst unseren Geist längst in hyperrealen Gefängnissen abgegeben haben, dringt nicht in unser Bewusstsein. In guten Theaterstücken, in kluger Literatur und in klarsichtigen Dokumentarfilmen wird uns diese Einsicht schon lange vor Augen geführt. Neuronal scheinen wir nicht in der Lage zu sein zu erkennen, dass wir nicht die Krone, sondern der Witz der Schöpfung sind.

Die allgemeine Scheinheiligkeit liegt wesentlich darin begründet, dass wir das, was wir uns noch vorstellen können, im Prinzip für gestaltbar halten. Dass dies offensichtlich schlecht gelingt, ändert nichts an unserer Illusion. Das große Versagen unserer Eigenmächtigkeit offenbart sich in der fundamentalen Leugnung des Unvorstellbaren. Dieses Unvorstellbare, das Unerklärbare oder das Unvorhersehbare sind Faktoren unserer Existenz, die wir mit gutem Grund für unüberwindbar halten dürfen. Eine grundlegende Bereitschaft, sich mit diesem Faktum auseinanderzusetzen, besitzen nur die Religionen und andere spirituelle Ansätze. Der Glaube macht es möglich. Aber auch dort finden wir menschliche Erklärungsmuster, die das Unvorstellbare in Erzählungen zugänglich machen wollen. Diese Aneignungsversuche haben jahrtausendelang dafür gesorgt, dass Kulturen in nicht zu beantwortenden Fragen miteinander ringen, um ganz reale Siege davonzutragen. Gerade das Terrain des Unvorstellbaren eignet sich hervorragend für große Kriege, da auch die nicht gebildeten Massen für eine emotionale Gemeinschaft rekrutiert werden können. Meist handelt es sich dabei um Missbrauch von Abhängigen – eine Konstellation, die wohl jedem Krieg zugrunde liegt.

Der epochenübergreifende Trick, das Geld mit einer Gottheit gleichzusetzen, ermöglicht die Anwendung eines ganzen Arsenals scheinheiliger Strategien. In diesem blasphemischen Akt und unter Aufhebung aller Tugenden wurde die Erkämpfung und Legitimierung des eigenen Vorteils zum obersten Gebot. Der unentwegte Kampf erscheint seitdem als der eigentliche Inhalt der Existenz, völlig unbeeinflusst davon, ob wir am Rande auch über Ethik diskutieren und vielleicht zuweilen im eigenen Leben die Grandiosität des Universums und das Potenzial des Menschlichen spüren. Ganz offensichtlich verwechseln wir unser selbst bestücktes und zivilisatorisches Aquarium mit dem geheimnisvollen und riesenhaften Meer. Fatal ist, dass unser kurzsichtiges Handeln universale Konsequenzen nach sich zieht. Mehr als zwei

Drittel des Blauen Planeten sind von Wasser bedeckt. Über die Weiten und die Tiefen dieses Ozeans wissen wir noch immer weniger als über den Mond. Dennoch vermuten Wissenschaftler, dass uns ein Kollaps der Weltmeere bevorsteht. Sie sehen Anzeichen für das größte Artensterben seit 55 Millionen Jahren. Das Meer als Geburtsstätte allen irdischen Lebens verweist zugleich darauf, dass alle unsere Möglichkeiten irgendwann an eine Grenze stoßen.

Kommen wir zurück zu den psychischen Belangen. Die nachvollziehbaren individuellen Ohnmachtsgefühle mögen ein Grund dafür sein, dass kollektive Krisen etwas Verbindendes in sich tragen. Gerade in reichen Ländern hat die Finanzkrise konsumistische Trotzreaktionen hervorgerufen, die der argwöhnischen und leicht depressiven Grundhaltung vieler Bürger zum Beispiel in Deutschland eher widersprechen. Allgemeines Leiden scheint das eigene erträglicher zu machen; auch die Teilbarkeit von Bedrohungen und Misserfolgen erzeugt verbindende Nähe. Vor diesem Hintergrund wird deutlich, dass es unverzichtbar ist, sich mit der Psychologie von Krisen und ihren Verursachungs- und Reaktionsprozessen intensiv auseinanderzusetzen. Die eigene Dynamik der Gesunderhaltung und die Lernfähigkeit der menschlichen Psyche sind in der hier vorliegenden Diktion ein herausragendes Vermögen, dem ungleich mehr Aufmerksamkeit zugewandt werden sollte, als dies in der Vergangenheit geschehen ist. Verantwortung ohne Bewusstsein ist schlicht nicht möglich.

Als Ursache für die mäandernde Finanzkrise wurde immer wieder das Phänomen der Gier kolportiert. Schauen wir uns deshalb kurz diese vermeintliche Untugend näher an. Neurowissenschaftler der Stanford-Universität haben nachgewiesen, dass jeder Mensch Gier entwickeln kann.[41] Die Begründung ist einfach: Wer mehr bekommen kann, möchte auch mehr. In einem solchen Moment treten Nachteile und Gefahren leicht in den Hintergrund, zum Beispiel das Risiko, Geld oder Ansehen einzubüßen. Festzuhalten bleibt, dass Gier an sich nichts grundsätzlich Schlechtes ist. Sie ist ein Mechanismus, der benennt, was man will, und gibt auf diese Weise Orientierung. Jeder muss ständig zwischen Vor- und Nachteilen abwägen. In solchen Phasen stützt die Gier das Streben nach Vorteilen; sie ist also ein Selektionsmuster. Doch je hektischer die Verhältnisse werden, desto stärker werden mögliche Bedenken ausgeblendet. Je mehr ein Individuum unter Stress steht, desto weniger ist es in der Lage zu verzichten.

Die Forscher aus Kalifornien haben die im Gehirn dafür verantwortliche Region ausfindig gemacht, den *Nucleus accumbens*. Ob Früchte, Sex oder Drogen im Spiel sind, immer ist diese Region beteiligt, die als Belohnungszentrum wirkt. Die Diagnose der Neurowissenschaftler: „Je näher die Gewinne rücken und je größer die Aufregung ist, desto eher fallen die Nachteile unter den Tisch. Finanzielle Risiken können sogar sehr weit in den Hintergrund rücken, wenn sie zu unanschaulich sind. Und eine Finanzkrise, wie wir sie erleben, konnte sich vor Jahren tatsächlich kaum jemand vorstellen. Erst recht, wenn das Risiko so schwer zu ermitteln ist. Da helfen alle mathematischen Modelle nichts, Menschen neigen dazu, schwierige Fragen zu ignorieren. Wohl auch die, wie hoch das Risiko eines neuartigen Wertpapiers ist."[42] Diese Einschätzung macht deutlich, dass die Gier unmittelbar mit klarem Denken – oder mit Ignoranz – zusammenhängt. Ihre Wirkung wird durch das persönliche Wertesystem bedingt. Ob die Gier nun das Produkt hemmungsloser Vorteilswahrnehmung mächtiger Organisationen oder ein riskanter Reflex gefühlter Ohnmacht ist, die zentrale Frage bleibt, ob verbindliche Wertmaßstäbe eine tragende Rolle zu spielen vermögen. Insofern äußert sich in jeder Krise, sei sie individuell oder kollektiv, immer auch ein Wertedilemma – und im Kern eine Ethikkrise.

Die Schweizer Tiefenpsychologin Ega Friedman lenkt den Blick auf ein krisenbedingtes Veränderungspotenzial: „Eine Krise der Werte kann nicht durch Gegenaktionen gelöst werden, die den bedrohten Wert wiederherstellen sollen. Das Ziel einer Krise ist es, Vorstellungen von Wirklichkeit, deren Zeit abgelaufen ist, durch ein komplexeres Verständnis abzulösen. Viel später werden wir sagen, dass das, was nach der Krise entstanden ist, ohne diese Krise gar nicht möglich geworden wäre. Doch im Augenblick der kollektiven und individuellen Krise gibt es keine festgelegte Lösung. Eine Krise kann bis zu einem gewissen Grad vorhergesagt werden. Doch wenn sie da ist, sind wir nicht wirklich darauf vorbereitet."[43] Da die Zukunftsfähigkeit offensichtlich von den Werten und der Wandlungsbereitschaft aller Bürger und Protagonisten einer Gesellschaft abhängt, kann nicht länger darauf verzichtet werden, die psychischen Zusammenhänge menschlichen Verhaltens allgemein zugänglich zu machen. Diese Mechanismen des inneren Vermögens gehören als zentraler Baustein in die Bildung und Lebensbewältigungskompetenz des Menschen. Insofern liegt es auf der Hand, dass gesunder Menschenverstand und psychologische Kenntnisse zu den fundamentalen Bestandteilen von Kriegs- und Krisenprävention im 21. Jahrhundert gehören. Nur in der konkrethischen Krisenbewältigung erkämpfen wir uns jene Grenzgängerkompetenz, die notwendig sein wird, um die Zukunft trotz unserer unausweichlichen Fehlerhaftigkeit zu gestalten. In diesem Sinne zwingen uns Krisen, eine neue Stufe des individuellen und globalen Bewusstseins zu erklimmen.

Über Verantwortung

Nicht der Mensch an sich ist schlechter geworden. Es ist sein Handwerkszeug, das nicht mehr ausreicht, um die Komplexität der Gegenwart erfolgreich zu bewältigen. Und dabei ist nicht die Komplexität das Problem, sondern unser Fassungsvermögen. Das alles hat Folgen bei der Übernahme von Verantwortung. Angesichts der unüberschaubaren Schwierigkeiten und Krisenszenarien, die an die Mühsal des Sisyphus erinnern, ist es naheliegend, dass der Mensch sowohl mit Ignoranz als auch mit Flucht in handfeste und materielle Kompensationen reagiert. Die einzige Maßeinheit oder Lösungsillusion, die in diesen Wirren überproportional an Bedeutung gewonnen hat, ist das Geld. Leider steckt die philosophische und sozialwissenschaftliche Auseinandersetzung mit diesem alles überragenden Phänomen noch in den Kinderschuhen.[44] Tatsache ist, dass wir die allgemeine Funktionalität des Geldes, so überraschend sich das anhören mag, keineswegs durchschauen. „Geld ist ein paradoxes Wesen. Sein Ursprung ist – ähnlich dem der Sprache – ein Rätsel der Menschheitsgeschichte", resümiert der Ökonom Katsuhito Iwai.[45] Auch aus diesem Grund ist die Differenzierung zwischen Reichtum als lediglich materiellem Aggregatszustand und Vermögen als verantwortungsbewusster Handlungskompetenz zielführend. Entscheidend ist nicht, wie viel wir besitzen, sondern wie viel konkrethische Verantwortung wir übernehmen.

Sagten die Komödiendichter im klassischen Altertum noch halbwegs augenzwinkernd, Geld regiere die Welt, so beschreibt dieses Bonmot heute eine unausweichliche Realität. Geld hat den Stellenwert eines universalen Jokers angenommen, der alles zu lösen verspricht. Aber das ist ein leeres Versprechen. Die Herrschaft des Geldes und das Streben nach seiner Vermehrung sind so vertraut geworden, so eingeschliffen in das allgemeine Denken, dass man sie als Selbstverständlichkeit und Naturgegebenheit betrachtet, über die nachzudenken sich erübrigt. Der fatale Irrtum liegt im Vergessen der Tatsache, dass wir es sind, die diese Herrschaft begründet haben und denen es augenscheinlich nicht mehr gelingt, die Kontrolle zurückzugewinnen. Stattdessen dominiert uns eine anonyme Gelddynamik, die nur eine Gesetzmäßigkeit kennt: mehr, mehr und mehr davon.

Einer der führenden Geldforscher in Deutschland, Karl-Heinz Brodbeck, schreibt: „Jede Geldsumme ist verglichen mit der abstrakten

Gier, mehr davon haben zu wollen, zu wenig. Das *Mehr-wollen* ist deshalb in allen Inhalten, die von der Geldrechnung in der Gesellschaft beherrscht werden, immer schon über die Gegenwart hinaus, ohne doch jemals anzukommen."[46] Die Verwendung von Geld, vor allem im großen Maßstab, übersteigt unsere Vorstellungs- und Handlungskompetenzen. Wir haben keinen Überblick und suchen die Münze im Heuhaufen. „Die Menschen wissen einfach nicht, was sie tun, wenn sie sich durch das Geld hindurch vergesellschaften und sich darin selbst versklaven", meint Brodbeck, „und eben deshalb beherrscht das Geld den Planeten."[47] In der modernen Finanzwelt werden Milliarden in Sekunden und Billionen am Tag um den Globus gejagt. Geld selbst kennt weder Schuld noch Buße. Es sucht allein nach Gelegenheiten, bewegt zu werden. Die Umstände verdeutlichen, welche Gefahr in der bedrohlichen Trennung von materiellem und immateriellem Vermögen, der Loslösung von Quantität und Qualität liegt.

Die Menschen haben ein natürliches Bedürfnis nach Ansehen und streben nach Anerkennung. Wenn sich diese Sehnsüchte aber nur noch materiell verwirklichen lassen, stecken wir in einem Teufelskreis. Die faktisch damit verbundene Entwertung der persönlichen Fähigkeiten hat das Geld und seine Vermehrungslogik zum alleinigen Sieger der Gegenwart gekürt. In den skizzierten Vermögensdefiziten des Begreifens und Verstehens und der Alleinstellung des materiellen Gewinns sehe ich den Ursachenkern unserer gegenwärtigen Sinn- und Verantwortungskrise. In dieser Ausschließlichkeit liegt auch die Begründung, warum selbst Kriege paradoxerweise als Strategien der Gewinnmaximierung in Kauf genommen werden. Streng betrachtet erleben wir einen Rückfall ins Mittelalter. Damals stand alles unter dem Stern der Religion, heute stehen fast alle im Dienste des Geldes.

Was können wir tun? In den letzten Jahren war zu beobachten, wie infolge der Überschreitung des allgemeinen Fassungsvermögens auch das spezifische Entscheidungsvermögen gravierend gelitten hat. Reaktive Notlösungen wurden zum Prinzip des Handelns, und jeder Problemlösungsversuch orientiert sich an nichts anderem mehr als an der eigenen Interessenlage. Eine solche protektionistische Architektur verhindert nachhaltiges und langfristiges Denken. Die Oberhand gewinnen situationsbedingte Entscheidungen mit begrenztem Horizont. Werden Probleme nur im Sinne eigener Vorteilswahrung angegangen, entstehen unkontrollierbare Widersprüche. Der abrupte Rollenwechsel der Politiker von deregulierenden Sündenböcken zu regulierungswütigen Gralshütern oder die Transformation von Regierungen zu Reagierungen dokumentieren die Planlosigkeit interessengebundener Strategien zur Genüge.

Zu diesem Interessenopportunismus kommt, dass die Zufälligkeit computerbasierter Geldströme eine Problemlösung extrem erschwert. Mathematische Berechnungen allein können uns nicht aus dem Tal der Tränen führen. Langfristige Überlegungen und unternehmerisches Augenmaß müssen beim Handeln wieder Priorität haben. Gerade der Zahlenfetischismus suggeriert eine Beurteilungspräzision, die darüber hinwegtäuscht, dass sich Gesellschaften als Ganzes keineswegs mit mathematischen Modellen erfassen lassen. Wir sollten uns klarmachen, dass in den Naturwissenschaften die Verbindung zwischen Realität und Mathematik auf Experimenten basiert, die unter Idealbedingungen im Labor erzeugt werden. Einfache Übertragungen, wie sie in der ökonomischen Wissenschaft alltäglich geworden sind, ignorieren die einschränkende Tatsache, dass ihre Arbeit lediglich mit Beobachtungen operieren kann, da idealtypische Experimente einfach nicht möglich sind. Der Mathematiker Claus Peter Ortlieb warnt: „Damit ist die Vorstellung verbunden, die Exaktheit der Mathematik auf die eigene Wissenschaft übertragen zu können. Wie gesagt, ohne die Möglichkeit des Experiments funktioniert das nicht so ohne weiteres. Darauf scheint es heute aber gar nicht mehr anzukommen. Das hat wohl damit zu tun, dass Wirtschaftswissenschaftler als Politikberater in den Medien höchst präsent sind und dort vor allem Eindruck schinden müssen. Und dabei hilft die Mathematik. Ihre Verwendung gilt an sich schon als Qualitätsmerkmal. Mit ihr wird eine Exaktheit und Wissenschaftlichkeit vorgespiegelt, die überhaupt nicht vorhanden ist."[48]

Natürlich sind weder die Mathematik noch ihre Modelle schuld an einer Krise. Verantwortung tragen Menschen in unterschiedlichen Funktionen, die das Material als Grundlage ihrer Entscheidungen verwenden. Ein Modell reduziert Komplexität und ist nur eine Vereinfachung der Wirklichkeit. Der Irrtum liegt im allzu leichtfertigen Glauben, Modelle verstanden, ohne sich vorher verantwortungsbewusst mit ihnen beschäftigt zu haben. Diese Seriosität blieb zum Beispiel auf der Strecke, als arbeitslosen Bauherrn großzügige Kredite gegeben wurden.

Die offensichtliche Überschätzung der Präzision erscheint noch problematischer, wenn man sich die undurchschaubare Dimension der Entscheidungsunterstützung durch Computersysteme in der Finanzbranche anschaut. Analysiert man beispielsweise die Funktionalität eines Hedgefonds-Managements, so dreht sich die Geschäftspraxis nicht um einen sinnvollen Maßnahmenkatalog, der neben der Profit-maximierung auch ein Mindestmaß an gesellschaftlichen Folgeerscheinungen berücksichtigt. Ein solcher Gedanke steht gar nicht zur Disposition, dafür fehlt schlicht und einfach die Zeit. Wenn an einem Handelstag auf dem virtuellen Weltmarkt Staatsschulden in Höhe von 40 Billionen Dollar bewegt werden, bleibt kein Moment für menschliches Ermessen.[49] Computer, gespeist mit unvorstellbaren Datenmengen und gestützt auf mathematische Modelle, liefern die Handlungsexpertisen, die zu Entscheidungen führen.

Der *Spiegel*-Autor Ullrich Fichtner schreibt: „Der Hedgefonds wickelt seine Geschäfte zu 95 Prozent vollautomatisiert ab, die Computer analysieren Kursverläufe und Kurse, weltweite Preise und Zinsen, und bei bestimmten Konstellationen macht es einfach klick – und die Maschine kauft Positionen, ganz egal, was Politiker gerade beschließen oder Leitartikler schreiben. Die Menschen sind in diesem System nur noch dazu da, die Rechner auf dem neuesten Stand zu halten, ihre Software zu pflegen, die Algorithmen zu justieren, Programmfehler zu eliminieren."[50] Diese Vorgänge konterkarieren die Idee der Verantwortung auf absurde Weise und erhöhen die Gefahr von Irrläufern, die mit spekulativen Bedrohungen nichts mehr zu tun haben. Eine Nachricht in *Spiegel Online* unter der Überschrift „Turbulenzen an der Wall Street" deutet diese paradoxe Situation an: „Es war in Punkten gemessen der stärkste Kurssturz in der Geschichte der Wall Street: Der Dow-Jones-Index ist zeitweise um knapp tausend Zähler eingebrochen. Händler erklärten den Absturz mit der Griechen-Krise – verantwortlich könnte aber auch ein Tippfehler bei einer Transaktion sein."[51]

Wie beim Geld, so spielen auch hier Zahlen die alles entscheidende Rolle. Im Zeitalter der Ungewissheit bietet die Zahl eine magische Orientierung. In der unübersichtlichen Realität werden quantifizierbare Aussagen zum Ersatz für Objektivität. Modelle und Zahlen schaffen eine scheinheilige Ordnung und systematisieren eine immer komplexer werdende Wirklichkeit. Daten aller Art bieten eine berechenbare Grundlage, um zu Urteilen und Entscheidungen zu kommen. Noch nie gab es so viel finanz- und sozialstatistisches Material. Die Gesellschaften wissen mehr über sich als jemals zuvor. Leider bilden Daten nicht allein die Wirklichkeit ab, sie sind abhängig von Interessen und Annahmen sowie von mächtigen Meinungsbildnern, die Interpretationshoheit besitzen. Es ist sicher erheblich zu wissen, wie viele Lehrer, junge und alte Menschen in einem Land leben. Aber über die Ausbildungs- und Lebensqualität dieser Gruppen können Zahlen keine ausreichenden Hinweise geben. Dennoch dominieren demoskopische Erhebungen die inhaltliche Ausrichtung von Entscheidungen. Ob Fallpauschalen bei Ärzten, Drittmitteleinwerbung für Universitäten oder die Erwärmungsgrade in der Klimapolitik – quantifizierende und modellorientierte Formen des Denkens haben schon längst die Vorherrschaft angetreten. Qualität, Erfahrung und gesunder Menschenverstand sind zu vernachlässigungswerten Faktoren verkommen, die auf der Ebene der Entscheider nur noch bei Ankündigungen, Entschuldigungen und Preisverleihungen Erwähnung finden.

Die Scheinheiligkeit ist offensichtlich, denn auch hier sind Lebens- und Technikwelt spektakulär auseinandergedriftet. Zahlen und Daten sind nicht mehr der Ausgangspunkt einer Argumentation, sondern werden zu entscheidenden Zielgrößen aufgebauscht. Die Illusion messbarer Werte als Qualitätsersatz ist ein billiger Taschenspielertrick, der beweisen soll, dass willkürliche Vorgaben erfüllt werden konnten. Der tiefe Graben zwischen Qualität und Quantität hat eine berechenbare Unberechenbarkeit erzeugt. In dieser paradoxen Situation kann man nicht mehr ernsthaft von bewusster Verantwortung sprechen. Eine Annäherung und zunehmende Balance zwischen beiden Dimensionen ist unerlässlich. Ansonsten sind wir in der Welt der Modelle verloren, da eine Entscheidung zwischen richtig und falsch auf Basis von bloßen Zahlen unmöglich ist. Auch hier scheint ein gesunder Menschenverstand unverzichtbar, um die Kräfte der praktischen Vernunft, der Erfahrung und der Verantwortung wieder in die Debatte einzubringen.

Diese Erfordernisse werden besonders deutlich, wenn wir uns der Bewertung von Unternehmen zuwenden, die sich mit konkreter Produktion beschäftigen. Die Komplexität dieser Organisationen beinhaltet vielfältige Elemente, die von der Technik und Logistik bis zu rechtlichen und psychologischen Dimensionen reichen. Wenn sich Finanzanalysten nur auf mathematisch darstellbare Kalkulationen und abstrakte Vorstellungen beziehen, ignorieren sie die menschlichen und organisatorischen Hintergründe. Die Reduktion eines komplexen Arbeitsverbundes von Menschen auf eine spekulative Handelsware ignoriert moralische Belange. Diese Ausblendung führt dazu, Geld, Wachstum und Gewinne nur isoliert wahrzunehmen. „Soziale Verantwortung" wird zu einer wärmenden Erinnerung an Kindertage.

Auch bei diesem Beispiel führt die Trennung zwischen Innen- und Außenwelt zu einer Entkopplung von Verantwortung. Diese ist zwar als Gedanke noch vorhanden, konzentriert sich jedoch in erster Linie auf die Umsetzung der eigenen Ziele. In diesem Sinne scheint sie immer noch wirksam zu sein. Dass eine solche Verantwortung nur noch sich selbst gegenüber Gültigkeit besitzt, wird pathologisch ausgeblendet. Im extremen Fall lebt auch der Selbstmordattentäter in dem Bewusstsein, Verantwortung übernommen zu haben. Demgegenüber bleibt eindeutig festzuhalten: Verantwortung bedeutet die Mühe, etwas auf sich zu nehmen, um für die aus dem eigenen Handeln entstandenen Folgen geradezustehen.[52] Die kausale Verbindung zwischen Tun und Verantwortung ist eine Grundlage des gesunden Menschenverstands und unverzichtbar für jede Form gewissenhaften Handelns. Dieser Zusammenhang wird auch offiziell nirgendwo geleugnet, obwohl er weltweit bewusst oder unbewusst ständig unterlaufen wird. Diese Suspendierung der Verantwortung gehört zu den weit verbreiteten Formen der Scheinheiligkeit. Sie begegnet uns im alltäglichen Leben überall, von der Schule bis zum Arbeitsplatz. Gerade im Krieg oder in kriegsähnlichen Verhältnissen wird die Verantwortung obdachlos.

Statt an dieser Stelle erneut auf die Finanzkrise als Mahnmal der Verantwortungslosigkeit zurückzukommen, sei ein vorläufiges Fazit erlaubt: Welche Summen tatsächlich verloren gegangen sind und welche nur umgeleitet wurden, kann ich nicht ermessen. Die von der Asiatischen Entwicklungsbank erwähnten 50 Billionen Dollar sind vermutlich eine hilfreiche Orientierung. Der eigentliche in den Gesellschaften immer noch wirksame Verlust ist noch gar nicht absehbar. Der globale Vertrauensschwund in Politiker, Banker und Investmentspezialisten ist auf jeden Fall gewaltig. Die Einschätzung, dass es sich um fragwürdige und selbstgefällige Machenschaften handelt, findet sich in allen Milieus und Kulturen weltweit. Im Januar 2011 hat eine US-Untersuchungskommission in einem 600 Seiten umfassenden Abschlussbericht festgestellt, dass die Finanzkrise vermeidbar gewesen wäre. Wörtlich steht in dieser Publikation: „Die Krise war ein Ergebnis von menschlichem Handeln, Unterlassen und Fehleinschätzungen."[53] Auch der Kreis der Versager wird relativ eng gezogen und involviert dramatische Fehler in der Unternehmungsführung und im Risikomanagement von Banken, in der Regulierung von Finanzinstituten und in der politischen Aufsicht. Die völlig unzureichende Wahrnehmung von Verantwortung ist damit aktenkundig. Das ganze psychologische und realwirtschaftliche Spektrum von Gier, Machtmissbrauch oder eklatanter Folgenignoranz bleibt weiteren Untersuchungen überlassen.

Unabhängig davon ist oft zu hören, dass die Geldpolitik Alan Greenspans zu den Hauptursachen der alten Finanzkrise zählt. Natürlich handelt man auch als Notenbankchef nicht allein. Aber der unbestrittene Kultstatus, den Greenspan viele Jahre genoss, und seine zu maßgeblichen Weisheiten hochstilisierten Einschätzungen werfen im Hinblick auf zahlreiche Fehlurteile eine Reihe von Fragen auf. Das betrifft ihn selbst, der mit unglaublicher Arroganz schwadronierte, dass er etwas falsch gemacht hätte, wenn man ihn verstehen würde. Aber auch seine Umgebung und viele politische Führungspersönlichkeiten, die ihm ehrfürchtig begegneten, scheinen ihr Tagesgeschäft nicht mehr verstanden zu haben. Und diese Analyse ist auf die jetzt aktiven Chefkontrolleure ohne wesentliche Änderungen übertragbar.

Es drängt sich die Frage auf: Welche Rolle kann vor diesem Hintergrund die Verantwortung überhaupt noch spielen? Ich denke, die Antwort ist klar: Gegenüber dem herrschenden Technokapitalismus wird sie zum vielleicht alles entscheidenden Vermögen. Für die Konkrethik ist die umgesetzte Verantwortung eine Schlüsselkategorie. Die Abhängigkeit von technischen Systemen und eine weitgehende Delegation von Entscheidungen an naturwissenschaftliche Methoden, chaostheoretische Modelle und virtuelle Wahrscheinlichkeitsberechnungen haben die Rückkopplungssysteme der Zivilisation wie Moral, Verantwortung und Gestaltungswillen auf einen Nebenschauplatz verdammt. Ethische Inszenierungen dienen nur noch der interessengebundenen Beurteilung bereits aus dem Ruder gelaufener Prozesse sowie der kommunikationsstrategischen Positionierung eigener Vorteilswahrung. Jeder einzelne Teilnehmer dieses globalen Spiels kann auf die Schuld der anderen verweisen beziehungsweise das eigene Handeln als rational verorten und sich dabei auf Studien und Computermodelle beziehen, die es ermöglichen, Verantwortung und Haftung abzugeben. Mit dieser Kritik soll keineswegs eine rückwärtsgewandte Technikfeindlichkeit propagiert werden. Es geht mir um eine vernünftige Rückbesinnung auf eine bewusste Entscheidungshoheit, die die technischen Errungenschaften steuerbar macht, ohne von ihnen dominiert zu werden. Sie sind schließlich von der menschlichen Intelligenz erst hervorgebracht worden.

Wie können wir dazu beitragen, die stumpfe Klinge der Verantwortung wieder zu schärfen? Im eigenen Leben bieten sich die besten Voraussetzungen, diese Wachsamkeit und Standhaftigkeit zu verinnerlichen. Zugleich ist eine Suche nach geeigneten Vorbildern hilfreich, deren verantwortungsbewusste Lebenswerke beweisen, dass es sich lohnt, sein Handeln an den geschriebenen Gesetzen und den ungeschriebenen Werten einer dynamischen Demokratie auszurichten. Wir sind der Eigendynamik bestehender Systeme keineswegs hoffnungslos ausgeliefert. Wir können sehr wohl bessere Entwicklungsprozesse initiieren und erfolgreich umsetzen. Macht- und Geldgier, ethische und ökologische Ignoranz sind das Resultat konkurrenzorientierter und eigennütziger Lebensauffassungen, die den Rahmen der Verantwortung sprengen. Und: Sie sind nicht unsere einzigen Handlungsoptionen.

Die notwendigen Veränderungsprozesse kommen durch ethische Appelle allein nicht in Gang. Zum besseren Verständnis der Problematik muss man bereits bei der Sprache ansetzen. Aus diesem Grund habe ich beispielhaft die Unterscheidung zwischen Reichtum und Vermögen vorgenommen. Es wurde offensichtlich, dass beide Begriffe im Alltag missverständliche Verwendung finden. Erst in der eindeutigen Differenzierung, die Reichtum mit Eigennutz und Vermögen mit Verantwortung verbindet, konnte eine begriffliche Klärung herbeigeführt werden. Auf diesem Weg kann ein Bewusstsein entstehen, das dem normalen Menschen hilft, sich wieder einer konkreten Ausdrucksweise zu vergewissern. Auch der Begriff der Konkrethik folgt dieser Logik. Nur wenn das überschaubar Richtige umgesetzt wird, handelt es sich tatsächlich um eine verantwortungsbewusste Maßnahme. Alle anderen Handlungsweisen sind mit Unvorhersehbarkeit und Nebenwirkungen befrachtet. Schon das Wort Konkrethik verlangt den Realitätsbezug.

Der Autor, Kritiker und Farmer Wendell Berry hat die verhängnisvolle Macht des allgemeinen Sprachgebrauchs auf den Punkt gebracht: „Nach meinem Eindruck sehen wir seit vielleicht 150 Jahren eine allmähliche Entwicklung der Sprache, die entweder nichtssagend ist oder Bedeutung zerstört. Und ich glaube, dass diese zunehmende Unzuverlässigkeit der Sprache parallel zum wachsenden Zerfall bei Menschen und Gemeinschaften verläuft, der gleichzeitig stattfindet. In dieser degenerativen Bilanzierung hat die Sprache fast gar keine Bezeichnungskraft, weil sie bewusst dazu benutzt wird, sich auf nichts Spezielles zu beziehen. Die Aufmerksamkeit richtet sich auf Prozentanteile, Kategorien, abstrakte Funktionen. Es ist keine Sprache, die den Nutzer unbedingt verpflichtet oder zum Handeln veranlasst, denn sie definiert keine persönliche Grundlage als Standpunkt oder Ausgangspunkt zum

Handeln. Ihr einziger praktischer Nutzen besteht darin, durch Expertenmeinung einen unüberschaubaren, unpersönlichen technologischen Prozess zu unterstützen, der schon begonnen hat. Es ist eine tyrannische Sprache."[54]

Da sich unsere Wirklichkeit in den letzten Jahren exponentiell verändert hat, benötigen wir auch eine Überprüfung der Angemessenheit und Prägnanz unserer sprachlichen Äußerungen. Das kann bei komplexen Veränderungen oder neuen Sachlagen auch die Bildung neuer Begriffe erfordern, um Ursachen, Folgen und Zusammenhänge klarer zu erkennen und zu benennen. So ist es vor dem Hintergrund des schnellen Wandels an der Zeit, auch die Kausalität zwischen Handeln und Verantworten neu zu definieren. Diese Aufgabe lässt sich nur erfolgreich lösen, wenn die Bedürfnisse der praktischen Vernunft befriedigt werden können. Mit einer Bestandsaufnahme erprobter Alltagsweisheiten ist es nicht getan. Es geht um eine Methode, wie ein gesunder Menschenverstand verstanden, geschärft, weiterentwickelt und in der Realität umgesetzt werden kann.

Dieses Anwendungsmodell der praktischen Verantwortung für die Folgen des eigenen Handelns möchte ich mit dem neuen Begriff der Konkrethik auf den Weg bringen. In diesem Sinne bemühe ich mich, den Begriff der Konkrethik als einen kausalen Zusammenhang auszuweisen, der seine Berechtigung in nützlichen und vernünftigen Anwendungen findet. Verantwortung erschöpft sich demnach nicht in Appellen, sondern erweist sich ausschließlich immer wieder in konkreten Handlungsergebnissen. In der *Metaphysik der Sitten* sagt Immanuel Kant, Leben sei das Vermögen eines Wesens, seinen Vorstellungen gemäß zu handeln.[55] Diesem Anspruch Geltung zu verschaffen gelingt aber nur, wenn Versprechen und Einlösungen wieder eine untrennbare Einheit bilden. Das konkrethische Motto lautet: Gesagt, getan!

Die Konkrethik ist nicht denkbar ohne den Willen zur Einigung, zum Zugeständnis, zum Ausgleich. Von jedem Punkt der Erde aus kann man es drehen und wenden, wie man will – ohne Kompromissbereitschaft sind wir verloren. Es geht darum, den mittleren Weg zu finden – und gemeinsam zu beschreiten. Der Kompromiss gilt seit Jahrhunderten als gegenseitiges Versprechen. Das konkret umgesetzte Versprechen dokumentiert einen wesentlichen Teil der konkrethischen Handlung. Aber auch in diesem Zusammenhang lässt sich das Gegenteil beobachten: Zwischen der angekündigten Kompromissbereitschaft und ihrer tatsächlichen Verwirklichung liegt ein gefährliches Terrain der Manipulation und Unaufrichtigkeit. Im Volksmund spricht man von faulen Kompromissen. Erst im Prozess der Umsetzung kann man erkennen, ob ungleiche Kräfte wirken, Angst und Druck eine Rolle spielen oder ganz andere Interessen auf Umwegen erreicht werden sollen. Auch bei Kompromissen kann es Verlierer und Gewinner geben, die letztlich den gut gemeinten Vorgang ins Gegenteil verkehren. Jeder erzwungene Kompromiss auf der Basis eines Minimalkonsenses, der niemanden wirklich zufriedenstellt, eröffnet neue unkalkulierbare Unsicherheiten.

Nur die Suche nach einer maximalen Gemeinsamkeit und die verbindliche Durchführung einer entsprechenden Entscheidung führen zu einer ernsthaften Veränderung. Erst im authentischen Vollzug des Kompromisses entsteht Glaubwürdigkeit und damit auch die zarte Pflanze der Verlässlichkeit. Es gehört zum menschlichen Erfahrungsschatz, dass man meist nicht genau das bekommt, was man haben will. Aber: Wir geben uns mit weniger oder anderem zufrieden, um weiterzukommen. Ein gesunder Menschenverstand agiert ganz selbstverständlich mit dieser Toleranzschwelle, da er im Inneren weiß, dass ohne kooperatives Verhalten und Vertrauen das Leben nicht gelingt. Schauen wir uns dagegen um, entdecken wir eine bedrohliche Vielfalt von politischem, religiösem, ethnischem und kulturellem Eigensinn. Stures Beharren und mangelnde Lernfähigkeit führen nicht selten zu den einzigen Alternativen: Kompromiss oder Krieg.

Die todbringende Auseinandersetzung zwischen Israel und Palästina beispielsweise dokumentiert eine Ausweglosigkeit, die sich mittlerweile einer rationalen Lösung entzieht. Der Berg der Opfer ist zu hoch, um sich über Nacht die Hände zu reichen. Erst wenn die Beteiligten beginnen, ihre ausweglose Situation vom Ende her zu betrachten, wird es möglich, konkrethische Schritte einzuleiten. Im Hass kann man nicht verhandeln. Erst wenn man die Zukunfts- und Menschenverträglichkeit prüft, treten gemeinsame Interessen zutage, die Licht auf dieses mittelalterliche Joch werfen. An allen bisherigen Friedensbemühungen waren so viele Köche beteiligt, dass der Kompromiss als Brei verdorben wurde. Auf der Strecke geblieben ist die einfache konkrethische Frage: Geht es um einen Konflikt gleichberechtigter Menschen oder um die Rivalität zweier unterschiedlich wertvoller Gesellschaften? Faule Kompromisse kennzeichnen die Spielwiesen der Scheinheiligen. Sie dienen den Junkies der Geschäftemacherei zur Absicherung ihrer unlauteren Herrschaft. Ihre Intentionen sind sprachlich nicht zu ergründen, erst im pragmatischen Verlauf enthüllt sich der wahre Kern ihrer Absichten. All dies erzeugt ein enormes Aggressionspotenzial. Überall da, wo Beziehungen durch kriegerische und erniedrigende Umstände unmöglich werden, kommt es zu einem exponentiellen Anstieg aggressiven Verhaltens. Ausweglose Situationen und der Verlust jeder Anerkennung sind der Humus für kriegstreibende Eskalationen.

Hier eine grundlegende menschliche Boshaftigkeit zu verorten entspricht nicht den wissenschaftlichen Erkenntnissen. Im Gegenteil, die Aggressionen sind vielmehr Resultate eines reaktiven Verhaltenssystems, das uns und andere schützen soll. Der Mediziner und Psychotherapeut Joachim Bauer stellt klar: „Kern aller Motivation ist es, zwischenmenschliche Anerkennung, Wertschätzung, Zuwendung oder Zuneigung zu finden und zu geben. Wir sind aus neurobiologischer Sicht auf soziale Resonanz und Kooperation angelegte Wesen."[56] Werden diese Sehnsüchte durch Gewalt, Demütigung, Ausgrenzung, Misshandlung und Vernachlässigung zerstört, öffnen sich die Schleusen der Aggression. Daraus folgt, dass es Entwicklungen und Szenarien gibt, die der Gewalt vorausgehen und einschätzbar sind. Die meisten Konfliktherde größeren Zuschnitts sind keine Überraschungen, sondern das Ergebnis von Teilnahmslosigkeit, Kalkül und Zerrüttung. Eine konkrethische Auseinandersetzung mit den Ursachen und Folgen ergibt Lernmöglichkeiten, diese in Zukunft maßgeblich zu verringern. Der gemeinschaftliche Wille zur Prävention ist noch viel zu wenig ausgebildet und gehört als Lehrfach für Kompromissfähigkeit in jede Schule und zu jeder Ausbildung.

Kooperation ist ohne Kompromisse nicht denkbar. Deshalb sind wir aufgefordert, diese zu üben, zu lernen, zu lehren, sie anzustreben und umzusetzen. Der Hauptgedanke eines Kompromisses umfasst den Ausgleich von Interessen und Zielen. Im Chaos lokaler, nationaler, internationaler und ökonomischer Interessen tummeln sich so viele Widersprüchlichkeiten, dass es ohne eine gemeinsame Idee gar keine vernünftige Wertorientierung geben kann. Hinzu kommt, dass weltumspannende Konzerne eine ganz eigene Logik der Globalisierung besitzen, da sie wettbewerbs- und erfolgsorientiert agieren. Der gnadenlose Kampf um Vorherrschaft hält nicht nur ökonomische Konkurrenten in seinem Bann, sondern Länder und ganze Kontinente – ohne definitive Verpflichtung der Gemeinschaft gegenüber.

Angesichts dieser Gemengelage unterschiedlicher Herrschaftsformen grassiert das Vertrauen in eine unsichtbare Hand der Märkte wie eine quasireligiöse Offenbarung. Man glaubt blind, mit dem Nachbeten dieser Mentalität unglaubliche Erfolge und Reichtümer zu erringen, Technik und Wissenschaft auf herausragende Höhen zu befördern und am Ende vielleicht sogar den Mars zu besiedeln. Die Schattenseite dieser Vision: 80 Prozent der Menschheit werden an der Scholle kleben und als das größte Sklavenheer in die Zivilisationsgeschichte eingehen. Führt die ganze beschwerliche und heroische Entwicklung unserer Spezies durch die Jahrtausende am Ende nur dazu, dass die Masse der Menschen einer Schar Auserwählter zu dienen hat? Sollte sich dieser Eindruck verhärten, wird in den nächsten Jahrzehnten kein Stein mehr auf dem anderen bleiben.

Ohne teilbare Gemeinsamkeiten und ehrliche Kompromisse wird jeder Dialog zur Farce. Verlieren wir nicht das Wesentliche aus dem Auge: Überall auf der Welt gibt es den Wunsch nach Kooperation und die Überzeugung, dass es eine globale Pflicht ist, gemeinsam zum Wohle des ganzen Planeten zu handeln. Diese Bereitschaft ist – trotz weltanschaulicher Konflikte – in der gesamten Menschheit zu finden. Jetzt geht es darum, dieses Potenzial konkrethisch auf den Weg zu bringen.

Vom Ebenezer-Scrooge-Komplex

Ein anschauliches Beispiel für die Übernahme von Verantwortung ist Ebenezer Scrooge, der Protagonist der mehr als 20 Mal verfilmten *Weihnachtsgeschichte* von Charles Dickens aus dem Jahr 1843. In der Erzählung durchlebt Scrooge eine Metamorphose vom reichen Geizhals zum Gönner. Wir erleben die Wandlung eines psychisch Verhärteten, dem es gelingt, die eigene Lieblosigkeit zu überwinden. Die Erzählung ist in aller Welt bekannt und für alle verständlich. Zugleich bietet sie vielfältige Interpretationsmöglichkeiten, die je nach Kultur und Bildung unterschiedliche Türen öffnen können. Aus diesem Grund spreche ich vom Ebenezer-Scrooge-Komplex: Das Phänomen ist vielschichtig und verweist auf die unsere Zeit prägende Komplexität.

Viele Leser erinnern sich vielleicht an den Begriff „militärisch-industrieller Komplex". Seine Popularität verdankte er der im Jahre 1961 gehaltenen Abschiedsrede des amerikanischen Präsidenten Dwight D. Eisenhower. Der ehemalige Staatschef beschrieb damals die Gefahren, die sich aus den zahlreichen Verflechtungen zwischen Industrie, Militär und Politik ergaben. Auch die Lobbyisten und ihren zersetzenden Einfluss in vielen Gesellschaftsbereichen prangerte er an. Heute erscheinen diese mächtiger denn je. Zugleich sind Vernetzung und Verflechtung Schlüsselbegriffe unserer Zeit. Daher schien mir der durchaus ambivalente Ausdruck „Komplex" in vielfacher Hinsicht bezeichnend. So sind weltweit Millionen von Menschen gemeinnützig und humanitär aktiv. Da auch dieses weite Feld unüberschaubar erscheint, kann man von einem zivilgesellschaftlich-philanthropischen Komplex sprechen. In eine ähnliche Richtung weist Linda Polman mit ihrem Buch über *Die Mitleidsindustrie*.[57]

Der Ebenezer-Scrooge-Komplex, wie ich ihn fasse, hat auch eine psychologische Dimension. Unbewusste Gefühle, Zwangsvorstellungen und Neurosen gehören für eine Vielzahl von Menschen zum Alltag. Manifestationen von Minderwertigkeitskomplexen und Größenwahn prägen unsere mediale Öffentlichkeit. Die Fähigkeit, sich selbst anzunehmen und zu verändern, wird unter dem Druck scheinheiliger Inszenierungen nur spärlich genutzt. Auch in dieser Hinsicht hält uns Mr. Scrooge einen Spiegel vor. Nicht zuletzt war Dickens' Protagonist Vorbild für die weltberühmte Disneyfigur Dagobert Duck und besitzt somit Massenkompatibilität. Beide Charaktere symbolisieren das Thema des Reichtums und den immanenten Vorwurf der Eigennützigkeit. An Scrooge wird deutlich, dass Reichtum keineswegs Vermögen bedeutet, wenn der Handlungsspielraum durch Hartherzigkeit und Ignoranz eingeschränkt wird. In der Wandlung dieser Hauptfigur erleben wir eine vorbildliche Hinwendung zur Verantwortung, die Scrooge zum konkrethischen Prototyp positiver Veränderung macht.

Angesichts nicht abreißender Krisen verlangt die Welt nach Lösungen. Aber nicht die Lösungen scheinen das Problem zu sein, sondern der gemeinschaftliche Wille zu ihrer Umsetzung. Untergangsszenarien und Rettungsversprechen branden wie eine schäumende Gischt an die Küsten der jeweiligen Interessenssphären. Unterschiedliche kulturelle Standpunkte führen zu abweichenden Erkenntnissen. Wenn es uns nicht gelingt, eine gemeinsame Schnittmenge all der divergierenden Einstellungen zu erarbeiten, wird weiterhin die kalte Logik des Ökonomischen unser Verhalten diktieren. Dabei bleibt festzuhalten: Nicht das Wirtschaftliche oder die Märkte sind per se schlecht. Über das konkrethische Fazit entscheidet, wie wir auf diesen Plattformen agieren. Noch nie war die Welt so reich an Möglichkeiten, uns ultimativ neu zu erfinden. Und ein Hebel, um eine überwältigende Anzahl von Menschen in glücklichere Zeiten zu wuchten, ist ein gesunder Menschenverstand. Wir wissen: Glück ist das Einzige, das sich verdoppelt, wenn man es teilt.

Charles Dickens selbst hat viele Höhen und Tiefen in seinem Leben durchlaufen. Die zum Teil bitteren Erfahrungen haben ihn zu einem kompetenten Kritiker seiner Zeit werden lassen. Zwischen den Zeilen seiner Werke schwingen ein klarer Menschenverstand und eine unaufdringliche Moralität mit. Vor allem die Überwindung des Missverhältnisses zwischen armen und reichen Menschen lag ihm am Herzen. Es war ihm jedoch klar, dass für die Veränderung einer Gesellschaft das Verhalten der Einzelnen die zentrale Rolle spielt. Insofern ist seine Geschichte von Ebenezer Scrooge eine Metapher für den notwendigen Prozess der Selbstreinigung. Die Betrachtung einiger Fragmente dieser 160 Jahre alten Erzählung zeigt ihre ungebrochene aktuelle Gültigkeit.

Die Metamorphose eines Menschen vom Saulus zum Paulus ist allgemein vertraut. Dennoch hören wir viel von Taten und Stiftungen, aber wenig von den Personen und ihren inneren Verhältnissen. Als Vermögensforscher habe ich Einblicke in diese meist abgeschirmte Sphäre nehmen können. Die Geister, die Scrooge eines Nachts heimsuchen und sein Bedürfnis nach Verwandlung wachrufen, sind nicht nur der Spiegel seiner Biografie, literarisch brillant in Szene gesetzt. Sie entsprechen exakt jenen Gefühlen des Zweifels, der Sorge und der Angst, die mir bei Menschen mit großen finanziellen Ressourcen immer wieder begegnen. Auch Scrooges anfängliche Hartherzigkeit seinen Mitmenschen gegenüber und das stereotype Mantra, dass die vermeintlich Erfolglosen selbst für ihr Schicksal verantwortlich sind, habe ich oft gehört. Diese aus Steinen des materiellen Wohlstands hochgezogene Mauer der Abschottung symbolisiert mehr Ignoranz als Ablehnung. Vielfach finden sich auch in der Kindheit Spuren der Verletzung, des Liebesentzugs und der Entwertung, die das Materielle als Rettungsanker erscheinen lassen.

Wer wie Scrooge Geld gegen Liebe tauscht, scheut die Auseinandersetzung mit den verborgenen oder verdrängten Seiten der Seele wie der Teufel das Weihwasser. Auch die Hauptfigur überwindet nur durch schmerzvolles Erinnern jene selbst gesetzten Tabus. Erst als die Heimsuchungen der Nacht ihn zwingen, sich mit den Augen der anderen zu betrachten, enthüllt sich ihm seine Verachtung den Menschen gegenüber. Zum ersten Mal bringt er seine innere und seine äußere Welt wie in einem Brennglas zusammen. Endlich macht er sich los von seiner eingefrorenen Meinung und entdeckt das Tageslicht einer neuen Freiheit. Diese zwar von außen angestoßene, aber durch eigene Willenskraft erzeugte Wiedergeburt lässt seinen Menschenverstand gesunden und trägt ihn zurück in die Gemeinschaft. Automatisch wandelt sich das Geld vom Zweck zum Mittel. Die Großzügigkeit wird zu einem Vermögen ungekannter Art – das anderen hilft und den Gebenden beglückt. Dieses konkrethische Muster der Lebensgestaltung ist kein exklusives Rezept für Reiche, sondern eine Arznei für alle Menschen. Dass diese praktische Vernunft weltweit vor allem in weniger betuchten Kreisen zu finden ist, sollte alle Privilegierten zum Nachdenken bringen. Das Prinzip der Konkrethik, die innere und äußere Welt immer wieder neu zu synchronisieren und gleichzeitig den Worten Taten folgen zu lassen, ist der Hebel für persönliche und allgemeine Lebensführung.

Dickens erzählt uns eine Geschichte der Heimkehr. Aber gleichzeitig konfrontiert er uns mit einer weiteren Einsicht. Die Verwandlung vom alten in den neuen Scrooge ist zwar ein chronologischer Prozess, die vorher und nachher sichtbar gewordenen Charakterbestandteile existieren jedoch weiterhin. Beide Seelenverfassungen sind in der literarischen Vorlage ebenso präsent wie in uns selbst. Wer sich nur dem Geldverdienen widmet, nur dem eigenen Erfolg, aber auch wer nur der Mildtätigkeit, nur der Opfererbringung dient, bleibt in der Einseitigkeit gefangen und verkennt die duale Substanz alles Lebendigen. Hierin liegt auch die Schwäche manches ethischen Ideals; es liest sich gut, aber lässt sich nicht leben. Eine Schnittstelle, an der bereits die Scheinheiligkeit lauert.

Der Ebenezer-Scrooge-Komplex hat auch eine Schattenseite. Viele selbst ernannte Gutmenschen reisen unter der Tarnkappe der Nächstenliebe, um ihre dubiosen Schäfchen ins Trockene zu bringen. Im Wald der Philanthropie gedeihen höchst unterschiedliche Gewächse, und manche von ihnen sind giftig. Gerade die diplomatische Immunität der Prominenz befördert einen Zirkus der Scheinheiligkeit, der mehr Schein aufwirbelt, als Sein zustande bringt. Es ist schwer vorstellbar, dass Dickens auf die Idee gekommen wäre, seinen Protagonisten eine Spendengala ausrichten zu lassen. Scrooge schenkt einem behinderten Jungen und seiner Familie einen riesigen Truthahn zu Weihnachten. Heutzutage ist es gängige Praxis, den Truthahn selbst zu essen, andere an diesem Verzehr mit horrenden Spendenbeträgen zu beteiligen und dann die Einkünfte mit den Veranstaltungskosten zu verrechnen. Übrig bleibt ein Rinnsal der Großzügigkeit, das mit bombastischer Selbstgefälligkeit hinausposaunt wird.

Im Traum erscheinen Scrooge Geister. Sie verkörpern verschiedene Impulse, die eine harte Selbstreflexion auslösen. Einerseits mahnen sie ihn in einem freundschaftlichen Sinne, sein Leben nicht mit Ignoranz zu vergeuden. Andererseits bieten sie ihm eine psychoanalytische Chance, seine Kindheit und Jugend aufzuarbeiten. Insofern ist der Traum eine Plattform, sich im Licht fremder und eigener Betrachtungen selbst zu erkennen. In der träumerischen Freiheit liegt die Chance, sich selbst und der Realität auf vielfältige Weise näher zu kommen. Um in die Regionen der emotionalen Welt vorzudringen, sind die Kriterien der Wissenschaft wie Beweisbarkeit und Überprüfbarkeit selten ausreichend. Der Ebenezer-Scrooge-Komplex deutet beispielhaft an, welche Kraft in erfundenen Geschichten stecken kann. Nicht allein ihre Quellen sind ausschlaggebend, sondern ebenso ihr anregendes Potenzial zu Erkenntnis und Mitgefühl. Ein gesunder Menschenverstand lebt davon, dem Wesen unserer Existenz näher zu kommen und wirkliches Verständnis zu gewinnen und anzuregen. Ich habe Dickens' Erzählung vielfach in meinen Gesprächen mit Vermögenden eingesetzt, und meine Erfahrung ist: Keine Studie, keine Prognose und keine bittere Wahrheit kann so viel Nachdenken anregen wie eine Erzählung dieser Güteklasse. Die Literatur kann uns grundsätzlich dabei helfen, in einem Universum der Ungewissheit eine Haltung und einen Standpunkt zu gewinnen. Die Sehnsucht nach Märchen und Träumen ist in allen Gesellschaften weit größer, als es sich der vermeintlich rationale Mensch eingestehen will.

In der Wirtschaft, der Politik und der Wissenschaft habe ich viele hervorragende Kompetenzträger kennengelernt, denen eines in erschütterndem Maße fehlt – die Fantasie. Vielleicht ist es kein Mangel an Vorstellungsvermögen, sondern schlicht die Angst, die Geländer des Faktischen loszulassen. Aber: Die Zukunft ist weder vorhersehbar noch beherrschbar. Also bleibt keine andere Möglichkeit, als uns immer wieder neu zu wappnen, vorzubereiten und möglichst günstige Entwicklungen auf den Weg zu bringen. Auch das sind Vorstellungen, die eher durch Literatur als durch analytische Ethik oder Patchwork-Weisheiten der Lebensberater angeregt werden. In meiner eigenen Biografie sind es meist Bücher gewesen, die die markantesten Spuren hinterließen. Sie haben die Ressourcen des Denkens aufgefüllt, erweitert und das Wachstum des Geistes immer wieder neu angeregt.

Diese Einsicht ist keine spektakuläre Innovation. Es mangelt nicht an entsprechenden Lippenbekenntnissen. Meine Erfahrung ist jedoch, dass solche Lektüreerlebnisse viel öfter behauptet als tatsächlich gemacht werden. Das Vortäuschen von Bildung ist eine weitere Form der Scheinheiligkeit, die, nebenbei bemerkt, in der Arena vieler Kunstspektakel unfreiwillig zum Ausdruck kommt. Da weit über eine Milliarde Menschen nicht einmal die Chance hatten, das Lesen zu lernen, berühren wir hier einen heiklen Punkt. Allein in Deutschland gibt es nach Auskunft einer aktuellen Studie 7,5 Millionen Analphabeten im Alter zwischen 18 und 64 Jahren. Die Schande ist hier nicht größer als in Somalia, aber die Diskrepanz zum eigenen Bildungsanspruch wirkt gespenstisch. Der Zugang zum Lesen ist für die Lebensgestaltung ebenso erheblich wie die Versorgung mit Wasser und Nahrungsmitteln. Diesen katastrophalen Missstand lediglich mit auf Jahrzehnte angelegten Projekten und Prozessen anzugehen ist angesichts des vorhandenen Reichtums verrückt. Diese tragische Verdrängung und Verblendung erscheint dem gesunden Menschenverstand absurd.

Auch die Erlebnisse der Hungernden und der Kriegsopfer gehen in den aufgehäuften Versatzstücken aus Zahlen und Statistiken unter. In dieses Vakuum der herzlosen Besorgnis stoßen in den letzten Jahren immer mehr dokumentarische Romane, die beispielhafte Einsichten eröffnen. Es handelt sich tatsächlich um Bücher für die Welt, denen es gelingt, anhand eines erzählten Schicksals die scheinbare Undurchdringbarkeit des Komplexen transparent zu machen. Der Verleger und Schriftsteller Dave Eggers zum Beispiel hat den Ebenezer-Scrooge-Komplex mit systemischer Brillanz zum Leben erweckt. Sein autobiografisches Buch mit literarischen Elementen – *Ein herzzerreißendes Werk von umwerfender Genialität* – berichtet vom Krebstod beider Elternteile, die innerhalb von fünf Wochen verstarben, und der Verantwortung, die er anschließend für seinen achtjährigen Bruder übernahm. Wie er den traurigen Anlass lebensmutig und ohne Selbstmitleid meistert, ist eine echte Quelle der Inspiration. Die eigene schriftstellerische Arbeit hat Eggers mit intelligenten und humanistischen Projekten unternehmerisch zu einem großartigen Komplex verdichtet. Im Zentrum steht sein Verlag McSweeney's, der unterschiedliche Zeitschriften herausbringt und auch jungen Talenten eine Plattform bietet. Viele große amerikanische Autoren haben für ihn geschrieben. Auch eine Schreibwerkstatt für Jugendliche in San Francisco gehört zu diesem Netzwerk, das unaufhörlich wächst.

Vor allem sein Projekt *Stimmen der Opfer* erläutert unmittelbar den hier thematisierten Zusammenhang. Mit Freunden und Mitarbeitern sammelt er seit Jahren biografisches Material von Zeitzeugen, die Erlebnisse im Auge des Grauens gemacht haben. Hier erhalten unschuldig Verurteilte, Opfer von Kriegs- und Naturkatastrophen, Flüchtlinge und im Allgemeinen Ungehörte, die meist nicht lesen können, eine Stimme. Die Gespräche werden achtsam transkribiert und in Zeitschriften, Anthologien und Romanen veröffentlicht. Ein Beispiel ist das Werk *Weit Gegangen*, das die unglaubliche Geschichte eines sudanesischen Jungen beschreibt. Mit sieben Jahren verliert er alles, was wir als Heimat empfinden: Familie, Freunde und Land. Im Zentrum steht seine Flucht aus dem Sudan, über Äthiopien, Kenia bis hin zu seiner vermeintlichen Rettung durch die Ausreise in die USA. Für uns Normalbürger klingt dieser Realitätsbericht wie eine Fiktion aus der Hölle. Fassungslos werden wir mit Facetten der Gewalttätigkeit konfrontiert, die uns in die komplexen Erscheinungsformen des gegenwärtigen Krieges Einblick geben.

All diese realen Geschehnisse werfen auch ein Licht auf die Taubheit und Gleichgültigkeit jenes Teils der Welt, der sich in Sicherheit wähnt. Doch Dave Eggers dreht das Rad systematischer Verantwortung noch weiter: Seine Publikationen kommen aus der Wirklichkeit – und sie werden auch dorthin zurückgeführt. Mit den Erlösen aus diesem Roman hat er eine Stiftung gegründet, die in der Heimat seines Protagonisten eine Schule finanziert. Auf der Homepage der Stiftung findet der Leser konkrete Hinweise, wie man etwas für den Sudan tun kann.[58]

Dies sind für mich Nachrichten aus der neuen Welt. Hier wird die Konkrethik gelebt, die das Gute praktisch und ohne Selbstbeweihräucherung realisiert. Der menschliche Verstand kann das Drama millionenhaft potenzierten Leidens nicht fassen. Aber die am konkreten Fall aufgezeigten Lösungsschritte sind eingängig und nachvollziehbar. Auf diese Weise wird ein Beitrag zur Genesung des Menschenverstandes geleistet, der auch deutlich macht, dass wir bloß gut Gemeintes ohne Wirkung einfach nicht mehr brauchen. Eggers selbst findet im Gespräch mit der *Frankfurter Allgemeinen Zeitung* eine Formel, die Augen zu öffnen vermag: „Es ist schockierend einfach, etwas zu bewirken, wenn man es will."

Die spirituelle Suche des Individuums dokumentiert immer wieder, wie sehr Menschen danach verlangen, sich mit großen Erzählungen zu beschäftigen. Denn diese eröffnen der Fantasie und den Emotionen einen Raum, um den Ängsten und dem Unerklärbaren einen Namen und einen Zugang zu geben. Literarische und andere künstlerische Meisterwerke wecken unser Bewusstsein und lassen Bilder entstehen, die Orientierung ermöglichen. Wenn aus diesen Einsichten konkrethisches Handeln entsteht, wird der Kreis konstruktiv geschlossen. Es ist weder neu noch schwer, diese Erkenntnis dem gesunden Menschenverstand einzuverleiben. Aber solange drei Viertel der Menschheit von dieser Möglichkeit keinen Gebrauch machen können, weil ihre Lebensumstände eine solche Auseinandersetzung gar nicht erlauben, verlieren wir ein unglaubliches Vermögen, das wir dringend benötigen.

Der immerwährende Verweis, eines Tages alles erklären und vermessen zu können, ist keine trostspendende Utopie, es ist der Inbegriff der Scheinheiligkeit. Es liegt nicht in meiner Absicht, ein rationales und nachvollziehbares Ziel zu diskreditieren. Aber die Not der Gegenwart in der Hoffnung auf zukünftige Lösungen gewähren zu lassen ist schlicht und einfach eine Bankrotterklärung von Freiheit und Verantwortung. Es geht auch nicht darum, beide Ziele als Gegensatz zu stilisieren. Wichtig ist hier und heute nur die richtige Reihenfolge. Im Moment hat eine global konzertierte Haltung absolute Priorität. Denn sonst ist die Zukunft bereits verspielt, während wir noch reden. Nur maximal 20 Prozent der Menschheit besitzen die Ressourcen, um auf langfristige Verbesserungen der Ernährung, der medizinischen Versorgung oder des Bildungsangebots warten zu können. Im Ebenezer-Scrooge-Komplex steckt die Lösung für dieses Dilemma. Wie es im Leben von Scrooge keinen Sinn ergäbe, die Folgen des Schlechten lediglich mit Gutem zu kompensieren, so verhält es sich grundsätzlich mit paradoxen Verhältnissen. Den Hunger der Armen kann man jetzt nicht mit experimentellen Anbaumethoden oder der Spekulation auf neue Nahrungsmittel stillen. Die Notwendigkeit, dieses Übel zu beseitigen, ist so unmittelbar wie die Behandlung nach einem Beinbruch. Da kann man auch nicht darauf verweisen, dass in zehn Jahren Knochenklebstoffe zur Verfügung stehen, die das Problem sofort lösen werden. In der Vergangenheit haben wir versucht, Widersprüche aufzulösen. Jetzt ist es erforderlich, sie anzunehmen und unmittelbar Antworten zu geben.

Machen wir uns die Struktur des Paradoxen bewusst: Kein Mensch will die Armut erhalten, und dennoch versinkt der Planet immer tiefer in ihr. Ein anderes Beispiel: Jeder möchte alt werden, aber kaum jemand will alt sein. Wir sehen jeweils Wunsch und Wirklichkeit, die nicht zur Deckung gebracht werden können. Der scheinheilige Kurzschluss, diese Widersprüche auflosen zu wollen, evoziert Strategien der Selbsttäuschung. Im ersten Fall delegieren wir die Verantwortung, versäumen jedoch, nachdrücklich auf die Umsetzung von Veränderungen zu pochen. Im zweiten Fall erliegen wir Illusionen des Jugendwahns und der Anti-Aging-Medizin, ohne die Natürlichkeit des Alterns zu akzeptieren. Ein gesunder Menschenverstand kann leicht erkennen, dass hier Sackgassen und Abwege beschritten werden, die das Ziel verfehlen. Und dennoch führt diese Heuchelei zu intensiver Betriebsamkeit, zu wissenschaftlichen Expertisen und in politische Großkampfarenen, wo durchaus ernsthafte Arbeit geleistet wird. Es verwundert nicht, dass die tatsächlichen Fortschritte in keiner Relation zu den Ausmaßen des Problems stehen.

Wenn alle die Beseitigung der Armut wollen, bedarf es einer konkrethischen Herangehensweise, um das Ziel auch auf direktem Wege zu realisieren. Und wenn alle ein langes, lebenswertes Leben anstreben, sollte man sich mit den dankenswerten Vorteilen und den natürlichen Nachteilen ernsthaft auseinandersetzen. Der Wille, Lösungen umzusetzen, ist eine geistig-moralische Angelegenheit. Politik und Wissenschaft sind die Erfüllungsgehilfen, um diese Ziele zu realisieren. Überlassen wir ihnen jedoch die Kontrolle allein, verwässern so viele unterschiedliche Interessen die Aufgabenstellung, dass die Wirkung verpufft. Gerade deshalb sind die literarischen Schätze der Welt eine inspirierende Quelle der Willensbildung. Sie sind keine schöngeistige Spielerei, sondern bilden das Rückenmark des gesunden Menschenverstands.

In ihrem viel beachteten Aufsatz *Literarische Darstellung als Quelle verlässlichen Wissens* belegen David Lewis und Dennis Rodgers von der London School of Economics ihre Einschätzung, dass die literarische Intelligenz der wissenschaftlichen Kompetenz durchaus die Stirn bieten kann und ihr zuweilen sogar überlegen ist. Eine rein sachliche Auseinandersetzung kann nicht vollkommen in die Poren des Lebendigen eindringen. Die Problemstellungen sind durch ihre jeweiligen Fachgebiete beschränkt, und die Annahmen verlangen eine zweckdienliche Bestätigung. Demgegenüber verfügt Literatur über die größere Freiheit, einer beliebigen Problemlage auf den Grund zu gehen, sofern es menschliche Interaktionen betrifft. In der Medizin, in den Wirtschafts- und Naturwissenschaften wird der Mensch weitgehend als Objekt behandelt. Diese normative Betrachtungsweise hat zwar bedeutsame Fortschritte und Erkenntnissprünge ermöglicht, jedoch erleben wir gerade massiv die Kurzsichtigkeit dieser perspektivischen Beschränkung. Im weiten Feld der Literatur steht der Mensch als Subjekt im Vordergrund. Beide Betrachtungsweisen haben ihre Vor- und Nachteile. Zusammengenommen verfügen sie über ein ungeheures Potenzial.

Nur wenn wir aktiv daran arbeiten, dass innere und äußere Welt zusammenfinden, werden wir uns in dem Irrgarten unserer zivilisatorischen Errungenschaften besser zurechtfinden. Es ist leicht, vom Dach eines anerkannten Instituts auf den kleinen Menschenverstand herabzusehen. Und es ist fast unmöglich, aus der bodenständigen Sicht des Alltags der akademischen Brillanz etwas entgegenzusetzen. Auch hier bietet die Literatur eine Chance, Brücken zu bauen. Nicht, um weitere Verständigungsfloskeln zu erzeugen, sondern um jene Räume zu erleuchten, in denen wir alle wohl oder übel gemeinsam leben. Vor diesem Hintergrund kann man den Ebenezer-Scrooge-Komplex als Orientierungshilfe verstehen.

Von der Gewissheit
des Unvorhersehbaren

Literatur speist sich aus einem subjektiven Standpunkt. Auch Augenzeugenberichte sind Interpretationen. Wenden wir uns der Vergangenheit zu, ist es schwer, Dynamik und Geist der zurückliegenden Gegenwart einzufangen. Die sich ergebenden Deutungen sind eingebettet in komplizierte Prozesse der Meinungsbildung. Das alles kann den Menschenverstand durchaus überfordern, weshalb er als unzulänglich und anfällig für Irrtümer kritisiert wird. Eine Einschätzung, die leider nicht von der Hand zu weisen ist, wie wir im Kleinen an den sogenannten Stammtischparolen und im Großen an ideologischer Propaganda sehen können. Es gibt durchaus einen kranken Menschenverstand, der immer wieder auch mehrheitsfähig wird. Hier ist höchste Vorsicht geboten. Auch wenn in der Rückbesinnung auf einen gesunden Menschenverstand eine große Chance liegt, sind gleichzeitig die katastrophalen Folgen, die eine Instrumentalisierung hätte, offensichtlich. Wie kann man dieser Gefahr begegnen?

Meiner Ansicht nach müssen wir den Zeichen der Zeit wesentlich mehr Aufmerksamkeit und Achtsamkeit widmen. War die Finanzkrise, das Desaster des Irakkrieges oder der Aufbruch der arabischen Bevölkerungen wirklich nicht erkennbar? Signalisieren die Umweltkatastrophen, die Armutseskalation oder der Schuldenwahnsinn nicht eindeutig, dass unsere Lösungsstrategien falsch sind? Solange wir das Unvorhersehbare als Fehlentwicklung oder Unfall deuten, erliegen wir immer wieder der Illusion, dass die Zukunft bewusst gestaltet werden kann. Unser fataler Hang, im Rückblick eine einzige wahre Wirklichkeit zu konstruieren, verstellt uns den Blick auf die tatsächliche Unübersichtlichkeit komplexer Verhältnisse. Die Geschichtswissenschaft ist ein fantastisches Koordinatensystem unserer historischen Wahrnehmung. Aber jedes historische Ereignis besaß das Potenzial einer Fülle von Möglichkeiten, die, aus welchen Gründen auch immer, nicht zum Tragen gekommen sind. Aus west- und ostdeutscher Perspektive ahnen wir zum Beispiel, dass in 100 Jahren das Ende der DDR – je nach Kontext – vollkommen unterschiedlich interpretiert werden wird. Die Deutung der Geschehnisse ist abhängig von den dann herrschenden Macht- und

Gesellschaftsverhältnissen, von den jeweils aktuellen Fragen und Konzepten. Wie hilft uns diese Erkenntnis im jetzigen Moment?

In der Regel resultiert unsere Zukunftserwartung aus einer Analyse der Vergangenheit. Wir projizieren Wissen und Emotionen in die vor uns liegende Zeit und glauben, über Gewohnheiten und verlässliche Maßstäbe zu verfügen. Was wir damit geschaffen haben, ist ein Bezugsrahmen für auftretende Ereignisse. Auch das Unvorhergesehene wird im Rahmen des Bekannten interpretiert und instrumentalisiert. Daraus entsteht die Dynamik unseres Lebens. Nüchtern betrachtet laufen wir den Geschehnissen immer einen Schritt hinterher. Und dennoch umgeben sich viele Meinungsführer mit einer Aura der Zukunftskompetenz. Dieser Anspruch ist scheinheilig und ein Selbstbetrug. Die Realität zeigt uns unwiderruflich, wer wem hinterherläuft. Eine vernünftige Haltung zeichnet sich demgegenüber durch ein gewisses Maß an Demut und Bescheidenheit aus. Damit ist aber nicht nur eine charakterliche Übung gemeint, sondern die ganz konkrete Haltung, sich mit der Unvorhersehbarkeit des Lebens auseinanderzusetzen und sie in ihrer Existenz anzuerkennen. Die Akzeptanz, dass wir gerade das erwarten sollten, was wir uns momentan noch nicht vorstellen können, führt zu einer extremen Konzentration auf die Gegenwart und ihre Erscheinungen. Vertrauen wir auf den Satz des Aristoteles: „Es ist wahrscheinlich, dass etwas Unwahrscheinliches passiert."

Solange partielle Interessen den Weg der Problemlösung bestimmen, wird die Willkür der jeweiligen Bezugsrahmen eine Vielzahl wertvoller Alternativen auslöschen. Will man die Armut beseitigen, kann nicht jedes Land und jede Organisation ein eigenes Zaubermittel erfinden. Sicherlich ist es unverzichtbar, in Katastrophenfällen zu helfen; jeder, so gut er kann. Aber zentrale, globale und effektive Lösungen wird es nicht geben, solange jeder die Unterstützung in seinem Sinne selbst definiert. Das Chaos in Haiti hat bewiesen, dass selbst ein warmer Regen der Mildtätigkeit die Zahl der Opfer nicht senkt, wenn es keinen pragmatischen Aufbauplan gibt. Die vermeintlichen Erfolgsrezepte des 20. Jahrhunderts bewirken in unserem Zeitalter zunehmend das Gegenteil. Ehemals erfolgreiche Strategien wie die Verteidigung des nationalen Eigennutzes entfalten zusätzliche Krisenpotenziale.

Das Unvorhergesehene ist nicht die Ausnahme, sondern die Regel. Die Zeichen der Zeit konkrethisch zu deuten wird zu einer Überlebenskompetenz. Es geht darum, die Gegenwart mit einer gewollten Zukunft abzugleichen – und sich nicht die Zukunft in den Konturen der Vergangenheit auszumalen. Lieber jetzt eine Täuschung zugeben und entsprechend konsequent handeln, als ängstlich oder ignorant auf überkommenen Überzeugungen zu beharren und die Glaubwürdigkeit grundsätzlich aufs Spiel zu setzen. Einem gesunden Menschenverstand liegt es fern, dringliche Entscheidungen auf die lange Bank zu schieben. Und das Unvorhergesehene wird niemals auszuschalten sein. Daher ist es existenziell, die Gegenwärtigkeit des Lebens ganz konkret zu betrachten und sich mit sich andeutenden Problemlagen unmittelbar auseinanderzusetzen. Bereits unser Alltag bietet eine endlose Kette von – oft ungenutzten – Gelegenheiten zum Handeln. Beziehungskrisen, Probleme bei der beruflichen Kommunikation, Missverständnisse unter Freunden oder familiäre Zerwürfnisse – immer gibt es Anzeichen und verletzte Gefühle, die ein präventives Verhalten ermöglichen. Warum versäumen wir so oft die Gunst der Stunde? Warum laufen wir stattdessen immer wieder der eigenen Unzulänglichkeit hinterher? So kennen wir es aus unserem persönlichen Umfeld. Übertragen wir diese Haltung auf eine globale Ebene, ergeben sich beängstigende Dimensionen.

Der amerikanische Schriftsteller Nicholson Baker hat mit seinem Buch *Menschenrauch – Wie der Zweite Weltkrieg begann und die Zivilisation endete* eine denkwürdige Dokumentation vorgelegt, die das ganze Ausmaß fehlender Geistesgegenwart aktenkundig macht. Seine Technik erinnert an den literarisch dokumentierten Ebenezer-Scrooge-Komplex. In diesem Kapitel soll jedoch die Frage im Vordergrund stehen, ob wir nicht in der Gegenwart, auch wenn sie schon von vielen Fachleuten analysiert und interpretiert worden ist, Hinweise zur Reduzierung des Unvorsehbaren finden. Die historische Größenordnung des gewählten Beispiels zeigt, dass die unterlassene Deutung des Augenblicks kriegstreibende Folgen haben kann, mitunter von epochalem Ausmaß.

Das Ungewöhnliche an Bakers Buch ist seine Fragestellung und die Anordnung des gefundenen Materials. Er arbeitet eben nicht wie ein Historiker, der vom Ergebnis aus argumentiert, sondern umgekehrt. Er stellte Zeitungsartikel, Augenzeugenberichte und Sätze aus Büchern zusammen, die aus einem Zeitraum von 1892 bis 1941 stammen. So erhalten wir die Gelegenheit, die Zeit des Grauens von ihren Anfängen her wahrzunehmen. Der Gedanke ist brillant und die Umsetzung verstörend. Natürlich ist auch diese Auswahl eine Art der Interpretation. Mit einem anderen Darstellungsziel hätte man andere Perspektiven befördern können. Entscheidend für unseren Zusammenhang ist die hypothetische Frage, ob die ultimative Katastrophe hätte verhindert werden können. Bakers Werk bestätigt – ohne sich an Schuldzuweisungen zu verheben – die Vermutung, dass wir dazu neigen, erst dann zu handeln, wenn konkrete Fehlentwicklungen bereits eine unleugbare Eigendynamik entwickelt haben. Dass wir mitunter Dinge nicht sehen, nicht sagen und nicht tun, ist keine Überraschung. Das Ausmaß dieser Hemmung sollte uns jedoch alle aufrütteln.

An den Anfang seines Buches stellt Baker ein Zitat des Dynamit-Fabrikanten Alfred Nobel aus einem Gespräch mit der Friedensaktivistin Bertha von Suttner im Jahr 1892: „Meine Fabriken werden vielleicht dem Krieg noch früher ein Ende machen als Ihre Kongresse. An dem Tag, da zwei Armeekorps sich gegenseitig in einer Sekunde werden vernichten können, werden wohl alle zivilisierten Nationen zurückschaudern und ihre Truppen verabschieden."[59] Die ganze Textsammlung bewegt sich zwischen pazifistischen Mahnungen und Abschreckungsszenarien. Jeder Leser muss selbst entscheiden, inwieweit die Logik von Herrn Nobel dem guten Klang seines Namens gerecht wird. Hochrüstung als Mittel der Friedenspolitik zu interpretieren mag unternehmerisch schlüssig sein. Faktisch wird eine Fülle vorhersehbarer und unvorhersehbarer Gelegenheiten für kriegerische Gewalttätigkeit produziert. Es ist immer wieder interessant festzustellen, wie Aussagen von hervorstechenden Persönlichkeiten im Trubel der Verehrung ungeprüft aus dem Zusammenhang gerissen werden. Einige werden vollkommen überbewertet, andere versinken sang- und klanglos im Vergessen. Der Effekt dieser Verschiebung: Man kann den großen Geistern eine Hellsichtigkeit attestieren, die selbst das Unvorhersehbare scheinbar durchdringt. So lassen sich – wiederum retrospektiv – Protagonisten einer vermeintlichen Zukunftsschau aufbauen. Baker gibt uns eine Fülle von Kostproben, aus der ich drei Beispiele herausgreifen möchte.

Am 18. September 1930 vermittelte Albert Einstein Berliner Reportern folgenden Eindruck: „Es gebe keinen Grund zur Verzweiflung. Die Stimmen für Hitler seien nur ein Symptom – nicht notwendigerweise von Judenhass, sondern eher von momentanem Unmut, in den breite Massen von Deutschlands irregeleiteter Jugend angesichts des wirtschaftlichen Elends und der Arbeitslosigkeit verfallen seien."[60] Kardinal Pacelli, Nuntius des Vatikans im Deutschen Reich, schrieb in einem Brief an die Deutsche Zentrumspartei im Sommer 1932: „Der Papst sei besorgt über das Anwachsen kommunistischer Ideen in Deutschland und rate unserer Partei dazu, Hitler zum Kanzler zu machen."[61] Und

Winston Churchill schilderte in einem Artikel vom August 1937: „Wer Herrn Hitler selbst begegnet ist, von Staats wegen oder auf gesellschaftlichem Parkett, fand einen hochkompetenten, kühlen, gut informierten Funktionär vor, mit angenehmen Umgangsformen und einem entwaffnenden Lächeln, und kaum jemand konnte sich seinem persönlichen Charme entziehen."[62]

Es wäre unangemessen, auf der Basis von vier Zitaten zu einer Interpretation zu kommen. Nach der Lektüre von Bakers Buch lässt sich jedoch festhalten, dass Autoritäten offenbar sehr irrtumsanfällig gewesen sind. Aus der Geschichtsforschung wissen wir zugleich, dass viele Menschen die Gefahr gesehen und benannt haben, ohne den Verlauf der Ereignisse beeinflussen zu können. Die Gründe für Vermeidung und Versäumnis sollten weiterhin von kompetenten Historikern durchdacht werden. Für den vorliegenden Zusammenhang ist lediglich die Frage wichtig, inwieweit das Unvorhergesehene sich bereits im Offensichtlichen verbirgt. Was Bakers Arbeit unter Beweis stellt, ist eine Totalverkennung sich andeutender Prozesse – mit fatalen Auswirkungen. Aufgrund der uns bekannten Fakten über die nationalsozialistische Handlungspraxis erscheinen die Zitate abwegig und verrückt. Die Vorzeichen des Grauens wurden offensichtlich vollkommen falsch bewertet. Wie kann der Menschenverstand individuell und kollektiv so auf Abwege geraten? Offenbar kollabiert das Urteilsvermögen, wenn sich ein in der Mehrheit der Bevölkerung schwelender Hass gegen vermeintliche Feinde richten lässt. Der sichtbare Feind wird zum scheinheiligen Mittel der Orientierung, um die eigene Unzulänglichkeit zu kanalisieren und den eigennützigen Zielen eine machtvolle Begründung zu geben. Bakers Buch zeigt jedoch auch, dass das Unvorstellbare nicht andeutungslos vom Himmel fällt. Es gibt immer Spuren, die zum Unvorhersehbaren führen. Sie zu entlarven kostet nicht nur Mut und Kraft, sondern manchmal das Leben.

Auch der Kalte Krieg hatte eine im eigenen Sinne ordnende Funktion. Immer wieder taucht ein ähnliches Muster auf. Sich gegen etwas zu richten ist paradoxerweise ein Akt der Sinngebung. Wendet sich diese Energie gegen kriminelle und terroristische Gegner, sind Innen- und Außenwelt deckungsgleich. Ist aber der Feind nur ein Konstrukt, das der interessensichernden Manipulation dient, treten wir in die Sphäre der Neurose. Hier verliert der Menschenverstand automatisch seine Wirksamkeit. Die resultierende Irritation macht es unmöglich, den Augenblick zu nutzen oder in der Gegenwart zu handeln. Man weiß nie, was tatsächlich geschieht, weil man ständig von externen Faktoren bedroht und beeinflusst wird. Das Handeln verwandelt sich in eine Abfolge von Reaktionen, und die Verantwortung ist nicht greifbar. Diese Form der Unvorhersehbarkeit ist selbst erzeugt, und dennoch kann man diesen Prozess nicht ohne weiteres wieder rückgängig machen. Erst in der Eskalation wird offensichtlich, wohin uns das Ungelöste getrieben hat. Wir haben es also mit zwei Kategorien des Unvorhersehbaren zu tun, des selbst geschaffenen und des unabänderlichen. Der rote Faden der uns bekannten Wirklichkeit ist nur eine selbst geschaffene Interpretation unserer Vorstellungskraft. Alle anderen Alternativen versinken in einem Meer des Möglichen. Insofern kann man nur das als konkrete Maßnahme verstehen, was tatsächlich gelöst und umgesetzt worden ist. Diesem Anspruch Genüge zu tun heißt, das eigene Verhalten jederzeit auf seine möglichen Folgen zu bedenken. Wer sich damit zufriedengibt, erst in der Rückschau Zusammenhänge zu begreifen, reduziert seine Möglichkeiten auf reine Kompensations- und Reparaturmaßnahmen.

Es ist verständlich, dass wir die leeren Räume der Zukunft mit Bezügen aus der Vergangenheit füllen wollen. Aber wenn wir die Erinnerung nur mit musealen Exponaten wachhalten, ohne im Einzelfall das kulturelle Veränderungspotenzial zu berücksichtigen, erzeugen wir ein schwerwiegendes Handicap. Tatsächlich wird endlos archiviert, konserviert und auf den Sockel gehoben. Sinnstiftend wird diese Sammlungseuphorie aber nur dann, wenn wir die Erkenntnisse zur Gestaltung der Gegenwart nutzen. Die ideologische und merkantile Geschäftigkeit der Erinnerungsmärkte deutet allerdings in eine andere Richtung. Das Kulturgut Geschichte ist längst unter den Hammer der Verkäufer und Aussteller geraten. Es veräußert und materialisiert sich in vielfältigen Handelsbeziehungen und wird zum lohnenden Geschäft. In dieser Form der Bewahrung tritt die Scheinheiligkeit zutage, das Historische als Produkt zwar zu schätzen, aber seine Umstände und seine Botschaft zu ignorieren. Dieser widersprüchliche Zynismus findet sich auch auf der Ebene des Gedenkens und Auszeichnens. Es vergeht kein Tag, der nicht einem erinnerungswürdigen Anlass gewidmet ist. Aber was nützt die feierliche Empathie, wenn trotz mahnenden Gedenkens die gesellschaftlichen Eskalationen unvermindert weitergehen? Auch die unaufhörliche Vergabe von Preisen und Ehrentiteln orientiert sich zu wenig an der konkrethischen Frage, was wirklich erreicht worden ist. Zwischen lobenswerter Intention und tatsächlicher Wirksamkeit liegen manchmal Welten, wie der Nobelpreis für Präsident Barack Obama deutlich gezeigt hat.

Auch auf diesem Feld kann man sich des Eindrucks nicht erwehren, dass viele Veranstalter der Preisverleihungen mehr beabsichtigen, als ausschließlich Leistungen auszuzeichnen. Es wäre leicht, in diesem Zusammenhang Namen zu nennen, um den Text medienträchtig zuzuspitzen. Aber gerade die oberflächliche Auseinandersetzung mit einer überschaubaren Zahl von Prominenten verhindert eine tiefer gehende Beschäftigung mit der Masse der Leidtragenden. Die Wohlstandsmilieus versuchen mit großem Aufwand zu dokumentieren, wie achtsam und geschichtsbewusst sie sind. Und doch sind wir von Zuständen umgeben, die man nur als Barbarei bezeichnen kann. Während die Meere steigen und die Polkappen schmelzen, schlendert man durch Museen und Theaterfoyers und sonnt sich in der eigenen Kultiviertheit. Die betriebsame Mumifizierung der Vergangenheit absorbiert Kräfte, die der aktiven Auseinandersetzung mit den Anforderungen der Gegenwart verloren gehen. Und gerade dadurch potenzieren wir ungewollt die Gelegenheiten, in denen uns Unvorhergesehenes erschreckt. Wir funktionalisieren die Vergangenheit zum Beruhigungsmittel, um uns besser zu fühlen. Doch es führt dazu, dass wir uns ständig um die Zukunft sorgen, statt die Gegenwart zu nutzen. Das ist paradox. Der Aberwitz wird noch dadurch gesteigert, dass wir uns weder in der zur Interpretation freigegebenen Vergangenheit noch in der unvorhersehbaren Zukunft auskennen.

Einem gesunden Menschenverstand stellt sich unwillkürlich die Frage: Warum werden Billionen Dollar in die Rettung von Banken investiert, während man die Rettung der Erde auf einen hinteren Tagesordnungspunkt schiebt? Ökonomie und Ökologie werden mit vollkommen unterschiedlicher Ernsthaftigkeit betrieben. Die materielle Dimension steht als höchste Kernkompetenz der Zivilisation da, während die uns bestimmende und umgebende Natur über den Status des Kalfaktors nicht hinauskommt. Diese Verschiebung ist mehr als nur neurotisch; sie ist psychotisch.

Schauen wir uns die Idee des ökologischen Fußabdrucks an. Dieser alljährlich vom kalifornischen Global Footprint Network herausgegebene Index berechnet den Verbrauch der natürlichen Ressourcen, die über den eigentlichen Bedarf des Menschen hinausgehen. Das Ergebnis dieser Untersuchungen zeigt, dass viele Menschen und Länder seit Mitte der 1980er Jahre weit über ihre Verhältnisse leben. Allein im Jahre

2008 war bereits im September die Grenze der lebenserhaltenden Verfügbarkeit erreicht. Die restliche Zeit des Jahres hat man sozusagen auf Pump gelebt. Ein normaler Bürger, der im letzten Quartal des Jahres über keine Mittel mehr verfügt, erklärt den Bankrott. Auf staatlicher und globaler Ebene gibt es die illusionäre Möglichkeit, sich Kredite aus der Zukunft zu holen. Die praktische Vernunft wittert in dieser wundersamen Ressourcenvermehrung das Irreale, wie im Märchen. Wir sollten wesentlich strenger darauf achten, wem wir diese Verfügungsgewalt anvertrauen. Denn selbst wenn wir heute die Schulden in die Wolken buchen, werden sie eines Tages als vernichtender Regen auf die dann lebenden Generationen fallen. Liest man Aussagen von Politikern und Wirtschaftsbossen zu diesem Themenkreis, wird schnell klar, dass die Scheinheiligkeit Hochkonjunktur hat. Der Ökonom Pavan Sukhdev hat errechnet, dass der Welt jedes Jahr Naturkapital im Wert von zwei bis fünf Billionen Dollar verloren geht. Da die Auswirkungen nicht unmittelbar und für alle gleichzeitig zu spüren sind, konnten sich diese Zahlen bisher noch nicht nachhaltig im gesunden Menschenverstand verankern. Das fällt bei Finanzkrisen wesentlich leichter, da diese medial allgegenwärtig und ihre Folgen im täglichen Leben spürbar sind. Dieses erdrückende Defizit des Vorstellungsvermögens hängt mit der Schwierigkeit des Menschen zusammen, sich auf Veränderung einzustellen. Diese Schwerfälligkeit wird allzu oft genutzt, um die Massen vor irgendeinen Karren zu spannen. Es ist jetzt an der Zeit, dieser Nebelwerferei eine konzertierte Anstrengung entgegenzusetzen und den Menschen durch Aufklärung, gezielte Bildungsarbeit, durch Motivation zur Arbeit an sich selbst zur Mündigkeit zu verhelfen.

In umweltpsychologischen Büchern können wir nachlesen, dass das Denken des Menschen auf recht banalen Mustern basiert. Was man nicht hören, fühlen und sehen kann, zwingt zu schwierigen Operationen. Die Übertragung von Statistiken und Zahlenmaterial in aktives Handeln gehört noch nicht zu den Routinen des menschlichen Verstands. So steht das eigene Konto oder die eigene Raumtemperatur dem Menschen schlicht näher als der globale Klimawandel. Da die Grundproblematik der Klimaerwärmung noch nicht zum Allgemeingut gehört, ist es geradezu unmöglich, das Bedrohliche in der Zukunft zu antizipieren. Und für unsere Handlungsfähigkeit sind wir auf das Lebensgefühl angewiesen, die Dinge weitgehend im Griff zu haben. Unser Hang zur Kontrollillusion setzt einen abschirmenden Filter gegenüber dem Beunruhigenden und dem Unvorhersehbaren. Unser Reflex ist das

Festhalten an alten Einsichten und die Wiederholung des Mantras: So schlimm wird es schon nicht werden. Aber wir erleben gerade eine historische Paradoxie: De facto wiegt der Selbstbetrug schwerer als die direkte Versündigung am Nächsten. Diese kann jedoch mit rechtlichen Mitteln geahndet werden, während die Selbsttäuschung in privater Verantwortung verbleibt. Solange der persönliche Blick auf das Leben und die Welt individueller und kollektiver Beliebigkeit ausgeliefert ist, werden wir diese Paradoxie nicht in den Griff bekommen. Veränderung ist ein Prozess gegen eigene und fremde Widerstände. Dieses Wandlungsvermögen will gelernt sein und kommt ohne Ausbildung nicht zurande. Die konkrethische Verankerung im gesunden Menschenverstand bietet den Ausgangspunkt, um einen gemeinsamen Status quo zu erarbeiten.

Studien zur Persönlichkeitsforschung besagen, dass der Mensch mit zunehmendem Alter gegen Veränderungen aufbegehrt. Das Interesse an Neuem vermindert sich im Lauf der Lebensjahre. Diese Dynamik ist eine universale Erscheinung. Wollen wir der Erstarrung entgegentreten, erweist es sich jedoch geradezu als Vorteil, dass wir es mit globalen Veränderungen zu tun haben. Der Weg ist klar: Die Förderung der Wandlungsbereitschaft ist die einzige Chance, den Begleiterscheinungen der Unvorhersehbarkeit vernünftig entgegenzutreten. Dass wir dies auf einer transkulturellen Grundlage tun können, ist ein Segen, weil es uns einem vereinten Menschenverstand etwas näher bringt. Forschungen haben ergeben, dass der Prozess der Verstetigung des Weltbildes schon mit 30 Jahren einsetzt. Überraschend ist, dass diese Stabilität ab dem 60. Lebensjahr wieder in Bewegung gerät. Solche Altersangaben stehen natürlich in enger Verbindung mit den kulturellen Lebensumständen und variieren. Es ist aber ein wichtiger Anknüpfungspunkt, dass die Menschen prinzipiell nach Beendigung der Erziehung der Kinder und des Arbeitslebens wieder offener werden können. Das erleben wir zwar noch nicht bei einer Mehrheit der Älteren, aber es nährt zumindest die Hoffnung auf eine Umkehrung der Erstarrungsprozesse. Es erscheint nachvollziehbar, dass das Festhalten am Bewährten Sicherheit suggeriert und Zukunftsängste reduziert. Darin liegt auch die Attraktivität der Gewissheiten begründet, die uns wie Scheuklappen vor störenden Befürchtungen und unliebsamen Zweifeln bewahren. Es entspricht einem inneren Bedürfnis des Menschen, Widersprüche zu unterdrücken. Diese Anlage kommt Despoten und Rechthabern zugute, die in der Verdrehung der Wirklichkeit eine scheinheilige Klarheit herstellen.

Wir dürfen uns von scheinbaren Gewissheiten nicht länger an der Nase herumführen lassen. Jetzt geht es darum, den inneren Widersprüchen und äußeren Auseinandersetzungen mit Gefühl und Verstand auf den Grund zu gehen.

Die unglaubliche Beschleunigung, die wir in den letzten Jahrzehnten erlebt haben, zwingt uns, neue und ungewohnte Einstellungen zum Unvorhersehbaren zu entwickeln. Eine Korrektur des bisherigen Verhaltens ist keineswegs unmöglich. Kanadische Psychologen haben nachgewiesen, dass Menschen in jedem Alter ihre Biografie als eine Kette von Wandlungen rekonstruieren. In der Erinnerung verfestigen sich vor allem einschneidende Zäsuren wie Todesfälle, Veränderungen des Wohnortes oder unverhoffte Lebenssprünge im Beruf oder im Privatleben. Es ist das Neue, das Unerwartete und das Unvorhergesehene, das wir als lebensbestimmende Einschnitte betrachten und woran wir uns erinnern. Außerdem: Unser Wunsch nach Kontinuität und die tatsächlich erlebten Veränderungen stehen ganz offensichtlich in einem widersprüchlichen Verhältnis. Dieses müsste es uns eigentlich erleichtern, eine furchtlosere Einstellung zum Unvorhersehbaren zu verinnerlichen.

Dennoch ist unübersehbar, dass in Zeiten der Unsicherheit das Materielle eine überzogene Ankerfunktion erhält. Wie wir uns in der Vergangenheit eingerichtet haben, um Orientierung zu schaffen, so ketten wir uns immer noch an materielle Güter, um Boden unter den Füßen zu haben. Dem schwer zu ertragenden Unvorhersehbaren setzen wir eine maßlose Übersteigerung des Besitzens entgegen. In der Wissenschaft wird dieser Vorgang als „Besitztumseffekt" bezeichnet. Darin kommt zum Ausdruck, dass man das eigene Gut im Vergleich zu anderen Gütern als wertvoller empfindet. Es konnte nachgewiesen werden, dass menschliches Besitzstandsdenken einer neurophysiologischen Basis entspringt. Einige der Erkenntnisse, die sich daraus ergeben, tragen zu mehr Transparenz bei. Es klingt überraschend, dass der Verkauf eines persönlichen Gutes als Verlust empfunden wird. Noch bedeutsamer ist die Einsicht, dass die Reaktion auf Verluste stärker ausfällt als auf Gewinne. Dem Dogma der Gegenwart, der Mensch sei ein kalkulierender Rationalist, kann also getrost widersprochen werden. Der praktischen Vernunft leuchtet es unmittelbar ein, dass wir weitgehend von Emotionen getrieben werden. Deshalb bewerten wir unser Eigentum höher als das der anderen. In diesem Sinne verfahren wir auch mit Besitztumsansprüchen erst einmal schlicht egoistisch. Das Phänomen der Verlustangst steht demnach in Wechselwirkung mit dem Besitztumseffekt. Je stärker die Angst vor Verlusten oder der tatsächliche Verlust verbreitet ist, desto stärker fühlt sich der Mensch an die verbleibenden materiellen Sicherheiten gebunden. Diese Dynamik fördert nicht das Mitgefühl oder die Intention des Teilens. Auch Großzügigkeit ist ein menschlicher Reflex, aber um sie zu systematisieren, brauchen wir entsprechende Aufklärung und Bildung. Sie eröffnen uns die Chance zu lernen, wie wir besser von uns selbst abstrahieren können. Die reflexhafte Wahrung des eigenen Vorteils kann ungeahnte negative Konsequenzen haben. In einer globalen Gesellschaft erzeugen unsere bisherigen Strategien der Selbstbehauptung auf vielen Ebenen eine zusätzliche Beschleunigung des Unvorhersehbaren.

Einige Beispiele aus dem Alltag möchte ich zur Erläuterung noch anführen. In den letzten drei Jahren hat es zweimal in meinem Heimatort tagelange Schneefälle gegeben. Die Schneemassen mögen für unsere Verhältnisse enorm gewesen sein, aber es handelte sich keineswegs um katastrophale Jahrhundertereignisse. Überraschend war die allgemeine Verwunderung, dass sich der Winter erdreistet, eigenmächtig so viel Schnee fallen zu lassen. Auch Glatteis und Verkehrsbehinderungen wurden wie apokalyptische Schicksalsschläge bewertet. Wie massiv schon 30 Zentimeter Schnee im Flachland das Gleichgewicht torpedieren, erschien mir seltsam. Diese Verwunderung wurde allerdings noch gesteigert durch die Reaktionen von Politik und Medien sowie das Dienstleistungsversagen von Verwaltungen und Unternehmen. Wie konnte einer Autobahnmeisterei bei angekündigtem Wintereinbruch das Streusalz ausgehen? Wieso verhielten sich die Verantwortlichen der Flughäfen in London, Paris und Frankfurt, als sei der Schnee ohne Warnung aus heiterem Himmel auf ihren Startbahnen gelandet? Welches Vertrauen sollen wir der Logistikbranche entgegenbringen, wenn bereits gefrorenes Wasser unseren Lebensrhythmus total durcheinanderbringt?

Wenn sich schon Unvorhergesehenes ergibt, weil das Vorhersehbare ignoriert wird, potenziert sich die Krisenanfälligkeit um ein Vielfaches. Sobald in diesem Zusammenhang von Verantwortung gesprochen wird, fällt der Vorhang der Scheinheiligkeit. Jeder Vorwurf der möglichen Nachlässigkeit oder schlechten Planung wird eingeschläfert mit endlosen Wortberieselungen. Jahrelang habe ich solche banalen Dinge gar nicht wahrgenommen, weil ich diese Gebetsmühlen schlicht ignoriert habe. Mit dieser Überheblichkeit habe ich mir allerdings selbst geschadet. Seit ich versuche, erst einmal meinen gesunden Menschenverstand einzuschalten, kommt vor der intellektuellen Analyse die einfache Wahrnehmung. So konnte ich zum Beispiel während des vermeintlichen Schneechaos in einem nahe gelegenen Einkaufszentrum menschliche Szenen beobachten, die mir einen beängstigenden Ausblick auf Zeiten des Mangels gestatteten. Durch die Behinderung der Transportwege hatten sich die Regale im Supermarkt gelichtet. Im gutbürgerlichen Umfeld ließen sich mit einem Mal entlarvende Charakterstudien betreiben. Das eingebildete Recht der sich stärker und privilegiert Fühlenden verbunden mit einer entsprechenden Selbstbedienungsmentalität kam in vielen peinlichen Szenen unverstellt zum Ausdruck. Sollte es – auch im Umfeld hoher Lebensqualität – jemals zu wirklichen Versorgungsengpässen kommen, werden wir ein hartes Erwachen aus allen Gemeinschaftsbekundungen erleben. Viele Menschen betrachten das Leben immer noch mit Klassen- und Kastenetiketten. Wenn wir nicht auf breiter Linie mit konkreter Bewusstseinsarbeit Veränderung erreichen, ist zu vermuten, dass reale Betroffenheit unvorhersehbare Entgleisungen heraufbeschwören wird.

Ein anderes Beispiel ist der Vulkanausbruch in Island im April des Jahres 2010. Die Aschewolke des Eyjafjallajökull versetzte einen ganzen Kontinent in unvorhergesehene Lähmung. Der europäische Luftraum wurde geschlossen, die Versorgung gekappt. Termine wurden gekippt, und tägliche Kosten von Hunderten Millionen Euro erzeugt. Es war unschwer zu erkennen, wie schnell wir zum Spielball höherer Gewalten werden. Stellvertretend für andere Naturkräfte hat uns der Vulkan prinzipiell vor Augen geführt, wie verletzlich unsere Position ist.

Aber aus der Ignoranz gegenüber dieser Ohnmacht entstehen virtuelle Gefahren, die jene der physischen Bedrohung bei weitem übersteigen. Der tatsächliche Vulkanausbruch war nur eine Seite der Medaille. Auf der anderen Seite machten waghalsige Computerprogramme und Softwaresimulationen spekulative Vorhersagen, die das Bedrohungspotenzial noch anheizten. Der Professor für Computerwissenschaften David Gelernter sieht uns in einer Aschewolke aus Antiwissen gefangen, „wenn Softwaremodelle falsche Vorhersagen treffen, die durch das ehrwürdige Imprimatur der wissenschaftlichen Priesterschaft abgesegnet, von der Presse wie ein hässliches Gerücht in Umlauf gebracht, von den Vereinten Nationen überhastet gebilligt und von Politikern auf der ganzen Welt zur Grundlage ihres Handelns gemacht werden".[63] Man muss davon ausgehen: Wenn wir uns den eigenen Untergang vorhersagen, dann kann diese Simulation tatsächlich zu seinem Eintritt beitragen. Seien wir also gewarnt vor unserer eigenen Phrasendrescherei.

Tektonische, kosmische und atmosphärische Gewalten werden auch in Zukunft mit den Mitteln der Wissenschaft und der Vernunft nicht zu steuern sein. Ein gesunder Menschenverstand kann mit dieser Einschätzung leben, denn sie entspricht der emotionalen Intuition. Und da wir bei vielen lebenswichtigen Themen nicht zu einer verlässlichen und rationalen Evidenz kommen, haben wir nur eine Option: Wir müssen vorausschauend, skeptisch und lernfähig bleiben. Die Unvorhersehbarkeit zwingt uns, alle Lektionen der Flexibilität und der Achtsamkeit zu verinnerlichen. Delegieren wir diese Verantwortung an virtuelle Programme, bedeutet das weitgehende Selbstaufgabe und grenzenlose Abhängigkeit. Ich denke, die Furcht, die das Phänomen der Unvorhersehbarkeit in uns weckt, speist sich stärker aus dem ängstlichen Klammern an unsere interessenabhängigen Ideale als aus irgendwelchen wirklich erschreckenden Geschehnissen. Mit vielen überraschenden Entwicklungen hat man letztlich irgendwie gerechnet. Was immer passiert, man hat doch geahnt, dass es geschehen könnte. Statt der musealen Selbstvergewisserung sind es diese Erfahrungen aus der Geschichte, die wir in Zukunftsszenarien antizipieren sollten, um das Spiel der Veränderung zu trainieren. Es ist keine Esoterik, wenn man heute sagt, dass alles mit allem zusammenhängt. Kleinste Veränderungen können in allen Bereichen ungeahnte Auswirkungen hervorrufen. Wir tun gut daran, prinzipiell alles für möglich zu halten.

Ein letztes Beispiel für das Unvorhersehbare will ich kurz anführen. Die Erforschung des Himmels und des Urknalls sind faszinierende Themen, weil sie die Menschheit insgesamt betreffen. Die diesbezüglichen Erkenntnisse der Wissenschaften markieren einen wichtigen Beitrag zu unserer Geschichte. Die Himmelskunde wurde schon im dritten Jahrtausend vor Christus etabliert. In der griechischen Antike begann dann auch eine theoretische Auseinandersetzung mit diesem Thema, die als eine Initialzündung für die spätere Wissenschaft bezeichnet werden kann. In der belegbaren Menschheitsgeschichte ist man die meiste Zeit von einem statischen Universum ohne Veränderung ausgegangen. Auch der große Aristoteles war dieser Ansicht. Mit Galileo Galilei begannen dann 1609 teleskopische Beobachtungen, die den Himmel immer weiter und größer erscheinen ließen. Aber noch vor rund 100 Jahren glaubte man, dass unsere Galaxis das gesamte Universum sei. Die Milchstraße wurde als isolierter Sternenhaufen betrachtet, umgeben von unendlicher Leere. Erst im 20. Jahrhundert kam man zu der ungeheuerlichen Erkenntnis, dass unsere Galaxie nur eine von über 400 Milliarden im beobachtbaren Kosmos ist. In den 1920er Jahren führten Beobachtungen bei weit entfernten Galaxien und Einsteins Gravitationstheorie zu der spektakulären Einsicht, dass der Raum gekrümmt ist und sich das Universum ausdehnt. Es muss also vor endlicher Zeit aus einem Punkt hervorgegangen sein. Damit war die Theorie vom Urknall als Anfang der Zeit konstituiert. Seither sind viele Erkenntnisse und Erklärungsmöglichkeiten hinzugekommen, die unsere Vorstellungen über den Haufen geworfen haben. Ob allerdings unser bewohnter Planet nur einer von vielen ist, können wir noch nicht beantworten. Sicher ist, dass unsere Suche nach den Anfängen unweigerlich weitergeht. Superstrings und schwarze Löcher, kosmisches Vergessen und dunkle Energie – der Himmel bleibt ein unerschöpfliches Forschungsfeld: Gerade auf diesem zentralen Gebiet erweist sich die Unvorhersehbarkeit als Konstante.

Wir müssen uns damit abfinden, dass die Summe des Unbekannten unverhältnismäßig größer bleibt als unser angesammeltes Wissen. Sowohl in der planetarischen Dimension als auch auf der individuellen Ebene bedeutet Leben Veränderung. Wenn man vor diesem Hintergrund immer so bleiben will, wie man ist, wenn man immer nur wachsen oder gewinnen will und sich selbst zum alleinigen Maßstab macht, dann hat man die Struktur des Lebens schlicht und einfach verkannt. Aber erst in unserem Jahrhundert, mit all seinen technischen und globalen Vernetzungsmöglichkeiten, erfordert diese immer schon gültige Einsicht eine gravierende Wandlungsbereitschaft auf allen persönlichen und gesellschaftlichen Ebenen. Denn heute stellt sich die konkrethische Frage: Wollen wir den Artefakten unserer menschlichen Begabungen weiter blind hinterherlaufen oder eine neue Architektur der Welt entwerfen? Wenn dies, wie auch immer, gelänge, läge auch darin keine Gewähr für Planungssicherheit, denn die Dynamik des Unvorhersehbaren wird weiterwirken. Aber zumindest bestünde die Chance, sich in präventiven Dimensionen zu bewegen, die einem gesunden Menschenverstand nicht länger diametral entgegenwirken.

Erich Fromm hat den klugen Hinweis gegeben, dass selbst die Geburt kein augenblickliches Ereignis sei, sondern ein lebenslanger Prozess. Für ihn besteht das Ziel eines individuellen Lebens darin, ganz geboren zu werden. Die Tragödie sei, dass die meisten Menschen sterben, bevor sie ganz geboren sind. Ist es nicht unfassbar, dass drei Viertel der Menschheit praktisch als Untote herumgeistern müssen, weil ihnen schon die grundlegenden Voraussetzungen für ein in diesem Sinn gelingendes Leben verwehrt werden? Damit meine ich lebensbedingende Qualitätsmerkmale wie Bildung, Auskommen und Selbstbestimmung. Keineswegs will ich jenen, die nicht über Wohlstand verfügen, aber in sinngebenden Familien-, Stammes- und Religionsgemeinschaften leben, absprechen, ein werthaltiges Leben zu führen. Dennoch besteht nur für ein Viertel der Menschheit überhaupt die Chance, das Leben als einen ständigen Weg zu sich selbst zu begreifen. Und aus diesem Kreis verschleudert eine Mehrheit ihr privilegiertes Potenzial. Es kann sich nämlich nur entfalten, wenn wir daran arbeiten, die äußeren Optionen und unsere innere Befindlichkeit einander anzunähern. In diesem unentwegten Experiment begründen sich der Lebenssinn und die Formung unserer eigenen Persönlichkeit in Wechselwirkung. Dem Unvorhersehbaren können wir nur aufrecht gegenübertreten, wenn wir uns bewusst werden, dass wir ständig wählen und entscheiden müssen. Wer diesen Trumpf aus der Hand gibt oder ihn gar nicht besitzt, bleibt ein Spielball fremder Mächte. Ob reich oder arm, es gilt, die Karten neu zu mischen.

Über Armut

Zwei Billionen US-Dollar wurden in den letzten Jahrzehnten als Entwicklungshilfe gezahlt, und durch humanitäre Aktivitäten sind noch viele Milliarden hinzugekommen. Millionen Menschen in aller Welt tragen ihr persönliches Scherflein bei, um Abhilfe zu schaffen, und immer mehr Organisationen sind aktiv mit der Armutsbeseitigung beschäftigt. Einen Überblick gibt das Buch *Wohlstand für viele* des Entwicklungsökonomen und Sonderbeauftragten der Vereinten Nationen für die weltweite Bekämpfung der Armut Jeffrey Sachs. Unter dem Siegel der Wohltätigkeit ist eine riesige Hilfsindustrie entstanden, deren tatsächliche Auswirkungen jedoch schwer einzuschätzen sind.

Im Jahr 2000 erreichte diese wohlgemeinte Förderung einen vorläufigen Höhepunkt, als in New York 189 Staats- und Regierungschefs im Rahmen der Vereinten Nationen die sogenannten Millenniumsziele beschlossen. Im Vordergrund standen die Halbierung der extremen Armut bis zum Jahre 2015 und eine Grundschulausbildung für jedes Kind. Weitere Entwicklungsziele waren die Senkung der Kindersterblichkeit, die Gleichstellung der Geschlechter, die Bekämpfung von Aids, Malaria und anderen Krankheiten, ökologische Nachhaltigkeit und der Aufbau einer globalen Partnerschaft für Entwicklung. Es hat sich jedoch gezeigt, dass all diese lobenswerten und existenziellen Aufgaben ohne eine systematische Planung nicht realisierbar sind. Indem man eine diesen Zielen verpflichtete Regierungsführung nicht einmal diskutierte, verzichtete man von vornherein auf jede Sanktionsmöglichkeit. Die Vermutung liegt nahe, dass hier vor allem öffentlichkeitswirksame Zeichen gesetzt werden sollten. Um eine entschiedene Durchbrechung der Scheinheiligkeit ging es offenbar nicht.

Bei einem UN-Gipfel im Jahre 2010 wurde eine entsprechend ernüchternde Zwischenbilanz gezogen. Zwar gab es durchaus positive Ergebnisse zu vermelden: eine weiter verbreitete Grundschulausbildung, eine verbesserte Versorgung mit sauberem Trinkwasser oder ein transparenteres Berichtswesen. Ein bezeichnender Rückschlag war jedoch die im Verhältnis zum Wachstum der Weltbevölkerung wieder ansteigende Zahl der Hungernden. Alarmierend war die Unfähigkeit der Gipfelteilnehmer, einen verbindlichen und systemischen Aktionsplan zu beschließen. Dieser Unwille machte die ganze Scheinheiligkeit offenkundig und überschritt die Grenze des Erträglichen endgültig. Es kann keinen Zweifel geben: Nur über eine Reform des Finanz- und Welthandelssystems lässt sich eine gerechtere Beziehung zwischen armen und reichen Ländern herstellen. Ungeachtet dessen kann die Armut der Armen nur gelindert werden, wenn der Reichtum der Reichen in seiner vernetzten Systematik verstanden wird. Dieses Thema ist ungeheuer komplex und markiert in der vorliegenden Dimension einen Wendepunkt in der Weltgeschichte. Es mag deshalb nachvollziehbar sein, dass der Konsens in der moralischen Dimension in einem scharfen Widerspruch zu dem offensichtlichen Mangel an Umsetzungsbereitschaft steht. Es ist dennoch schlicht unakzeptabel. Hier gilt es, einen gordischen Knoten zu durchschlagen, der in der Komplexität disparater Interessenlagen seinesgleichen sucht.

In diesem Auseinanderklaffen von hehrer Theorie und schnöder Praxis möchte ich vor allem an zwei Aspekte anknüpfen: Wo werden Strukturen der Scheinheiligkeit ersichtlich? Und: Wie wirkt diese Diskussion auf den gesunden Menschenverstand? Ausgangspunkt sind die Berechnungen des indischen Ökonomen Raman Suri[64], der nachweist, dass nur ein Viertel der Menschheit über mehr als 60 Dollar am Tag verfügt und sich die Hälfte der Weltbevölkerung mit kaum mehr als 2,50 Dollar am Tag begnugen muss. Hierunter fallen auch die eine Milliarde Menschen, die mit weniger als einem Dollar dahinvegetieren müssen. Diese schändliche Tatsache gehört zu unserer täglichen Lebenswirklichkeit, ohne dass wir dies offensichtlich angemessen begreifen wollen. In Bezug auf die Funktionsweise der praktischen Vernunft ist das nicht verwunderlich. Wir können Geschehnisse nur in unserem persönlichen Rahmen und mit der dazugehörenden kulturellen Kompetenz erfassen. Unser Fassungsvermögen für Mitgefühl ist extrem begrenzt. Die Empathie der meisten Menschen endet an der Landesgrenze, wenn sie überhaupt so weit reicht. Ein Gefühl für die Menschheit oder die Weltgesellschaft zu entwickeln ist eine neue Herausforderung. Deshalb gehört auf den Aktionsplan die zentrale Einsicht: Eine globale Welt benötigt auch ein globales Bewusstsein.

Dem technischen und ökonomischen Zusammenwachsen aufgrund der gegenseitigen Abhängigkeit der Kontinente ist bis heute kein entsprechender Prozess auf psychologischer und sozialer Ebene gefolgt. Wir leben bereits in einer äußeren Realität, haben aber die inneren Voraussetzungen dafür noch nicht. Optimistisch, dass wir diesen Anachronismus überwinden können, stimmen jene Nachweise episodischer

Solidarität, die bei großen Naturkatastrophen zum Ausdruck kommen. Auch Gemeinschaftsereignisse wie die Olympischen Spiele oder Fußballweltmeisterschaften vermitteln eine Idee, wie es sein könnte, wenn relativ faire Wettbewerbe die Welt umspannen würden. Abgesehen von den Niederungen der Verbandspolitik und der Vermarktung erzeugen viele Großereignisse in Sport und Kultur eine Gemeinschaft stiftende Transparenz, die dem Mitgefühl eine Basis vermittelt. Selbst die nationale Euphorie für eigene Sportler tut der universalistischen Aura keinen Abbruch. Es bleibt bedauerlich, dass in Zeiten medialer Ereignisüberflutung nur große Spektakel und Tragödien Aufmerksamkeit erzeugen. Unser seelischer Haushalt schützt sich offensichtlich vor der ansonsten drohenden Überforderung. Und so lassen wir untragbare Dinge wie zum Beispiel den syrischen Staatsterrorismus oder die Kinderpornografie gewähren, wenn sie sich nicht unmittelbar vor unseren Augen abspielen. Selbst bei Naturkatastrophen spielt die Region eine Rolle, in der das Unglück geschieht. Je mehr touristische Verbindungen oder Bekanntschaftsnetzwerke existieren, desto höher die Anteilnahme. Ein gesunder Menschenverstand ist davon abhängig, dass er einen emotionalen Bezug zum Thema findet. Abstrakte Strukturen, und seien sie noch so offensichtlich, überfordern ihn.

Über den Territorien der Armut wehen unübersehbar die Flaggen der Scheinheiligkeit. Allein was Armut bedeutet, bleibt für den Klub der rund 1,5 Milliarden Wohlhabenden ein Buch mit sieben Siegeln. Über eine Milliarde Verzweifelte leben in extremer Armut und sind Hunger, Elend und Leid ausgesetzt. Achtzehn Millionen Hungertote im Jahr dokumentieren diese vollkommene Ausweglosigkeit. Eine weitere Milliarde hat keinen Zugang zu sauberem Trinkwasser oder ausreichender Nahrung. Weitere 1,5 Milliarden sind zur globalen Armutsklasse zu zählen: Sie schlagen sich ohne die Möglichkeit durch, ein selbstbestimmtes Leben zu führen. Es kommen die unterschiedlichsten Formen der Beeinträchtigung zusammen: Kriege, Vertreibungen, Naturkatastrophen oder untragbare politische, geografische und soziale Verhältnisse. Mangelhafte Ernährung, kaum medizinische Versorgung, fehlender Zugang zu Bildungssystemen sind die Kennzeichen einer Existenz, die ohne Lebensqualität auskommen muss. Über das Schicksal der Kinder nachzudenken, die in solchen Armutssphären aufwachsen müssen, ist schlicht unerträglich. Wenn tatsächlich alle Menschen gleiche Rechte hätten, wären Almosen Betrug. Das gesamte Szenario muss als ein Krieg gegen den schwächsten Teil der Menschheit begriffen werden – und als ultimative Verhöhnung des gesunden Menschenverstands. Erst dann können wir die notwendigen Emotionen entwickeln, um endlich über den eigenen Tellerrand hinauszuschauen.

Immer wieder hört man auch das Vorurteil, bei „den Armen" seien Fleiß und Beschäftigungswille seltene Tugenden. Studien besagen hingegen, dass mindestens die Hälfte dieser Menschen hart arbeitet – ohne die geringste Chance, über die Armutsgrenze hinauszukommen. Die infrastrukturellen Bedingungen und die Auswirkungen der Weltmärkte haben hier einen entscheidenden Einfluss. Das gilt auch für den Bereich der relativen Armut, der schätzungsweise zwei Milliarden Menschen erfasst, die zwischen 1000 und 8000 Dollar im Jahr verdienen. Die ökonomischen Verschiebungen in der Weltwirtschaft in Richtung China, Indien oder Brasilien bewirken, dass fast eine Milliarde Menschen durchaus neue Perspektiven vor sich sehen. Aber wir sollten sensibel und kritisch bleiben, um scheinheilige Erfolgsmeldungen richtig einzuschätzen. Wenn 100 Millionen Menschen der statistischen Klassifizierung als extrem arm entrinnen, weil sie plötzlich zwei Dollar am Tag zur Verfügung haben, ist das Problem insgesamt noch weit von einer Lösung entfernt. Die erdrückende Gesamtsituation verlangt eine ultimative Bereitschaft, systematische und konkrethische Handlungsweisen umzusetzen.

Natürlich fragt sich ein gesunder Menschenverstand, ob jemand aus eigenem Verschulden oder unverschuldet ins Elend gerutscht ist. Soll man nur Nahestehenden helfen oder auch jenen, die in weiter Ferne leben? Ist die Hilfe für Menschen in Notlagen eine moralische Pflicht, ausgleichende Gerechtigkeit oder nur eine strategische Notwendigkeit? Es bleiben je nach kultureller und religiöser Herkunft ethische Unklarheiten, die es sehr schwierig machen, allgemeine Regeln für richtiges Verhalten aufzustellen. Weltweit gibt es einen grundlegenden Konsens, dass man Mitmenschen hilft, die sich in lebensbedrohlichen Notlagen befinden. Selbst die Bereitschaft, eigene Interessen zurückzustellen, ist universal vorhanden. Dieser Gemeinsinn bezieht sich allerdings nur auf das individuelle Handeln. Über vergleichbare Verpflichtungen von Kollektiven, von Ländern, Konzernen oder Organisationen wird bisher weder transparent debattiert, noch ist eine Vereinbarung in Sicht, die praktische Relevanz haben könnte.

Eine klare Mehrheit der Menschen votiert dafür, die Geißel der Armut zu beseitigen. Aber ohne ein konzertiertes Konzept auf kollektiver und globaler Ebene kann das nicht gelingen. Auch diese Situation ist paradox und signifikant. Die individuelle Bereitschaft zu helfen liegt vor, aber es scheitert an einer kollektiv organisierten Umsetzung. Die Übertragung eines gesunden Menschenverstands auf eine interkulturelle oder gar globale Ebene übersteigt unsere bisherigen Kompetenzen. Deshalb vollzieht sich die Globalisierung bislang nur auf technischer und ökonomischer Ebene. Die Belange der Menschlichkeit bleiben auf der Strecke.

Alle hieraus erwachsenen Probleme haben humanitären Charakter. Das heißt aber auch: Aus einer überkommenen unternehmerischen Perspektive erscheinen sie als zweitrangig. Sie sind nicht marktfähig. In der Folge werden Milliarden Menschen, zentrale moralische Verpflichtungen und die Etablierung einer wirklichen Weltgemeinschaft dem ziellosen Spiel divergierender Interessen überlassen. Der gesamte Komplex der Armut ist ein obdachloses Phänomen, das zwar hier und da Aufmerksamkeit und Fürsprache erfährt, aber keine einheitlichen Lösungsansätze. Risiken für die Geldwirtschaft oder für den freien Handel werden auf den obersten Entscheidungsebenen ernst genommen, weil sie Konjunkturen und Geschäftsentwicklungen bedrohen. Die Armen sitzen außerhalb dieser protektionistischen Dynamik. Deshalb ist es immer und immer wieder erforderlich, den Motor von Moral und Hilfe neu anzuwerfen. Entwicklungshilfe, Philanthropen und humanitäre Aktivisten haben dieses riesige Feld abgesteckt und beackern es, aber noch stehen sie als Zwerge den Giganten der Bilanzen gegenüber. Die Verlautbarungen der Herrschenden zu diesem Thema sind so folgenlos, dass die Scheinheiligkeit mit Händen zu greifen ist.

Geht es bei der Beseitigung der Weltarmut vordringlich um politische Führung, um systemische Organisation, die Herstellung von Gerechtigkeit oder um situationsbedingte Maßnahmen für Notleidende? Wie immer und in welcher Reihenfolge man diese Frage beantwortet, es bedarf einer grundlegenden Definition der Verantwortung sowie einer Klärung des Zusammenhangs zwischen Rechten und Pflichten. Die Einforderung von Gerechtigkeit bleibt ohne entsprechende Rechtsstrukturen und ohne legitimiertes Gewaltmonopol ein Wunschkonzert. Im juristischen Sinne ist die Verantwortung im Rahmen der allgemeinen Menschenrechte klar geregelt, sie obliegt den einzelnen Staaten. Kann die Erfüllung der Subsistenzrechte aus unterschiedlichen Gründen nicht erfüllt werden – und daran besteht kein Zweifel –, müssen internationale Gremien und Gemeinschaften diese Aufgabe übernehmen. Trotz der Fülle der Institutionen, die hier schon seit Jahrzehnten tätig sind, bleibt die Bilanz erschreckend dürftig.

Unabhängig von den institutionellen Ebenen haben wohl die meisten Menschen das Gefühl, dass alle Wohlhabenden im Rahmen ihrer Möglichkeiten eine moralische Pflicht besitzen, Hilfestellungen zu leisten. Das mitunter zu hörende Argument, die Reichen seien schließlich für die Armut verantwortlich, greift in dieser Einseitigkeit zu kurz. Zumal immer mehr Vermögende mit erheblichen Mitteln diesem Pauschalurteil entgegenwirken. Die bewusste Verursachung von Armut wie bei bestimmten Diktatoren scheint mir eine Ausnahme zu sein; aber die verdrängte Inkaufnahme der systemischen Ungleichverteilung ist eine Tatsache. Dieser Prozess vollzieht sich auf indirekten Bahnen und ist für die individuelle Wahrnehmung schwer zu verorten. Aber der Einschätzung, dass die wohlhabenden Länder die globale Weltordnung dominieren, kann man nicht widersprechen. Insofern sind die Probleme der ärmeren Länder und auch das Phänomen der weltweiten Armut nicht losgelöst von den herrschenden Machtstrukturen zu verstehen. Zwischen Schuld und Verantwortung liegen viele Abstufungen. Die reichen Nationen und großen Konzerne können jedoch nicht leugnen, an der Verursachung dieses Trauerspiels beteiligt zu sein.

Das ungleiche Verhältnis zwischen Arm und Reich ist ein fester Bestandteil der Weltgeschichte. Durch alle Jahrhunderte hat es ein riesiges Gefälle zwischen Herrschern, feudalen Gruppen, Eliten und dem Gros der Unterschichten und Bevölkerungen gegeben. Aber erst in dem Zeitraum nach 1800 hat sich eine dramatische Vermögensdifferenz zwischen verschiedenen Nationen und Kontinenten aufgebaut, die heute schlicht unfassbare Dimensionen erreicht. Die Nutznießer der industriellen Revolution waren Kontinentaleuropa und Amerika. Zum ersten Mal profitierten außer den führenden Gesellschaftsschichten auch große Teile der jeweiligen Bevölkerung, und es konnte sich in diesen Teilen der Welt ein berauschender Wohlstand etablieren. Am Ende des 20. Jahrhunderts begann die Wohlstandsrevolution in Südostasien. Dieser Prozess wird zu weiteren Umschichtungen und Machtverlagerungen führen. Von diesen Aufbruchsströmungen aus Wettbewerb, Wachstum und den Möglichkeiten der Selbstverwirklichung bleibt die Majorität der Menschheit jedoch ausgenommen.

Die Lebenswirklichkeiten dieser Milliarden Menschen sind von unüberschaubar vielen Faktoren abhängig, sie leben in vollkommen verschiedenen Gebieten unter völlig unterschiedlichen Bedingungen. Der normale Mensch behilft sich, indem er unter Armut eine stereotype Karikatur dieser Realitäten versteht. Armut in Afrika und Armut in Europa sind nur zwei weit auseinanderliegende Lebenswelten. Hunger, Krankheit, Analphabetismus und geopolitische Ausweglosigkeit oder Bildungsferne, Arbeit ohne Lohn, Obdachlosigkeit und Ausgrenzung sind weitere Modelle von Armutsexistenz, die Tausende betreffen. Solange uns nur wenige plakative Erscheinungsweisen bewusst sind, kämpfen wir gegen eine Chimäre. Unser Unvermögen, sowohl die Komplexität der Armut als auch die Vernetzung der globalen Weltordnung und ihre Zusammenhänge zu verstehen, macht es so schwierig, nachhaltige Lösungen umzusetzen. Ohne die vorbehaltlose Bereitschaft zu einer wahrheitsgetreuen Analyse wird dieser Sumpf niemals trockengelegt.

Dass eine einschneidende Reduzierung der Armut möglich ist, haben die asiatischen Tigerstaaten unter Beweis gestellt. Hongkong, Taiwan, Singapur und Südkorea sind diesem Ziel mit beeindruckenden Erfolgen im Wirtschaftswachstum näher gekommen. Diese Entwicklung wurde allerdings nicht von humanitären Zuwendungen angekurbelt, sondern von der Chance, Zugang zu den internationalen Märkten zu erhalten. Durch die eigene staatliche Förderung wurden ganze Industrien zur Massenfertigung von Konsumgütern aufgebaut. Der Erfolg lag sicher auch an den niedrigen Arbeitskosten, die einen klaren Konkurrenzvorteil gegenüber den Wohlstandsstaaten darstellten. Die staatliche Unterstützung und das von den dominierenden Industrienationen gewährte Privileg des Marktzugangs haben die infrastrukturellen Voraussetzungen geschaffen. Eine ähnliche Politik gegenüber den afrikanischen Nationen hätte zweifellos ebenfalls positive Ergebnisse gebracht. Aber dazu ist es bisher nicht gekommen. Selbst an der Erfolgsgeschichte der Tigerstaaten kann man sehen, dass die nationale Anstrengung allein nicht ausreicht, um dem Armutsdilemma zu entkommen.

Die spektakulären Wachstumsraten Chinas in den letzten Jahren sind ein wichtiges Beispiel für die Zweischneidigkeit materiellen Erfolgs. Auf dem Weg an die Spitze der Weltwirtschaft ist für die reichen Länder ein Konkurrent auf Augenhöhe entstanden. Die Veränderungen der geopolitischen Verhältnisse sind im ganzen Ausmaß noch nicht absehbar. Aber zwei gravierende Begleiterscheinungen sind fatal: Die chinesische Gesellschaft selbst bleibt von der Armutsproblematik fundamental bedroht. Und: Ihr enormer Erfolg verschlechtert die Perspektiven anderer Entwicklungsländer. Die ärmeren Länder konkurrieren untereinander – und der Höhenflug Chinas hat ihre Exportmöglichkeiten weiter eingeschränkt. Manche von ihnen sind mittlerweile nur noch ein Rohstofflager Chinas. Gerade das bloße Verfügen über Rohstoffe ohne ein angeschlossenes System weiterverarbeitender Industrien zeigt jedoch verhängnisvolle Auswirkungen. Viele Herrscher und Despoten missbrauchen die Möglichkeit der Übertragung von Eigentumsrechten an Rohstoffen zulasten ihrer eigenen Bevölkerung. Der Verkauf dieser Rechte generiert enorme finanzielle Mittel, um mit diesen Ressourcen gewaltsam an der Macht zu bleiben. Damit erhöht sich zugleich die Gefahr von Bürgerkriegen und Putschversuchen. Die Aussicht auf Bodenschätze, die man sich im Handstreich aneignen kann, schafft eine ungeheure Korruptionsanfälligkeit und steigert die Gier nach persönlicher Bereicherung. Gleichzeitig bedeutet die Veräußerung dieser Gemeingüter an internationale Großkonzerne einen Aderlass des gesellschaftlichen Vermögens und den Verlust der Unabhängigkeit. Alle diese Faktoren sind echte Armutstreiber. Das Verschachern der Ressourcen stempelt die jeweilige Bevölkerung nur noch als lästiges Anhängsel ab, die Menschen werden zu Opfern von Geburt an.

Die wohlhabenden Staaten haben sich mit den paradoxen Folgen scheinheilig arrangiert. Einerseits können sie sich mit billigen Rohstoffen versorgen und Zugangsrechte aneignen, andererseits müssen sie sich mit Tyrannen und Wahnsinnigen ins Bett legen. Diese Partnerschaft zwischen Gier und Doppelmoral ist ein brüchiges Gebilde, das immer wieder durch unvorhersehbare Sachzwänge auseinanderbricht. Die gängigen Umschreibungen dieser Arten von Liaison haben etwas Maskenhaftes, die verhindern, der eigenen Charakterlosigkeit ins Gesicht schauen zu müssen. Sich hier moralisch zu verhalten wäre ein Kostenfaktor. Deshalb hat man momentan den Eindruck, dass eine Beseitigung der Armut völlig außer Reichweite liegt. Nicht, dass keine Bereitschaft da wäre, aber die herrschende globale Wirtschaftslogik lässt kaum andere Lösungen zu. Sie erzeugt systematisch die Armut. Der einzelne Bewohner der Wohlstandsstaaten mag Tod und Leid der Armen nicht bewusst und vorsätzlich in Kauf nehmen. Aber wir mogeln uns mit leichtfertiger Gleichgültigkeit und verhängnisvoller Ignoranz aus der Affäre. Wir nehmen die Vorteile dieser Weltordnung gerne in Anspruch, aber über die dramatischen Folgen setzen wir uns scheinheilig hinweg. Deshalb ist es wichtig, die Dinge beim Namen zu nennen: Wir haben es hier mit einer einzigartigen Menschenrechtsverletzung zu tun.

Angesichts der gewaltigen Zahl von Armutsopfern ist es keine Überzeichnung, von einem dritten Weltkrieg zu sprechen.

Die Sache ist denkbar einfach: Der Vorteil des einen ist der Nachteil des anderen. Und solange die oben rangierenden mit den unten liegenden Gesellschaften in einer ungleichen Verkettung leben, bleibt die Armut die Regel und nicht die Ausnahme. Die Spekulation mit Nahrungsmitteln ist für diese Konstellation ein erschreckender Beleg. Viele Banken bieten Fonds und Terminkontrakte an, mit denen man auf steigende Nahrungsmittelpreise setzen kann. Das Resultat ist grauenerregend, da auf diese Weise zum Beispiel der Preis für Weizen in einem Jahr um 120 Prozent stieg oder sich in nur zwei Monaten Reis um 75 Prozent verteuerte. Seit die Spekulanten den Agrarmarkt als Spielwiese entdeckt haben, hat sich der Horizont der Armen weiter verdunkelt. Schon im Jahre 2008 warnten selbst die Weltbank und der Internationale Währungsfonds, dass die Stabilität von mehr als 50 Ländern dadurch gefährdet sei. Allein die Verwendung von Getreide für eine boomende Biosprit-Produktion hat eine absurde Konkurrenzsituation zwischen Teller und Tank geschaffen. Wir kommen immer wieder und immer häufiger an einen Punkt, wo es konkrethisch zu entscheiden gilt, ob man das Lukrative tut, koste es, was es wolle, oder ob man die Kraft hat, das Vernünftige vorzuziehen.

Gilt weiterhin als oberstes Gebot, dass der Erfolg die Mittel heiligt, erschaffen wir auf hohem technischen Niveau ein neues Mittelalter. Eine exzessive Spekulation treibt die Preise derartig in die Höhe, dass sich Teile der Menschheit keine Grundnahrungsmittel mehr leisten können. Diese unkontrollierte Vermischung von Finanz- und Agrarwirtschaft ist nicht nur ein Angriff auf einen Teil der Weltbevölkerung, er ist definitiv ein Todesurteil für Millionen. Wie das Helle nicht ohne das Dunkle existieren kann, so birgt alles zugleich sein eigenes Gegenteil. Selbst die gefahrvolle Spekulation bringt etwas Nützliches hervor. Ihr unentwegt gieriger Blick auf den eigenen Vorteil deckt systemische Schwachstellen auf. Die katastrophalen Auswirkungen der genannten Vorgänge können, richtig verstanden, als informative Frühwarnsysteme genutzt werden. Sobald man die verheerenden Folgen erkennt, kann entschlossen gehandelt und gegengesteuert werden. So ist jetzt schon vollkommen klar, dass wir auf diese Weise noch größerer Nahrungsmittelknappheit entgegentaumeln. Was das bei einer weiter wachsenden Weltbevölkerung für das Schicksal der Armen bedeutet, kann man erahnen.

Die Zahl der Menschen auf diesem Planeten ist keine naturgewaltige Unabänderlichkeit. Im Zeitalter der globalen Weltgesellschaft gehört diese Entwicklung ins Zentrum ungelöster Existenzfragen. Auch bezüglich der Funktionstüchtigkeit nationaler und internationaler Märkte entscheidet sich unsere Zukunftsfähigkeit. Spätestens im Jahr 2050 könnte eine Weltbevölkerung von zehn Milliarden Menschen dazu führen, dass unser Ökosystem unter dieser Belastung kollabiert. Wie viele Menschen kann unser Planet überhaupt tragen? Es gibt unterschiedliche Betrachtungen, aber keine verlässliche Einschätzung. Relativ sicher ist lediglich, dass sich die Umweltbedingungen verschlechtern, der Meeresspiegel steigt, der Boden erodiert und die Trockenheit zunimmt. Die wachsende Ressourcenknappheit wird die Armen überproportional benachteiligen und gewaltige Migrationsströme auslösen. Kämpfe und Kriege um das nackte Überleben sind aus jetziger Sicht sehr wahrscheinlich.

Da es uns bisher selten gelungen ist, die Geschehnisse korrekt vorherzusagen, können wir unser Handeln kaum an komplizierten Prognosen ausrichten. Es bleibt die Option, die konkreten und überschaubaren Probleme unverzüglich abzuarbeiten. Der Rahmen für diese akuten Maßnahmen ist durch eine solide demografische Wissenschaft gesteckt. Je mehr Wohlstand sich etabliert, desto geringer werden die Geburtenraten. Je länger der Wohlstand von Dauerhaftigkeit geprägt ist, desto stärker wächst der Anteil älterer Menschen. Auf diese Weise könnte die Bevölkerungsexplosion im Jahre 2030 ihr vorläufiges Ende erreichen. Bis dahin sind uns die Probleme aber schon längst uneinholbar über den Kopf gewachsen. Schon jetzt lebt die Hälfte der Weltbevölkerung in Städten oder Megacitys. Im Jahre 2050 könnte sich ihr Anteil auf 70 Prozent erhöht haben. Allein in den Entwicklungsländern wird die Zahl der Slumbewohner in den nächsten fünf Jahren die Milliardengrenze erreichen.

Am Beispiel Indiens ist zu erkennen, dass wachsende Prosperität allein kein probates Mittel zur Armutsbekämpfung ist. Selbst in der stärksten Wirtschaftsdekade stieg die Zahl der Bewohner von Armenvierteln um 23 Prozent. Die Situation in China ist nicht besser. In beiden Ländern haben fast 75 Prozent der städtischen Bewohner nicht mehr als 1,35 Euro täglich zur Verfügung. Die diesen Menschenmassen als Lebensraum verfügbare Fläche umfasst selten mehr als fünf Prozent der gesamten Stadtgebiete. In diesen Silos des Grauens ist Armut, Kriminalität und Gewalt das einzig Beständige. Die Strategien der behördlichen und politischen Stadtentwickler vermischen sich verhängnisvoll mit den Interessen des Immobiliensektors, der exklusiven und geschäftsträchtigen Wohnraum schaffen will. Arme wirken in diesen Plänen als Störfaktor und müssen von der Bildfläche verschwinden. Die wohlhabenden Schichten mögen zwar Mitleid empfinden, sie sind aber froh, wenn ihre Umgebung den Anschein einer heilen Welt erweckt.

Diese durchaus nachvollziehbaren Empfindungen deuten darauf hin, dass es verschiedene Grade von Scheinheiligkeit gibt: als knochenhartes Programm, als Strategie oder bewusste Inkaufnahme sowie als eine Form der Ignoranz, der Verdrängung oder von Desinteresse. Welchen Grad die Scheinheiligkeit auch immer annimmt, sie trägt dazu bei, Verhältnisse zu manifestieren, die selbst nach eigennützigen Maßstäben kein gutes Ende nehmen können. Die Bedrohungspotenziale sind weitgehend identifiziert. Megakatastrophen wie atomare Unfälle sind faktische Exempel, die auch mit scheinheiligen Interpretationen nicht aus der Welt zu schaffen sind. Schon längst wäre es verrückt, die Armutsbekämpfung als bloße Wohltätigkeit zu verstehen. Deshalb ist auch die Philanthropie nicht unser rettender Anker. Es ist großartig, dass Millionen Stifter und Förderer sowie Nichtregierungsorganisationen sich diesen humanitären Aufgaben mit Ernsthaftigkeit und Einsatz widmen. Aber es reicht nicht. Wir bekommen auch die Umweltbelastungen nicht vom Tisch, nur weil wir unsere Häuser besser isolieren. Es bedarf konkreter Tatsachen und zielgerichteter Investitionen in ein globales System unhintergehbarer Regeln und sozialer Gerechtigkeit. In der Weltgesellschaft haben nationale und internationale Wirtschaftsbestimmungen die größte Hebelwirkung. Ob Steuern, Arbeitsverhältnisse, soziale Sicherung, Rohstoffverbrauch oder geistiges Eigentum, diese und weitere Faktoren hätten die Kraft, fundamentale Veränderungen zu bewirken. Nur felsenfeste Ergebnisse sind in der Lage, die herrschende Scheinheiligkeit auszuhebeln.

Ohne verbindliche Regelwerke bleibt es individuell, kollektiv, politisch oder unternehmerisch bei einer gnadenlosen Konkurrenz, die ethische Bedenken zu Wettbewerbsnachteilen degradiert. Der Vorteil von Regeln liegt natürlich auch darin, dass sie sich überprüfen, korrigieren und durchsetzen lassen. Die Liga der Weltverbesserer kann vor allem schnelle und flexible Einsatztruppen aufbieten. Nicht zu unterschätzen ist jedoch die Gefahr, dass ein disparates Spektrum selbst ernannten guten Handelns, das jeweils von vollkommen unterschiedlichen Betrachtungsweisen ausgeht, insgesamt die Nachhaltigkeit verspielt. Deshalb ist die konzertierte Umsetzung der Millenniumsziele in die Praxis die vordringliche Aufgabe. Wie schwierig die Herstellung von Konsens ist, war bei dem schier endlosen Palaver der Klimakonferenzen zu beobachten. Die endlose Diskussion um Ansätze hat im Ergebnis die interessengeleitete Destruktivität verstärkt. Es geht um die globale Grundsatzfrage, ob sich die Weltgesellschaft endlich aufraffen kann, innerhalb demokratischer Werte eine neue Lebenspraxis zu entwickeln.

Will man tatsächlich eine glaubwürdige Offensive zur Armutsbeseitigung verwirklichen, werden sich die Kosten auf annähernd 300 Milliarden Dollar jährlich belaufen. Die bisherigen Verhaltensweisen von Regierungen, Unternehmen, Institutionen und wohlhabenden Personen schließen aus, dieses Ziel gemeinschaftlich zu erreichen. Außerdem geht es nicht um die Bekämpfung einer Epidemie, sondern um die Etablierung langfristiger Strukturen zur Erhaltung von Gesundheit und Lebensfähigkeit. Man kann nicht dauernd Geld sammeln, um die Folgen eines Wasserrohrbruchs zu kompensieren. Man muss neue Leitungen legen. Es gilt, endlich vernünftige neue Voraussetzungen zu schaffen. All diese Anstrengungen bedürfen nationaler und globaler Regeln. Länger nur auf Mildtätigkeit, soziale Bewegungen und Entwicklungshilfe zu setzen heißt, ein brennendes Haus mit einem Glas Tafelwasser löschen zu wollen. Es wäre irreführend, dieses Thema lediglich aus der Geldperspektive zu betrachten. Aber die Berechnungen Peter Singers zeigen, dass allein eine jährliche, den eigenen Wohlstand nicht trübende Abgabe der Reichen weltweit 1,5 Billionen Dollar erbringen würde. Diese Summe wäre fünfmal höher als die bisher zur Lösung des Problems als notwendig erachtete Geldmenge.

Inwieweit die komplizierten Berechnungen über angemessene Forderungen hinausgehen, ist sicherlich eine Frage der Bewertung. Sein Buch *Leben retten – Wie sich die Armut abschaffen lässt und warum wir es nicht tun*[65] dient deshalb auch der eigenen Überprüfung einer solchen Bereitschaft. Bereits die Hälfte einer solchen Abgabe würde zu einer nachhaltig veränderten Wirklichkeit beitragen. Nach eigener Lektüre und vielen Diskussionen über diese Forderung mit Vermögenden bin ich sicher, dass diese Partizipation denkbar wäre. Vergessen wir aber nicht: Es geht grundsätzlich um eine Erneuerung der globalen Weltordnung, in der Regierungen, internationale Institutionen und Konzerne sowie der gesamte dritte Sektor zusammenarbeiten müssen. Deshalb verweist diese Idee nur auf die materielle Machbarkeit.

Von Verleumdung, Behinderung und Angst

Weit über die Hälfte der Menschheit ist arm. Wir wissen das, aber wir sind nicht in der Lage, uns diese Tatsache nachhaltig zu vergegenwärtigen. Mit natürlicher Selbstbehauptung, Scheinheiligkeit und Verdrängung nehmen wir diesen unhaltbaren Zustand in Kauf. Diese Passivität hat tragische Konsequenzen, die das Maß einer bloßen Unterlassung überschreiten. Die Verleumdung ist nicht nur im deutschen Recht eine strafbare Handlung, die mit Geld- oder Freiheitsstrafe geahndet wird. Im Kern liegt dieses Delikt vor, wenn Personen wider besseres Wissen unwahre Tatsachen über andere Individuen behaupten oder verbreiten und somit ihren Ruf und ihre Glaubwürdigkeit schädigen. Dass ein kleiner Teil der Weltbürger von ihren dominanten Wirtschaftssystemen profitiert und gleichzeitig die Lebensperspektiven anderer reduziert, bindet sie in einen Zusammenhang der Schuld ein. Mit ihren Existenzbedingungen kämpfende, jedoch weitgehend chancenlose Menschen pauschal als „arm" zu etikettieren ist schlicht und einfach eine verleumderische Stigmatisierung.

Machen wir uns nichts vor: Werden Individuen oder Kollektive mit dem Mal der Armut gezeichnet, lastet auf ihnen die Aura einer unausgesprochenen Behinderung. Diese Bezeichnung ist im bundesdeutschen Recht relativ klar geregelt: „Menschen sind behindert, wenn ihre körperliche Funktion, geistige Fähigkeit oder seelische Gesundheit mit hoher Wahrscheinlichkeit länger als sechs Monate von dem für das Lebensalter typischen Zustand abweichen und daher ihre Teilhabe am Leben in der Gesellschaft beeinträchtigt ist. Sie sind von Behinderung bedroht, wenn die Beeinträchtigung zu erwarten ist."[66] Die Lebensbedingungen und die Zukunftserwartungen der meisten Menschen, die in Armut leben, entsprechen den vorliegenden Kriterien einer Behinderung.

Das Menschenrecht auf Respekt fordert von uns, die verschiedenen Formen einer Behinderung sensibel wahrzunehmen. Angeborene, unfallbedingte oder durch Unglück entstandene Behinderungen unterscheiden sich von Schädigungen oder Beeinträchtigungen, die durch geografische, kriegerische, politische oder wirtschaftliche Bedingungen hervorgerufen wurden. Ist die Verursachung von Behinderung das Resultat aktiven Fehlverhaltens oder unterlassener Hilfeleistung, liegen auch Menschenrechtsverletzungen vor. In diesem Sinne ist es vorsätzlich irreführend, die Opfer von Hunger, Vertreibung oder Missbrauch unter den vagen Begriff der Armut zu subsumieren. Oder sagen wir es mit dem großen französischen Autor Voltaire: „Die Verleumdung ist schnell, und die Wahrheit ist langsam." Je mehr mich die Beschäftigung mit der praktischen Vernunft dazu bringt, den intellektuellen Elfenbeinturm zu verlassen und auf die Straße des Konkreten zu gehen, desto absurder erscheinen mir die gegenwärtigen Verhältnisse. Dreizehn Millionen Millionäre und mehrere Milliarden Arme stehen einander gegenüber – nicht unbedingt als feindliche Heerscharen, aber zumindest als zwei Seiten einer Medaille, die wir Menschheit nennen. Und momentan gibt es wenig Bewegung zwischen diesen Polen. Ich habe einige Menschen kennengelernt, die das Schicksal einer Behinderung tragen müssen. Und auch wenn es pathetisch klingen mag: Blinde haben mich gelehrt, meine anderen Sinne besser zu gebrauchen; zur Bewegungslosigkeit Verurteilte, dass sich unser Leben im Kopf entscheidet; Autisten, dass jedes große Talent eine entsprechende Unzulänglichkeit nach sich zieht; und Menschen im Elend, dass selbst im materiellen Nichts Würde und Mitgefühl gedeihen können. In Momenten der Reflexion, die solchen Begegnungen folgen, fühlt man sich selber arm und besudelt vom Eigennutz.

Aber auch am Horizont dieses Gedankens lauert schon das Gespenst der Scheinheiligkeit. Es ist verblüffend, mit welcher Inbrunst man in Selbstmitleid ertrinken und sich Sorgen vorgaukeln kann, die man gar nicht hat. Nüchtern betrachtet sind wahrscheinlich diejenigen, denen das Leben die größten Steine in den Weg gelegt hat, unsere besten Repräsentanten. Wer scheinbar alles verloren hat, konzentriert sich nur noch auf das, was konkret möglich ist. Dagegen sind die meisten Teilhabenden am kleinen Tisch des Wohlstands nur noch darauf fixiert, nichts zu verlieren. Diese Beschränkung des Möglichkeitsraumes ist eine grauenhafte Verhinderung, uns neu zu erfinden. Auch in der Wissenschaft sind Verleumdung und Behinderung Alltagserscheinungen, weil man den einmal erreichten Status der Reputation und des Wissens weder überwinden noch aufheben will. Die Engstirnigkeit unserer behaupteten Größe bedroht den ganzen Planeten, weil wir die unverzichtbaren Dimensionen des Einfachen und Alltäglichen sträflich ignorieren. Vor diesem Hintergrund stellt sich nicht länger die Frage, wer eine Behinderung hat, sondern wer eigentlich nicht behindert ist.

Wir müssen vom hohen Ross unserer vermeintlichen Überlegenheit absteigen. Die unterschiedlichsten Formen der Behinderung gehören zum menschlichen Schicksal. An welchem Idealmaß lässt sich das Konstatieren einer Behinderung überhaupt ausrichten? Ein lebendes Beispiel für Perfektion und Unfehlbarkeit ist mir nicht bekannt. Uns endlich und universal einzugestehen, dass in der Unvollkommenheit unsere wahre Natur liegt, ist nicht bloß ein demütiger Trick. Erst aus der individuellen und kollektiven Akzeptanz unserer Behinderungen ergibt sich die konkrethische Aufgabe unserer Lebensbewältigung: Wir sind aufgefordert herauszufinden, was wir können. Erkennen wir dieses Vermögen, sind wir dem für uns Richtigen auf die Spur gekommen. Nur wenn Wollen und Können deckungsgleich sind, sind wir in der Lage, Begrenzungen und Behinderungen anzunehmen. Ein weiser Mensch weiß, dass er nicht alles kann, deshalb strebt er es auch nicht an. Eingedenk dieser Tatsache will er nur das, was er auch kann. Auch der Wunsch, über sich hinauszuwachsen, gehört in diesen Zusammenhang. Die innere und äußere Welt in Übereinstimmung zu bringen ist unsere größtmögliche Hinwendung zum gelingenden Leben. Diese Übung muss immer wieder neu unternommen werden.

Es liegt in unserer Natur, mehr zu wollen, als wir können. Je größer die Verfügungsgewalt, umso stärker der Drang, die Geschehnisse zu dominieren. Deshalb sind Wollen und Können schon lange nicht mehr synchronisiert, und die Entwicklungen laufen ständig aus dem Ruder. Wir sind nicht, was wir zu sein scheinen. Wir müssen erst lernen anzunehmen, was wir sind. Das Beste, was der Mensch auf individueller Ebene tun kann, ist das Streben nach dem Menschenmöglichen. Das Beste, was die Menschen auf globaler Ebene realisieren können, ist die Menschheit. Wahrhaftigkeit steckt im immerwährenden Versuch, uns anzuerkennen. Der Wahrheit kommen wir näher, wenn wir dies immer wieder aufs Neue tun.

Kein im Geist gesunder Mensch will das Böse. Und dennoch scheint das Böse ein Virus zu sein, das alle mehr oder weniger oft heimsucht. Fast jeder ist der Ansicht zu tun, was gut für ihn ist. Aber die wenigsten scheinen zu wissen, was das sein könnte. Befragt man eine Person nach einer begangenen Verfehlung, wird sie antworten, dass ihr das Schlechte in einem Moment fälschlicherweise als das Richtige erschien. Uns fehlen Selbsterkenntnis und ein tragfähiges System, sie zu erlernen. Es bedarf einer lebenslangen Entwicklung, um jene Persönlichkeit zu schaffen, die wir sein können und die wir dann sein wollen. Nur in diesem Akt der Charakterbildung und Verwandlung erlangen wir die Kompetenz oder sogar die Meisterschaft, Irrtümer zu enthüllen, Scheinheiligkeit zu entlarven und Verleumdung zu überwinden. Je ehrlicher wir die Räume unserer Innenwelt ausloten, desto eher sind wir auch in der Lage, das Leben der anderen zu verstehen und somit eine Vorstellung vom Ganzen zu gewinnen. Über dem Eingang des Tempels von Delphi stand: „Erkenne dich selbst!" Es braucht Mut, um in den Spiegel zu schauen. Dieser Spiegel wird von anderen Menschen gehalten, die unsere Schwachpunkte leichter wahrnehmen. In dieser Übung steckt die Chance, uns zu verfeinern und den Willen zur Mitmenschlichkeit in unserer Lebenswirklichkeit umzusetzen. Dann kann der gesunde Menschenverstand die Stimme der Menschheit im Einzelnen sein.

Noch sind wir von dieser Option weit entfernt. Allein im Internet vollziehen sich unter dem Stichwort „Cybermobbing" Entwicklungen, die Phänomenen innerhalb geschlossener Abteilungen von Psychiatrien ähneln. Niederträchtige Mutmaßungen lässt man wie virtuelle Drachen steigen, die dann Kinder, Jugendliche oder Lehrer in die Verzweiflung treiben. Das Verbreiten haltloser Vermutungen und bewusster Verleumdungen ist zu einer Beschäftigungstherapie aufgestiegen, die unablässig Brandsätze aus Buchstaben hervorbringt. Jemanden verdächtig zu machen ist durch die technischen Möglichkeiten einer grenzenlosen Kommunikation zu einer für jeden zugänglichen Waffe geworden. Und ihr Einsatz wird kaum geahndet. Auf perverse Weise ist die Unschuldsvermutung ausgehebelt worden. Die Behinderungen und Verleumdungen der berüchtigten Stasi-Beamten der DDR erleben im weltweiten Netz eine ungeahnte Wiederauferstehung. Jeder Mensch kann mehr oder weniger straflos mit Dreck beworfen werden und ist gezwungen, im Nachhinein selbst den auf seinem Leben gelandeten Mist wegzuräumen.

Nun fallen Entgleisungen nicht einfach vom Himmel, sondern der Samen muss irgendwann gestreut worden sein. Der Humus, auf dem die Selbstermächtigungen der virtuellen Tribunale gedeihen, findet sich in der herrschenden medialen Inquisition. Die unverzichtbare Aufgabe der Medien, uns wahrheitsgetreu ins Bild zu setzen, ist unbestritten. Allzu viele Journalisten jedoch haben die aufklärende und investigative Rolle eines fairen Schiedsrichters aufgegeben und verkünden ihre eigene

Einschätzung als Urteil. Es wird leicht übersehen, dass sich Vorwürfe mit Lichtgeschwindigkeit bewegen, Richtigstellungen hingegen im Schneckentempo. Natürlich ist es immer wieder kompliziert, der Wahrheit auf den Grund zu gehen. Daher gibt es für mich auch keinen Zweifel, dass die im allgemeinen Interesse handelnden Journalisten jede Unterstützung verdienen. Aber wo haltlose Rufschädigungen und Verleumdungen gang und gäbe werden, müssen gesetzliche Riegel vorgeschoben werden. Auch Schiedsrichter bedürfen einer Instanz, die sie folgenadäquat beurteilt. Es ist nicht länger hinzunehmen, dass mit unsicheren Mutmaßungen um sich geworfen und ohne Stichhaltigkeit diffamiert wird: Meinungsfreiheit ja, aber keine Urteilsfreiheit ohne die Konsequenz, selbst belangt zu werden. Schon Edgar Allan Poe sagte, dass jeder Mensch von Genie seine Verleumder habe. Heutzutage reicht der Arm der Verleumdung in jedes Haus.

In dieser Situation absolut leichtfertiger Meinungsäußerungen verwundert es nicht, dass auch handfeste Täter eine grandiose Bewegungsfreiheit genießen. Wie viele Diktatoren sind in den letzten Jahrzehnten als politische und wirtschaftliche Partner demokratischer Länder in Kauf genommen worden? Wie viele Milliarden konnten sie ihrer Bevölkerung vorenthalten und auf private Konten leiten? Wie viel Vernichtung und Elend durften sie ungestraft verursachen, um Rohstoffbegehren und Strategieinteressen zu bedienen? Muammar al-Gaddafi, Robert Mugabe oder Baschar al-Assad sind nur drei Einträge auf einer langen Liste tolerierter Täter. Das Ausmaß geduldeter Schwerkriminalität auf den Emporen der Macht im Zusammenspiel mit einer von Stimmungen und Kalkül abhängigen Diplomatie kennzeichnet ein geistiges Klima, in dem sich die Scheinheiligkeiten vermehren wie Krebszellen. Es ist vermutlich nicht zuletzt ein allgemeines Gefühl der Angst, warum wir uns unentwegt etwas vormachen.

In Westeuropa berauscht man sich, vor allem in den notorischen Feierstunden, immer noch an dem Gedanken, seit über 50 Jahren keinen Krieg mehr erlebt zu haben. Bei genauer Betrachtung von internationalen Kampfeinsätzen, blühenden Waffengeschäften und grassierenden Wirtschaftskrisen muss man auch diese Beweihräucherung ins Reich der Scheinheiligkeit verbannen. Die Bedrohungen durch Umweltkatastrophen, Atomtechnologie, Krisenherde oder das Armutsdilemma haben weltweit ein Klima latenter Furcht erzeugt. Mit medialer Allgegenwärtigkeit rieselt das Unglück auf jeden Winkel der Welt. Selbst in den prosperierenden Ländern sind Millionen von Menschen erschöpft, depressiv oder von Burn-out-Erkrankungen heimgesucht. Obwohl die materiellen Lebensgrundlagen hervorragend sind, steigt der Angstpegel in den Kellern der Verzweiflung. Auch wenn viele Menschen bei Befragungen zu Protokoll geben, dass sie sich wohlfühlen, ist die paradoxe Situation unübersehbar. Ob arm, überlebensfähig, wohlhabend oder reich, die Angst lauert in allen Milieus – bewusst oder unbewusst.

Angst ist ein signifikantes Kennzeichen unseres Jahrhunderts und sicher auch eine Ursache für viele Unstimmigkeiten, die wir nur mühsam verstehen. Ängste sind Reaktionen auf Gefahren, die von außen oder von innen kommen. Ihr Kern steckt in uns und speist immer wieder Reproduktionen weiterer Ängste aus der Vergangenheit ein. Es sind Gefühle von Hilflosigkeit und Ohnmacht, die uns in die Enge treiben. Schon als Säugling erlebt der Mensch dieses Ausgeliefertsein. Ohne einfühlsame Eltern oder fürsorgliche Bezugspersonen, die die rohen Bruchstücke der ersten, chaotischen Erfahrungen stellvertretend zusammensetzen, drohen kaum zu bewältigende Traumata. Aber in fast jedem verbleibt die Spur einer schwerwiegenden Angst, die es lebenslang zu verstehen und zu überwinden gilt. Verdrängte Ängste zwingen scheinbare Dialoge auf, die nichts anderes als um sich selbst kreisende Monologe sind. Wie Vulkane in unserem Inneren spucken sie immer wieder unverarbeitetes Material aus. Eine Auseinandersetzung mit unserem Persönlichkeitskern fördert furchteinflößende Gefühle zutage, denen wir uns allzu gern entziehen. Insofern ist es die Angst vor der Angst, sich mit sich selbst zu konfrontieren, die uns zu Flüchtlingen vor uns selber macht.

Der Angst als Feind sind wir hoffnungslos ausgeliefert, in der Angst als Ratgeber finden wir einen Verbündeten. Statt diese Chance zu nutzen, sind wir alle zu Verpackungskünstlern geworden, die der inneren Beunruhigung eine äußere Begründung überstülpen. Es ist die Verleumdung der eigenen Innenwelt, die es ermöglicht, Schuld und Ausgangspunkt der Ängste in die Außenwelt zu verlagern. Gefahren und Katastrophen werden aus dem vermeintlich Undurchdringlichen ins Benennbare verfrachtet, um unsere Ängste zu reduzieren und uns selbst den Eindruck zu vermitteln, sie seien beherrschbar. Diese Angstverlagerung öffnet die Türen für jede Form von Scheinheiligkeit, da uns die Problemlöser als rettende Engel erscheinen. Die Kühlung unserer Wunden beginnt mit scheinbaren Lösungsversprechen, die gerade in populistischen und propagandistischen Parolen zum Ausdruck kommen. Auf diesem Gebiet sind Leichtgläubigkeit und Täuschung bereitwillige Kompagnons.

Entwicklungsgeschichtlich begleitet uns das universale Angstsystem seit Jahrtausenden. Seine Grundmuster sind durchaus simpel. Es ist viel leichter, Angst zu erzeugen, als Glück zu empfinden. Und dennoch hat die Angst mindestens zwei Seiten: Sie kann uns lähmen und sie kann uns warnen; sie kann uns einschüchtern und sie kann uns anspornen. Ihrer existenziellen Wirkung entkommen wir nicht, aber ihre Handhabung können wir verbessern. Da uns die Übertragung von tiefsitzenden inneren Ängsten auf äußere Gefahren fürs Erste scheinbar entlastet, nehmen wir ihre Verschleierung gerne in Kauf. Es ist an der Zeit anzuerkennen, dass wir in einem Meer des Unbewussten schwimmen, in dem umfängliche Kontrolle unmöglich ist. Die realistische Demut vor dieser Ohnmacht bringt uns in die Position, in erster Linie das zu tun, was wir können, und die entsprechenden Ziele zu verfolgen. Solange wir uns der eigenen Innerlichkeit nur widmen, wenn etwas schiefläuft, täuschen wir uns selbst und alle anderen.

Die Angst ist wahrscheinlich der mächtigste Affekt im Leben des Menschen. Daher ist eine fundierte Auseinandersetzung mit diesem Thema in der Familie, in der Schule, am Arbeitsplatz und in der Gesellschaft eine konkrethische Notwendigkeit. In diesem Zusammenhang sind auch die Urängste, verlassen zu werden und zu sterben, Inbegriff der endgültigen Einsamkeit. Die Verdrängung ist unsere Medizin, aber leider verschließen die meisten Menschen die Augen vor ihren Nebenwirkungen und Grenzen. Diese Selbstverblendung frisst ungeheure Energien. Es entstehen Stress, Depressionen oder Panikattacken, die unsere Abwehrmechanismen aufzehren. Dieser Zusammenhang gehört sicher noch nicht zum Allgemeinwissen. Wie will man erst die Existenzangst bei Milliarden armer Menschen in Worte fassen? Aber nicht nur Armut und Angst gehen Hand in Hand. Auch in den Schwellenländern und bei den aufstrebenden Wirtschaftsnationen wie Brasilien oder China nehmen die psychischen Erkrankungen der Erwerbstätigen sprunghaft zu. Die Weltgesundheitsorganisation WHO schätzt, dass die Depression bis zum Jahre 2030 die weltweit akuteste Erkrankung sein wird. Die Angst treibt die Menschen in allen Kulturen vor sich her. Und selbst bei denen, die in materieller Sicherheit leben, wird sie zur modernen Volkskrankheit schlechthin.

Ein kleiner Teil der Menschheit jagt blind unzähligen Glücksversprechen bis zur totalen Erschöpfung hinterher, ohne einem einzigen konkrethischen Ziel näher zu kommen. Für den größten Teil jedoch dominiert die Angst den Horizont. Es ist paradox und traurig, wie viel Energie wir aufwenden und dennoch im Begriff sind, als Weltgemeinschaft zu scheitern. Obwohl ganz offensichtlich die Angst hinter den Kulissen die Fäden zieht, überlassen wir ihre Überwindung dem Einzelnen. Wir leben mit dieser Behinderung und ihren weit verzweigten Folgen, ohne an ihre Ursachen zu rühren. Unsere Maßstäbe der Lebensführung stammen aus Zeiten, in denen uns eine Vielzahl an Erkenntnissen gar nicht zur Verfügung gestanden hat. Und dennoch rasen wir in diesem Ego-Gefährt mit Vollgas in die Zukunft – die Augen unbeirrt auf den Rückspiegel gerichtet. Woran soll sich der menschliche Verstand in diesem Chaos orientieren?

Über Intelligenz

Der normale Mensch geht davon aus, dass in den Führungsetagen der Gesellschaft, von der Industrie bis zur Wissenschaft, ein hohes Maß an Intelligenz vorhanden ist. Dementsprechend traut man überall auf der Welt intelligenten Personen zu, Verantwortung zu übernehmen und gute Entscheidungen zu treffen. Intelligenz erscheint als absolut erstrebenswert, aber es wird hingenommen, dass sie nicht allen gleichermaßen gegeben ist. Man begreift sie im Allgemeinen als etwas Statisches und misst den genetischen Voraussetzungen einen hohen Stellenwert bei. Intelligenz kann durchaus als moderner Mythos betrachtet werden, der je nach Ideologie unterschiedliche Färbungen annehmen kann. In den europäischen Diskussionen über Migranten oder Flüchtlinge wird deutlich, welche populistische Sprengkraft in diesem Thema steckt.

Grundsätzlich wissen wir, dass die Welt in unserem Geist entsteht und dass das Gehirn die verfügbaren Informationen zu einem Modell der Realität verarbeitet. Diese Netzwerkarbeit basiert vor allem auf abstraktem Denken, Sprachfähigkeit, räumlichem Vorstellungsvermögen, Entscheidungskompetenz und neuronaler Lernbegabung. Die Intelligenz ist das existenzielle Vermögen, unserer Welt eine innere Struktur zu verleihen, Regeln zu erfassen und die vielfältigen Lebens- und Erkenntnisaufgaben zu bewältigen. Im Kern hilft uns Intelligenz, die komplexe Welt geistig zu durchdringen und gemäß dieser Einsichten zu handeln. Je mehr Kompatibilität innere und äußere Welt besitzen, desto besser können wir die umgebenden Verhältnisse erfassen. Ein gesunder Menschenverstand ist entsprechend ein alltagstaugliches Spektrum, das den meisten Bewohnern dieses Planeten zugänglich gemacht werden kann.

Zugleich wird Intelligenz wissenschaftlich und kulturell höchst unterschiedlich bewertet. Vor allem der berühmte Intelligenzquotient (IQ) ist eine ergiebige Quelle von Missverständnissen. Zu Fehleinschätzungen kommt es, sowie man Intelligenz als absolute Größe auffasst. Ein solches vermeintliches Gesamtvolumen lässt sich bislang nicht vollständig vermessen. Insofern ist auch die Diskussion um die Erblichkeit der Intelligenz irreführend, da der IQ nichts anderes als relative Unterschiede innerhalb einer Vergleichsgruppe aufzeigt. Der IQ ist nur ein

Baustein der gesamten individuellen Kompetenz. Dies bedeutet, dass man legitim von einer Erblichkeit von Intelligenzunterschieden sprechen kann. Über eine Vererbung von Intelligenz zu spekulieren hat dagegen wenig Sinn. So viele innere Prägungen und Umweltfaktoren spielen eine zufällige Rolle, dass die genetischen Voraussetzungen erst im Rahmen ihrer tatsächlichen Entwicklungsbedingungen Früchte tragen. Der genetische Humus eines Menschen realisiert sein Potenzial immer nur in Verbindung mit adäquaten Lebensbedingungen. Auch in Bezug auf die Intelligenz spreche ich deshalb von Vermögen, da dieses Saatgut nur aufgehen kann, wenn die familiären, schulischen und gesellschaftlichen Umstände stimmen. Die himmelschreienden Unterschiede innerhalb und zwischen den Gesellschaften führen zwangsläufig dazu, dass allein die Bildungschancen völlig ungleich verteilt sind. In diesem Sinne haben Milliarden von Menschen gar keine Möglichkeit, ihre Anlagen zur Intelligenz zu entfalten. Die Frage drängt sich auf, wer ein Interesse daran hat, diesen schlafenden Riesen nicht zu wecken.

Nur jene Kinder, die in den Genuss geeigneter Umstände kommen, können das in ihren Genen angelegte Vermögen für Intelligenz entwickeln. Natürlich bleiben Unterschiede bestehen, und gerade bei optimaler Nutzung können sich Diskrepanzen bis hin zur Entdeckung von Hochbegabungen zeigen. Wir sind als Menschen individuell mit nicht kopierbarem Vermögen ausgestattet. Das mag Fluch und Segen zugleich sein, aber das ist unsere einzigartige Realität. Die Mischungsverhältnisse von erblichen Anlagen, Umweltfaktoren und Lernbedingungen führen in gewissem Sinn zu fast sieben Milliarden verschiedenen Welten. In der experimentellen Psychologie weiß man, dass hohe Intelligenz neben den genannten Bedingungen durchaus von vielfältigen Zufällen abhängig ist. Daher geht man davon aus, dass Kinder hochintelligenter Eltern sehr wahrscheinlich deren Niveau nicht erreichen. Im Umkehrschluss gilt auch, dass Kinder von wenig begünstigten Eltern überdurchschnittliche Intelligenz entwickeln können. Vor diesem Hintergrund stellt sich die Frage, warum wir diesen keineswegs verborgenen Schatz der Weltgesellschaft nicht endlich heben.

Die absurde Verteilung der Lebenschancen zwingt uns geradezu, den Durchschnittswert der Intelligenzaneignung drastisch zu erhöhen. Ein Großteil der Armut resultiert aus einer Verweigerung und Vorenthaltung möglicher Intelligenzentwicklung. Wer nun behauptet, das ginge ihn nichts an, darf sich nicht wundern, wenn seine Menschenwürde von Terroristen auf ähnlich absurde Weise ignoriert wird. Mir geht es an dieser Stelle nicht um eine Relativierung von Schuld, sondern um den nachdrücklichen Hinweis, dass auch Unterlassungen und Passivität aktive Beschleuniger verheerender Entwicklungen sein können. Wäre die Sehnsucht, Intelligenz zu vermehren, vergleichbar stark ausgebildet wie die Gier nach Geld und Macht, hätten wir einen gesunden globalen Menschenverstand längst etabliert. Intelligenz ohne Moral ist lebensbedrohend, Moral ohne Intelligenz ist gefährlich. Deshalb ist die Verhinderung der Entwicklung von Intelligenz eine moralische Katastrophe.

Intelligenz- oder Bildungsdefizite dokumentieren die größte Mangelerscheinung der Menschheit. Die finanziellen und technischen Mittel, um diese tragische Schieflage auszugleichen, sind vorhanden. Die Politiker und Führungspersönlichkeiten, die in der Lage wären, die ruinöse Abwärtsspirale umzukehren, besitzen zum großen Teil überdurchschnittliche Intelligenz. Sie nehmen sich auf jeden Fall selber so wahr – und haben neben diesem Vermögen auch noch weitreichenden Zugriff auf hochintelligente Berater und Netzwerke. Was machen sie also mit ihren Privilegien? Für den normalen Menschen ist die Frage aus dem Bauch heraus leicht zu beantworten: Sie kümmern sich in erster Linie um ihre eigenen Belange. Diese Unterstellung werden die Betroffenen sicherlich nicht bestätigen wollen. Warum kommt es aber nicht zu konkretischen Handlungen, um erkannte Problemlagen ernsthaft anzugehen?

Betrachten wir als Beispiel die Ergebnisse der UN-Klimakonferenz in Kopenhagen im Jahre 2009. Zur Erinnerung: Im Jahre 1997 wurde im japanischen Kyoto der erste internationale Klimavertrag unterschrieben. Der Vertrag war auf eine Laufzeit von 15 Jahren angelegt. Wegen der politischen Machtverschiebungen und der bis dato keineswegs befriedigenden Ergebnisse wurde die Konferenz in Kopenhagen anberaumt. Es sollte ein Nachfolgeabkommen geschlossen werden, um zumindest die Senkung der Treibhausgas-Emissionen verbindlich festzulegen. Die quantitative Anhäufung von Intelligenz war spektakulär. Vierzehn Tage lang verhandelten 15.000 hochqualifizierte Teilnehmer aus 194 Ländern, inklusive 100 Staats- und Regierungschefs, über nachhaltige Maßnahmen zum Klimaschutz. Tausende von anwesenden Journalisten machten diese Veranstaltung zu einem Jahrhundertereignis.

Die Ergebnisse waren allerdings in einem ganz anderen Sinne atemberaubend: Es gab keinen neuen Vertrag, keine Verpflichtungserklärungen, keine Festlegung auf konkrete Maßnahmen und insgesamt kein verbindliches Resultat. Eine lahme Ansammlung unverbindlicher Willensbekundungen und die Erklärung, sich im Jahre 2010 wieder zu treffen, manifestierten ein sagenhaftes Verglühen von Entscheidungskraft. Der große Klimagipfel 2011 in Durham hat diese scheinheiligen Verhaltensmuster zementiert. Wieder wurde kein Problem gelöst, die Wende nur in Aussicht gestellt.

Zwei einschneidende Verhaltensänderungen wecken dennoch die Hoffnung, dass sich die Weltkarte des Klimaschutzes wandelt. Erstens haben sich die Europäer mit den afrikanischen Staaten zusammengetan. Dies erzeugt ein neues Kräfteverhältnis, in dem die langfristig und verantwortungsvoll handelnden Länder den weiterhin dem Superkonsum frönenden Staaten Paroli bieten. Zweitens arbeitet man nun auf ein für alle Staaten rechtlich verbindliches Abkommen hin, das die verhängnisvolle Freiwilligkeit der Teilnahme endlich ablöst. Diese einmalige Zäsur in der Klimadiplomatie soll im Jahre 2020 in Kraft treten. Gelingt diese konkrethische Umsetzung nicht, bleibt die ganze ungeheure Anstrengung auf dem Niveau einer fruchtlosen Spiegelfechterei.

Die Konfliktherde in dieser Debatte sind zugegebenermaßen weitreichend. Schwellenländer und Industrienationen, arme und reiche Gesellschaften oder Inselstaaten betrachten die Problematik aus ihrer jeweiligen Perspektive und kommen zu ganz anderen Interpretationen. Auch die Klimawissenschaftler sind bisher gescheitert, da es ihnen offensichtlich nicht gelungen ist, die Politik mit einer transparenten und öffentlichkeitswirksamen Darstellung der Fakten unter Druck zu setzen. Wenn aber auf dem Olymp der Intelligenz nur die engstirnige Perspektive und der Eigennutz zählen, was können wir dann noch erwarten? Die Frage nach der Scheinheiligkeit stellt sich mittlerweile von selbst. Ist es vor diesem Hintergrund wirklich kleinlich, sich auch Gedanken über die Kosten solcher olympischen Theaterspiele zu machen? Oder den Hinweis von Verhaltensforschern ernst zu nehmen, dass die Kooperationsbereitschaft schon ab 20 Verhandlungspartnern drastisch abnimmt? Für den menschlichen Verstand sind solche Großereignisse schlicht nicht nachvollziehbar. Das ungleiche Verhältnis von Aufwand und Ertrag macht es schwer, hier noch von intelligenten Maßnahmen zu sprechen. Welche Rolle kann demnach Intelligenz im 21. Jahrhundert noch spielen?

Die meisten Menschen haben gar keine Chance, ihre Intelligenz auszubilden. Und diejenigen, die sie besitzen, schützen ihr geistiges

Eigentum und machen es zu einem kostbaren Rohstoff. Intelligenz als Handelsware erzeugt eine vorsätzliche Verknappung, die ähnliche Folgen nach sich zieht wie die Spekulation mit Nahrungsmitteln. Es gibt nicht die eine große und hehre Rolle der Intelligenz. Es ist an der Zeit, uns vom Mythos zu verabschieden – und in der Realität anzukommen. Je nach gesellschaftlicher Ebene und kultureller Prägung muss Intelligenz unterschiedliche Aufgaben bewältigen. Und auf der Hochebene der Intelligenz geht es nicht nur um reflexive und analytische Brillanz, sondern vor allem um eine nachhaltige Umsetzung. Der deutsche Dichter Georg Büchner wies schon im Jahre 1835 mit seinem Drama *Dantons Tod* einen Weg durch das Dickicht dieser Scheinheiligkeit, in welchem er anregte, den Phrasen bis zu dem Punkt nachzugehen, wo sie verkörpert werden. Ein wahrlich weiser Aufruf zur kritischen Wirkungsforschung: Folgen wir den Verlautbarungen auf Klimakonferenzen, Wirtschaftsgipfeln und Krisensitzungen und beobachten wir, was davon ernsthaft umgesetzt wird, nachdem die Mikrofone abgeschaltet und die Journalisten abgereist sind. Ganze Gebirge aus Phrasen verlaufen wie Wasser im Sande.

Durch zahlreiche Interviews und Begegnungen im Rahmen der Vermögensforschung weiß ich, wie viele Mächtige sich ohnmächtig und schuldig fühlen, ohne irgendeinen Weg aus dem Dilemma zu erkennen. Es gibt eine große Sehnsucht nach jenen Universalgelehrten der Vergangenheit wie Aristoteles, Leonardo da Vinci oder Alexander von Humboldt, die über das Wissen ihrer Zeit noch einen umfassenden Überblick besaßen. Heute ist niemand mehr in der Lage, das Ganze zu ermessen. Anstelle des Durchblicks sind disparate Erkenntnisfragmente getreten, die von genialer Einsicht bis zur Lüge reichen. Die Intelligenz hat sich mit der Technik vermählt und die geistige Überzeugungskraft wurde durch mathematische und zahlenbasierte Beweisbarkeit ersetzt. Wir sind umzingelt von richtigen Daten und falschen Schlüssen. In diesem Labyrinth unüberschaubarer Möglichkeiten mag ein Roboter sich zurechtfinden, die menschliche Seele fühlt sich wie in einem Irrgarten. Während sich der wohlhabende Teil der Welt wünscht, gestern solle wieder morgen sein, träumen die anderen Nationen, morgen könne heute beginnen. Tatsächlich gibt es nur einen Ausweg: heute so zu handeln, wie wir morgen leben wollen. Wir brauchen eine globale Architektur des gemeinsamen Aufbaus, sonst beenden wir unseren Höhenflug des Eigensinns wie Ikarus.

Auch die epochale Katastrophe in Japan wird in naher Zukunft schon veränderte Interpretationen und neue Einsichten hervorrufen. Es ist rückwirkend immer leichter, Ereignisse in einen schlüssigen Zusammenhang zu überführen. Während des akuten Geschehens im April 2011 konnte man verstörende Beobachtungen machen. Aus der Informationspolitik der japanischen Regierung und dem völlig überforderten Krisenmanagement des Atomkraftwerk-Betreibers ergaben sich keine einheitlichen Fakten, sondern ein unzusammenhängendes Panorama existenzieller Bedrohungen. Je nach kultureller Herkunft mischten sich Mitleid und Bewunderung für die japanische Bevölkerung, die in den Trümmern ihre Vergangenheit suchte und in den Wolken ihre Zukunft gefährdet sah. Zwischen den Zeilen westlicher Berichterstattung spürte man ein überraschtes Staunen, dass ein solches Desaster ein führendes Industrieland heimsuchen konnte. Offenbar hatte man die Erwartung, dass Naturkatastrophen immer die armen Länder treffen. Und weiter fragte man sich: Wie konnte man die Japaner unterstützen, und was würden sie tun, um sich selbst zu helfen?

Die Aufmerksamkeit auf das Erdbeben und den Tsunami wurde bald auf die atomare Wolke gerichtet. Die Angst vor dem Super-GAU machte die Leidtragenden in doppelter Weise obdachlos. Ungläubig sah man todgeweihte Feuerwehrmänner, die einen Schlauch in Richtung Brennstäbe hielten, oder Hubschrauber, die Meerwasser über die Unglücksstelle rieseln ließen. Selbst als anteilnehmender Beobachter fühlte man sich hilflos und gelähmt. Währenddessen hatte in der restlichen Welt ein Wettrennen begonnen, die richtigen Konsequenzen zu ziehen. Einige Länder hielten an der Atomkraft fest, in anderen wurde eine jahrzehntelange Diskussion aus dem kollektiven Gedächtnis gestrichen, um überfallartig neue Nägel mit alten Köpfen zu machen. Der Eindruck drängte sich auf, dass auf dem Rücken der Opfer parteipolitische Vorteile ergattert wurden. Neben dem Grauen der Katastrophe war es ernüchternd zu sehen, wie die Not nicht erfinderisch machte, sondern die Nutznießung ankurbelte. Es ist leicht, unausgegorene Aspekte anzuführen, um harte Urteile zu fällen. Aber sollte uns nicht alle eine gemeinschaftliche Frage verbinden? Was lernen wir national und global aus diesem einschneidenden Unglück, und wie können wir in Zukunft gemeinsam solchen Gefahren trotzen? Es zeichnet sich derzeit noch nicht ab, welche Institutionen und welche Persönlichkeiten eine glaubhafte Antwort erarbeiten können. Aber zweifellos warten die meisten Menschen auf jene Hoffnungsträger, die in der Lage sind, Macht, Souveränität und Friedfertigkeit zusammenzufügen.

Es war bekannt, dass Japans geografische Lage immer wieder Erdbeben erwarten lässt. Somit ist etwas Wahrscheinliches eingetreten, das nur spitzfindig als Ausnahmefall gewertet werden kann. Die Deutung des Unglücks als historischer Wendepunkt täuscht über das vorhandene Wissen hinweg. Auch wenn uns Berechnungen darauf hinweisen, dass etwas extrem unwahrscheinlich ist, bleibt es ignorant und fahrlässig naiv, etwas Außergewöhnliches nicht zu erwarten. Seit Jahrzehnten sagt uns ein Mindestmaß an Intelligenz, dass Technik eine ambivalente Erscheinung ist. Je höher die technische Ausstattung einer Gesellschaft, desto stärker wächst die Unfallgefahr. Vom Faustkeil bis zur Atomkraft besitzen technische Errungenschaften Vor- und Nachteile, die sorgfältig bedacht werden müssen. Allerdings ist es ab dem 20. Jahrhundert immer schwieriger geworden, vorausschauende Technikfolgenabschätzungen zu bewerkstelligen. Die Komplexität der Systeme und das Ineinandergreifen ihrer Bestandteile führen immer häufiger zu unvorhersehbaren Störungen.

Unsere Kompetenz, etwas Neues zu erfinden, ist weit größer als unsere Fähigkeit, das Erfundene in seiner ganzen Wirkung zu begreifen. Unser Wissen mag zwar stetig anwachsen, aber unser Verständnisvermögen hält bei weitem nicht Schritt. In dieser Diskrepanz zwischen Wissen und Begreifen liegt eine der größten Bedrohungen des 21. Jahrhunderts. Das Verringern dieser Lücke ist eine zentrale Arbeitsaufgabe einer umfassend zu entwickelnden Konkrethik. Natürlich erkennt Intelligenz dieses Missverhältnis. Eine befriedigende Lösung ist damit jedoch noch nicht gefunden. Und dieses Unvermögen scheint permanent verdrängt zu werden. Offenbar erfüllt die großen Geister eine gewisse Scham, dass ihr außergewöhnliches Talent nur Stückwerk bleibt – solange es nicht gelingt, die Dimensionen des Moralischen und des Unvorhersehbaren zu berücksichtigen. Die menschliche Unvollkommenheit wird scheinheilig ignoriert und vom Mantra der technischen und innovativen Machbarkeit überlagert. Wenn der allseits gefeierte Visionär Ray Kurzweil auf die Frage, ob es einen Gott gibt, süffisant meint „Noch nicht", folgt unmittelbar sein Unsterblichkeitscredo. Das menschliche Gehirn und der Computer werden eine Einheit bilden und uns auf den Flügeln der Technik in die Ewigkeit fliegen. Es liegt an uns zu entscheiden, wie lange wir, zumindest auf absehbare Zeit, dieser scheinheiligen Halluzination noch auf den Leim gehen wollen. Wenn jemand schon über außergewöhnliche materielle und geistige Gaben verfügt, ist es seine ultimative Pflicht, auch Ressourcen zur Entschärfung der Gegenwartskrisen zur Verfügung zu stellen.

Zurück zur Atomkraft. Wenn nun einige Länder ihre Atomkraftwerke abbauen, bleibt die mühsame Pflicht jahrtausendelanger Entsorgung und Lagerung. Die radioaktive Strahlung gehört definitv ins Reich des Unfassbaren. Allein die Halbwertszeit von Plutonium-242 schätzt man auf 375.000 Jahre, die von Jod-129 sogar auf 16 Millionen Jahre. Wenn nun andere Nationen gleichzeitig neue Werke planen und errichten, gehören die Jodtabletten schon bald zur Babynahrung. Jedes Land wird im Rahmen der verfügbaren Intelligenz entscheiden, welchen Weg es einzuschlagen gewillt ist. Diese verantwortungsvollen, auf heimischer Erde getroffenen Entscheidungen lösen sich in nichts auf, sobald in einem Nachbarland ein atomarer Unfall geschieht. Solange wir den Wind nicht zwingen können, territoriale Einzelverfügungen zu berücksichtigen, wird er uns auch die Verfehlungen unseres Nachbarn vor die eigene Haustür tragen. Wie viele Tote brauchen wir noch, um den Irrsinn dieser Situation zu verstehen? Dies ist die Herausforderung, die wir zum Gradmesser unserer Intelligenz und Zukunftsfähigkeit machen sollten. Die Veränderung beginnt mit der Einsicht, dass wir trotz steigender Katastrophen- und Opferzahlen nach einiger Zeit reflexhaft zum Status quo zurückkehren. Kaum haben sich die Wogen des Grauens gelegt, versinken wir wieder in die technischen Träume reibungsloser Abläufe. Wann werden wir endlich im Rahmen ständig ansteigender Komplexität begreifen, dass Unfälle eine Begleiterscheinung dieser Verwobenheit sind und keine Ausnahmesituationen? Die Klima- und Atomkrisen beweisen fortwährend die Notwendigkeit, über begrenzte Interessen und strategisches Kalkül hinauszugehen. Kooperation ist keine diplomatische Rücksichtnahme, sondern der einzig gangbare Weg.

Auch die verschiedenen Ebenen der Intelligenz müssen sich angesichts der veränderten Welt neuen Herausforderungen stellen. Es gehört zu ihren Fähigkeiten, den schnellen Wandel sowie die Unvorhersehbarkeit einzubeziehen und sich mit neuen Gegebenheiten zu synchronisieren. Gerade jene intelligenten Repräsentanten, die in führenden Positionen arbeiten, brauchen ein neues Selbstverständnis, um ihre Verantwortung aus dem Bereich strategischer Möglichkeiten in eine konkrethische Realität zu übertragen.

Es bedarf einer verstehenden, kommunizierenden und praktischen Intelligenz, nicht um das Unvorhersehbare vorherzusagen, sondern um verlässliche Kooperationssysteme zu entwickeln, die uns befähigen, mit Überraschungen flexibel umzugehen und eine menschengerechte Lebensarchitektur aufzubauen. Wir sollten aufhören, die Zukunft mechanisch in gesellschaftliche Gussformen zu gießen, die nicht mehr in der Lage sind, die neue Welt abzubilden. Ob die Entdeckung Amerikas, des Penizillins oder der kosmischen Hintergrundstrahlung – immer wieder hat der Mensch seine Fähigkeit unter Beweis gestellt, etwas zu finden, das er nicht gesucht hat. Dieses Prinzip der Serendipität, also die konsequente Nutzung einer zufälligen Beobachtung, gehört zum Vermögen menschlicher Intelligenz. In Anbetracht fortlaufender Ereignisschwankungen ist es sinnvoll, dieses flexible Handwerkszeug zu professionalisieren. Wir brauchen einfach zu lange, um bereits Erkanntes zu verstehen und so zu verinnerlichen, dass es unsere Handlungen bestimmt.

Vom Gehirn

Wer den Wandel will, muss sich verwandeln. Das klingt einfach, ist aber weit schwieriger, als die Dinge einfach laufen zu lassen. Natürlich möchten viele Menschen sowohl sich selbst als auch die Welt verbessern. Aber wie stellt man das an? Wo ist der konkrethische Hebel, den man umlegen kann, um eine neue Richtung einzuschlagen? Wie bekomme ich meinen Willen in den Griff, damit er endlich das tut, was mir vorschwebt? In den letzten Jahrzehnten ist die Hirnforschung zu einem bedeutsamen Hoffnungsträger für unsere Selbsterkenntnis geworden. Leider steht eine leicht einsetzbare Gebrauchsanleitung für dieses zentrale Steuerungsorgan noch nicht zur Verfügung. Das umfassende Expertenwissen auf die Ebene des Alltäglichen zu übertragen bleibt vorerst eine Kunst.[67]

Das Verständnis der komplexen Materie wird zusätzlich erschwert, weil sich viele professionelle Einschätzungen voneinander unterscheiden oder einander gar widersprechen. Haben wir nun einen eigenen Willen, oder sind wir fremdbestimmt? Arbeitet das Gehirn wie ein Computer, oder handelt es sich um ein nicht vergleichbares System? Kann die Hirnforschung unser Verhalten und Erleben tatsächlich erklären? Es bleiben Rätsel, die den bewussten Einsatz unseres außergewöhnlichsten Organs weiterhin erschweren. Ein zusätzliches Problem sind seit langem gültige Erkenntnisse, die sich im Nachhinein als falsch erwiesen haben, jedoch immer noch wirken. Fast 100 Jahre lang hielt man die einmal entstandenen Verschaltungen im Gehirn für unveränderbar. Das Gegenteil konnte zwar bewiesen werden, dennoch halten sich solche Mythen teilweise hartnäckig. In dieses Wissenslabyrinth habe ich eine kleine metaphorische Bresche geschlagen, um wenigstens nicht zum Stillstand verurteilt zu sein.

Mein Gehirn ist mein Garten. Ich habe ihn von meinen Eltern geerbt und bin mir bewusst, dass darin auch das Vermächtnis meiner Vorfahren liegt. Ihn bloß zu erhalten hieße, in der Vergangenheit stecken zu bleiben. Ihn verwahrlosen zu lassen bedeutet, gar kein eigenes Leben zu führen. Die ersten bewussten Bilder dieses Gartens haben meine Vorstellungen geprägt. Sie sind wie die Konturen eines Malbuchs für Kinder. In ihnen habe ich das erste Mal gegärtnert. Zwei fundamentale Einsichten zeichnen sich ab: Jeder Mensch besitzt einen eigenen

Garten, und keiner dieser Gärten ist ein Abbild der Welt, sondern lediglich eine Vorstellung davon. Jeder Schritt, jeder Gedanke und jede Handlung in diesem Garten hat Einfluss auf seine Landschaftsarchitektur. Ob bewusst oder unbewusst – wir sind unentrinnbar die Gärtner. Wir können nicht wie auf einem fliegenden Teppich abheben und plötzlich anderswo ganz neu anfangen. Wie ein Mosaikstein sind wir eingelassen in ein Fundament aus Natur, Kultur und Umgebung, das mit unserem Wesen und allen auf es einströmenden Herausforderungen interagiert.

Die Beschaffenheit meines Gartens richtet sich nach der Art und Weise, wie ich ihn benutze und gestalte. Darin liegt meine Freiheit. Ich kann kaum beeinflussen, was mir widerfährt, aber sehr wohl, wie ich darauf reagiere. Das Wetter, andere Menschen, die Verhältnisse und alles Unvorhersehbare sind Faktoren meiner Lebensbewältigung, die meine Gartenpflege beeinflussen. Insofern ist mein Garten kein Befehlsstand, in dem ich losgelöst agiere, sondern der zentrale Mittelpunkt für Koordination, Vermittlung, Beziehungen und lebenslanges Lernen. Mir ist es nicht möglich, den ganzen Garten in seiner Vielschichtigkeit zu überblicken. Die meisten Vorgänge vollziehen sich ohne meine bewusste Teilnahme, und dennoch bin ich hundertprozentiger Teil dieser Geschehnisse.

Leider ist das Erlernen dieser Gartenarbeit noch kein fester Bestandteil unserer Erziehung und Bildung, sodass wir weitgehend auf uns selbst zurückgeworfen sind. Dazu kommt, dass jeder Garten erheblich von Bedingungen abhängig ist, die uns maßgeblich vorbestimmen. Ob man auf dem Land, in unwirtlicher Umgebung, in armen oder reichen Ländern, in wohlhabenden oder prekären Verhältnissen geboren wird, definiert unsere Ausgangsbedingungen. Es ist müßig, in Bezug auf die Lebensquelle über Fairness oder Gerechtigkeit nachzudenken, denn wir haben keinen Einfluss darauf, wo unser Leben aus dem Boden wächst. Nur im Bauch der Mutter erlebt der Mensch offenbar jenes Gleichgewicht, das ihm Ruhe beschert. Danach finden wir uns alle im eigenen Garten wieder und müssen uns unserem Schicksal stellen.

Auf einer weißen, vorstrukturierten Fläche beginnt nun der Lauf der Dinge. Ob bürgerliche oder fürstliche Eltern, Flüchtlinge oder Kriegsopfer, überforderte oder begnadete Erzieher, das Klima der ersten Jahre bestimmt unser Selbstwertgefühl. Wenn wir spüren, dass wir Einfluss nehmen können, entdecken wir den Garten als einen Raum der Veränderung. Erleben wir das Gegenteil, empfinden wir den Garten als Gefängnis. Über allem steht die Furcht, die unsere Gärten von Krankheiten, Übergriffen und eigenen Unzulänglichkeiten bedroht weiß. Diese Ängste sind ein immerwährender Angriff auf unser Gleichgewicht. Um dieses Ziel zu erreichen, sind wir bereit, den eigenen Garten für die Welt zu halten. Die Art und Weise, wie wir den Garten bestellen, entscheidet letztendlich, in welcher Realität wir leben. Je öfter wir den Keim der Abneigung säen, umso stärker wächst die Pflanze der Feindschaft. Je mehr wir den Setzling des Mitgefühls pflegen, desto kräftiger wächst die Blume der Zuneigung. Es bleibt ein endloser Kampf, den wir am Ende nicht gewinnen können, aber es sind kontinuierlich Siege möglich, und das Streben nach ihnen macht unser Leben sinnvoll. Sobald die Bereitschaft zu kämpfen nachlässt, droht die Verwilderung. In dieser Phase verlieren die Gärtner ihre Verantwortung an andere Mächte, die zu Schädlingen in ihrem Garten werden.

Wenn wir begreifen, dass jeder von uns auf Gedeih und Verderb seinem Lebensgarten ausgeliefert ist, wächst die Einsicht, dass wir ohne die Wechselwirkung mit anderen keine gemeinsame Welt gestalten können. Die Struktur unseres Gehirns erscheint wie das Sinnbild einer idealen Demokratie – eine Metapher, die der südafrikanische Neurowissenschaftler Henry Markram entwickelt hat: „Jede Nervenzelle ist einzigartig, und ein und dasselbe Signal wird von tausend Nervenzellen auf tausend unterschiedliche Arten verarbeitet. Doch zugleich respektieren sich die Neuronen vollständig und gleichen permanent ihre Interpretationen miteinander ab – ganz anders als eine menschliche Gesellschaft, in der einer sagt, er habe recht und alle anderen unrecht."[68] Was ist naheliegender, als von dieser lebendigen Vernetzung zu lernen, um die Welt zu verstehen? Wenn wir auf dem Plateau der Vergangenheit verharren, werden wir die Verheißungen dieser konkrethischen Vision nicht erkennen. Es sind berechtigte Zweifel erlaubt, dass unsere traditionellen Hierarchien die Menschheit in die Zukunftsfähigkeit führen. In unserem Gehirn hingegen finden ständig Rückkopplungen statt, die in alle Richtungen und Dimensionen weisen. Da gibt es weder Präsidenten noch Päpste oder Experten, die Unfehlbarkeit beanspruchen. Stattdessen beobachten wir ständig wechselnde Autoritäten, die im jeweiligen Moment die richtige Antwort kennen. Noch haben wir nicht begriffen, was es heißt, flexibel zu sein.

Auch ein gesunder Menschenverstand repräsentiert innerhalb einer Kultur eine Mehrheitsintuition. Wir sollten die Hinweise, die sich hier ergeben, zumindest überprüfen, um den eigenen Garten mit dem der anderen zu vergleichen. Unser persönlicher Radius ist nur schwer zu erkennen, wenn wir die Rolle der uns umgebenden Personen nicht verstehen. Entscheidend ist die Tatsache, dass der Mensch den anderen grundsätzlich als Projektionsfläche braucht. In unserem Gehirn arbeiten sogenannte Spiegelneuronen, die in der Lage sind, das Verhalten anderer Individuen vorwegzunehmen. Diese Spiegelfähigkeit unserer Nervenzellen für die Vorstellung von Empfindungen versetzt uns in die Lage, intuitiv und unmittelbar die Empfindungen einer anderen Person zu verstehen. Sobald wir also die Handlung eines anderen beobachten, wird in unserem Gehirn ein motorisches Schema aktiv, das auch zuständig wäre, wenn wir selbst die Handlung ausgeführt hätten. Dieses System der Spiegelneuronen bietet die neurobiologische Basis, um überhaupt in nachvollziehbaren Dimensionen leben zu können. Ob wir uns auf einer stark befahrenen Autobahn befinden, in einer ausverkauften Kinovorführung oder in einer überlaufenen Einkaufszone – ohne die intuitive Vorwegnahme der Handlungen anderer kämen wir in arge Bedrängnis. Dieses Einfühlungsvermögen ist ein wesentlicher Bestandteil unseres gesunden Menschenverstandes. Aus neurobiologischer Sicht steht fest, dass keine andere Technik oder Methode den emotionalen Zustand einer anderen Person besser erfasst. Hier haben wir es mit einem Verständnis auf Augenhöhe zu tun, das das Prinzip der Gegenseitigkeit fast organisch manifestiert. Im Vermächtnis der Spiegelneuronen liegt ein konkrethisches Potenzial, die Fremdheit der anderen zu überwinden.

Wir können getrost davon ausgehen, dass unser Gehirn neurobiologisch auf gute soziale Beziehungen eingestellt ist. Neben dem in der Evolutionstheorie verankerten Überlebenskampf sehen wir die permanente Suche des Menschen nach Spiegelung und Kommunikation. Dieses Bemühen kennen wir aus der gesamten Biologie. Vor allem die Erbsubstanz ist vom Bakterium bis zum Menschen auf Spiegelung angelegt. Dass wir durch die Wahrnehmung eines anderen Menschen dessen inneren Zustand unwillkürlich simulieren können, gehört zu den großen Wundern des Lebens. Im Alltag vergessen wir leicht, dass die zentralen Werte des menschlichen Lebens auf kooperativem Verhalten aufbauen. Liebe, Fürsorge und Mitgefühl werden in wirtschaftlicher Hinsicht als „weiche Faktoren" gering geschätzt. Aber dort, wo sie fehlen, werden Lücken gerissen, die kaum geschlossen werden können. Das wird, wie so oft, am Extremfall unabweisbar deutlich: Menschen, die soziale Isolation, Vertreibung und Gewalt erlebt haben, tragen seelische und körperliche Schäden davon, die das erlebte Leiden noch verlängern.

Auf der anderen Seite begegnet uns ein phänomenales Talent. Wir können uns in das Verhalten anderer nicht nur hineindenken und es nachvollziehen, sondern besitzen häufig ein klareres Bild vom Beobachteten als dieser selbst. Eltern und Freunde können in unseren Gesichtern lesen, manchmal wie in einem offenen Buch. Selbst Fremde entwerfen innerhalb von Minuten eine Ansicht unserer Person, die uns in ihren Grundzügen verblüffend nahekommt. In jeder Firma, in jedem Büro, in jedem Verein wissen die Menschen Dinge voneinander, über die nie gesprochen wurde. Es ist erstaunlich, mit welcher Präzision wir vordergründige Informationen zu einer stimmigen Erkenntnis zusammenfügen können. Wir begegnen unzähligen Menschen, deren Los auf ihrer Stirn geschrieben zu stehen scheint. Von der Hemmung bis zum Größenwahn, von der Unterwürfigkeit bis zur Herrschsucht, es dauert nicht lange, bis wir die groben Züge des Gegenübers erfasst haben.

Das eigene Gesicht trägt die Spuren aller Wünsche, Enttäuschungen und Inszenierungen des Lebens. Eine Unausgewogenheit des Verhaltens, die man selbst eventuell nur vage spürt, kann für einen Außenstehenden unmittelbar erkennbar sein. Die tatsächliche Seelenverfassung perfekt zu überspielen gelingt nur ganz wenigen. Auch die kleinen Selbstlügen, die man meint, tief im Inneren vergraben zu haben, äußern sich in Mimik und Gestik. Nicht nur die eigene seelische Diaspora hat etwas Beängstigendes, auch die unglaubliche Naivität, mit der man sich vor der Einsicht der anderen geschützt fühlt. Erneut offenbaren sich hier zwei zentrale menschliche Schwächen: das Fehlen einer verlässlichen Selbsteinschätzung und die mangelhafte Kenntnis der Funktionsweise unseres Denkens.

Wir konstruieren die uns umgebende Welt ausschließlich im eigenen Gehirn. Dementsprechend reden wir mit einem Anspruch auf Gültigkeit immer nur von dieser uns eigenen Welt. Die unfassbare Menge an subjektiven Erklärungsdefiziten ändert nichts an der Selbstverständlichkeit unserer Weltsicht. Auch das Bild, das wir uns von der Person machen, zu der wir uns entwickelt haben, ist lediglich eine Spielart unserer Vorstellung. Denn paradoxerweise sind wir selbst das einzige Wesen, das wir aus Prinzip nicht in den Blick bekommen. Der Philosoph Frithjof Bergmann hat diesen Umstand wie folgt benannt: „Wie sehr wir unseren Kopf auch drehen und wenden, mit unseren eigenen Augen können wir zwar das, was vor uns steht, ganz wunderbar sehen, aber es scheint uns physiologisch unmöglich zu sein, uns selbst anzuschauen. Was für eine groteske Behinderung ist doch die Tatsache, dass wir wie aus Bosheit den einen Punkt in der ganzen Welt, der für uns der wichtigste ist, nicht erkennen können."[69]

Hinter dieser Verblendung könnte die Einsicht reifen, dass wir die anderen nicht nur zum Überleben benötigen, sondern auch zur Erlangung von Erkenntnis. Im Modellfall stehen zwei Menschen, die vor der Selbsterkenntnis im Dunkeln tappen, einander gegenüber. Nur Arroganz und Dummheit können die grundsätzliche Notwendigkeit der gegenseitigen Ergänzung ignorieren. Wir sind schicksalhaft miteinander verbunden. Aus einer universalen Perspektive ergibt es Sinn, von einem umfassenden Organismus zu sprechen. Wenn wir die Welt als diesen einen großen, komplexen Organismus erkennen, erschließt sich uns die konkrethische Einsicht: dass wir einander auf die grundlegendste und fundamentalste Weise brauchen. Allein unsere Gehirne machen uns weltweit zu Brüdern und Schwestern, von denen jeder für sich ein Bild der Welt erzeugt, die wir gemeinsam bewohnen. Vielleicht ist selbst der Gedanke, dass wir alle neuronale Bestandteile eines planetarischen Gehirns sind, gar nicht so abwegig. Diese Betrachtung generiert nicht nur systemische Einsicht, sie vermag auch eine Vorstellung von Gott zu vermitteln, die selbst Ungläubigen als gedankliches Modell dienen könnte.

Wenn die anderen mit einfachen, uns allen zur Verfügung stehenden Mitteln hinter die individuellen Kulissen schauen können, dann sollte man auf diese Kompetenzen zurückgreifen. Dass man in dieser Hinsicht zumindest vertraute Menschen einbindet, scheint naheliegend. Aber zwischen Einsicht und Umsetzung erstreckt sich zuweilen ein schwer begehbares Sperrgebiet. Erinnern Sie einmal jemanden daran, der mit seinem Übergewicht kämpft, er solle sich doch sportlich betätigen. Oder weisen Sie jemanden auf offensichtliche Vorurteile hin, die ihm längst zur Gewissheit geworden sind. Hier wie in anspruchsvolleren Fällen wollen die Leute meist nicht das hören, was man wirklich sieht, auch wenn sie insgeheim die kritische Einschätzung vermutlich teilen. Gerade in Beziehungen und Familien wird die Kunst der Sprachlosigkeit in eigentümlicher Weise gepflegt. Warum ist die Vorstellung so unangenehm, von anderen erkannt zu werden? Warum bestraft man das eigene Umfeld für treffende Einsichten, die man vor sich selbst verbergen will? Die häufige Folge solcher Enthüllungen ist eine drastische Verringerung der direkten Ansprache. Der Abbruch persönlicher

Offenheit und das Abgleiten in sachliche Distanz beenden die Möglichkeit, offen und intensiv gespiegelt zu werden. Jeder Mensch ringt um Anerkennung, es werden ihm jedoch wichtige Hinweise zur Beurteilung der eigenen Persönlichkeit vorenthalten.

Es fällt uns schwer einzusehen, dass wir weder uns selbst noch die Welt, noch unsere Gegenwart direkt erkennen können. Was wir wahrnehmen, sind neuronale Simulationen. Das Gefühl für uns selbst und unsere Welt kommt aus unserer Innerlichkeit, die unser Gehirn erzeugt. Wir sind selbst Teil der Natur, zutiefst mit ihr verwachsen und auf sie angewiesen. Dass wir uns im Zuge der Industrialisierung immer mehr zu allmächtigen Schöpfern hochgedichtet haben, markiert die Spitze des Eisberges aus Scheinheiligkeit und Größenwahn. Der Zustand der Welt beweist uns jeden Tag, wo wir eigentlich stehen.

Persönliche Erlebnisse haben den größten Einfluss auf die in unserem Gehirn angelegten neuronalen Netzwerke und Verschaltungen. Und dieses in unser Gedächtnis eingelagerte Vermögen kann der konkrethische Ausgangspunkt unseres Aufbruchs in die Mündigkeit werden. All unsere Erfahrungen, die guten wie die schlechten, sind in unserem Gehirn verankert. Je öfter wir etwas ausprobiert haben, je öfter es bestätigt oder widerrufen worden ist, desto tiefer wird es in unser Verhalten eingebettet. Diese Erfahrungswerte bestimmen unsere Erwartungen und unsere Festlegungen. Sie zeichnen eine individuelle Lebenskarte, die unsere Vorstellungen präzise vorbestimmt. Ob diese stimmen oder nicht, spielt erst einmal überhaupt keine Rolle. Struktur und Funktion unseres Gehirns hängen also entscheidend davon ab, wie wir es benutzen. Diese Vorgänge sind konkrethischer Natur: Realität ist das, was wir denken, fühlen und tun. Wir sind tatsächlich unseres Glückes Schmied. Da es noch Milliarden anderer Schmiede gibt, geschieht nicht unbedingt das, was wir wollen, aber die anderen bilden einen unerschöpflichen Resonanzboden für unsere Erfahrungen. Unser Gehirn ist wahrlich ein soziales, kulturelles und kommunikatives Organ.

Die mächtigsten Programmierungen unseres Gehirns sind in der Kindheit entstanden. Sie und die später folgenden Prägungen bestimmen unser Denken und Fühlen. Aber dieser Prozess ist bis zum Tode nicht abgeschlossen. Wir sind in der Lage, diese Programme umzuformen, zu überschreiben und zu verändern. Doch dazu benötigen wir nicht nur einen starken Willen, sondern auch Anreize und Anregungen, die uns Neues verwirklichen lassen wollen. Allzu oft bleiben wir in der Vergangenheit stecken, da die vertrauten Weltbilder uns Sicherheit suggerieren. Da alles Neue erst einmal Angst erzeugt und unser Gleichgewicht irritiert, kleben wir an der Scholle und lassen die Zukunft an uns vorüberrauschen.

Auch dies ist eine zentrale Problematik unserer Gegenwart: Es geschehen so viele und so schnelle Entwicklungen im Zuge der globalisierten Welt, dass wir zu unserem eigenen Schutz die innere Handbremse angezogen haben. Wir vertrauen lieber auf einen gut klingenden Plan oder eine angstreduzierende Ankündigung, die scheitert, als auf eine neuartige Lösung zu vertrauen, die Erfolg haben könnte. In dem Maße, in welchem die Bedrohungen und Überraschungen zunehmen und weltweit erfasst werden, können wir beobachten, wie auch die Mächtigen ihre Gehirne hilflos auf Autopilot geschaltet haben. Doch erinnern wir uns: Unser Gehirn besteht aus 100 Milliarden Neuronen und fast einer Billion Synapsen. Angesichts unendlicher Denk- und Handlungsmöglichkeiten wirken die armseligen Appelle für Frieden, Ethik und Toleranz wie Kindergebrabbel. Das alles vor dem Hintergrund, dass sich ein kleiner Teil der Welt in oberflächlichem Wohlbefinden suhlt und dem übergroßen Rest noch nicht einmal ermöglicht, sein Gehirn überhaupt zu entwickeln.

Unser hochkomplexes Gehirn ist das praktische und plastische Ergebnis unserer Art, es zu benutzen. Wenn wir immer wieder denken, dass Menschen aus dem Islam zum Terrorismus neigen, Chinesen die Welt übervölkern werden und Amerika zum Weltpolizisten berufen ist, empfinden wir das als unsere Realität. Wir können uns jedoch zu jedem Zeitpunkt entscheiden, unser Gehirn in anderer Weise zu benutzen, als wir es bisher getan haben. Je tiefer wir überholte und einseitige Ansichten in uns eingraben, desto stärker wird die Illusion einer einzigen gültigen Wahrheit. Hier gilt es in besonderer Weise, sich nicht nur auf den vermeintlichen Stärken auszuruhen, sondern immer wieder ganz gezielt unsere Schwächen in den Blick zu nehmen. Ohne diese Aufmerksamkeit und Achtsamkeit bleiben wir im eigenen Hamsterrad gefangen. Das bequeme Laisser-faire lullt uns im engen Gefängnis unserer Prägungen ein und macht uns letztlich zu Erfüllungsgehilfen der herrschenden Kräfte. Durch einseitige oder fundamentalistische Überschreibungen wird der Mensch zum Komplizen seiner eigenen Beschränkung. Umsicht und Weitblick hingegen erfordern eine ganzheitliche und konkrethische Wahrnehmung.

Im 21. Jahrhundert müssen wir eine neue Stufe des Denkens erklimmen, um die Dimensionen der inneren und äußeren Welt miteinander zu verbinden. Die geforderte neue Flexibilität äußert sich in der Fähigkeit, viele Gedankengänge gleichzeitig zu erledigen. Unablässig sind wir gezwungen, Entscheidungen zu treffen – und ihre Konsequenzen zu bedenken. Diese Kompetenz ist erlern- und trainierbar. Dazu gehört, immer wieder ein Gleichgewicht zwischen Gefühl und Verstand, Abhängigkeit und Freiheit, Abgrenzung und Einbindung zu finden und zugleich zwischen Wichtigem und Unwichtigem zu unterscheiden. Unser Gehirn eröffnet uns diese fantastische Möglichkeit. Die Kunst besteht darin, in diesem unendlichen Strom von Gefühlen, Gedanken und Ereignissen das Festhalten und Loslassen zu lernen.

Sobald wir aus dem Gleichgewicht geraten, erwachen Ängste, und sie verleiten uns, in altbekannte Muster zu verfallen. Aber die Angst überwinden wir nur, wenn es gelingt, neue, lösungsorientierte Handlungen zu vollziehen. Das Terrain des Neuen und Überraschenden, das uns bisher als unsicher erschienen ist, kann so zum spannenden Spielfeld der Entscheidungen werden. Das Unvorhergesehene erscheint nicht länger als Ausnahme, sondern wird als das erkannt, was es ist: die Regel. Alles, was wir tun, hinterlässt Spuren. Diese Folgen sollten wir, so gut es geht, im Blick behalten, um daran unsere konkrethische Verantwortung trainieren zu können. Unser Gehirn bietet uns die einmalige Möglichkeit, dies auch erfolgreich umzusetzen. Natürlich ist das kein leichtes Unterfangen: Die Nervenzellen übertragen Impulse nur dann, wenn sie stark genug sind. Und da Impulsveränderungen unser emotionales Gleichgewicht stören, brauchen wir Mut, um bewusst durch dieses Nadelöhr zu gehen. Die Aufmerksamkeit und der Aufwand, den wir betreiben, um unser Gehirn auf die neue Zeit einzustellen, werden zum Gradmesser unserer zukünftigen Entwicklung.

In den letzten Jahren habe ich an mir selber erfahren, dass die bewusste Beschäftigung mit der eigenen Gehirntätigkeit ungeahnte Verbesserungen ermöglicht. In den Übungen der Selbstkritik und einer zuweilen distanzierten Selbstbeobachtung steckt das Potenzial, sich selbst entspannter wahrzunehmen und als gestaltbar zu begreifen. Auch das Zulassen intuitiver Empfindungen und das Bedenken anderer Perspektiven relativiert das Bedürfnis nach starren Standpunkten. Wer wirklich verinnerlicht, dass man aus Fehlern lernt, stärkt sein Selbstbewusstsein und überwindet das ewige Zaudern.

Wie sich in unserem Gehirn alle Vorgänge durch Vernetzung auszeichnen, so sind auch wir alle als Individuen Teil einer Welt, die im Zeitalter der Globalisierung gemeinsamer Gestaltung bedarf. Um sich zu verändern, braucht man persönliche und kollektive Ziele, die mit anderen geteilt werden können. Die Definition eines solchen Reiseziels für die Menschheit steht noch aus, deshalb laufen wir in alle Himmelsrichtungen, ohne eine gemeinsame Orientierung zu finden. Indem wir unsere Gehirne auf die Erfordernisse der Zeit einstellen, begeben wir uns auf einen konstruktiven Weg mit klaren Aufgaben. Dabei hat das Trennende als Eigenart seine Berechtigung und das Gemeinsame als Verpflichtung die oberste Priorität.

Die unerträgliche Scheinheiligkeit der Wohlstandsstaaten besteht darin, so zu tun, als seien wirtschaftliche, technische und abstrakte Zielvorgaben in der Lage, der Menschheit Sinn und Ziel zu vermitteln. Fakt ist: Diese Erklärungsmuster und Strategien dienen einem Viertel der Menschheit zur Selbstbeweihräucherung, während die Mehrheit noch nicht einmal in die Lage versetzt wurde, eine grundlegende Entscheidung für ihr Leben zu treffen. Vor diesem Hintergrund wird auch die hinterlistige Arroganz entlarvt, einem gesunden, allgemeingültigen Menschenverstand die Existenz abzusprechen. Gerade der Blickwinkel des einfachen Menschen kann die gegenwärtigen Verhältnisse als das erkennen, was sie sind: ein heuchlerischer Krieg von Vorteilsaktionären gegen Nachteilseigentümer. Wenn wir unser Gehirn jedoch als ein konkrethisches System begriffen haben, können wir mit den notwendigen Veränderungen beginnen.

Vom Gefühl

Wir besitzen ein emotionales und ein rationales Gehirn. Diese neuronalen Zentren sind sogar genau zu verorten; es handelt sich um den orbitofrontalen Kortex, der über der Augenhöhle im unteren Bereich des Stirnlappens liegt, und den präfrontalen Kortex an der Stirnseite des Gehirns. Der erste Bereich ist verantwortlich für die Einbeziehung instinktiver Gefühle in Entscheidungsprozesse, der andere kann als Kommunikationszentrale der Vernunft beschrieben werden. Meiner Ansicht nach könnte in diesen Bereichen auch die neuronale Struktur eines gesunden Menschenverstandes verankert sein. Bei meinen Recherchen[70] hat mich überrascht, dass wir, gemessen an der Hirnaktivität, vor allem von Gefühlen gesteuert werden. Dieser neurowissenschaftliche Befund steht im offensichtlichen Widerspruch zur gängigen Einschätzung des Menschen als rationaler und ökonomischer Entscheider. Gerade unsere intuitiven, emotionalen und automatisierten Fähigkeiten sind es, die unseren gesunden Menschenverstand prägen.

Unsere Gefühle sind das Ergebnis von Erfahrungen. Sie entspringen den Vorhersagen höchst lernfähiger Gehirnzellen, die ständig ihre Verbindungen im Hinblick auf eine sich verändernde Umwelt anpassen. Gerade die Erkenntnis von Fehlern führt zu aktualisierten Angleichungen, sodass sich unser emotionales Gehirn im Sinne eines gesunden Menschenverstandes auf neue Situationen einlassen kann. Ob Freude, Enttäuschung, Angst oder Glück, unsere Nervenzellen verdrahten sich immer wieder neu, um herauszufinden, welche äußeren Reize unseren Gefühlen vorausgegangen sind. Diese Einsichten bleiben im Gedächtnis gespeichert. Insofern sind die Gehirnzellen bei kommenden Entscheidungen in der Lage, eine angemessene Vorhersage zu wagen. Diese wird dann mit den tatsächlichen Geschehnissen verglichen. Wenn die Annahmen sich als zutreffend erweisen, werden die Verhaltensweisen verinnerlicht. Mit dem Botenstoff Dopamin verständigen sich unsere Hirnzellen untereinander. Dieser Neurotransmitter trägt zur Regulierung der Gefühle bei und hilft als Molekül, zwischen verschiedenen Alternativen zu entscheiden. Die Dopamin-Neuronen verfügen also über kognitive Fähigkeiten. Sie können Muster entdecken, die unserem Bewusstsein wie unserem Sensorium verborgen bleiben. Nachdem sie ihre Einschätzungen über das Funktionieren der Welt verarbeitet haben, werden die Ergebnisse in Gefühle übertragen. Vor diesem Hintergrund bekommt unser allgemeiner Wunsch, besser zu werden, eine klare Orientierung: Wir müssen uns mit den eigenen Gefühlen und Fehlern bewusst auseinandersetzen.

Aber das emotionale Gehirn hat auch seine Schwächen. Das wird offensichtlich, wenn die Gefühle außer Kontrolle geraten. Eher unbemerkt dagegen läuft unsere Projektion von Wahrnehmungs- und Erklärungsmustern auf die Welt ab. Die Dopamin-Neuronen sind so beschaffen, dass sie permanent Rätsel lösen wollen. Dies tun sie allerdings auch, wenn es gar keine Lösungen gibt. Selbst in der Auseinandersetzung mit dem überall wirksamen Zufall suchen sie blindlings nach erfolgversprechenden Mustern. „Statt uns mit der Realität abzufinden, fahnden wir nach Erklärungen und konstruieren eine berechenbare Wirklichkeit, die nicht vorhanden ist", resümiert der Wissenschaftsjournalist Jonah Lehrer.[71] Selbst bei Glücksspielen, an Spielautomaten oder im Aktienmarkt versuchen die Dopamin-Neuronen, Muster zu erkennen.

Wir haben ein gieriges Gehirn, das danach trachtet, sich maximal zu belohnen. Zum Fundus eines gesunden Menschenverstandes gehört das Wissen, dass diese Anlage ins Verderben führen kann. Nehmen wir beispielsweise die Kursschwankungen am Aktienmarkt, um die Reaktionsweisen des Gehirns nachzuvollziehen: Solange die Zahlen nach oben tendieren, ist der Anleger bereit, immer mehr in den Boom zu investieren. Das gierige Gehirn fühlt sich sicher, die Gesetzmäßigkeiten des Marktes erkannt zu haben. Die Möglichkeit von Verlusten wird in dieser Phase überwiegend ausgeblendet. Kehrt sich der Trend plötzlich um, gibt es eine Vollbremsung und ein Umschwenken zum gegenteiligen Handeln. Die Anleger wollen so schnell wie möglich raus aus dem Markt, weil das belohnungshungrige Gehirn die schmerzhaften Verluste unbedingt vermeiden will. Offenbar ist es also nicht ratsam, immer kritiklos den Schaltkreisen der Belohnungssysteme zu folgen. Eine aufmerksame Selbstbeobachtung ist unerlässlich, um nicht den eigenen Mechanismen zum Opfer zu fallen. Wir sollten Lehrers Warnung im Hinterkopf behalten: „Unsere Gefühle wollen es nicht wahrhaben, dass die Welt weit zufälliger abläuft, als wir uns das vorstellen können."[72]

Die Tatsache, dass befürchtete Verluste für unsere Entscheidungen ein größeres Gewicht besitzen als erhoffte Gewinne – die Fachleute sprechen von Verlustaversion –, führt zu waghalsigen Irritationen. Das negative Gefühl von Verlust wird so lange wie möglich hinausgeschoben. Gleichzeitig erhöhen sich dabei häufig die Einbußen. Die unterschiedliche Bewertung von Gewinnen und Verlusten oder auch von Komplimenten und Kritik führt statistisch messbar zu Fehleinschätzungen. Gegen die Verlustaversion hilft nur, sich diesen Vorgang immer wieder bewusst zu machen. Wenn man um die Folgen dieser paradoxen Anlage weiß, wird man handlungsfähiger. Es gehört zur konkrethischen Kompetenz, diese Zusammenhänge zu erkennen.

Auch irreales Geldausgeben durch den Einsatz von Kreditkarten kann zu naiven Entscheidungen verleiten. Die Problematik besteht darin, dass dieses Zahlungsmittel den Geldtransfer aus dem Bereich des Greifbaren löst, in die Zukunft verschiebt und somit abstrahiert. Das möglicherweise schmerzliche, aber heilsame Gefühl des Bezahlens wird so betäubt. Dieser Vorgang dokumentiert eine weitere Schwachstelle unserer Entscheidungsmechanismen. Gefühlsmäßig kommt es zu einer Überbewertung unmittelbarer Gewinne im Verhältnis zu den zukünftigen Kosten. Von der Aussicht auf eine spontane Belohnung werden unsere Gefühle überwältigt, sodass wir die langfristigen Folgen ausblenden. Auch in diesem Verhalten äußert sich eine grundlegende Irrationalität, die wir im Blick behalten müssen.

Wissenschaftler der Universität Princeton haben ein regelrechtes Tauziehen zwischen den Nervenzellen unterschiedlicher Hirnregionen entdeckt. Sie beobachteten einen erbitterten Streit zwischen Vernunft und Leidenschaft, zwischen Langfristigkeit und Spontaneität. Zwischen diesen Gegensätzen ist nicht nur der Mensch als Person hin und her gerissen, diese Dialektik prägt bereits die Chemie des Gehirns. Die größere Aktivität und Intensität der jeweiligen Hirnregion bestimmt letztlich die Entscheidungsfindung. Dieser Vorgang vollzieht sich zwischen impulsiven Gefühlen und rationalem Abwägen im präfrontalen Kortex. Wenn wir uns größere Belohnungen gönnen, als wir uns leisten können, bricht die innere Selbstkontrolle zusammen. Das rationale Gehirn hat in diesem impulsiven Moment die Auseinandersetzung um die richtige Entscheidung verloren. Es ist eine Eigenheit des emotionalen Gehirns, eigene Ansprüche und Möglichkeiten auszuschöpfen, auch wenn sie völlig übertrieben sind. Es will alles sofort haben und zudem auch das Gegenteil von dem, was es gerade besitzt. Wir kennen das Phänomen, immer etwas anderes zu wollen als das bereits Erreichte. Geduld ist offensichtlich ein mühseliges, aber unverzichtbares Unterfangen. Es gehört zur konkrethischen Selbstanalyse, fehlleitende Funktionsweisen des emotionalen Gehirns zu hinterfragen. Manche Gefühlsprogramme sind vor so langer Zeit in unserer Stammesgeschichte geprägt worden, dass sie heute nicht mehr zu guten Entscheidungen taugen. In diesem Sinne gehört es auch zur Konkrethik, irrationale Antriebe zu erkennen, um klügere Entscheidungen treffen zu können.

In einer bedrohlichen Situation ist es wichtig, seine Gefühle genau in den Blick zu nehmen, um sie bei Bedarf auch beherrschen zu können. Wahrnehmungsverengungen katapultieren uns in kritische Situationen. Wenn man erkennt, dass Ängste, Stress oder Fluchtimpulse in einer aktuellen Krisensituation nicht weiterhelfen, ist dies ein wichtiger Schritt, um seine Urängste unter Kontrolle zu bringen. In diesen Momenten können die Emotionen einer Rationalität weichen, die mehr Überblick verschafft. Es geht um eine Regulation der Gefühle, die nur durch Nachdenken erreicht werden kann. Diese Fähigkeit, über das eigene Denken und Fühlen zu reflektieren, bietet uns der präfrontale Kortex. Psychologen sprechen von „Metakognition". Jeder Gemütszustand, sei es Wut oder Neid, kann durch entsprechende Eigenwahrnehmung bemerkt werden. Auf diese Weise kann man den Ursachen der Gefühle auf den Grund gehen. Die Funktion des Einspruchs, der sich dem emotionalen Gehirn verweigert, wird vom präfrontalen Kortex geleistet.

Doch auch das rationale Gehirn kann uns in die Irre leiten. Eine Garantie für Gelingen gibt es nirgendwo. Nehmen wir das Beispiel des Versagens unter Druck: Hier kann man leicht über das eigene Denken stolpern. Wenn unreflektiert ablaufende Handlungen wie das Atmen, das Gehen, der Schwung beim Golf oder das Spielen von Musikstücken bewusst durchdacht werden, können blockierende Störungen auftreten. Unter dem Diktat des rationalen Gehirns werden intuitiv ablaufende Prozesse irritiert, und es kommt zu Fehlleistungen. Man versucht plötzlich, kluge Gefühle zu ergründen, obwohl sie sich letztlich nicht erklären lassen. Es erscheint ohnehin in allen Kulturen schwer, Gefühle angemessen in Worte zu übertragen. Selbst wenn ein Gefühl in der inneren Wahrnehmung klar ist, entscheidet man sich oft fälschlicherweise für eine andere Variante, weil sie sich leichter erklären lässt. Ein wahres Dilemma! In diesem Zusammenhang spielen Einstellungen und Erwartungen eine prägende Rolle. Wenn man denkt, dass ein teures Mineralwasser reicher an Inhaltsstoffen als ein billiges ist, empfindet man das auch so. Wenn man denkt, dass Zigeuner negative Anlagen besitzen, begegnet man ihnen mit Skepsis. Schon unsere Wahrnehmungen sind durch Vorannahmen kontaminiert.

Unser Gehirn ist ein einzigartiges Wunderwerk, und dennoch gibt es Grenzen der Leistungsfähigkeit, die in seiner biologischen Struktur begründet sind. So können wir nur sieben Dinge auf einmal im Kurzzeitgedächtnis behalten und verarbeiten. Dieser Umstand betrifft vor allem den präfrontalen Kortex. Riesige Warenangebote oder mediale Überfütterung überfordern ihn. Typische Symptome sind Erschöpfung und schlechte Laune. Deshalb versucht der präfrontale Kortex unentwegt Informationen zusammenzufassen und Daten zu systematisieren, um die komplexe Realität übersichtlicher zu strukturieren. Da nur eine bestimmte Menge an Input verarbeitet werden kann, müssen wir uns auf das Wesentliche konzentrieren. Die Fehleranfälligkeit des präfrontalen Kortex' zwingt uns zu erhöhter Wachsamkeit. Es mag ungewohnt klingen, aber Wissen kann auch eine Verhinderung oder Behinderung sein, wie Problemlösungsforscher bereits Anfang des 20. Jahrhunderts festgestellt haben: Nicht passende Konzepte und zu viele Details können den Durchblick blockieren. Es gehört zum funktionsfähigen Menschenverstand zu wissen, dass sowohl Gefühl wie Verstand situationsabhängige Vor- und Nachteile besitzen. Es ist uns Menschen also nicht vergönnt, im Leben einfach auf Autopilot zu schalten. Die konkrethische Selbstüberprüfung ist eine zwingende Voraussetzung zur eigenen Lebensgestaltung. Um in diesem Sinne vernünftige Entscheidungen zu treffen, ist die volle Konzentration auf die jeweiligen Entscheidungsziele unerlässlich.

Dieses Buch dreht sich in vielfacher Hinsicht um die Frage, wie wir ein gutes Leben für möglichst viele Menschen gestalten können. Dabei spielt sowohl in der Konkrethik als auch beim gesunden Menschenverstand die Moral eine unerlässliche Rolle. Diese bleibt ein reines Lippenbekenntnis, solange sie sich nicht konkret in unseren Entscheidungen niederschlägt, wie wir mit anderen Menschen umgehen. „Wenn wir uns moralisch einwandfrei verhalten – auf Gewalt verzichten, fair handeln und anderen aus der Not helfen –, beziehen wir andere in unsere Entscheidungen mit ein, nehmen Rücksicht auf sie und empfinden Mitgefühl für sie", meint Lehrer.[73] Die moralischen Instinkte sind nicht das Ergebnis rationaler Prozesse, sondern ein Resultat des emotionalen Gehirns. Die Gefühle sind spontane Entscheidungen in moralischer Hinsicht. Erst im Anschluss an eine emotionale Verfügung wird eine vernünftige Erläuterung erarbeitet.

Aus diesem Grund ist die Vernunft ständig in der Gefahr, der Selbsttäuschung zu unterliegen. Die Entscheidung, was richtig oder falsch ist, fällt blitzschnell im emotionalen Gehirn. Das rationale Gehirn dagegen erklärt und begründet lediglich die gefällten Urteile. Die Begründungen werden im Nachhinein geliefert. Es handelt sich also bereits um eine Verteidigungsstrategie.

Die moralischen Entscheidungen des emotionalen Gehirns auf Basis von Mitgefühl haben eine enorme Auswirkung auf den gesunden Menschenverstand: Sie sind seine wesentliche Quelle. Aber man braucht die richtigen Erfahrungen, damit sich diese Anlage weiterentwickeln kann. Wenn diese Voraussetzungen fehlen, geben Eltern Lieblosigkeit, Brutalität und Gewalttätigkeit an ihre Kinder weiter. Ähnlich katastrophale Auswirkungen entstehen in Kriegsregionen, wo Mitgefühl als Schwäche stigmatisiert wird. So ist zum Beispiel der Autismus eben eine Unfähigkeit, die Gefühle anderer zu deuten. Unser moralisches Gehirn wird von Armutsstatistiken nicht angesprochen, da man das Leiden so vieler Menschen nicht konkret fassen kann. Das Bild eines leidenden Kindes hingegen macht uns unmittelbar betroffen. Das Vermögen, moralische Entscheidungen zu treffen, ist uns in die Wiege gelegt. Im Zentrum moralischer Entscheidungen thront das Mitgefühl. Um Empathie zu spüren, muss man sich in die Gefühlswelt anderer hineinversetzen können.

Das Mitfühlen ist einer der grundlegendsten Instinkte. Wo Mitgefühl nicht gelehrt, vermittelt und gelebt wird, bilden sich in der Gehirntätigkeit die falschen Muster. Auch in unserem Gehirn spielt sich ein dauernder Konflikt ab. Zunächst einmal versucht man, seine Meinungen und Muster zu bestätigen. Insofern neigen wir ganz natürlich zur Scheinheiligkeit. Sie ist das Ergebnis einer selektiven, auf sich selbst bezogenen Wahrnehmung. Auf diesem Pfad besteht die akute Gefahr, eine falsche Selbstsicherheit zu erzeugen. Und dieses Bedrohungspotenzial ist da besonders hoch, wo man über viel Geld oder Macht verfügt. Die Verfügungsgewalt verführt dazu, die eigene Position zu überziehen. Die Scheinheiligkeit wird zur Falle, in der wir uns selbst isoliert im Zentrum der Wahrnehmung betrachten, anstatt realitätstauglich abzuwägen, Optionen durchzugehen und die Bedürfnisse anderer zu berücksichtigen. Da man ohne kritische Wachsamkeit blindlings auch eigene Fehler rechtfertigt, erzeugt ein solches Verhalten ständig innere Widersprüche, die meistens unterdrückt werden, um Harmonie und Einheit zu suggerieren. Man wird benebelt vom Aphrodisiakum der Selbsttäuschung. Deshalb ist es entscheidend, die Widersprüche zu verstehen und von allen Seiten zu betrachten. Sie sind kein Makel, sondern das untrügliche Zeichen, dass wir uns der Realität annähern. Man muss eben auch über das Gegenteil der eigenen Meinung nachdenken, um eine realitätstaugliche Perspektive zu erhalten. Dieses bewusste Nachdenken ist die einzige Chance, die Scheuklappen der Scheinheiligkeit abzulegen.

Ein gesunder Menschenverstand kommt durch das immerwährende Ausbalancieren von Gefühl und Verstand voran. Diese Wechselwirkung befähigt uns, auch die eigenen Überlegungen und Tendenzen zu beobachten. Angesichts der Fülle von Optionen gilt es, eine Wahl zu treffen, die für eine konkrete Situation die beste ist. Diese Flexibilität in Verbindung mit Achtsamkeit verhilft zu verbesserter Entscheidungsfindung. Dabei Fehler zu machen gehört zu unserer Natur. Daraus zu lernen aber ebenso. Sich diesem Kreislauf zu verweigern und die eigene Position ungeachtet der Auswirkungen zu überhöhen führt zu krankhafter Scheinheiligkeit und in den Abgrund. Es ist eine Kunst, in sich hineinzuhören, um die inneren Widersprüche und Auseinandersetzungen zu verfolgen. Verstand und Gefühl sind Werkzeuge, die für unterschiedliche Aufgaben prädestiniert sind. Auch der präfrontale Kortex hat seine Grenzen, und doch besitzt er in neuartigen Situationen und Konfrontationen ein besseres Urteilsvermögen als die Gefühle. Aus konkrethischer Sicht ist es unverzichtbar, Dinge und Fakten immer auch von einem gegensätzlichen Standpunkt aus zu betrachten. Nur so gewinnt man ein ganzheitliches Bild. Entgegen der zeitgeistigen Ansicht, die den rationalen Menschen feiert, liegt die Weisheit in unseren Erfahrungen und in unseren Gefühlen gespeichert. Entscheidungsträger, die sich dieser Ansicht widersetzen, sind in einer Weise beschränkt, die ihre Tauglichkeit entscheidend beeinträchtigt.

Ein ständiger innerer Dialog ist eine wichtige Voraussetzung, um zu konkrethischen Entscheidungen zu kommen. Wir brauchen das Nachdenken über unser Denken, Wahrnehmen und Empfinden. Wenn wir bereit sind, uns mit dem inneren Schweinehund auszusöhnen, kann auch ein gesunder Menschenverstand wirksam werden. Denken wir daran, dass unser Gehirn Verluste anders bewertet als Gewinne. Oder dass wir kurzfristige Belohnungen vorziehen und langfristige Folgen von Natur aus ausblenden. Wir sind gefordert, die Schwächen unseres Gehirns zu kompensieren. In diesem Sinne gilt es, unser Denken lebenslang zu trainieren: im Elternhaus, im Kindergarten, in der Schule usw. Das Gehirn lernt nur aus Fehlern, die es in Wissen verwandeln kann. Wie lange ignorieren wir schon die parallele Netzwerkstruktur unseres Gehirns und die damit verbundene Moral? Stellen wir uns alle die Frage der Scheinheiligkeit und blicken dabei ehrlich in den Spiegel!

Offensichtlich gibt es in unserem Fühlen und Denken einen ganz bestimmten Moment, der uns spontan aus den nicht sichtbaren neuronalen Prozessen heraus eine Bewertungsoption anbietet. Dieses konkrethische Geschenk aus unserer gesamten Lebenserfahrung sollten wir ergreifen, um uns von Zufall und Willkür so weitgehend wie möglich zu befreien. Die Konkrethik beginnt ihre Arbeit in diesem geistig-intuitiven Raum zwischen Impulswahrnehmung und konkreter Umsetzung. Sie zieht Lehren aus der Vergangenheit, um sie für gegenwärtige Entscheidungen zu nutzen und zukünftig die ständige Wiederholung von Fehlern zu vermeiden. Ihre Wirksamkeit wird an den Ergebnissen ihres Handelns gemessen.

Bevor wir ernsthaft die Welt befrieden wollen, müssen wir uns den Widersprüchen in unseren Köpfen widmen.

Über Fairness

Philosophische Debatten über Gerechtigkeit sind für den normalen Menschen schwere Kost. Widersprüchliche Ansichten und komplizierte Einzelbetrachtungen machen es schwierig, ohne spezifisches Fachwissen eine praktikable Gerechtigkeitsvorstellung zu entwickeln. Der größte Gegensatz klafft zwischen Theorie und Praxis, das heißt zwischen den idealen Definitionen und ihren realen Umsetzungen. Aktuell erscheint die Menschheit zwischen müßigen Idealvorstellungen und weitgehend mangelhafter Verwirklichung eingeklemmt. Von globaler Gerechtigkeit sind wir ebenso weit entfernt wie vom ewigen Frieden.

Die praktische Vernunft bedarf neuer Anregungen, um aus eigener Kraft einer gerechteren Welt näher zu kommen. Für unseren Ansatz ist es einfacher, von den Höhen der Gerechtigkeitsdiskussion auf die Ebene des fairen Umgangs zu wechseln. Einer der einflussreichsten Moralphilosophen des 20. Jahrhunderts, John Rawls, spricht entsprechend von der Gerechtigkeit als „Fairness". In seiner *Theorie der Gerechtigkeit* geht er von einer fiktiven Situation absoluter Gleichheit aus, um eine Grundlage für das Nachdenken über Fairness zu schaffen. In diesem gedanklichen Urzustand wissen die Menschen weder etwas über ihre Identität noch über mögliche Vorrechte. Dieser Zustand der Reinheit ermöglicht es, unbelastet darüber zu reflektieren, wie ein System ausschauen könnte, in dem für alle Personen gleiche Rechte gewährleistet werden. Im Kern geht es darum, wie Menschen trotz ihrer vielfältigen Unterschiede fair miteinander kooperieren können.

Grundsätzlich bedeutet Fairness überall auf der Welt anständiges und menschliches Verhalten sowie eine ehrliche Einstellung anderen Menschen gegenüber. Im Mittelpunkt steht das Bemühen, unvoreingenommen und unparteilich zu sein, um die Interessen und Anliegen anderer Personen angemessen zu berücksichtigen. Im Fußball beispielsweise erleben wir einen reduzierten Ausschnitt der Wirklichkeit, der uns aber durch seine allseits bekannten Regeln befähigt, eine klare Ordnung zu erkennen. Weltweit hat sich in diesem Sport ein Gefühl für Fairness entwickelt, das durchaus verallgemeinerbar ist und weitgehend funktioniert. Zumindest im Kleinen lässt sich daran erkennen, dass über verschiedene Kulturen hinweg eine gemeinsame Orientierung möglich ist.

Ein anderes Beispiel liefert die offizielle Abschaffung der Sklaverei im 18. und 19. Jahrhundert. Hier ging es nicht darum, eine ideale Gesellschaft hervorzubringen. Im Vordergrund stand die pragmatische Abschaffung einer unhaltbaren Ungerechtigkeit. Nach beachtenswerten Erfolgen ist dieses Thema traurigerweise auf der aktuellen Agenda wieder ganz oben. Dennoch war der eingeschlagene Weg der definitiven Abschaffung pragmatischer, als fruchtlos nach umfassender Gerechtigkeit zu suchen. Jetzt sollten wir uns die Frage stellen, was wir konkret tun können, um wirklich Fairness im Umgang miteinander zu fördern. Der konsequente Abbau von Ungerechtigkeit in Bereichen, die uns alle betreffen, und die tatsächliche Verwirklichung von fairen Bedingungen hinterlassen tiefere Spuren im menschlichen Verhalten als scheinheilige Wunschkonzerte. Warum ist es uns bisher dennoch nicht gelungen, die himmelschreiende Ungerechtigkeit der gegenwärtigen Armut entschlossen anzugehen?

Sind wir als Menschen überhaupt fähig, zwischen Egoismus und Altruismus bewusst zu entscheiden? In interdisziplinären Forschungen hat man herausgefunden, dass wir weder gänzlich egoistisch noch gänzlich altruistisch sind. Im Wesentlichen machen wir unser Verhalten von den Reaktionen anderer Menschen abhängig. Wir sind ständig vergleichende Wesen mit einem tiefen Bedürfnis nach Gleichbehandlung. Übervorteilung und unverdiente Gewinne empfinden wir als ungerecht. Wir befinden uns in einem unentwegten Dilemma zwischen Eigennutz und Fairness. Hier liegt auch die Ursache unserer Anfälligkeit für viele Arten der Scheinheiligkeit. In Ermangelung praktischer und kollektiver Wertvorgaben laufen wir ständig Gefahr, unsere Maßstäbe für Gleichheit zu verzerren. Die Tendenz zur Eigennützigkeit hat stets die Verklärung im Gefolge. Einerseits stellen wir unsere charakterlichen Anlagen immer in ein vorteilhaftes Licht, andererseits kompensieren wir unsere Fehlschläge mit Urteilen über andere. Surfen wir auf der Woge des Erfolges, werden wir weniger empfänglich für Ungleichbehandlungen, trifft uns das Schicksal, steht die Suche nach einem Schuldigen im Vordergrund. Fairness hingegen ist ein herausragendes Mittel, Mitmenschlichkeit zu erproben und zu erleben.

Im gesellschaftlichen Leben dienen Sanktionen und Strafen dazu, die individuelle Beliebigkeit auszugleichen. Aber wie sollen wir uns in diesem Gewirr von attraktiven und abschreckenden Konsequenzen zurechtfinden? Auch wenn sich die Wissenschaft zunehmend diesem Phänomen widmet, alltagstaugliche Empfehlungen fehlen bislang. In der Neuroethik geht man davon aus, dass die moralischen Urteile viel spontaner und intuitiver zustande kommen, als es unser rationales und abstraktes Menschenbild wahrhaben will: Tatsächlich rechtfertigen wir unsere Urteile erst, nachdem das emotionale Verhalten bereits feststeht. Wie soll das Individuum ein guter Mensch werden, wenn es sich selbst kaum durchschaut und stattdessen der innere Schweinehund am Steuer sitzt? Viele Versuche, auf diese vertrackte Frage eine intelligente Antwort zu finden, scheinen vor allem einen Zweck zu verfolgen: die eigene Ratlosigkeit zu überspielen. Vor diesem Hintergrund wirken einige Intellektuelle auf mich wie arrogante Sandmännchen und viele Herrschende wie gestresste Erzähler von Gutenachtgeschichten, die eine riesige Kinderschar von Ahnungslosen mit ihren wohlgesetzten Worten in den Schlaf singen wollen. Es ist nicht fair, anderen vorzumachen, man würde die Welt durchschauen, wenn ihr Zustand und ihre Bewohner beweisen, dass das Gegenteil der Fall ist.

Der Eigennutz gehört zu unserem Wesen, aber wir sind auch immer in der Lage, fair und menschenfreundlich zu handeln. Schon Säuglinge im Wartezimmer des Kinderarztes stimmen einen Chor tröstender Laute an. Psychologen haben nachgewiesen, dass Kleinkinder versuchen, sich gegenseitig zu helfen und aufzuheitern. Es gibt die angeborene Fähigkeit zum Mitfühlen. Wenn auch die Vernunft erst mit zunehmendem Alter heranreift, das Einfühlungsvermögen wird dem Menschen in allen Kulturen in die Wiege gelegt. Dieses moralische und empathische Potenzial bei Kindern kommt aus der Quelle der Gefühle. Natürlich beeinflusst die Umgebung die weitere Entwicklung maßgeblich. Aber es gilt als sicher, dass niemand als mitleidloses Monster auf die Welt kommt. Die berühmte goldene Regel, andere so zu behandeln, wie man selbst behandelt werden will, ist die Grundlage eines universellen Fairnessempfindens. Was uns dann im Leben widerfährt, ob Liebe oder Not, prägt unsere Verhaltensweisen. Studien haben klar ergeben, dass auch Erwachsene grundsätzlich bereit sind zu teilen. Aber dieser Urimpuls wird mit zunehmendem Alter immer stärker von Umwelt- und Resonanzbedingungen abhängig. Die Anlage zum Guten wird immer härter auf die Probe gestellt, und dabei gerät die faire Intuition oft ins Hintertreffen. Gerade die Fähigkeit des Menschen, eigennützig zu interpretieren, eröffnet den scheinheiligen Ausweg, auch das Schlechte als Reflex, als Notwendigkeit oder mangelnde Alternative zu deuten. Wenn Wissen und Handeln auseinanderbrechen, sinkt die Bereitschaft zur Kooperation, es dominieren Kurzsichtigkeit und Kurzschlussreaktionen. Solange wir jedoch zum Dialog bereit sind, gibt es eine Chance für soziales Handeln.

Noch streiten sich die Experten, warum wir fähig sind zu teilen: Sind es soziale Normen, Angst vor Repressalien, oder ist es eine feste Verankerung im Gehirn? Wahrscheinlich greifen die Faktoren ineinander, aber uns sollte klar werden, dass ohne ein grundlegendes Gefühl für Gegenseitigkeit – oder besser noch: ohne ein gemeinsames Ziel – dieses gute Erbe im Begriff ist, vergeudet zu werden. Jahrtausende haben wir in kleinen Gruppen gelebt, in denen die Fähigkeit zur Kooperation eine zentrale Überlebensstrategie war. Nun stehen wir vor der immensen Herausforderung, dieses Gruppenbewusstsein auf eine globale Gesellschaft zu übertragen. Deshalb gehört Fairness nicht lediglich in das Repertoire guter Umgangsformen, so wie wir Leistungen würdigen, Auszeichnungen vergeben oder Andenken bewahren. Fairness ist ein unverzichtbarer Baustein menschlicher Zivilisation wie Sprache oder Gesundheit. Spätestens hier wird klar, dass die Halbwertszeit des Homo oeconomicus abgelaufen ist. Es mag vielen Alleswissern nicht gefallen, aber unsere Welt ist mit Verstand, Berechnung und Eigennutz allein nicht zu begreifen und zu meistern. Sie ist ganz wesentlich auch ein Universum der Gefühle, das sich bis auf weiteres der Berechnung und der Besserwisserei entzieht.

Betrachten wir vor diesem Hintergrund kurz das Phänomen der Entwicklungshilfe für Afrika. Hier handelt es sich um ein riesiges Projekt, das scheinbar über jeden Zweifel erhaben unter dem leuchtenden Stern der Fairness steht. In 50 Jahren sind zwei Billionen Dollar von den reichen zu den armen Ländern geflossen. Von umfassenden Problemlösungen ist allerdings nichts zu sehen, eher muss von den negativen Folgen gut gemeinter Scheinheiligkeit gesprochen werden. Selbstverständlich hängt die Bewertung vom jeweiligen Standpunkt ab. Gebende, Empfangende, Aktivisten oder Vertreter von humanitären Organisationen – sie alle haben ihren jeweils eigenen Blick auf diese Entwicklung. Natürlich ist nicht schlicht und einfach gar nichts geschehen. Aber ein gesunder Menschenverstand kann beurteilen, was hineingesteckt wurde und was dabei herausgekommen ist. Selbst oberflächlich betrachtet erweist sich Afrika als Kontinent der Krisen, Katastrophen und Kriege. Gleichzeitig diskriminiert man mit dieser Aussage Millionen von Menschen und verletzt die Würde von engagierten Bürgern, hart kämpfenden Mittel- und Chancenlosen. Die Gleichzeitigkeit von Schuld und Unschuld auf allen Seiten macht es so kompliziert, dieses

Drama klarsichtig im Sinne der Fairness zu analysieren. Trotzdem ist klar: Am Schicksal dieses Kontinents wird sich entscheiden, inwieweit unsere Beteuerungen von Verantwortung und Solidarität mehr als ideologische Floskeln sind.

Ein gesunder Menschenverstand weiß, dass persönlicher Fortschritt nur möglich ist, wenn man sein Schicksal selber in die Hand nehmen kann. Die transferierten Geldmengen der letzten Jahrzehnte haben diktatorische Kleptokraten gestärkt, Abhängigkeiten besiegelt und die vermeintlichen Heilsbringer moralisch überhöht. Die Bevölkerungen, um die es eigentlich geht, werden im globalen Wettbewerb um Einflussnahme zwischen den Mühlsteinen der Macht zerrieben. Ein Heer von Repräsentanten der Fairness produziert Papiere und Projekte. Dass der notleidende Kontinent den Wohlstandsnationen als Ersatzteillager und Selbstbedienungsladen dient, wird verdrängt. Aberwitzige Herrscher stehlen ihren Mitbürgern die gemeinsamen Ressourcen und erzwingen als Verkäufer des Gemeinguts internationale Legitimität. Das Maß scheinheiliger Selbstverleugnung ist bei Anbietern und Handelspartnern so immens, dass man den eigenen Augen nicht traut. Was nützt den Menschen fairer Handel, wenn bereits die Teilnahme daran an Privilegien gebunden ist?

Im kulturellen Bewusstsein der meisten Länder ist Afrika der Kontinent der Abgehängten, der Antriebslosen und der Stammesgesellschaften. Aber nicht die Menschen vor Ort sind erstarrt, sondern die Einstellungen der sie Betrachtenden. Fairness aus Überheblichkeit ist eine subtile Kriegstaktik, die das Sein ausblendet und den Schein in den Vordergrund schiebt. Unter diesen verlogenen Verhältnissen lassen sich die besten Geschäfte machen, da man unter der Fuchtel des Guten die Regeln selbst bestimmen kann.

Oft werden die aufstrebenden Länder Ostasiens angeführt, um ein Beispiel für eigenständiges Wirtschaftswachstum zu geben. Dort spielte die Entwicklungshilfe keine so dominierende Rolle. Vielleicht hat das einen guten Grund. Es ist zweifelhaft, ob sich Infrastruktur, Bildung und Gesundheitsfürsorge auf der Basis von Spenden und Mildtätigkeit errichten lassen. Die afrikanischen Regierungen müssen konkrethisch in die Lage versetzt werden, diese Leistungen selbst zu erbringen. Mittel zur Malariabekämpfung sind großartig, aber kein Ersatz für die selbständige Schaffung von Arbeitsplätzen. Die bloße Verteilung von Geldmengen scheint großflächig die falschen Kanäle bedient zu haben.

Diese Erfahrung lässt faire Kredite als Mittel der Ermöglichung eigenständigen Handelns weit effizienter erscheinen.

Mit unserem durchschnittlichen Alltagsbewusstsein können die wirtschaftspolitischen Verstrickungen und die kulturellen Grabenkämpfe schon lange nicht mehr durchschaut werden. Wie sollen wir ein neues Bewusstsein für Afrika entwickeln, wenn wir weiterhin mit mythischen Stereotypen und gönnerhafter Distanz instruiert werden? Es ist medial hilfreich, wenn Superstars für die Armen ihre Stimme erheben. Aber ihr kumpelhafter Dialog mit Staatsrepräsentanten über das Schicksal von Millionen afrikanischer Menschen ist absurd und peinlich. In Washington, Moskau oder Berlin würde man sich verbitten, von Profis aus dem Entertainmentbereich über Terrorismusbekämpfung belehrt zu werden. Auch das Parkett der Fairness ist gepflastert mit Stillosigkeit, Unhöflichkeit und Arroganz. Wer nach der Devise verfährt, dass man einem geschenkten Gaul nicht ins Maul schaut, hat die Zeichen der Zeit nicht erkannt. Fairness ist kein Solidaritätsbeitrag der Großzügigen, sondern ein Überlebenselixier für uns alle. Die genannten Begleiterscheinungen sind keine Nebenwirkungen, die in Kauf genommen werden. Lassen sie sich eindeutig als Formen der Instrumentalisierung und Heuchelei identifizieren, ist die Glaubwürdigkeit verspielt.

Die Verankerung der Fairness im gesunden Menschenverstand ist ein Bildungs- und Trainingsprojekt für alle Menschen. Ohne eine systematische Anstrengung und Ausbildung des Geistes können die alten Barrieren der Klassenunterschiede, der Geschlechter, der Regionen, der Religionen und der Rassen nicht überwunden werden. Das Austragen von Meinungsverschiedenheiten bleibt ein dauerhafter Prozess, der keineswegs immer für alle Beteiligten zu einer befriedigenden Lösung führen wird. Die konkrethische Kunst besteht darin, zu einem vertretbaren Ergebnis zu kommen. So lässt sich ein erkanntes Problem für alle spürbar abschließen. Die Suche nach der idealen Lösung vergeudet Zeit und Menschenleben. Ohne Zwischenlösungen und Teilentscheidungen ist die globale Verschiedenartigkeit nicht organisierbar. Die Umsetzung der Fairness wird immer unvollständig bleiben und alternative Wege offen lassen. Deshalb ist es wichtig, pragmatische Prioritäten zu setzen: Die Beseitigung offensichtlicher Ungerechtigkeiten ist wichtiger als der Traum vom Ideal.

Im Herzen der Fairness schlägt die unvoreingenommene Akzeptanz der anderen. Angesichts der Vernetztheit unserer Weltgesellschaft gibt es keine Alternative dazu. Die mediale Transparenz der Gegenwart bringt Ungerechtigkeiten ans Licht, egal wo sie geografisch auftreten. Wenn es uns nicht gelingt, darauf befriedigende Antworten zu geben und eine solide Basis für Glaubwürdigkeit zu schaffen, werden wir die Zukunft ängstlich in unseren jeweiligen Nischen verbringen.

Erforderlich ist nicht nur die faire Berücksichtigung der anderen, sondern auch die konstruktive Einbeziehung anderer Betrachtungsweisen. Neben den Perspektiven der Betroffenen dehnen Bewertungen distanzierter Beobachter beziehungsweise Hinweise unparteiischer Zuschauer den Radius fairer Überlegungen aus. Wenn man alles aus persönlicher, nationaler oder religiöser Beschränkung heraus wahrnimmt, bleibt man der Gefangene der eigenen Provinzialität. Darin steckt ja der eigentliche Fluch der Selbstsüchtigkeit. Nicht so sehr der Eigennutz, der zur Verwirklichung seiner Wünsche immer auch die anderen braucht, ist verheerend, sondern der blinde Glaube, im Recht zu sein. Im Lauf der Geschichte haben wir lernen müssen, dass vollkommen irrationale Ansichten eine Zeitlang die Wirklichkeit bestimmen können. Wie oft stand die Welt ohnmächtig vor bösartigen Übergriffen! In diesem Sinne liegt das Hauptaugenmerk des Kampfes für Gerechtigkeit und Fairness auf konkreten Herausforderungen und ihrer tatsächlichen Bewältigung. Die praktische Konzentration auf das Gemeinsamkeit Schaffende sollte Vorrang bekommen. Dies erscheint auch keineswegs aussichtslos, da Mitgefühl und Fairness in allen Menschen angelegt sind.

In den letzten Jahren, in denen die Vorherrschaft des Westens merklich bröckelte, ist auch wieder heftig über die Wirksamkeit der Demokratie diskutiert worden. Allen Beschwerden zum Trotz bleibt jedoch festzuhalten: Wenn es gelingt, die demokratischen Grundlagen auf die Erfordernisse unserer Zeit einzustellen, bleibt dieses Modell ohne Konkurrenz. Eine wichtige Rolle bei dieser Transformation wird die politische und institutionelle Verwirklichung von Fairness spielen. Gerade die Demokratie ist das Gefäß für die Sammlung eines gesunden Menschenverstands und die Ausübung öffentlicher Vernunft. Dabei ist es nicht damit getan, Abstimmungen und Wahlmöglichkeiten anzubieten. Ohne die Bereitschaft der Regierenden und Produzierenden, mit ihren Bürgern tatsächlich zu sprechen, zivilgesellschaftliche Anliegen zu berücksichtigen und das Bemühen um Fairness auch unter Beweis zu stellen, verhärtet sich der Eindruck, dass es ihnen vor allem um Machterhalt und Vorteilswahrung geht.

Für die Wiederherstellung der verlorenen Glaubwürdigkeit brauchen wir eine programmatische Lebenshaltung. Wenn wir unser Verhalten eher aus der Perspektive gelungener Ergebnisse wahrnehmen, schaffen wir einen Entwicklungsraum für neue Vorbilder und Dokumente gelebter Fairness. Und ohne diese ist noch nie im Verlauf unserer Historie ein Quantensprung vollzogen worden. Konstruktive Anregungen, die sich aber mittlerweile auf allen Ebenen der Weltgesellschaft ergänzen lassen, finden wir beispielsweise bei den Trägern des Alternativen Nobelpreises. Auch das Verhalten eines Palästinensers gehört dazu, dessen elfjähriger Sohn von israelischen Soldaten erschossen wurde. Dieser arbeitslose Automechaniker spendete die Organe seines Sohnes für israelische Kinder und eröffnete so der Fairness neuen Raum: „Mir war wichtig, dass es Kinder sind. Kinder haben keine religiöse oder nationale Identität. Solche Dinge spielen für Kinder keine Rolle. Sie sind unschuldig."[74]

Auch die Internetplattform *Ushahidi.com* bildet einen Meilenstein in der Nutzung der Technologie für faire und humanitäre Zwecke. Eine kenianische Bloggerin und Rechtsanwältin hat mit ehrenamtlichen Programmierern ein großartiges Krisenkommunikationssystem zur Rettung von Menschenleben geschaffen. In Suaheli bedeutet das Wort „Ushahidi" Zeuge. Ob in Kriegs- oder Katastrophengebieten – per SMS oder E-Mail kann eine Nummer angewählt werden, um dringende Hinweise aus der Bevölkerung über Notsituationen in der unmittelbaren Umgebung zu geben. All diese Zeugeninformationen werden in eine digitale Landkarte eingespeist. Klickt man diese unterschiedlichen Punkte auf der Homepage an, erhält man ganz spezifische Auskünfte über Hilferufe oder Warnungen. Nach dem Erdbeben in Haiti hat diese Seite ihren unschätzbaren Wert als Orientierungshilfe unter Beweis gestellt. Konkrethische Beispiele wie dieses zeigen, dass einzelne Personen allein das Schicksal in die Hand nehmen können, um Leben zu retten. Das Gefühl für Fairness ist tief im gesunden Menschenverstand verankert. Vielfach muss jedoch die Realisierung von Fairness gegenüber Potentaten, Regierungen und Institutionen hart erkämpft werden.

Betrachten wir die Fairness noch einmal in einem großen Zusammenhang. Sieben Milliarden Menschen leben auf diesem Planeten. Nur einem Viertel aller Erdenbewohner ist es vergönnt, ihre Existenz im Wohlstand zu verbringen. Fragen wir den normalen Menschen, ob es nicht wünschenswert wäre, auch den restlichen Personen einen ähnlichen Lebensstandard zu ermöglichen, können wir von großer Zustimmung ausgehen. Die praktische Antwort, die aus wissenschaftlichen Berechnungen[75] hervorgeht, konfrontiert uns aber mit dem Ende dieser paradoxen Illusion. Um das faire Ziel zu erreichen, müsste der weltweite Konsum um das Elffache gesteigert werden. Diese Anspruchsvermehrung würde einen Leistungs- und Versorgungszuwachs erfordern, der sich nicht nach sieben, sondern nach 70 Milliarden Menschen richten müsste. Wie diese unvorstellbare Menge an Ressourcen aufgebracht werden soll, steht noch in den Sternen. Anhand dieser ausweglosen Konstellation können wir ersehen, dass Handeln und Wissen der Menschheit im 21. Jahrhundert heillos auseinandergefallen sind. Erst wenn wir diese Schere auf ein Mindestmaß geschlossen haben, besitzen wir das Handwerkszeug, um andere Diskrepanzen zu überwinden.

Ohne die Gesamtentwicklung des Planeten im Auge zu haben, wird Eigennutz zum Genozid – und letztlich zum Suizid. Und dennoch entspringt dieser Widerspruch unserem menschlichen und evolutionären Status quo: Der Tod wird letztendlich alle Ungewissheiten auflösen. Ob nun spirituell erleuchtet oder atheistisch verdunkelt, durch das schwarze Loch des Todes ist unser Empfinden auf Lebenslänge reduziert. Nur wenigen Menschen ist es möglich, über Generationen und Zeitalter hinauszufühlen. Dieses Vermögen wird aber erforderlich, um heute eine Fairness an den Tag zu legen, deren Früchte wir nicht zwingend im eigenen Leben ernten werden.

Solange wir denken, dass wir ohne Rücksicht auf Verluste tun und lassen können, was wir wollen, wird sich unsere eigentliche Veranlagung zur Fairness immer mehr in ihr Gegenteil verkehren. Auf traditionelle und bequeme Art und Weise wird die nächste Stufe der Zivilisation nicht zu erreichen sein. Das Neue an dieser ultimativen Situation ist die Tatsache, dass weder die Privilegierten noch die Chancenlosen Fluchtmöglichkeiten besitzen. Materielle Verfügungsgewalt kann das eigene Unglück vielleicht hinauszögern, aber entkommen kann dem globalen Problemfeld niemand. Vor diesem Hintergrund sind Fairness und Gerechtigkeit keine ethischen Trockenübungen, sondern intuitive und kollektive Unverzichtbarkeiten. Diese Priorität kann weder auf Märkten verhandelt noch freiwilliger Beliebigkeit ausgesetzt werden. Wenn es uns gelänge, in diesem Vexierbild des Bedrohlichen auch das Chancenpotenzial zu erkennen, wären wir in einem Schritt weiter, als wir in den letzten 20 Jahren gekommen sind.

Vom Weltverbessern

Die sogenannten Weltverbesserer haben nach einem merklichen Tief in den 1990er Jahren wieder Hochkonjunktur – und über ihr Wirken wird heftig debattiert. Von den einen euphorisch gefeiert, erscheinen ihre Forderungen und Ideen den Skeptikern schlicht nicht realitätstauglich. Tatsächlich erlaubt es die globale technische und mediale Vernetzung seit wenigen Jahrzehnten, von einer gemeinsamen Zivilisation zu sprechen. Insofern scheint der Ansatz oberflächlich betrachtet durchaus einleuchtend. Dem pauschalen Anspruch, die Welt zu verbessern, kann man letztlich nur zustimmen. Es wird jedoch in vielen Fällen nicht deutlich, welche Substanz ihm zugrunde liegt. Wer besitzt die Autorität und die Mittel, dieses hochgesteckte Ziel glaubhaft umzusetzen? Friedrich Schiller mahnte in seinem Gedicht *An einen Weltbesserer* aus dem Jahre 1795, sich nicht am „Wohl der Menschengeschlechter" zu verheben, sondern sich darauf zu besinnen, dem Nächsten die Hand zu reichen. Sind wir nicht dann die wahren Weltverbesserer, wenn wir uns der Aufgabe stellen, uns selbst zu verbessern? Können wir nicht, salopp formuliert, zwei Fliegen mit einer Klappe schlagen: indem wir uns selbst optimieren und somit auch der Menschheit einen Dienst erweisen?

In dieser zweifachen Leistung liegt jedoch eine riskante Ambivalenz, da man sie sowohl mit ehrlicher Verantwortlichkeit als auch zutiefst scheinheilig umsetzen kann. Die wahre Qualität eines Weltverbesserers wird erst erkennbar, wenn man die Auswirkungen seines Verhaltens überprüft. Zunächst einmal klingt allein der Begriff majestätisch und scheint sich auf dem Niveau des Regenmachens oder Wolkenverschiebens zu bewegen. Aber je mehr wir die inhaltlichen Dimensionen definieren, desto pragmatischer und vorstellbarer werden die anstehenden Aufgaben. Jeder Mensch kann hier etwas im Rahmen seiner Möglichkeiten beitragen, und so entsteht eine gemeinsame Handlungsbasis, die über nationale und kulturelle Interessen hinausgeht. Die Welt ist tatsächlich unser aller Lebensraum geworden, dessen Beschaffenheit auf jeden Einzelnen zurückwirkt. Diese wahrhaft globale Idee überfordert momentan unsere physischen und seelischen Anlagen noch, aber je mehr wir sie als geistige Realität verinnerlichen, desto eher erreichen wir eine neue konkrethische Lebenspraxis. Auch hier lassen sich wieder

Schillers Gedanken zum Weltverbessern zitieren: „Von der Menschheit – du kannst von ihr nie groß genug denken; / Wie du im Busen sie trägst, prägst du in Thaten sie aus."

Es ist unerlässlich, von der Weltverbesserung die Weltverbesserer zu unterscheiden, zu denen die Medien in den letzten Jahren einige Persönlichkeiten erkoren haben. Die bekanntesten sind wohl Bill Gates, Warren Buffett, George Soros, Bill Clinton, Muhammad Yunus, Al Gore, Kofi Annan und Bono. Da zu ihnen keine umfassenden und unparteiischen Analysen vorliegen, ist es derzeit nicht möglich, ihr Leistungsspektrum im Einzelnen seriös zu bewerten. Sicher jedoch ist, dass jeder von ihnen als Protagonist eines Beitrags gilt, dem weltweite Bedeutung zugesprochen wird. Mit der Nennung dieser Namen wird die Öffentlichkeit, die dem Phänomen der Weltverbesserung großes Interesse entgegenbringt, aufmerksam. Die Notwendigkeit, diesem Ziel zu dienen, steht völlig außer Frage. Die Gefahren scheinheiliger Instrumentalisierung sollte man sich jedoch ebenso bewusst machen. Dabei geht es keineswegs darum, bewundernswerte Leistungen zu diskreditieren. Im Gegenteil: Die tatsächlichen Verdienste sollten einem viel größeren Publikum im Detail vorgestellt werden. Zugleich ist es unverzichtbar, einen genaueren Blick auf philanthropische und humanitäre Aktivitäten zu wagen. Oftmals werden hier die Heiligenscheine verteilt, bevor die Projekte zu Ende geführt sind. Für die Bewertung ist es hilfreich, sich zu vergegenwärtigen, dass auch die gute Tat immer in einem systemischen Zusammenhang steht, der neben dem Offensichtlichen verdeckte Intentionen und Folgewirkungen beinhaltet.

Das meistdiskutierte Beispiel ist Bill Gates und seine Stiftung. Gemessen an den eingesetzten Mitteln und seinem Netzwerk kann man ihn ohne Übertreibung als den weltweit führenden Philanthropen bezeichnen. Insofern erscheint es nicht abwegig, ihn, zumindest was Quantität und Professionalität angeht, als herausragenden Weltverbesserer zu identifizieren. Die Problematik besteht in diesem Fall nicht in den erbrachten Leistungen, sondern in zwei wichtigen Begleiterscheinungen. So hat seine milliardenschwere Stiftung zum Beispiel im Gesundheitswesen weit größere Handlungsspielräume als die Weltgesundheitsorganisation. Eine einzelne Person und ihr Beraterstab können zentrale Gesundheitsentscheidungen mit enormen Auswirkungen treffen. Ob sich die Stiftung für die Aids- oder für die Malariabekämpfung einsetzt, greift fundamental in die Lebensperspektiven von Millionen Menschen ein. Die kontrovers geführte Diskussion dreht sich um die Frage, ob derart gesellschaftlich relevante Entscheidungen von Privatpersonen oder Stiftungen allein getroffen werden dürfen. Es geht also um die Koordination von massiven Hilfeleistungen, die auch sozialpolitische Veränderungen nach sich ziehen. In ihrer bisher unbekannten Größenordnung bedeutet die wunderbare Menschenfreundlichkeit der neuen Philanthropengeneration auch einen enormen Einfluss, der entscheidend sein kann für die Zukunftsfähigkeit eines Landes oder einer Region. Müssen hier nicht neben dem Spender auch Regierungen, internationale Institutionen und unabhängige Fachleute beteiligt werden? Die Tatsache, dass private Organisationen effizienter und unbürokratischer sowie zielgerichteter und unternehmerisch versierter handeln können, spricht für die Logik von Bill Gates. Dennoch bleibt zu klären, ob gesellschaftsrelevante Entscheidungen ab einer bestimmten Größenordnung ganz ohne institutionelle Abstimmungen umgesetzt werden sollten.

Der zweite Kritikpunkt zielt auf die Vermögensanlagen der Gates Foundation und anderer wohltätiger Stiftungen. Die großen unter ihnen verfügen über ein Milliardenvermögen. Nur ein kleiner Teil wird fortlaufend in wohltätige Projekte, der große Rest jedoch zum Erhalt und für die dauerhafte humanitäre Arbeit erfolgsorientiert investiert. An dieser Stelle scheiden sich die Geister erheblich. Geht es bei diesen Vermögensanlagen und Investments um Rendite oder um Ethik? Oft kommt es hier zu der paradoxen Situation, dass Geld in Unternehmen gesteckt wird, die den hehren Zielen der Stiftungen widersprechen. Wenn auf diese Weise Firmen unterstützt werden, die nachweislich Arbeitsrechte missachten, Umweltsünden begehen oder grundsätzlich ihrer sozialen Verantwortung nicht gerecht werden, entsteht ein Dilemma. Ein Fonds profitiert möglicherweise von Preissteigerungen auf dem Nahrungsmittelmarkt, und über die gestiegene Rendite wirkt sich das positiv auf das Anlagevermögen einer Stiftung aus. Gleichzeitig werden aber die Lebensperspektiven von ohnehin schon benachteiligten Menschen dadurch weiter destabilisiert. Das bedeutet, dass die humanitäre Arbeit der Armutsbekämpfung faktisch konterkariert wird. Der systemische Zusammenhang wird offensichtlich. Auf der einen Seite wird Unterstützung gewährt, auf der anderen Seite wird der erwünschte Effekt durch Finanztransaktionen wieder aufgehoben.

Offensichtlich können sich also durchaus positive Intentionen in ihr Gegenteil verkehren. Es ist sicherlich schwierig und wird immer komplexer, auch die Wege des gut Gemeinten bis zum Ende zu verfolgen. Ob Scheinheiligkeit, Vorsatz oder Ahnungslosigkeit – ohne einen distanzierten Blick auf den gesamten philanthropischen Bereich, seine inneren Vernetzungen und die tatsächlichen Auswirkungen bleibt die Beurteilung oberflächlich. Erst wenn der Verlauf einer Unterstützung in seiner konkrethischen Wirksamkeit überprüft werden kann, kommen wir zu validen Urteilen und zu Modellen, die sich in der Praxis bewährt haben. Natürlich gibt es bereits jetzt Stiftungen, die Umweltbewusstsein, soziale Gerechtigkeit und Unternehmensethik als Anlagevoraussetzung in ihre Selbstverpflichtung aufgenommen haben. Insofern wird es in Zukunft leichter, zu vergleichen und den richtigen Weg zu benennen. Derzeit ist es für den normalen Menschen kaum möglich, sich angesichts der verschachtelten Strukturen eine klare Meinung zu bilden.

Noch verwirrender sind Statements des ehemaligen amerikanischen Präsidenten Bill Clinton, der sich nach seiner Amtszeit mit einer eigenen Stiftung unter vollem Einsatz der Philanthropie verschrieben hat. Auch er gehört zur obersten Liga der Weltverbesserer, wenn man den Medien glaubt. Deshalb horchte die ganze Welt auf, als er sein neues Engagement als Möglichkeit definierte, endlich pragmatisch zu handeln.[76] Nach einer achtjährigen Tätigkeit als wohl einflussreichster Mann der Welt kam er zu der enttäuschenden Einschätzung, dass er in dieser Position nicht in der Lage gewesen sei, zur Verbesserung der Welt beizutragen. Die gemeinsame Leistung im Kreise einer Handvoll der weltweit Mächtigsten fasste er ernüchternd zusammen: Man habe lediglich über Dokumente gestritten. Die Bereitschaft, in dieser Offenheit zu bilanzieren, erzeugt Sympathie. Clintons Einschätzung entspricht ohnehin dem Bauchgefühl der meisten Menschen, die vermuten, dass sich das Geschäft der Macht schon lange nur noch um sich selber dreht. War nicht der gesunde Menschenverstand schon lange ein guter Seismograf, um zu ahnen, was kaum jemand in Amt und Würden freiwillig preisgegeben hätte? Die Scheinheiligkeit der meisten Mächtigen liegt nicht nur im Verschweigen der wahren und weitgehend unsichtbaren Gestaltungsräume, sondern vor allem in dem der eigenen Ohnmacht. Wenn aber diejenigen, die durch ihr Amt zur Weltverbesserung auserkoren wurden, vor der Komplexität ihrer Aufgaben längst in die innere Emigration geflüchtet sind, bleibt nur eine erschreckende Schlussfolgerung: Unsere Zivilisation ist führungslos.

Die William J. Clinton Foundation siedelt – aufgrund der Erfahrungen ihres Gründers – viele Projekte bewusst nicht auf Staatsebene an, sondern versucht, Städte und Kommunen direkt miteinander zu vernetzen. Man gewinnt den Eindruck, die Weltverbesserung sei von den obersten Etagen der Macht auf den Boden der Gesellschaft zurückgekehrt. Früher zählten die Globalisierungsgegner zu den schärfsten Kritikern der Clinton-Administration. Mit der Strategie seiner Stiftung nähert sich Clinton ihnen weitgehend an. Der jahrzehntelange Glaube an die Allmacht des Staates verblasst zusehends. Die Vereinten Nationen – einst das Mahnmal globalen Kooperationswillens – scheinen auf Krücken den rapiden Veränderungen und unablässigen Katastrophen hinterherzuhumpeln. Und die mächtigen Konzerne lassen nicht den Willen erkennen, über den Tellerrand der eigenen Profitorientierung hinauszublicken. So rückte das Modell der Zivilgesellschaft mit ihrer nichtstaatlichen, nichtkommerziellen und bürgerbeteiligten Programmatik immer mehr in den Blickpunkt und wurde zu einem pragmatischen Hoffnungsträger. Dass ein US-Präsident nicht im Amt, sondern erst in freiwilliger Selbstorganisation für das Gute eintreten kann, ist eine Schande. Zu Beginn des 21. Jahrhunderts ist die Weltverbesserung alles andere als ein wohlbestelltes Feld der Konkrethik.

Wenn in krisenüberfüllten Räumen Türen geöffnet werden, entsteht ein frischer Wind der Zuversicht. Der ehemalige amerikanische Vizepräsident und Nobelpreisträger Al Gore zog mit seinem Weltbestseller *Eine unbequeme Wahrheit* rund um die Erde, um auf die drohende Klimakatastrophe hinzuweisen. Seine Informationen haben auf breiter Ebene wachgerüttelt und einen medialen Sturm der Aufklärung entfacht. So weit – so gut. Auf der Ahnentafel der Weltverbesserer ist sein Name eingraviert. Dass Herr Gore sechsstellige Summen für seine missionarischen Vorträge bei Verbänden und Unternehmen kassiert, ist vermutlich legitim. Dass Journalisten sich jedoch schriftlich verpflichten müssen, ihn bei diesen Auftritten nicht wörtlich zu zitieren, weckt Zweifel. Es mag sein, dass sich die Reden kaum voneinander unterscheiden und somit ein Geschäftsgeheimnis zu wahren ist. Sich einerseits vehement für das Gute einzusetzen und andererseits die öffentliche Rezeption zu verknappen ist jedoch zutiefst widersprüchlich. Es fällt schwer, in dieser Heldengalerie alles für bare Münze zu nehmen.

Auf der Bühne des Guten habe ich in den letzten zwei Jahrzehnten immer wieder paradoxes Verhalten erlebt. Die Sucht, kleine Projekte mit großen Namen aufzuwerten, ist eine zweischneidige Sache. Sicher ist es sinnvoll, für die humanitäre Arbeit Aufmerksamkeit zu schaffen. Immer wieder jedoch lassen sich Personen aufgrund ihrer Prominenz bereitwillig in Schirmherrschaften und Repräsentanzfunktionen locken, die sie nicht überschauen. Noch immer unterschätzen wir die Droge der Aufmerksamkeit, die gerade im Humanitätsgeschäft seltsame Blüten treibt. Für die Weltverbesserung einzutreten hat die Wirkung eines Diplomatenpasses. Im Namen der richtigen Motive reist man ungestört, es sei denn, Unregelmäßigkeiten werden offensichtlich. Die vermeintliche Uneigennützigkeit schützt vor charakterlichen Kontrollen und ermöglicht Bewegungsfreiheit im Reich der selbst gesteckten Ziele. Im Schlummerland der Wohltätigkeit sind die Hierarchien auf Außenwirkung getrimmt. Ruhm steht über der Macht und Prominenz über dem Vermögen. Die Scheinwelt der Charity und ihr scheinheiliges Esperanto stehen in einem unüberbrückbaren Widerspruch zu den harten Fakten des Elends und zu der Knochenarbeit, ihm Ausdruck und Gehör zu verschaffen. In den exklusiven Wohltätigkeitsveranstaltungen feiert man die eigene Gönnerhaftigkeit und fliegt leichthin über die Abgründe des Schicksals. In den meisten Fällen wäre es unfair, von Heuchelei zu sprechen. An den Quellen des Mitleids entstehen echte Gefühle, die sich im Alltag ins Anonyme verlieren und irgendwann als Kompensationen des eigenen Unbehagens wieder auftauchen. Es tut gut, für das Gute zu sein. In diesem warmen Gedankenbad verdunstet der Unterschied zwischen Verantwortung und Verursachung.

Die gesamtgesellschaftlichen Zusammenhänge und die Einsicht, dass politische und wirtschaftliche Systeme Not erzeugen, fallen in der Regel unter den Tisch des Förderbasars. Das humanitäre Engagement entspringt oftmals einer sehr persönlichen und subjektiven Aufwallung, die auch die Wunden der eigenen Seele oder Eitelkeit kühlt. Paradox wird es, wenn Subjekt und Objekt der Hilfeleistung verwechselt werden. Dann öffnen sich die Schleusen der Instrumentalisierung. Ehemalige Staatschefs, verblassende Stars und lichthungrige Prominenz drängen auf die Feldherrnhügel der Wohltätigkeit und rennen offene Türen ein. In diesen Humanitätsmarathon mischen sich Menschen aus allen Lebensbereichen, um der Festgefahrenheit ihrer Gewohnheiten zu entfliehen und endlich auch die Luft vermeintlicher Celebr023 zu atmen. In der Wissenschaft nennen wir das „demonstrative Wohltätigkeit". Man defiliert unter dem strahlenden Stern der Weltverbesserung. Die Geografie der Ungerechtigkeit bleibt draußen in stockfinsterer Nacht. Machen wir uns nichts vor: Das unverzichtbare Programm der Weltverbesserung wird nicht mit Galas, Kampagnen oder Lichterketten verwirklicht. Es handelt sich um einen mühseligen und arbeitsreichen Umbau der gegenwärtigen Weltverhältnisse. Jede Spende, jedes Friedenskonzert, jedes neue Schulgebäude ist ein Tropfen in einem Strom der Veränderung, aber ohne eine gemeinsame Vorstellung, in welcher Welt wir leben wollen, kreisen wir um die eigene Selbstgefälligkeit.

Auch Milliardäre, Würdenträger und Superstars sind keine Visionäre, die unsere Zukunft vorzeichnen können. Was nun notwendig wird, lässt sich mit Geld nicht kaufen. Die neue Währung ist ein gemeinsamer konkrethischer Geist, der unsere Völker, unsere Kulturen und unsere Organisationen auf ein Ziel hin verbindet. Unsere Lebenswelt bleibt von vielen lokalen Bedingungen geprägt, sodass es lange Zeit dauern wird, bis wir auch in der breiten Mehrheit eine zweite globale Perspektive entwickelt haben. Es ist eine Illusion, diese Mammutaufgabe ohne maßgebliche Beteiligung der Staaten, der Regierungen, der UNO und der bereits dafür geschaffenen internationalen Institutionen umsetzen zu wollen. Die zukünftigen Verhältnisse müssen von oben und von unten realisiert werden. Die weltweite Vernetzung und die Tatsache, dass vom Klimawandel bis zur Armut alles mit allem zusammenhängt, macht es sogar erforderlich, über ganz neue supranationale Organisationen nachzudenken.

Problemfelder, die die Weltgemeinschaft berühren, müssen in speziellen Gremien gelöst werden, die ohne global verbindliche Regelwerke nicht durchsetzungsfähig sein werden. Die Wirksamkeit dieser Metaorganisationen wird davon abhängen, dass die Delegierten repräsentativ ausgewählte Kompetenzträger und nicht bloße Gesandte von Machtinteressen sind. Hier sollten neben glaubwürdigen Vertretern aus Verwaltungen und Regierungen eben auch ausgewiesene Spezialisten aus Nichtregierungsorganisationen, aus Stiftungen, aus der Wissenschaft und den betroffenen Lebensbereichen sitzen, die gemeinsam ein Problem von allen Seiten und in seinen Folgeerscheinungen bewerten können. Auf dieser Ebene Milliardäre, Unternehmer, Topmanager oder Vorbilder des gesunden Menschenverstands hinzuzuziehen erhöht die Effizienz. Dabei geht es nicht um die Schaffung eines Klubs der Weisen oder Erleuchteten, sondern um eine mit rechtlichen Befugnissen ausgestattete globale Institution, die universale Interessen vernünftig vertritt. Im Koordinatensystem nationaler und internationaler Politik bedarf es einer dritten Tangente, die einen vereinten Menschenverstand repräsentiert und ihm zu seinem Recht verhilft. Der Weltsicherheitsrat oder die Weltbank bleiben wichtige Instrumente der Realpolitik, aber ihre Perspektive ist durch strategische Interessen beschränkt.

An dieser Stelle sind neue Bedürfnisvertretungen notwendig, die sachlich und neutral Ursachen- und Lösungsforschung betreiben. Auch die abstrakten Anliegen zukünftiger Generationen oder die Repräsentanz der Milliarden armer Menschen gehören in dieses Aufgabenspektrum. Es wird noch lange dauern, bevor nationale und globale Interessen synchronisiert sind. Aber wenn wir die Notwendigkeit dieses Interessenausgleichs endlich anerkennen, haben wir zumindest eine Skizze unserer zukünftigen Architektur. Die konkrethische Weltverbesserung ist ein universales Projekt, das jeden Menschen auf seine Weise einbezieht. Eine solche Sinngebung ist eine historische Zäsur, denn noch niemals in unserer Geschichte konnten wir für ein Ziel eintreten, das uns alle verbindet. Jede Kultur und jede Religion kann auf ihren Fundamenten an dieser Herausforderung teilnehmen. Die Pflicht, sich zu verwandeln, ohne seinen Ursprung verraten zu müssen, ist unser Ausgangsszenario. Es gibt nichts zu leisten, was nicht schon Einzelne oder Kollektive erfolgreich bewältigt hätten. Insofern gibt es auch Weltverbesserer, aber zu diesem Kreis können wir nur jene zählen, die tatsächlich konkrethisch leben und handeln. Und sei die Spende noch so hoch, das Friedenskonzert noch so inspirierend oder der Mikrokredit eine noch so gute Idee, solange Nebenwirkungen auftreten, die die Ziele konterkarieren, bleiben die Aktivitäten unzulänglich.

Man kann nicht über Weltverbesserung sprechen, ohne die Nobelpreise zu erwähnen. Die wohl wichtigste Auszeichnung der Welt dokumentiert die Gratwanderung zwischen Intention und Wirklichkeit. Schon der Stifter Alfred Nobel erscheint zutiefst widersprüchlich. Als leidenschaftlicher Erfinder von Sprengstoffen widmete er sein Vermächtnis jenen Persönlichkeiten, die der Menschheit den größten Nutzen gebracht haben. Für die Kategorien Chemie, Physik, Medizin, Literatur und Frieden werden die Preise seit dem Jahre 1901 vergeben. Der erste Preisträger für Physik war der deutsche Physiker Wilhelm Conrad Röntgen. Sein revolutionärer Beitrag zur medizinischen Diagnostik ist unumstritten und allgemein einleuchtend. Generell sind in den drei naturwissenschaftlichen Sparten die Leistungen und ihr Nutzenpotenzial relativ klar zu benennen und zu überprüfen. Weit schwieriger ist es, objektive Kriterien für die Nobelpreise für Frieden und Literatur zu finden. Hier bewegt man sich weit stärker auf der Ebene der Interpretationen.

Die Entscheidung Alfred Nobels, diese fünf Preiskategorien auszuwählen und beinahe 95 Prozent seines Gesamtvermögens zu stiften, dokumentierte seinen Wunsch, der Menschheit einen zukunftsträchtigen Dienst zu erweisen. Dass Lebenswerk und Nachlass einander widersprechenden Aktivitäten gewidmet sind, kann in diesem Buch nicht aufgearbeitet werden. Solche wissenschaftlichen Hinterfragungen sollten jedoch stattfinden, da dieser Widerspruch bis in unsere Gegenwart aktuell geblieben ist. Jede Form der Interpretation orientiert sich an ihrer Ausgangsüberlegung und besitzt eine interessengeleitete Imprägnierung. Gerade die Bewertung des Friedensnobelpreises zeigt dieses Dilemma eindrücklich. Einem gesunden Menschenverstand zum Beispiel könnte, abhängig von Herkunft und Kultur, die Verleihung an Jassir Arafat für seine Bemühungen um die Lösung des Nahostkonfliktes außerordentlich zweifelhaft erscheinen. Die Vergabe der Friedenspreise ist zweifellos kompliziert und nicht frei von subjektiven Sichtweisen. Es obliegt allein dem Nobelkomitee, zu entscheiden, aus welcher Perspektive Friedensaktivitäten und Weltverbesserung betrachtet werden. Eine zunehmende Politisierung und die Erzeugung medialer Effekte scheinen auch bei der Preisverleihung an Barack Obama und Liu Xiaobo eingeflossen zu sein.

Nicht nur der Friedensnobelpreis verkörpert eine europäische Weltsicht, auch die Vergabe des Literaturnobelpreises ist abhängig von ästhetischen und kulturellen Präferenzen. Wir haben es also neben Auszeichnungen auch mit Zeichensetzungen und Beurteilungen zu tun, die sehr stark von der subjektiven Weltanschauung geprägt sind. Da die Prioritäten der Weltverbesserung in verschiedenen Kulturen unterschiedlich betrachtet werden, gehören die Vergabekriterien im Sinne ihrer globalen Wirksamkeit auf den Prüfstand.

Mit Alfred Nobels Ansatz wurde vor über 100 Jahren eine gedankliche Zäsur gesetzt, deren Konsequenzen sich auch heute auf das Schicksal der Menschheit auswirken. Jahrtausendelang haben Kriege und bewaffnete Auseinandersetzungen den Verlauf der Weltgeschichte geprägt. Feinde und Feindbilder waren das bestimmende Kontrastmittel nationaler und internationaler Verhaltensweisen. Es ging um geografische Grenzen und vielschichtige Ausgrenzungen zwischen Stämmen, Rassen, Kulturen, Religionen und nicht zuletzt zwischen den Geschlechtern. In diesem antagonistischen Muster wurde der Feind dämonisiert. Die Belange der anderen Seite wurden ignoriert. Die Konzentration auf die eigenen Zielvorstellungen hat kooperative Potenziale zerstört und die Vielfalt möglicher Lebensvarianten gnadenlos reduziert. Es ist entscheidend, uns vor Augen zu führen: Am Baum dieses alten Paradigmas sind die Zweige unserer Zivilisation gewachsen. Vor diesem Hintergrund lässt sich auch das Lebenswerk von Alfred Nobel nachvollziehen. Seine Weiterentwicklung der Sprengstoffe kulminierte in der paradoxen Idee, dass gerade die Erfindung einer extremen Vernichtungswaffe dazu beitragen könnte, die Menschheit vom Krieg abzuschrecken. Diese überwundene Theorie führte dennoch gradlinig zu seinem Vermächtnis, nachhaltig für friedliche und humane Geisteshaltungen und Gestaltungen einzutreten. An dieser Stelle kommt bereits das neue Paradigma zum Vorschein: Nur in der friedfertigen Nutzung unserer Potenziale und Ressourcen ist eine faktische Weltverbesserung möglich.

Heute wissen wir, dass globale Probleme globaler Lösungen bedürfen, die die Gemeinschaft der Nationen nur in ihrer Gesamtheit und ganzheitlich angehen können. Der endlos lange Zerstörungszug der Ausgrenzung ist an seinem Ende angekommen, nun müssen wir dem Stern der Einbindung und der Beteiligung folgen. Für die zukünftige Vergabe der Nobelpreise ist es erforderlich, die Auszeichnungen im Sinne globaler Humanität auszuwählen. Allein der Verweis auf das Vergaberecht einer privaten Institution ist nicht ausreichend, um der internationalen Ausstrahlung und dem notwendigen Fingerspitzengefühl gerecht zu werden. Schon in der Bestimmung der Bewertungskomitees äußert sich die Krux der Fairness und der Chancengleichheit.

Der seit 1969 von der Schwedischen Reichsbank im Gedenken an Alfred Nobel vergebene Preis für Wirtschaftswissenschaften dokumentiert die Problematik. In der öffentlichen Wahrnehmung wird diese bedeutsame Auszeichnung als vollwertiger Nobelpreis wahrgenommen. Das ist leicht nachvollziehbar, da die gleichen Bewertungskriterien zugrunde gelegt werden und die Vergabe in einer gemeinsamen Feierstunde stattfindet. Dieser vermeintlichen Gleichstellung stehen nicht nur einige Nachfahren Alfred Nobels kritisch gegenüber. Auch die Auswahl der Wirtschaftswissenschaften als Kategorie erscheint fragwürdig. Selbst ehemalige Preisträger haben angezweifelt, ob es in diesem Fach überhaupt möglich ist, allgemeingültige Autorität zu erlangen. Im Zusammenhang mit den Finanzkrisen hat sich gezeigt, dass auch die Theorien und Einschätzungen von Preisträgern keineswegs Gültigkeit hatten. Bei der dominierenden Rolle, die die Wirtschaftswissenschaften in der ökonomiegeprägten Welt spielen, hat die reputierliche Aufwer tung der Preisträger überdimensionale Konsequenzen. Ebenso nachdenklich stimmt die Tatsache, dass 46 von insgesamt 67 Ausgezeichneten aus den Vereinigten Staaten kommen und nur zwei nicht zur westlichen Hemisphäre gehören. Vom Zweifel bis zur Bestätigung finden sich gut begründete Texte und Aussagen. Für den normalen Bürger ist eine transparente Einschätzung der Bedeutung und der Konsequenzen der Nobelpreise jedoch nicht möglich.

Seit dem Jahre 1980 gibt es einen weiteren Preis, der sich explizit für die richtige Lebensweise und die Gestaltung einer besseren Welt einsetzt. Der von dem Philanthropen Jakob von Uexküll initiierte *Right Livelihood Award* wurde auch als Alternativer Nobelpreis bekannt. Ursprünglich hatte von Uexküll angeregt, einen Nobelpreis für Ökologie und Entwicklung einzurichten. Dieser Vorschlag wurde vom Vorstand der Nobelstiftung abgelehnt, sodass der Journalist und Philanthrop anfänglich mit eigenen Mitteln diese sehr praxisbezogene Auszeichnung ins Leben rief. Im Mittelpunkt der Ehrung stehen Menschen aus aller Welt, die beispielhaft für die drängendsten Problemlagen praktische Lösungen gefunden und umgesetzt haben. Im Kreis der Preisträger findet man nicht nur Spezialisten, sondern auch viele Generalisten, die ganz im Geist eines gesunden Menschenverstandes handeln. Die gewürdigten Aktivitäten reichen vom Umweltschutz, der Ressourcenschonung, der Bildung und Erziehung bis zum Erhalt der Artenvielfalt, der Armutsbekämpfung und der Menschenrechte. Vier Personen oder Organisationen werden jährlich ausgezeichnet, deren Arbeit nicht durch enge kategoriale Bestimmungen auf einzelne Gebiete festgelegt ist. Auch das allgemeine Recht der Öffentlichkeit, der Right Livelihood Foundation Vorschläge für würdige Preisträger zu unterbreiten, führt im Gegensatz zum Nobelpreis dazu, dass Leistungen entdeckt werden, die ansonsten kaum wahrgenommen worden wären. Auf diese Weise wird Licht in jene Bereiche gebracht, die sonst im Dunkeln verharren. Die Auswirkungen dieser Praxis sind im Vergleich zum Nobelpreis bezeichnend. Es werden überproportional mehr Frauen, mehr Menschen aus verschiedenen Kulturen und Generationen ausgezeichnet. Das Übergewicht westlicher Preisträger wurde zugunsten einer weltweiten Verteilung abgebaut.

Es ist nicht meine Intention, beide Preise gegeneinander aufzuwiegen. Dennoch kommt die praktische Vernunft zu einigen Einsichten: Ein wesentlicher Erkenntnisgewinn ist die Tatsache, dass Preise immer auch Werkzeuge unterschiedlicher Anschauungen und Weltbilder sind.

Die subjektive Selektion erhält am Ende einen gleichsam objektiven Rang. Insofern ist es nicht bloße Polemik, zu sagen, dass der Nobelpreis noch immer im Sinne einer westlichen Vorherrschaft wirkt, während der Right Livelihood Award es bereits geschafft hat, eine globale und konkrethische Haltung einzunehmen. Es verwundert daher nicht, dass beide Preise sehr unterschiedliche mediale und reputable Größenordnungen repräsentieren. Auch hier hat die alte Welt noch immer die stärkere Durchsetzungskraft. Die verstorbene Fernsehkorrespondentin Franca Magnani hat den wunderbaren Satz gesagt: „Je mehr Bürger mit Zivilcourage ein Land hat, desto weniger Helden wird es brauchen." In ihrem Sinne wünsche ich dem Nobelpreis eine innere Restauration und Erneuerung, die bald das gleiche Niveau erreicht wie seine weltweite Wertschätzung. Und dem Right Livelihood Award wünsche ich, dass seine weltweite Beachtung bald genauso groß wird wie seine programmatischen Leistungen.

Weltverbesserung ist weder mit privaten Initiativen noch mit herrschaftlichen Netzwerken umfassend umzusetzen. Erst wenn wir begreifen, dass Weltverbesserung bei uns selbst beginnt und weit über ethische und philanthropische Forderungen hinausgeht, sind wir in der Gegenwart angekommen. Nun gilt es, die Teile und das Ganze zusammenzudenken. Mit diesem konkrethischen Ansatz gewinnen wir den Zugang zu den Wegen, die uns gemeinsam in die Zukunft führen.

Von der Zukunft

Niemand hat jemals verlässlich die Zukunft vorhergesehen, und niemand wird sie jemals voraussagen können. Vor diesem Hintergrund vollmundig über die Zukunft der Menschheit zu parlieren ist nicht nur eine scheinheilige Selbstüberhöhung, sondern eine Versündigung am gesunden Menschenverstand. Zugleich lautet das Fazit einer realistischen Bestandsaufnahme: Würden wir die Anzeichen wahrscheinlicher Zukunftsverläufe ernst nehmen, müssten wir uns auf der Stelle fundamental ändern. Für diese Bereitschaft gibt es zwar immer mehr Beispiele, aber in der Lebens- und Weltgestaltung insgesamt spielt sie eine vollkommen untergeordnete Rolle. Der Begriff der Zukunft bleibt ein Mysterium voller Facetten, die es je nach Verfügungsgewalt erlauben, das Unvorhersehbare im eigenen Sinn zu deuten. Seit Jahrtausenden opfern wir Menschen für Vorstellungen einer Zukunft, die nie eingetreten ist. Im Zeichen dieses Gespenstes wurde für jeden von uns ein Konto auf der Illusionsbank eröffnet. Dort hinterlegen wir unentwegt Hoffnungen, Träume, Spekulationen, um mit den irrealen Zinsen von morgen unsere Enttäuschung von heute zu tilgen. Tim Jackson, britischer Fachmann für nachhaltige Entwicklung, beschreibt die Ausprägung dieses Phänomens in der Konsumgesellschaft: „Und sollten wir diese Sehnsucht jemals vergessen oder preisgeben, steht eine Phalanx gewiefter Werber, Marketingexperten, Investoren und Politiker parat, um uns davon zu überzeugen, Geld, das wir nicht haben, für Dinge auszugeben, die wir nicht brauchen, um Eindrücke, die nicht von Dauer sind, bei Menschen zu hinterlassen, die uns nichts bedeuten."[77]

Statt uns in weiteren Zukunftsschleifen zu verlieren, sollten wir die Frage stellen, wer von diesen abstrakten Spielereien profitiert. Diejenigen, die im Namen der Zukunft unsere Verhältnisse bestimmen und aus vermeintlichen Sachzwängen ableiten, was von uns gefordert wird, verfolgen eigene Interessen. Ob es Regierungen, Konzerne oder andere mächtige Gruppen sind, in der Kolonisierung der Zukunft liegt der einflussreichste Hebel, die eigene Herrschaft zu sichern. Zukunftsentwürfe sind nichts anderes als ein Symptom der Gegenwart. Besonders gefährlich werden sie als Verladebahnhof für Probleme, die je nach Bedarf auf das Abstellgleis zukünftiger Verantwortung verschoben werden. Kaum jemandem ist dieses Hütchenspiel der Mächtigen in

Bezug auf die weltweite Länderverschuldung verborgen geblieben. Allein die USA schieben bald ein unvorstellbares Schuldenpaket von fast 16 Billionen Dollar vor sich her. Die Zukunft wird nicht nur als Goldesel missbraucht, sondern auch als Müllkippe für Kollateralschäden des Eigennutzes und strategisches Versagen. Die damit verbundene Belastung kommender Generationen wird als erdrückende Hinterlassenschaft in die Zeit vorausgeschickt, wo sie irgendwann mit der Gewalt eines Asteroideneinschlags detonieren wird. Das Geschick dieser Bombenbastler, die Sprengsätze von heute erst morgen hochgehen zu lassen, steht in einem eklatanten Missverhältnis zu ihrer Unfähigkeit, die gegenwärtigen Probleme zu lösen. Den meisten Bürgern ist längst bewusst, dass wir schleunigst zu einer realistischen und zeitnahen Behandlung der Probleme der Gegenwart zurückkehren müssen. Was auch immer die Zukunft bringen mag, bedroht ist nicht in erster Linie der Globus, sondern die Menschheit. Und wir verhalten uns wie Alkoholiker, die Geld für eine Lebertransplantation zurücklegen und gleichzeitig weitersaufen.

Selbstverständlich kann man konstruktiv mit dem Begriff der Zukunft arbeiten, wenn Planungen und Wahrscheinlichkeitsberechnungen als seriöse Grundlagen ernst genommen werden. Jeder Mensch und jede Gruppe zieht Ansporn und Energie aus der Beschäftigung mit den Optionen des Möglichen. Warum nimmt stattdessen die Ignoranz gegenüber dem Wahrscheinlichen immer groteskere Formen an? Sowohl die Flutkatastrophen der letzten Jahre als auch die verheerenden Unfälle in Atomkraftwerken waren vorhersehbar, wenn sie auch in den konkreten Fällen alle negativen Erwartungen übertroffen haben. Auf vielen Gebieten stehen uns Vorhersagen zur Verfügung, deren Details vielleicht umstritten sein mögen, deren Grundaussagen über das bestehende Bedrohungspotenzial aber von wissenschaftlicher, politischer und öffentlicher Seite geteilt werden. Kernbereiche dieser ungelösten Szenarien sind die Schuldenexzesse, die Begrenztheit unserer Rohstoffvorräte, die Verschmutzung von Luft, Grundwasser, Flüssen und Meeren, der Wassermangel, die Verwüstung fruchtbaren Bodens, die Klimaveränderungen, das ungleiche Bevölkerungswachstum, der Bildungsmangel und vor allem die untragbare Armut. Die Wahrscheinlichkeit kriegerischer Konflikte um Öl, Wasser und Rohstoffe steigt unaufhörlich. Aussichtslose Lebensperspektiven forcieren den Strom der Flüchtlinge und verstärken die Gefahr der Sklaverei. Krieg, Kriminalität und Terror sind Alltagserscheinungen. Dennoch sind sie in

ihren wirklichen Ausmaßen kaum zu erfassen. Man muss kein Progno-
segenie sein, um vorherzusagen, dass die uferlose Überschreitung von
Konfliktlagen Tumulte erzeugen wird.

Beim Individuum wissen wir, dass hoffnungslose Überforderung zu
Apathie, Depression und suizidaler Gleichgültigkeit führt. Angesichts
der uns umgebenden Irrationalitäten erscheint es unausweichlich, unserer gesamten Zivilisation die gleichen Symptome zu attestieren. Denn
wie naiv muss man sein, um anzunehmen, dass der Lebensstil der
Wohlstandsenklaven in der westlichen Welt, in Teilen Europas, Asiens
und Südamerikas auch auf eine Zahl von neun Milliarden Menschen
übertragbar wäre? Schon jetzt finden kaum mehr als 1,5 Milliarden
Personen Platz an diesem reich gedeckten Tisch.

Auch demografische Vorhersagen zielen in die Zukunft. Aber in Bezug auf die kommenden Jahrzehnte besitzen sie eine hohe Präzision, da
die Berechnungen der Altersstrukturen, der Generationsverteilungen
und der geografischen Auswirkungen mit Fluktuationen von Menschen
arbeiten, die alle bereits geboren sind. Einer meiner Arbeitsschwer-
punkte als Soziologe war der demografische Wandel in Deutschland.
Schon in den 1960er Jahren hat die Wissenschaft darauf hingewiesen,
dass eine akute Altersproblematik ansteht, da im Verhältnis zu den
immer älter werdenden Personen zu wenig junge nachkommen. Die
politischen Repräsentanten waren informiert. Aber erst vor einem Jahrzehnt ist diese Entwicklung ins Licht der Öffentlichkeit gerückt.
Schuldhafte Ignoranz und mangelndes Problembewusstsein haben dazu
geführt, dass mögliche Maßnahmen zu spät und immer noch halbherzig
angegangen werden. Und wir reden hier über eine der führenden Wirtschaftsnationen.

Überalterung – oder besser: Unterjüngung – ist eine Entwicklung,
die sich in allen westlichen Nationen dramatisch vollzieht. Ab einer
bestimmten Wohlstandsschwelle wird sie als massive Dynamik in allen
prosperierenden Ländern eintreten. Wie viel Zukunftskompetenz hätte
man hier erarbeiten können, und welche Chancen hat man achtlos
liegen lassen! Und bei diesen Sachlagen geht es weniger um den mangelnden Blick in die Zukunft als um eine schamlose Ignoranz gegenüber
der Gegenwart und der vorliegenden Basis verlässlicher Aussichten.
Hier wird offensichtlich, dass wir uns nicht nur den konkreten Bedrohungen stellen müssen, sondern auch den Gefahren einer nicht ein-
schätzbaren Verdrängung. Wir leben in sich selbst organisierenden
Systemen. Familien, Unternehmen, Städte und Nationen versuchen,

Fehlentwicklungen durch Rückkopplungen zu kompensieren. Diese Rückkopplungen an sich abprallen zu lassen und die Konsequenzen des eigenen Handelns zu verschleiern widerspricht aller Vernunft.

Die Zukunft ist das Ergebnis unseres gegenwärtigen Handelns. Diese Einsicht wird von einer Fülle von Büchern mit wissenschaftlicher Gradlinigkeit und glaubwürdigen Begründungen bestätigt.[78] Deshalb sollte man diesen Satz nicht als selbstverständlich abtun, sondern ihn an den eigenen Lebensverhältnissen überprüfen. Die Zukunft wird immer wieder neu im Spannungsfeld zwischen Bildungsbereitschaft und Krisenresonanz entschieden. Sie ist das Resultat systemischer Interkonnektivität, und die lässt sich auch von vermeintlichen Riesen im wirtschaftlichen oder politischen Bereich nicht nach eigenem Gutdünken manipulieren. Im Gegenteil: Wer die Zukunft als Schutzbunker der persönlichen Interessen behandelt, macht sich selbst zum Saurier, dessen Schicksal über kurz oder lang besiegelt ist. Eine ethische und humane Forderung, die sich seit Jahrhunderten gegen die jeweiligen Zeiten Gehör verschaffen will, scheint nun endlich konkret zu werden: Der Mensch steht im Mittelpunkt. Gerade das Aufbegehren in arabischen Ländern wird zu einem Vorboten dieses Aufbruchs. Der Wille, sich endlich aus der Umklammerung scheinheiliger Vormundschaft zu befreien, rückt den gesunden Menschenverstand in ein neues Licht. Nicht nur Bienen und Ameisen haben ein gemeinsames Ziel. Gerade die Menschen sind durch die Struktur ihrer Innerlichkeit auf Engste miteinander verbunden.

Solange wir die Kontrolle der Außenwelt anderen überlassen, die nicht die Interessen des Ganzen vertreten, werden wir marginalisiert und gegeneinander in Stellung gebracht. Es gilt, die Fahnen der Empörung zu hissen und unmissverständlich klarzumachen, dass wir uns nicht länger mit Zukunftsillusionen abspeisen lassen. Machen wir uns den Satz von George Bernhard Shaw zu eigen und brechen auf, neue Ufer zu erreichen: „Man gibt immer den Verhältnissen die Schuld für das, was man ist. Ich glaube nicht an die Verhältnisse. Diejenigen, die in der Welt vorankommen, gehen hin und suchen sich die Verhältnisse, die sie wollen, und wenn sie sie nicht finden können, schaffen sie sie selbst."[79]

Trotz solcher wohlklingenden Sätze muss man sich fragen, wer tatsächlich in der Lage ist, sich zu verändern und seine Zukunft in die eigenen Hände zu nehmen. Der Radius des Wandels ist für diejenigen, die in extremer Armut gefangen sind, furchtbar begrenzt. Wenn der einzige Ausweg in einer besseren Zukunft liegt, steckt man bis zum Hals im Elend. Während für die Hungernden schon das Erreichen des Abends eine Herausforderung darstellt, sind die Begüterten und Mächtigen weitgehend mit der Verlängerung ihrer Gegenwart beschäftigt, um keinesfalls ihren Status quo zu verlieren. Es bleiben circa drei Milliarden Weltbürger übrig, die zumindest theoretisch die Chance besitzen, sich in Zivilgesellschaften neu aufzustellen. Gelingt es dem normalen Menschen, allmählich Einsicht in die systemische Vernetztheit des Lebens zu gewinnen, kommt eine unaufhaltsame Transformation in Gang. Dann treten an die Seite der Menschenrechte, die man anderen zu gewähren hat, jene Menschenpflichten, die auszuüben man selbst bestimmen kann. Wer die Folgen seines Nichtstuns abwartet, hat den Löffel bereits abgegeben. Nur wenn wir an der Bestimmung der zukünftigen Ereignisse aktiv teilnehmen, sind wir auf den Zug der Veränderung aufgesprungen.

Die skizzierten Bedrohungspotenziale sind keine zukünftigen Ereignisse, die uns wohlmeinende Politiker und großzügige Industrielle ersparen können. Als medial aufbereitete Horrorszenarien wirken sie wie Rauchbomben, die den Blick auf die Krisenquellen der Gegenwart vernebeln. Der universelle Glaube an Wachstum und Geldvermehrung hat sich zu einem allgemeingültigen Credo verdichtet, ohne das eine Brücke in die Zukunft undenkbar erscheint. Selbst ernsthafte Versuche der Problembewältigung unterliegen der markanten Einschränkung: dass es sich um profitable Lösungen handeln muss. Aber: Das ökonomische Dogma evoziert ein systemisches Desaster. Die Zahl der technisch Möglichen und sozial oder ökologisch machbaren Lösungen wird künstlich auf eine viel kleinere Menge profitabler Alternativen reduziert. Und diese vorsätzliche Verknappung der Auswege dient nur jenem kleinen Teil von Privilegierten, die Zugang zu den sogenannten Märkten haben. Drei Viertel der Menschheit werden durch dieses bewusste Ausschlussverfahren zu einer Secondhand-Existenz verurteilt. In diesem Zusammenhang noch den Begriff der Menschenrechte in den Mund zu nehmen kann nur als Verhöhnung des gesunden Menschenverstands gewertet werden. Lassen wir uns nicht länger hinters Licht führen: Die furchteinflößenden Zukunftsfiktionen sind nichts anderes als ein Spiegel der gegenwärtigen Herrschaftsverhältnisse.

Es handelt sich eben nicht um Sachzwänge, sondern um die Resultate von menschengemachten Entscheidungen – unter weitgehendem Ausschluss der Öffentlichkeit. Die Geißel der Zukunft ist eine Blaupause der Gegenwart. Dies bedeutet, nicht länger statt des angekündigten Guten das konsequent Falsche zu realisieren, sondern das offensichtlich Schlechte und Verhängnisvolle umgehend und konkrethisch abzustellen. In der Beseitigung der Armut liegt in diesem Sinne eine vorrangige Aufgabe. Obwohl die finanziellen, technischen und logistischen Voraussetzungen zur Lösung dieser Problematik im Überfluss vorhanden sind, fehlt zur Umsetzung die Willens- oder die Durchschlagskraft. Ökonomisches Kalkül und moralische Notwendigkeit stehen in einem unausgesprochenen Wettstreit, in dem die Minderheit der Profiteure die Fäden zieht und die Mehrheit mit geldhörigen Zukunftsentwürfen in Schach hält. Das von wenigen Protagonisten betriebene Diktat einer abstrakten und herrschaftsgesicherten Zukunftsimagination entmündigt die Bürger und richtet sich vorsätzlich gegen den im Entstehen begriffenen vereinten Menschenverstand.

Wie wir wissen, ist die Fähigkeit zum Mitgefühl bei den allermeisten Menschen tief verwurzelt und lebendig – und damit auch die Einsicht in gegenseitige Abhängigkeiten. Diese gemeinschaftliche moralische Grundlage wird durch eine profitorientierte Logik ständig und bewusst unterlaufen. Das Abschließen von Wetten auf die Zukunft in der Finanzwirtschaft ist ein Beleg für die völlige Ausschaltung der Verantwortung. Solange wir im Meer des Nichtwissens einigen egomanen Kapitänen das Ruder überlassen, bleibt die geistige Sklaverei selbst gewählt. Unsere Hoffnung auf Zukunft wird zweckentfremdet, um uns an der Nase herumzuführen. Wenn wir wirklich etwas ändern wollen, für uns selbst und die uns umgebenden Kreise, liegen die Angriffsflächen einzig und allein in der Gegenwart.

Die Gemeingüter dieser Welt, von den Bodenschätzen bis zur Bildung, gehören allen Bewohnern dieses Planeten. Solange sich die Eigentumsrechte aus struktureller Machtaneignung und monetärer Verfügungsgewalt ableiten, bleiben mehr als fünf Milliarden Menschen ausgeschlossen. Die Ausweglosigkeit ihrer Zukunft wird dadurch verschleiert, dass der Begriff der Globalisierung suggeriert, wir würden in einer Welt leben. Das ist formal richtig, steht jedoch in krassem Widerspruch zu den weit auseinanderliegenden Lebensbedingungen. Für große Teile der Weltbevölkerung unterscheiden sich die Umstände ihres Alltags wenig von Zeiten, die andernorts 200 bis 300 Jahre zurückliegen. Solange rund 2,6 Milliarden Menschen alltäglich ihre Notdurft in Eimern, Plastiktüten, auf Äckern oder öffentlichen Plätzen erledigen müssen, wirken futuristische Hochglanzszenarios wie Smart Cities oder Cyberintelligenz unerträglich zynisch.

Noch ist die eine Welt nicht die Realität. Sie muss erst gedacht und gewollt, erkämpft und schrittweise realisiert werden. Noch sind wir in einer unüberschaubaren Vielfalt unterschiedlicher, miteinander vernetzter Welten gefangen, die jede für sich einen Weg in der Gegenwart finden muss. Gemeinsam können wir die Verantwortung übernehmen, um diese vielen kleinen Schritte zu befördern. Noch gibt es eine kleine Gruppe von Herrschenden und ein Massenheer von Untertanen. Für die einen ist die Weltraumforschung von konkretem Zukunftsinteresse, für die anderen ist es die Frage einer verfügbaren Toilettenspülung. Die Zukunft steckt zwischen beiden Extremen. Zwischen Eigennutz und Nächstenliebe, zwischen Skrupellosigkeit und Verantwortung, zwischen Gier und Weitsicht müssen wir einen neuen Schritt in der Zivilisationsentwicklung meistern. Der latente Krieg, der in der Gegenwart wütet, liegt in der gewaltigen Diskrepanz unterschiedlicher Lebensqualitäten. Um diesen fatalen Irrweg zu verlassen, müssen wir unser Denken verändern. Die Bereitschaft, sich immer weiterzuentwickeln, sich als Teil unterschiedlicher Systeme zu begreifen, Urteile zu fällen und Entscheidungen zu treffen, dokumentiert den Wandlungswillen. Hektische und insulare Aktivitäten, deren Folgen wir nicht überschauen, erzeugen Unvorhersehbarkeit und Abhängigkeit. Jeder Krieg, jede Katastrophe und jede Krise schafft neue Feindschaften, die eine friedlichere Koexistenz in der Zukunft belasten.

Nach menschlichem Ermessen sind in den kommenden Jahrzehnten immense Auseinandersetzungen vorgezeichnet, die durchaus auch offene Kriege einschließen. Zugleich wartet die gesamte Menschheit auf ein Zeitalter der Eintracht. Seit ewigen Zeiten besteht der Traum einer Welt ohne kriegerische Konflikte. Der indische Literaturnobelpreisträger Rabindranath Tagore sah schon vor Jahrzehnten, dass sich in der Stärke der Waffen die Schwächen der Menschen zeigen. Jahrtausende der Feindschaft sind jedoch nicht einfach abzuschütteln. Sehnsüchtig erwarten wir ein neues, universelles System, das für alle gültige moralische Werte vereinbart. Ein vorstellbares Fundament für die Zukunft wäre ein konkrethisches Manifest. Keineswegs nur als Bereitschaft zur Problemlösung oder als Abrechnung mit der Vergangenheit, sondern als höchste Form des gegenseitigen Zuhörens und Verstehens. In diesem Sinne liegen in der Vergebung und Versöhnung die größten Zukunftskompetenzen. Einen spektakulären, geradezu historischen Versuch haben wir mit der südafrikanischen Wahrheits- und Versöhnungskommission vor Augen.

Ideale Befriedung wird es im menschlichen Zusammenleben wohl nie geben, und eine Verankerung der Versöhnungsbereitschaft im gesunden Menschenverstand kann weder verordnet noch zwanghaft erzeugt werden. Aber eine wertorientierte Mehrheit, die sich als Akt der Freiheit und der Mündigkeit vollzieht, kann Berge versetzen. Diese individuelle und universale Tugend ist stärker und verbindender als alle Herrschaftsansprüche. Sie bedarf des Mutes und der Zivilcourage und ist das signifikanteste Zeichen eines Neuanfangs. Nur ein Chor versöhnungsbereiter Völker kann die Stimmen der Machthaber und Vorteilsnehmer übertönen und den Reflex der Rache, der Skrupellosigkeit und des Größenwahns überlagern.

Leichter gesagt als getan – darum brauchen wir konkrethische Ziele. Am Prozess der europäischen Einigungsversuche oder der eklatanten Fehlschläge, die Finanzkrisen zu lösen, erkennen wir die Problemvielfalt. Die Schwäche des Europamodells liegt nicht allein in der bürokratischen Komplexität, sondern vor allem in der arroganten Verweigerung der Gestalter, den Menschenverstand der Bürger ernst zu nehmen und endlich aufzuhören, über deren Köpfe hinweg eigene Ziele zu verfolgen.

Versöhnung bedeutet, nach der Wahrheit hinter den Worten zu suchen und sich selbst einzugestehen, wie fehlerhaft wir handeln. Ohne eine Versöhnung mit sich selbst bleibt auch der Wunsch nach Versöhnung mit anderen eine Illusion. Vor diesem Hintergrund wird das zutiefst toxische Wirken der Scheinheiligkeit deutlich. Immer wieder Ankündigungen aus dem Hut zu zaubern, ohne sie umzusetzen, ist eine selbstmörderische Zerstörung aller Vertrauensgrundlagen. Blicken wir hinter die Kulissen, schauen wir dem Gegner ins Auge! Nichts wäre jetzt schädlicher als scheinheilige Versöhnung. Je mehr Menschen von den Gemeingütern dieser Welt profitieren, desto vehementer entziehen wir die Zukunft den selbstsüchtigen Spekulanten.

Über die digitale Sinnflut

Während wir bei biologischen oder philosophischen Themen auf gesicherte oder bewährte Maßstäbe zurückgreifen können, etabliert sich die virtuelle Welt erst seit zwei Jahrzehnten. Mit dem World Wide Web hat der Mensch etwas geschaffen, das sich in seiner Wirkung jenseits seiner Vorstellungskraft bewegt. Die gigantischen Ausmaße technischer Informationsverarbeitung lassen eine neue Welt erahnen, in der die Benutzung an die Stelle der Schöpfung tritt. Wir sind ins Neuland katapultiert worden und können keinen Aristoteles, keinen Leonardo da Vinci und keinen Einstein mehr zurate ziehen, um uns hier zu orientieren. Wir sind auf uns selbst gestellt und benutzen eine neue Logik, die Wahrheit aus Zahlen extrahiert. Diese epochale Zäsur ist jedoch keine gedankliche oder kämpferische Transformation des Bewusstseins wie die Französische Revolution und die Aufklärung, sondern sie vollzieht sich als radikale Umprogrammierung unserer Lebenspraxis. Das Phänomenale an diesem lautlosen Umsturz ist die Leichtigkeit, mit der man sich in dieser jungen Welt bewegen kann.

Der Zugriff auf die technisch erzeugten Vorteile ist in Anwendung und Praxis so überzeugend, dass nur in der kritischen Reflexion Zweifel zum Vorschein kommen. Die Bedenken entstehen im Vergleich mit alten Prägungen. Je größer die Distanz zur Technik, desto gravierender sind die Zweifel und umgekehrt. Die mit dem Internet aufgewachsenen Generationen verhalten sich in der virtuellen Welt schon heute wie Einheimische. Die anderen Nutzer sind je nach Intensität Dauergäste, Touristen oder ewig Fremde. Schon in zwei Jahrzehnten werden die digitalen Lebensgewohnheiten flächendeckend so selbstverständlich wie das Sprechen einer Sprache sein. Es ist unverzichtbar, kritisch zu reflektieren, was dies bedeutet, um die Schwelle ins 21. Jahrhundert zu überschreiten. Der Sinn dieser Reflexionen liegt nicht darin, die Zukunft vorherzusagen, sondern sich darin zu üben, mit dem Unvorhersehbaren umzugehen.

Da uns für diese Situation der Präzedenzfall aus der Vergangenheit fehlt, hat es wenig Sinn, prophylaktisch in Kassandrarufe zu verfallen. Für den Kontext des vorliegenden Buches sind in erster Linie zwei Fragen interessant: Kann es so etwas wie einen digitalen Menschenverstand geben? Und: Fördert die Virtualität die Scheinheiligkeit? Nun ist es leicht, sowohl das eine wie das andere zu behaupten, und ebenso einfach, es zu bestreiten. Für beide Einschätzungen findet man genug Belege und Argumente. Es handelt sich um die überkommenen intellektuellen Spiele und geistigen Trockenübungen, die uns zwar beschäftigen, aber nicht weiter bringen. Ein aufrichtiger Ausgangspunkt lautet so: Ich kann die Frage selber noch nicht beantworten. Deshalb entwickle ich aus der Fülle des vorhandenen Materials vorerst nur einige Reflexionen. Jahrtausendelang haben die Menschen mit Argumenten und der Kraft ihres Geistes versucht, sich gegenseitig zu überzeugen. Es entstanden Philosophien, Konzepte und Technologien, um der eigenen Überzeugung Ausdruck und Nachdruck zu verleihen. Nun scheint es gelungen zu sein, den menschlichen Geistesapparat selbst zu erweitern: unseren Mund und unsere Ohren mit Handys, unsere Augen mit Webcams und unser Gedächtnis mit Suchmaschinen. Die Technik nimmt Einfluss auf die Gestaltung unserer Weltbilder und drängt die Argumente in den Hintergrund. Die Technik selbst hat begonnen, unsere Lebenswelt zu entwerfen. Niemals in der Geschichte der Menschheit hat es ein Projekt gegeben, an dem sich Milliarden Menschen freiwillig beteiligt haben, so wie wir es jetzt in der digitalen Welt erleben. Nähern wir uns einem demokratischen Ideal, das virtuell mehr Menschen beteiligt, als dies durch traditionelle Kommunikation jemals möglich gewesen wäre? Oder sind wir alle Flüchtlinge aus der realen Welt und träumen die technisch erzeugte Vision eines kollektiven Gehirns, das einige Computertycoons entwickelt haben?

In der Verschmelzung von Mensch und Computer zu einem gemeinsamen Informationssystem steckt auch der Traum von der Überwindung des Todes. Das Wissen der Menschheit in eine globale Computerbibliothek zu laden, auf die wir jederzeit und von überall aus Zugriff haben, schafft eine neue virtuelle Realität. Mit Blick auf die bisherige Konstitution des Menschen ist die Gefahr nicht von der Hand zu weisen, dass wir in diesem Universum zu Lemmingen werden, deren Verhalten von außen gesteuert wird. Was bedeutet es, dass die neue Technologie in den Räumen des Militärs erfunden wurde und die herrschenden Konzerne von wenigen Personen dominiert werden? Bietet die virtuelle Welt nicht viel einfachere – technische – Möglichkeiten, Macht auszuüben, als dies in der Vergangenheit jemals möglich gewesen ist? Die Zeit der subtilen Manipulation scheint überwunden, wenn ich Systeme mit staatlichen, unternehmerischen oder technologischen

Mitteln einfach abschalten, aussetzen oder neu konfigurieren kann. Oder wenn Hacker Systeme kurzerhand lahmlegen können.

Die Verheißungen der virtuellen Zukunft reichen von der digitalen Erlösung des Menschen bis zu seiner endgültigen Versklavung. Die Visionen mäandern zwischen dem Internet als einem kollektiven Weg zu Wissen und Wohlstand für alle bis zur Deutung als größte Müllkippe der Welt. Was immer es auch derzeit sein mag – angesichts der Endlichkeit unserer natürlichen Ressourcen wird die Technologie zur unverzichtbaren Produktionsquelle neuer Lebensgrundlagen. Vielleicht haben wir unsere Außenwelt schon so sehr abgegrast, dass die Lösungen nur noch in neuronalen und digitalen Windungen zu finden sind. Die ständige Entwicklung neuer Software lässt sich auch als intuitiver Versuch verstehen, das Wunder unseres Gehirns in einer parallelen Welt nachzubauen. Auf welcher Höhe wir uns auf diesem Weg befinden, kann niemand sagen. Ob wir jemals dort ankommen, ist ebenso unklar. Wir wissen nur: Mit dieser Technologie haben wir einen Stein ins Rollen gebracht, den wir nicht mehr anhalten können. Das ist unser Dilemma.

Was aus vertrauten Konzepten wie dem Individuum, der Zwischenmenschlichkeit oder der Nationalität angesichts der technischen Umwälzungen wird, ist schwer zu sagen. Geradezu absurd scheint jedoch, welche Rolle die Werbung derzeit in der digitalen Ökonomie spielt. Die geniale oder teuflische Idee, Menschen und Werbung miteinander zu vernetzen und abzugleichen, macht die digitalen Systeme zu Brutstätten der Scheinheiligkeit. Die Bereitschaft der User, die Grenzen ihrer Privatsphäre aufzugeben, führt unter den neuen technischen Bedingungen zu einer viel detaillierteren persönlichen Rückverfolgung, als der Schutz der Privatsphäre dies jemals verhindern könnte. Die intime Enthüllung meiner persönlichen Verhältnisse vor einer anonymen Öffentlichkeit kehrt als eine digital verarbeitete Angebotskartografie zu mir zurück. Plötzlich bin ich mit einer von außen vermessenen Persönlichkeit konfrontiert, die Aspekte meines Verhaltens auf eine Weise subsumiert, wie sie mir niemals vorher zur Verfügung gestanden haben. Dass andere mir aufgrund quantitativer Berechnungen erzählen, wer ich bin, erscheint aus traditioneller Sicht als Angriff auf die persönliche Freiheit. Wir haben es hier aber nicht mit religiöser oder ideologischer Manipulation zu tun, sondern mit strategischen und kommerziellen Interessen, die für Kundendaten jene gigantischen Beträge zahlen, die benötigt werden, um die Server zu unterhalten. Kann es ein, dass dieses ganze monströse virtuelle Universum nur dazu dient, Kunden zu werben, Kunden zu binden, um Geld und Macht zu generieren? Oder rückt diese Betrachtung nur eine Seite des digitalen Vexierbildes ins Bewusstsein, die lediglich ein Spiegelbild überholter Denkstrukturen ist?

Der normale Menschenverstand schöpft aus den Quellen der Intuition und der Gefühle. Für den digitalen Menschenverstand ist dieses Reservoir nicht zugänglich. Um in der virtuellen Welt zu navigieren, bedarf es der technischen Kompetenz, Systeme mit nicht einsehbaren Kontrollräumen zu steuern. Hier vollzieht sich die Entwicklung des Menschen nicht mehr von innen, sondern von außen. Es handelt sich um eine Erfahrungstechnologie. Unser gesamtes Alltagsleben wird immer flächendeckender von der Computertechnik durchdrungen. Nahezu 40 Milliarden Geräte sind bisher mit dem Internet verbunden. Sie alle sind über Funk oder Glasfaserkabel miteinander vernetzt. Diese Verbindungen werden über annähernd 10.000 Supercomputer hergestellt, die unbemerkt hinter den Kulissen agieren. Jeder Anruf, jeder Fingerklick, jede Anfrage geht in dieses von Menschen gemachte digitale Supergedächtnis ein. Die ins Unermessliche steigenden Speicherkapazitäten machen es möglich, die Daten unseres Lebens zu sammeln und zu kategorisieren. So hinterlassen wir im Netz eine digitale Spur, die zu einem immer präziseren digitalen Profil zusammenwächst.

In einem unablässigen Strom von Datenhochrechnungen entsteht ein Schattenriss unserer Persönlichkeit, der vorgibt, wer wir sind und wohin wir wollen. Dieser Schatten berichtet im Voraus über mögliche Erkrankungen, unser Engagement am Arbeitsplatz, mögliche Kündigungsabsichten, unser Bewegungsverhalten, über unsere Vorlieben im Allgemeinen und im Speziellen. Um angesichts dieser ungeheuren Quantifizierung unserer persönlichen Eigenarten einen digitalen Menschenverstand zu entwickeln, reichen Bauchgefühle und Basiswissen längst nicht mehr aus. Wir haben lebenslang geatmet, ohne uns diesen Vorgang ständig bewusst zu machen. Mit dieser wunderbaren Selbstvergessenheit können wir uns der virtuellen Technik jedoch nicht zuwenden, ohne endgültig unseren Geist an andere abzugeben. Ein digitaler Menschenverstand braucht eine Profimentalität, die den Alltagshorizont überschreitet. Seine Privatsphäre, die es zu schützen und zu erkunden gilt, ist der neuronale Raum und das eigene Denken, lange bevor etwas messbar wird. Wie das Wissen von außen immer tiefer in den Menschen eindringt, so müssen wir nun immer tiefer in uns selbst eindringen, um unsere Identität zu bewahren und die Regie über das eigene Leben zu behalten. Wie ein gesunder Menschenverstand spürt, wo die Grenzen zwischen uns und den anderen Menschen verlaufen, so müsste ein digitaler Menschenverstand lernen, die Grenze zwischen Technik und Mensch zu ziehen.

Noch bündelt die virtuelle Welt nicht jene Potenziale, die notwendig sind, um die Weltgesellschaft als Ganzes zu synchronisieren. Die sammelwütige Dynamik der Datenanhäufung entspringt vielmehr ökonomischen Interessen. Man lockt in die Tempel der Gratisökonomie, um die so gewonnenen Kundendaten und Werbeprofile meistbietend zu nutzen oder zu verkaufen. Der Eintritt ist frei, aber anschließend gibt es kein Entkommen. Schon heute übersteigt der Umsatz der digitalen Wirtschaft die Marke von zehn Billionen Dollar.

Der gläserne Kunde ist die Einlösung eines alten kommerziellen Traums. Der gläserne Freund ist die zeitgeistige Variante eines scheinheiligen Etikettenschwindels. Wir müssen eine Situation verstehen lernen, in der aus technischer Innovation und geschäftlichem Kalkül gemeinschaftserzeugende Abfallprodukte entstanden sind, die unser Zusammenleben fundamental verändern können. Neben der Geografie unserer Städte und Länder haben wir nun auch die Möglichkeit, neue Netzwerke und virtuelle Interessengemeinschaften aufzubauen, die die bisherigen Möglichkeiten unserer Zugehörigkeit sprengen. Mit der computergestützten Geselligkeit erhalten Gruppen und Generationen die Option, sich quer zu den traditionellen Verbindungslinien zu verknüpfen. Gerade für Jugendliche ist die Attraktivität enorm, um der meist konventionellen Welt der Erwachsenen zu entfliehen. In den sozialen Netzwerken wird der Traum technisch realisiert, die Einsamkeit zu überwinden und ohne Unterlass die Möglichkeit zum Austausch zu finden. Wie in einem digitalen Billardspiel läuft die Kugel der Kommunikation immer über die Bande der Technik, die ihrerseits das Geschehen kontrolliert. Der Nähe suggerierende Austausch von ganz persönlichen Bildern und Ansichten schafft quasi freundschaftliche Verbindungen – und öffnet zugleich das Höllentor, die intimen Botschaften gegen die Versender zu verwenden. Die Spielidee von *Second Life*, in einer virtuellen Welt aufzugehen, war nicht bloß ein Unterhaltungsprogramm, sondern der erste Vorführraum jener Welt, die uns in der digitalen Zukunft immerfort zur Verfügung stehen wird. Es stellt sich schon längst nicht mehr die Frage, wie wir auf die Virtualisierung reagieren, sondern wie wir uns in dieser zweiten Wirklichkeit verhalten.

Die Menschen sind Beziehungsmanager geworden, die nun in den Dimensionen *online* und *offline* existieren. Mit einem Klick kann ich entscheiden, in welcher Welt ich mich bewegen will. Die neue Option zu wählen bleibt nicht ohne Konsequenzen. Einerseits suggeriert sie die Freiheit, in der Welt nach Belieben zu *surfen*, andererseits bekommt das digitale Abziehbild der eigenen Persönlichkeit eine Eigendynamik, die kaum kontrollierbar ist. So rauschen ein inneres und ein äußeres Ich durch eine reale und eine digitale Welt, wobei die letztere immer mehr Dominanz gewinnt. Besitzt unser Gehirn die Fähigkeit zu vergessen, bleibt dem Internet auf unabsehbar lange Zeit alles verfügbar. In der Durchlässigkeit unseres Gehirns steckt die archaische Kraft, sich immer wieder unvorbelastet der Zukunft zu stellen. In der algorithmischen Zementierung unserer Vergangenheit hingegen werden wir zum Opfer unserer vermeintlich unabänderlichen Unzulänglichkeit. Das technisch erzeugte Ich schwingt sich zu einem fremden Herrn im eigenen Haus auf. Wollen wir diese Tyrannei der Speichermedien, oder kämpfen wir für die Gnade des Vergessens?

Die Klarheit der dinglichen Welt ruft wehmütige Gedanken hervor. Ob man stolpert oder sich stößt, man kann die Dinge einschätzen. Im Digitalen dagegen haben Mutmaßungen und Vermutungen eine bestimmende Funktion erlangt. Die digitalen Berechnungen sind darauf ausgerichtet, herauszufinden, was die Menschen interessieren könnte. Aus unzähligen Verhaltensmustern werden Angebote und Einschätzungen konstruiert, die zwar berechenbar sind, aber nicht unbedingt zutreffend. Als maschinenlesbare Pünktchen flimmern wir über die Radarschirme von Jägern und Sammlern. Im militärischen Jargon sind wir zu beweglichen Zielen mutiert, die vermeintlich gewaltlos zum Abschuss freigegeben sind. Computer sitzen über uns zu Gericht und bestimmen das Ausmaß des Schattenrisses. Dabei geht es nicht nur um lukrative Angebote, sondern auch um potenzielle Einschätzungen unserer Kreditwürdigkeit, unserer Verhaltensmuster und unserer Lebenstauglichkeit. Der Mensch ist nicht nur zum Kunden mutiert, er hat sich an Bord unbemannter Herrschaftsmaschinen begeben, die mit ihren allwissenden Bordcomputern nicht nur Wünsche simulieren, sondern bereits die Absichten vorzeichnen. Es kann nicht mehr lange dauern, bis wir unser Leben von der virtuellen Stange kaufen können. Und wer sich entzieht, der erfährt von seinem digitalen Doppelgänger, wie sein Verhalten bewertet wird. Vor diesem Hintergrund scheint es an der Zeit, das endgültige Löschen von Daten als Menschenrecht ins Auge zu fassen.

Um bisher den Menschen zu verstehen, hat es Familie, Freunde oder Psychologen, Ärzte, Geistliche und zuweilen auch Heiler gegeben. Diese analoge Wahrnehmung vollzog sich mehr oder weniger auf Augenhöhe. Die digitalen Menschenleser jedoch sind Maschinen, programmiert auf eine unentwegte kommerzielle Rasterfahndung. Ihr Auftrag lautet: Kontrolle um jeden Preis, und ihre Effektivität entspringt einem gesichtslosen Automatismus. Die gigantische Sammlung persönlicher Daten steht jedoch nicht unter der Aufsicht einer digitalen Öffentlichkeit, sondern ist das Eigentum privater Unternehmer und sie umgarnender Investoren. Das Internet mag als kostenloses Kino zur Selbstbelustigung daherkommen, aber es liegt auf privaten Servern, driftet durch private Leitungen und befördert private und unternehmerische Interessen. Es geht um Geld, um viel Geld, auch um virtuelles Geld. Denn Geld zu kassieren für eine Leistung, die andere erbringen, gehört zu den Gepflogenheiten des neuen Vermutungsgeschäfts.

Warum zahlen Investoren Milliardenbeträge für scheinbar unscheinbare technische Lösungen? Warum glauben User in den Netzwerken gigantischer Konzerne, sie seien Mitglieder einer verschworenen Community? Niemals in der Geschichte der Menschheit hat es Konzernstrukturen gegeben, die das Wissen über Menschen in einer Weise kontrollieren konnten, wie das heute bereits der Fall ist. Wenn wir von zwei Königskindern dieser Branche hören, sie täten nichts Böses, sind Zweifel angemeldet. Wenn Gelegenheit keine Diebe mehr macht, dann hat sich über Nacht eine Moralisierung des Menschen vollzogen, die mir bis jetzt verborgen geblieben ist. Ein gesunder Menschenverstand tut sich schwer mit der Hoffnung, dass ein Konzern wie Google mit einem Umsatz von 29 Milliarden Dollar im Jahre 2010 idealistische Ziele verfolgt. Daten und Gedanken verkommen vielmehr zur reinen Handelsware.

In welchem Verhältnis stehen die analogen und digitalen Kulturen zueinander? Haben wir es mit zwei verschiedenen Weltanschauungen zu tun, die gerade um die Vorherrschaft kämpfen? Unsere Zivilisation basiert auf Rechtssystemen, die dort, wo sie funktionieren, eine weitgehend gelingende Lebenspraxis möglich machen. Die Organisation der Rechtsprechung und Gesetzgebung vollzieht sich größtenteils in langwierigen, personalisierten und nationalen Prozessen. Eine schlichte Übertragung in die digitale Welt ist unmöglich. Das Netz ist schnell, anonym und global. Wo beispielsweise technische Dienstleistungen aus weit entfernten Ländern in Anspruch genommen werden, gestaltet sich der Schutz der Urheberrechte enorm kompliziert. In der Theorie sind kommunikative Freiheit und das Recht auf Vernetzung universale Werte – sowohl von traditionellen Tugenden als auch von digitalen Heilsversprechen. In der Praxis bedürfen beide Welten jedoch eines je eigenen rechtlichen Rahmens, um der hier wie dort grassierenden Dominanz der Stärkeren Einhalt zu gebieten.

Wenn wir alle in die Falle ideologischer Scheinheiligkeit tappen, wird sich die digitale Sinnflut als die nächste Stufe des weltumspannenden Krieges entpuppen. Wenn die Freiheit der einen die Unfreiheit der anderen bedeutet, wird die Digitalisierung zum perfidesten Herrschaftsinstrument der Menschheitsgeschichte. Nicht die Entwicklung der Technik markiert die größte Entwicklungszäsur unserer Zeit, sondern die Frage ihrer sozialen Aneignung. Ziehen wir uns in unsere digitalen Schneckenhäuser zurück und lassen den Interessencliquen, der Intransparenz und der Vermarktungslogik ihren Lauf – oder entwickeln wir den gemeinsamen Willen, das Internet als Beginn einer globalen Netzwerkdemokratie zu begreifen, die es zu implementieren gilt? Noch wird die digitale Welt von ihren Gegnern und ihren Befürwortern als ideologischer Kampfplatz bespielt, um analoge Vorteile bei der Machtzentrierung zu gewinnen. Es ist nicht die Technik an sich, die uns gerecht werden kann, wir selbst müssen die gestalterische Hoheit zurückerobern, um sie uns endlich dienstbar zu machen. Der herrschende Wahn, Lebenssinn in ökonomischen Zielen zu verankern, hat unseren Blick getrübt. Während sich die äußere Welt in Lichtgeschwindigkeit verändert, hinkt unsere innere Befindlichkeit in Zeitlupe hinterher. Zum jetzigen Zeitpunkt sind wir nichts anderes als Bildungsbanausen, die ihre eigenen Fähigkeiten nicht mehr koordinieren können.

Im Cyberspace ist alles zu haben, vom Karneval bis zum Krieg. Schuldige und Unschuldige, Täter und Opfer bevölkern einen globalen Marktplatz, der von der Befreiung des Geistes bis in die tiefsten Niederungen des Vulgären und Kriminellen reicht. In dieses unvorstellbare Universum eine vorstellbare Ordnung bringen zu wollen ist ein hoffnungsloses Unterfangen. Allein schon die Begriffe unserer Ordnungsvorstellung wie Freiheit, Gesetzmäßigkeit oder Aufsicht zerschellen am Felsen der digitalen Entscheidungsfindung. Die elektronische Automatik springt zwischen Ja und Nein hin und her. Die Berechnung von

Gerechtigkeit zum Beispiel liegt außerhalb der Möglichkeiten des Systems. Deshalb sind es am Ende doch wieder Personen oder Gremien, die letztgültige Entscheidungen treffen müssen. Die Diskussionen über mögliche Weltnetzaufsichtsbehörden oder Instanzen digitaler Rechtsprechung sind längst entbrannt. Der Kampf um die digitale Vorherrschaft wird aber immer noch in den altbekannten Strukturen feudaler Vorrechte ausgetragen. Seien es kommerzielle, unternehmerische oder politische Interessen – auch in einer Welt, die man nicht versteht, will man vorne sitzen. Neu ist nur, dass hinter dem altväterlichen Vorhang der Macht weitgehend unbekannte Gesichter auftauchen, die sowohl für die großen Internetkonzerne die Programme schreiben als auch aus einer anonymen digitalen Elite hervorgehen. Es ist naheliegend, auf dieser Ebene der Innovationstreiber jene Führungsfiguren auszumachen, die in Zukunft eine wegweisende Rolle spielen werden.

Die Durchdringungskraft der digitalen Möglichkeiten ist tiefgreifend und umfassend. Vor allem im Begriff „Cyberkrieg" offenbaren sich neue Frontlinien, die Hacker und Programmierer zum Zünglein an der Waage machen. Mit Würmern, Viren und Trojanern, mit spezifischer Schadsoftware dringen sie in Computersysteme ein und sorgen für Systemabstürze. Von der Raffinerie bis zum Kernkraftwerk, von Regierungen bis zum Finanzwesen können computerbasierte Manipulationen zu ernsten Katastrophen führen, die unvermittelt als Überraschungsangriffe aus dem Nichts erfolgen. Es ist eine unbequeme Wahrheit, dass wir einerseits nicht mehr ohne Computer leben können, sich andererseits jedoch so viele Sicherheitslücken öffnen, dass wir mit digitaler Verwundbarkeit als Dauerzustand rechnen müssen. Im Onlinehandel und bei digitalen Bankgeschäften werden so viele Milliarden bewegt, dass bereits einzelne Fehler schwerwiegende globale Auswirkungen haben können. Die medialen Schlachten um Wikileaks haben bewiesen, wie kompliziert es ist, das öffentliche Interesse an relevanten Vorgängen auszumachen. Geheimnisenthüllung und Sicherheitsmaßnahmen erfordern unterschiedliche Betrachtungsweisen, die sich nicht auf einen Nenner bringen lassen. Wir sind im Bauch des digitalen Wals gefangen, und während wir uns noch zu orientieren suchen, hat er längst neue Gewässer erreicht. Es mag sein, dass wir uns auf ein rettendes Ufer zubewegen. Ebenso möglich ist es jedoch, dass wir in der absoluten Tyrannei stranden.

Schon bald wird die Menschheit das Internet als selbstverständlichen Teil der Realität empfinden. Noch verweisen die Generationszugehörigkeit und die gesellschaftlichen Zugriffsmöglichkeiten auf den Grad der Verinnerlichung. Ältere und sporadische Nutzer sind aufgrund der offensichtlichen Gefahren logischerweise besorgt. Das war nicht anders bei der Erfindung der Druckerpresse oder der Einführung des Autos. Das Neue ist immer erst einmal eine Überforderung, an die wir uns gewöhnen müssen. Für die jüngeren Generationen, die mit der digitalen Welt aufgewachsen sind, ist diese schon selbstverständlich. Die alltägliche Verwendung einer immer weiter ausgreifenden Technik wird unsere Gehirne verändern. Der Neurobiologe Gerald Hüther hat unsere Aufgabe sehr klar benannt. Es geht nicht darum, zu verstehen, „wie das Hirn funktioniert, sondern darum, sein Hirn zu benutzen, um zu verstehen, wie das Leben funktioniert."[80] Die vordringliche Funktion unseres Gehirns ist es, immer wieder unsere innere Ordnung aufrechtzuerhalten beziehungsweise wiederherzustellen. In diesem Sinne bedarf es der unentwegten Konsolidierung, um von außen kommende und sich im Inneren ausbreitende Störungen auszugleichen. Neu auftauchende Inhalte und ihre Folgen passen nicht zu unseren tradierten Weltbildern. Deshalb liegt unsere Herausforderung darin, die technische, digitale und lebenspraktische Globalisierung in unserer Innenwelt mit neuen Bildern wiederzugeben.

Was dies für einen gesunden und vereinten Menschenverstand bedeutet, bringt das folgende Credo Hüthers auf den Punkt: Es geht um den „Versuch, eine gemeinsame, für alle Menschen und alle Gemeinschaften unterschiedlichster Herkunft und unterschiedlichster Entwicklungsstandards gleichermaßen gültige und attraktive Vision zu schaffen, ein sich global verbreitendes und im Gehirn aller Menschen verankertes inneres Bild zu erzeugen. Ein Bild, das zum Ausdruck bringt, worauf es im Leben, im Zusammenleben und bei der Gestaltung der Beziehungen zur äußeren Welt wirklich ankommt: auf Vertrauen, auf wechselseitige Anerkennung und Wertschätzung, auf das Gefühl und das Wissen, aufeinander angewiesen, voneinander abhängig und füreinander verantwortlich zu sein."[81] Insofern ist es irreführend, zumindest in absehbarer Zeit, von einem digitalen Menschenverstand zu sprechen. Es ist der gesunde Menschenverstand, der in die Lage versetzt werden muss, adäquat mit der Digitalisierung umgehen zu lernen. Das Spiel des Lebens wird nicht virtuell, sondern weiterhin geistig entschieden.

Natürlich besteht die Gefahr, dass die verführende Kultur der Vielfalt des Internets uns in ein Zeitalter der Mittelmäßigkeit zwingt. Die neuen thematischen Auswahlkriterien beruhen auf dem quantitativen Diktat des Interesses und der Empfehlung. Die sozialen Netzwerke sind Neigungsmedien, was sie zu potenziellen Brutstätten der Scheinheiligkeit macht. Umso mehr müssen wir unseren Verstand nutzen, um dem entgegenzuwirken. In Familie, Schule, Bildung und lebenslanger Lernbereitschaft stecken die konkrethischen Potenziale, um nicht im Strom der Sinnflut unterzugehen. Wir stehen an der Schwelle, den Computer nicht mehr als Werkzeug, sondern als Verlängerung unserer Sinnesorgane anzunehmen. Auch im Autoverkehr haben wir uns an die Navigationssysteme gewöhnt. Es mag sein, dass wir schon in einigen Jahren technische Körperimplantate verwenden, die uns als Informations- und Kommunikationsassistenten dienen. Der eine oder andere wird bei diesem Gedanken noch schaudern. Aber jahrtausendelang hätte auch die Vorstellung, ein Herz zu verpflanzen, großes Unbehagen ausgelöst.

Die technischen Möglichkeiten sind nur ein Aspekt des Wandels. Die Vernetzung selbst führt uns in neue Nachbarschaften mit anderen Menschen. Die Chance, neue Gemeinschaften zu bilden, ja virtuelle Nationen aufzubauen, lässt am Horizont die Weltgesellschaft greifbar erscheinen. Allein Facebook bildete im Jahre 2011 mit 750 Millionen Mitgliedern eine größere Gemeinschaft als die Europäische Union. Wenn es uns gelingt, die neuen Möglichkeiten für ein gemeinsames Ziel zu nutzen, hat auch ein gesunder Menschenverstand seine zeitgerechte Aufgabe erhalten. Diese Veränderungen sind zweifellos anspruchsvoll. Aber wer heutzutage noch ins Leben wie in einen Bus einsteigen will, darf sich nicht wundern, irgendwo zu landen, wo er niemals hinwollte. Vernünftiges Verhalten bedeutet in diesem Zusammenhang, sich selbst zu verändern, sein Gehirn zu trainieren, für seine Rechte zu kämpfen und einzutreten. Der verstorbene Schöpfer des Apple-Universums, Steve Jobs, hat uns trotz der ihm attestierten klirrenden Gefühlskälte in seiner berühmten Stanford-Rede eine wunderbare Botschaft hinterlassen: „Eure Zeit ist begrenzt, lebt nicht das Leben eines anderen. Habt den Mut, eurem Herzen und eurem Gefühl zu folgen. Alles andere ist nebensächlich. Bleibt hungrig. Bleibt tollkühn."[82]

Insgesamt scheinen die Bedrohungen und Gefahren emotional und faktisch größer geworden zu sein. Zugleich ist auch das Gegenteil möglich: auf zivilisatorische Höhen zu steigen, die für unsere Vorfahren undenkbar waren. In welche konkrethische Richtung wir uns bewegen, entscheidet nicht die Technik. Das tun allein wir.

Von Gott

Kann man auf der Suche nach einem gesunden Menschenverstand Antworten finden, ohne über Religion zu sprechen? Zwar wird die Anzahl Gläubiger unterschiedlich geschätzt, offensichtlich ist jedoch, dass die Religiosität für eine überragende Mehrheit der Menschheit eine wesentliche Rolle spielt. Laut der *Encyclopedia Britannica* rechnete man im Jahre 2010 mit etwas mehr als sechs Milliarden religiösen gegenüber knapp 800 Millionen nichtreligiösen Menschen.[83] Kein anderes Thema besitzt eine vergleichbar tiefgreifende Verankerung in der inneren und äußeren Welt wie die Religion in ihren unterschiedlichen Ausprägungen – nicht nur historisch, sondern auch aktuell. Wie auch immer diese im Einzelnen aussehen mögen, die spirituelle Sphäre ist für jeden Menschen prinzipiell zugänglich. Milliarden Menschen haben seit Urzeiten selbstverständlich ihren Glauben gelebt. Dass diese gemeinsame Quelle immer wieder auch zum Kampfplatz grausamer Auseinandersetzungen wurde, ist hinlänglich bekannt. Und mit weiteren Kriegen zwischen religiösen Interessengruppen ist zu rechnen. Auf der anderen Seite steht eine ungeheure, bisher nicht genutzte Ressource: die allgemeine Sehnsucht nach Zugehörigkeit. Diese im Sinne eines gesunden Menschenverstandes weiterzuentwickeln gehört zu den wichtigsten Herausforderungen unserer Zeit.

Bedeutung und Vielfalt der spirituellen Erkundungen der Menschheit überschreiten den Rahmen des vorliegenden Buches. Ich möchte das Thema deshalb an dieser Stelle lediglich aus meiner eigenen Perspektive anreißen. Als zeitlebens gottgläubiger Mensch, der dennoch immer auf der Suche gewesen ist, habe ich den Radius meines Glaubens mittlerweile ausgelotet: Durch Prüfung meiner katholischen Wurzeln, die Beschäftigung mit anderen Religionen und die Gespräche mit Zweifelnden habe ich zu einem spirituellen Kosmos gefunden, der sich am gesunden Menschenverstand orientiert. Seit Menschengedenken gibt es die Frage nach Gott oder dem Göttlichen als Schöpfer, als Schöpfung und als Universalität. Diese Vorstellung des Göttlichen als Grundlage und Ziel des Seins oder als höchstes Bewusstsein ist mein Fundament. Dieser Glaube ist organischer Bestandteil meiner seelischen und geistigen Beschaffenheit sowie meiner natürlichen Zugehörigkeit. Durch dieses Empfinden fühle ich mich mit Vorfahren, Zeitgenossen, zukünftigen Menschen und der Natur verbunden. Dieser Gottesglaube ist von Freiheit geprägt, denn es gibt keinen Zwang, ihn zu befolgen. Man ist frei, zu zweifeln, zu suchen oder sich anders zu entscheiden. Dass der überwiegende Teil der Menschheit zu allen Zeiten um die Frage nach Gott kreist, ist kein Beweis für eine überirdische Existenz, aber ein untrügliches Zeichen für die Notwendigkeit einer Praxis der Sinngebung. Natürlich muss man zwischen der Auffassung des Glaubens, dass Gott die Schöpfung hervorgebracht hat, und dem naturwissenschaftlichen Bemühen, die Entstehung der Welt zu erklären, klar unterscheiden. Beide Formen der Wahrnehmung können und sollen nicht miteinander konkurrieren. Wenn der Glaube beweisen würde, wäre er kein Glaube mehr, und wenn die Wissenschaft alle Rätsel unserer Existenz lösen könnte, hätten wir bereits eine höhere Stufe der Weisheit erklommen.

Schauen wir uns Interpretationen von Gott an, sehen wir, dass sie als menschliche und kulturelle Erklärungsversuche immer ihren Ausgangsideen folgen und den eigenen Glaubensansatz bestätigen. Das Unerklärliche, unsere menschliche Existenz Übersteigende gerät dabei allzu oft in den Hintergrund. Das Unbeweisbare beweisen zu wollen ist jedoch so zwecklos wie der Versuch, die Zeit einzufrieren. Das Abenteuer des menschlichen Lebens liegt in der Suche nach einem sinnvollen Weg durch das Unerklärbare. Glaube, Liebe und Vertrauen sind die rettenden Fallschirme in unserem Gepäck, die uns erlauben, mutig weiterzufliegen. In der Verbundenheit mit Gott als erste und höchste Instanz werden wir frei von den irdischen und unzulänglichen Herrschaftsbestrebungen anderer Mächte. Eine Weltgesellschaft kann sich nur von innen heraus entwickeln. Alle Versuche politischer, institutioneller oder gesetzgeberischer Intervention von oben werden an der Fülle der kulturellen Unterschiede scheitern. Was kann das universal gelebte Prinzip, dass der Glaube Berge versetzt, anderes bedeuten, als sich der Kraft der Liebe anzuvertrauen? Es ist leicht, diese Metapher als naiv abzutun. Unsere Erfahrung zeigt jedoch, dass wir in der individuellen wie in der globalen Wirklichkeit nur im Wirkungsfeld der Liebe glückbringenden Frieden erlangen, der die Menschen in ihrer Gesamtheit umgibt. Gott ist mir als grenzenloser Horizont dieser Liebe gegenwärtig – und somit auch als Schlüssel zur Wirklichkeit. Ich bin überzeugt, dass Gott in allem Seienden präsent ist, und deshalb habe ich die Hoffnung, dass lernbereite Religionen Seine Allgegenwärtigkeit auf ihre je eigene Weise zum Menschen tragen.

Im Glauben und in der Liebe offenbaren sich originäre Verbindungen, die den Menschen als dialogisches und relationales Wesen ausweisen. Das gegenseitige Angewiesensein manifestiert sich bei jeder Geburt. Ehe, Familie und Freundschaften verdeutlichen dieses Prinzip der Zuwendung. Aber auch in den gegenteiligen Verhältnissen, die von Feindschaft, Ablehnung oder Hass geprägt sind, kommt die Liebe als Mangel zum Vorschein. Auf der Ebene der Versöhnung kann das zerrissene Band wieder zusammengefügt werden. Im göttlichen Wesenskern der Liebe liegt die zentrale Einsicht, dass Lebenssinn und Vollendung nicht aggressiv durchsetzbar sind, sondern nur in der aufrichtigen Anerkennung der Andersheit der Mitmenschen. In der Rückbindung an Gott sind wir Teil eines universalen Zusammenhangs, der jeden Menschen einbezieht. Darüber hinaus auch noch wählen zu können, das macht uns zu Teilhabern der göttlichen Freiheit. Es liegt in der Natur des Menschlichen und damit auch in der des Glaubens, unsere Daseinsbedingungen nicht vollständig aufklären zu können. Aber wem es gelingt, dieser Unerklärbarkeit mit Ehrfurcht zu begegnen, der respektiert das Geheimnisvolle in allen Dingen. Mit dem Glauben wird man in jeder Beziehung in die Lage versetzt, auch das Unerklärbare zu akzeptieren. Der paradoxe Versuch einiger Menschen, sich selbst als höchste Instanz zu etablieren, wirkt vor dem Hintergrund all der ungelösten Rätsel und unserer unleugbaren Begrenztheit anmaßend und scheinheilig. Illusionäre Selbstüberhöhungen finden jedoch erfahrungsgemäß im gesunden Menschenverstand wenig Resonanz.

Jeder Mensch kann glauben, was er will. Auf den historischen und aktuellen Landkarten des Glaubens ist jedoch eindeutig festgehalten, dass annähernd 70 Prozent der Menschheit ein auf das Göttliche bezogenes Weltbild besitzen, fast 90 Prozent sind im weiteren Sinne religiös. In den monotheistischen Religionen, also bei Christen, Muslimen und Juden, die fast 55 Prozent aller Gläubigen ausmachen, gilt Gott als Schöpfer, Richter und Vollender. Für sie ist Gottes Wirklichkeit unstrittig, aber auch die Einsicht, dass Er die menschliche Vorstellungskraft übersteigt. Selbst im Hinduismus, an den immerhin fast 14 Prozent glauben, gibt es hinter den vielen Göttern und naturgewaltigen Himmelswesen jenen Weltengrund *Brahman*, der als das göttlich Absolute gilt. In den traditionellen chinesischen Religionen finden wir keinen Gottesbezug, aber sehr wohl eine Auseinandersetzung mit der Ewigkeit und den dominierenden Kräften der Natur. Auch im alten chinesischen Weltbild gibt es den Himmel als Ort der Ahnen und der

Götter. In der Fülle unzähliger weiterer religiöser Gruppierungen – beispielsweise Jainismus, Shintoismus oder Bahai – versucht der Mensch sich immer wieder in der universalen Anonymität zu verorten. Insofern ist jeder Glaube auch ein Interpretationsmodell, um trotz Endlosigkeit und Grenzenlosigkeit eine Heimat zu finden. Was für historische Perspektiven würden sich eröffnen, wenn alle Gläubigen ihren Argwohn gegeneinander überwänden!

Die Religionen ergründen schwerpunktmäßig die innere Welt. Gerade der Buddhismus sucht Wege zur inneren Erleuchtung, um die aus äußerlichen Verstrickungen hervorgerufenen Leiden zu überwinden. In allen religiösen Bestrebungen wirkt eine praktische Vernunft, die in der Ungewissheit nach einem lebbaren Grad der Gewissheit sucht. Dass diese selbstverständliche Wahrheitssuche in verschiedenen Zeiten, Regionen und Kulturen unterschiedliche Wege der Verwirklichung eingeschlagen hat, ist einleuchtend. Dieses grundlegende Anliegen des Menschen ist aber seit über 2.000 Jahren in die Mühlen der Herrschaftsaneignung geraten. Glaubensinhalte sind als geistiges Eigentum zum Spielball widerstreitender Interessen gemacht worden. Die Allmachtsansprüche religiöser Institutionen und ihrer irdischen Vertreter haben eine blasphemische Ausgrenzungspolitik hervorgebracht, die auch den Krieg als Mittel der Missionierung nutzt. Wenn Atheisten und Ungläubige angesichts der religiösen Verheerungen nicht nur an den Repräsentanten, sondern grundlegend an der Existenz Gottes zweifeln, überrascht das kaum. Demgegenüber steht die Tatsache im Raum, dass Milliarden Menschen seit Tausenden von Jahren beten, glauben und sich dem Unerklärbaren anvertrauen. Noch so brillant geschriebene Texte, die den Tod Gottes verkünden, wirken vor diesem Hintergrund kümmerlich. Der Gottesglaube liegt weit außerhalb jeder Beweisbarkeit und jeder noch so streitbaren Diskussion. Daher verweisen auch diese legitimen Mutmaßungen nur auf eigene Unzulänglichkeiten und auf in der Suche begründete Zweifel. Gott braucht uns sicher weniger als wir ihn.

In den prophetischen Religionen oder in der Antike war klar, dass das Göttliche die wahre Wirklichkeit darstellt. Das irdische Leben erschien demgegenüber als Schatten- oder Scheinwelt. Diese Ansicht hat sich infolge der Aufklärung, vor allem im Verlauf des 20. Jahrhunderts, in den Wohlstandsländern immer mehr ins Gegenteil verkehrt. Hier dominiert mittlerweile eine Wirklichkeitsdefinition, die ökonomisch, pekuniär, wissenschaftlich und konsumistisch geprägt ist. Die Sphäre

Gottes gerät immer mehr in den Hintergrund oder in Verdacht, lediglich eine Projektion, eine Ideologie oder Illusion zu sein. Daneben ist auch jene Mentalität weit verbreitet, die Gott in die Privatsphäre verbannt, während im alltäglichen Leben berechenbare Vorstellungen den Ton angeben. Am Ende zeichnet sich die gefährliche Alternative ab: Gott oder Geld. Die Entwicklung, dass Geld zu einer Art Gottes- oder Religionsersatz geworden ist, scheint in aller Welt weit um sich gegriffen zu haben. Der Mammon als Glücksverheißung ist das dominierende Motto im ersten Teil des 21. Jahrhunderts. Die globale Ansicht, Geld regiere die Welt, wird wohl von fast jedem Erdenbürger bestätigt.

Mag auch die Naturwissenschaft noch um die Weltformel ringen, in der wirtschaftlichen Realität ist sie längst gefunden worden. Die damit verbundene Herrschaft der materiellen Welt über die inneren Dimensionen des Menschen widerspricht nicht nur einem gesunden Menschenverstand, sondern jahrtausendealter Philosophie und Ethik. Der unheilvolle Wettbewerb zwischen materiellen und geistigen Lebensanschauungen verursacht den größten Wertediebstahl in der Geschichte der Menschheit. Mit einem winzigen Wissensanteil das unendliche Universum des Nichtwissens steuern zu wollen ist absurd. In seinem Größenwahn krönt der Mensch sich selbst zum Schöpfer und offenbart so die Quelle aller Scheinheiligkeit. Und so verheerend die Resultate dieses Größenwahns auch sind, Ignoranz und Anmaßung scheinen unaufhaltbar zu sein. Da *religio* erst einmal nichts anderes bedeutet als „Rückbindung", ist es dringend geboten, dass wir uns mit aller Ernsthaftigkeit unserer innerlichen Verankerung zuwenden.

In der neueren Religionswissenschaft ist man auf der Suche nach den Quellen der menschlichen Religiosität. Obwohl die Ergebnisse noch vorläufig sind, lässt sich der Glaube als ein natürliches menschliches Bestreben auffassen. So hat man zum Beispiel die gesellschaftlichen Folgen des größten Vulkanausbruchs der letzten zwei Millionen Jahre vor rund 73.000 Jahren auf der Insel Sumatra analysiert.[84] Nach hohen Todesraten und extremen Verwüstungen konnten neue religiöse Denkmuster nachgewiesen werden. Die Überlebenden orientierten sich sowohl an der übernatürlichen Intuition von Kindern als auch an der Vorstellung strafender Götter. Angesichts der übermenschlichen Kräfte, die hier am Werke waren, entwickelten sie, wohl zum ersten Mal, Verhaltensregeln der Kooperation, die ihr Überleben sicherten. Ergänzt wird die Vermutung einer natürlichen Veranlagung zur Religiosität durch die Ergebnisse der Entwicklungspsychologen, die den Glauben bei Kindern nicht als Lernergebnis, sondern als angeborene Fähigkeit identifizierten. Ob man tatsächlich von einem angeborenen Gottesinstinkt sprechen kann, wage ich nicht zu behaupten. Bei einer Vielzahl von Menschen, denen ich überall auf der Welt begegnet bin, und bei mir selbst meine ich eine solche Anlage allerdings zu erkennen.

Auch evolutionsbiologisch muss man von einem Überlebensvorteil durch den Glauben ausgehen, da anders die Bereitschaft zu religiösen Prüfungen, Einschränkungen und Ritualen kaum erklärbar ist. Der materielle Vorteilsaspekt spielt im religiösen Denken keine Rolle. Die Zugehörigkeit zu einer Religionsgemeinschaft fordert im praktischen Leben viel größere Investitionen, als sich kurzsichtig amortisieren lassen. Damit betreten wir eine Sphäre des Spirituellen, die sich der umfassenden Erklärbarkeit unter rationalen Bedingungen entzieht. Sie gehört zu den fundamentalen Geheimnissen des menschlichen Seins und markiert, solange Gottes- und Menschenliebe die bestimmenden Triebfedern sind, ein Terrain des Heiligen. In dieser innerlichen Welt gibt es keinen Lohn für das eigene Handeln, sondern eine lohnenswerte Heimat, die uns immer wieder verpflichtet, dem Geschenk des Lebens durch eine gebende Grundhaltung gerecht zu werden. Wie immer man diesen Kern des Menschlichen auch bezeichnen mag, die meisten Erdenbürger empfinden ihn als gottbezogen. Mag diese Einsicht auch manchen Menschen verborgen bleiben, die Botschaft von Liebe und Vertrauen als Existenzgrundlage für uns alle steht außer Frage. Diesen Instinkt materialisieren zu wollen oder ihn mit der äußeren Welt gleichzuschalten ignoriert die Tatsache, dass der Kosmos und das Leben unendlich größer sind als wir selbst. Es ist hoffnungslos, den Glaubensgraben mit Erkenntnissen zuschütten zu wollen. Und dem gläubigen Menschen fällt es leichter, diese Tatsachen mit Demut anzunehmen.

Ludwig Wittgenstein schrieb 1916 in einem Tagebucheintrag, dass man den Sinn des Lebens und der Welt Gott nennen könne. Diejenigen, die dieses Gefühl und diesen Glauben nicht besitzen, haben das Recht, darüber zu streiten. Wittgensteins Einschätzung jedoch, dass, selbst wenn alle wissenschaftlichen Fragen beantwortet wären, unsere Lebensprobleme damit keineswegs gelöst seien, kann niemand abstreiten. Der Glaube ist eine Grenzüberschreitung in ein spirituelles Gebiet, das sich irdischer Beschreibungskunst weitgehend verschließt. Seine unsichtbaren Konturen mit den Farben unserer Vorstellungskraft auszumalen ist wie der Versuch, die Sterne vom Himmel zu holen. Nur in der Allgegenwärtigkeit Gottes fügt sich unsere Existenz in einen universalen Zusammenhang, in der jede Tat, jedes Wort, jede Freude und jeder Schmerz Spuren hinterlässt. Ansonsten wären wir trotz unserer Individualität wie Schneeflocken in einem sinnlosen und gleichgültigen All, das uns evolutionär, chemisch und hormonell durcheinanderwirbelt.

Stellen wir uns vor, wie lächerlich es wäre, wenn Gott und Glaube Illusionen wären. Milliarden von Menschen beteten ins Nichts, hätten umsonst gelitten und geopfert. Millionen von Geistlichen in allen Religionen hätten ihr Leben auf dem Holzweg verbracht. Kirchen, Tempel und Moscheen wären nichts als Litfaßsäulen falscher Annahmen. Der Koran, die Bibel und andere zentrale religiöse Texte erwiesen sich als bloße Trivialliteratur. Abraham, Buddha, Jesus, Konfuzius, Krishna, Moses und Mohammed wären nur Prophetenschauspieler gewesen, die die Menschen an der Nase herumgeführt hätten. Natürlich kann man all das behaupten, wenn man sich religiös ungebunden fühlt. Aber es gibt für diese Thesen nicht nur eine Grenze der Pietät, sondern auch eine der Vernunft. Zu behaupten, dass Mehrheiten automatisch im Recht seien, wäre zu kurz gegriffen. Die Geschichte hat dies immer wieder widerlegt. Aber eine jahrtausendealte Entwicklung der Menschheitskultur und Weisheit, die in allen Zivilisationen von einer überzeugenden Mehrheit der Menschheit getragen wurde, lässt sich nicht mit ein paar Argumenten zu kollektivem Wahn erklären.

Der Evolutionsbiologe Richard Dawkins wird als Galionsfigur der Gottlosen oder auch als Papst der neuen Atheisten wahrgenommen. Seine außergewöhnliche intellektuelle Kompetenz steht außer Frage. Was aber nichts daran ändert, dass seine Religionskritik den Bogen überspannt. Provokativ beginnt er seine Lesungen häufig mit dem Passus: „Der alttestamentarische Gott ist einer der unangenehmsten Charaktere der Literaturgeschichte. Eifersüchtig und ungerecht, ein Rassist, Schwulenhasser und Kinderkiller, ein übler Korinthenkacker, Megalomane und ethnischer Säuberer."[85] Die Gleichsetzung der Gläubigen mit Terroristen und Schwerkriminellen ist das eine, das andere ist die damit verbundene pauschale Diffamierung, die sie leichtfertig als Mittäter der behaupteten Verbrechen diskreditiert. Solche Äußerungen sind ähnlich irritierend, wie die verletzenden Mohammed-Karikaturen zu feiern. Die gegen Gott und Glauben Opponierenden haben am Ende ein starkes Argument: Wie kann ein allmächtiger Gott es zulassen, dass so viel Leid, Unheil und Grausamkeit geschieht? An dieser Stelle berühren wir den Komplex des Paradoxen. Einem Gott, an den man nicht glaubt, vorzuwerfen, er sei für das Böse verantwortlich, ist, gelinde gesagt, ein Widerspruch. Gott erst ins Reich der Literatur zu verbannen und ihm dann doch ungerechtes Wirken anzulasten ist ein unzulässiger Taschenspielertrick.

Solange wir versuchen, diese Paradoxie mit dem Verstand zu überwinden, stoßen wir an die Grenze unserer Möglichkeiten. Unsere innere, seelische und neuronale Welt geht jedoch offensichtlich weit über den Radius unseres rationalen Fassungsvermögens hinaus. In diesem Universum liegt unser menschliches Vermögen, das nicht mit den Kriterien der Außenwelt gemessen werden kann. Wir können uns diesem immer weiter nähern, ohne eine Ahnung zu bekommen, wo es endet. Bis auf weiteres leben wir in diesem Stadium des Miteinanders mit dem Unfasslichen. Einer der international bekanntesten Hindus und ein großer spiritueller Lehrer Indiens, Sri Sri Ravi Shankar, sagt: „Aber natürlich ist Gott stets derselbe, egal, wie wir ihn nennen. Er ist omnipräsent. Er zeigt sich in der Schöpfung und in jedem Menschen, auch in Ihnen und in mir. Die äußeren Erscheinungen mögen unterschiedlich sein, aber die innere Essenz ist gleich."[86] Man kann diese Sichtweise ablehnen, man kann sie sogar hassen, aber es ändert nichts an ihrer Stichhaltigkeit. In Gottes Allmacht sind wir selbstverantwortliche Wesen, die ihr Schicksal in den eigenen Händen halten. Unsere innere Verfassung strebt dabei nach höheren Bestimmungen, um die wir immer wieder kämpfen müssen. Gott für das Versagen der Menschen und auch seiner Institutionen verantwortlich zu machen ist so kleinmütig, wie dem Regen die Schuld für Nässe zu geben. Scheinheilig wird es, wenn wir so tun, als könnten wir das Unerklärbare erklären. Glaube und Wirklichkeit sind zwei unterschiedliche Existenzformen, die sich gegenseitig durchdringen. Sie gegeneinander aufzuwiegen heißt, beide zu zerstören. In ihnen das Gemeinsame zu suchen bedeutet, dem Leben gerecht zu werden.

In der Konfrontation mit anderen haben wir so viele Kriegsszenarien geschaffen, dass sie uns zu überrollen drohen. Die Friedensbemühungen in der materiellen Realität sind nicht erfolglos geblieben, aber sie betreffen nur einen kleineren Teil der Weltgemeinschaft. Erschwerend tritt hinzu, dass neben der physischen Gewalt auch die ökonomischen, kulturellen, religiösen und umweltbedingten Grabenkämpfe ein riesiges Heer von Opfern nach sich ziehen. Diese ausgrenzende Entwicklung befördert eine interkulturelle Vergiftung, die das Trennende zum Prinzip erhebt. Blicken wir auf die ethischen Prinzipien der Weltreligionen, erkennen wir durchaus einen idealtypischen gemeinsamen Kern: Neben der berühmten goldenen Regel, dass jeder so handeln solle, wie er selbst behandelt werden möchte, haben sie den Schutz der Schwachen, die Bewahrung der Natur und eine gegenseitige Toleranz gemein. Was daraus in der Wirklichkeit geworden ist und wie wir uns rückbesinnen können, ohne die Zukunft aus den Augen zu verlieren, ist eine konkrethische Herausforderung. Dabei dürfen wir nicht übersehen, dass selbst eine humane Grundforderung wie die Ehrfurcht vor dem Leben in den einzelnen Religionen und Kulturen durchaus unterschiedlich ausgelegt wird. Universale Wertigkeiten sind in unterschiedliche Wahrheiten eingegangen, die man nicht einfach generalisieren kann.

Es gibt keine Grundlage und keine Berechtigung für eine allgemeingültige Entscheidung, wie ein Weltethos oder eine globale religiöse Botschaft beschaffen sein sollte. Es bleibt nur der interreligiöse Dialog, der dazu beitragen kann, die Verschiedenheiten anzunehmen und sich über die Gemeinsamkeiten zu verständigen. Wer eine unveränderbare Ursprungsmoral postuliert, verkennt die zyklische Dynamik des Lebens und endet zwangsläufig in der Diskussionsverweigerung. Die irdischen Repräsentanten der Religionen sind keine göttlichen Stellvertreter, die die Wahrheit für sich gepachtet haben. Im besten Falle können sie Vorbilder im Handeln sein. Solche Arbeiter des Glaubens finden wir überall auf der Welt – aber leider auch jene, die ihren Auftrag instrumentalisieren, mit der Religion Politik betreiben und die eigene Sicht zum Gesetz erklären. Dieser Missbrauch von Abhängigen ist scheinheilig und hat durch die Jahrhunderte hindurch eine breite Spur der Verwüstung hinterlassen. Wer Gott mit dem Schwert vertreten will, hat sich in Wahrheit von ihm abgewandt. Und wer hofft, Gott werde die schwarzen Schafe in Schutzhaft nehmen, täuscht sich selbst.

In der Überlieferung verkörpert Abraham den ersten Menschen, der an einen einzigen allumfassenden Gott glaubte. Christen, Muslime und Juden ehren ihn als den Stammvater ihrer Religion. Die Hälfte der Menschheit preist seinen Namen noch heute im Gebet. Dennoch ist er zum Spielball unterschiedlicher Interpretationen geworden, und jede der drei monotheistischen Religionen erhebt Anspruch auf sein Erbe. Wann werden die Gläubigen und ihre Vorbeter in der Lage sein, sich auf die gemeinsamen Wurzeln zu besinnen? Auch die wichtigsten Propheten – Jesus, Mohammed und Moses – waren streitbare und konsequente Charaktere, deren Ziele große Gemeinsamkeiten aufwiesen: die

Hingabe an einen einzigen Gott, die Nächstenliebe, das Eintreten für Gerechtigkeit und Solidarität. Aber schon in den eigenen Glaubensgebäuden tobt ein immerwährender Kampf um die „richtige" Auslegung. Für katholische, evangelische oder calvinistische, für jüdisch-liberale und orthodoxe, für sunnitische und schiitische Vorstellungen liegt das Plateau der Gemeinschaftlichkeit noch in weiter Ferne. Der normale Mensch hat es schwer, in diesen Tumulten ein Zeichen der Versöhnung und Hoffnung zu entdecken. Gäbe es jedoch nur eine einzige religiöse Wahrheit, wäre die Menschheit in einem Lügengeflecht gefangen.

Es gibt wohl keine andere Stadt auf Erden, die das menschengemachte Ringen um die eine wahre Religion so sehr symbolisiert wie Jerusalem. Seit Jahrtausenden haben sich Völker inklusive der Babylonier, Römer, Byzantiner und Osmanen um diesen geografischen Ort gestritten. Für Juden, Muslime und Christen gibt es keine andere heilige Stätte, die mit derart vielen geschichtsträchtigen Erinnerungen verbunden ist: Tempelberg und Klagemauer der Juden, Schauplatz der Leidensgeschichte, Kreuzigung und Auferstehung Jesu der Christen, und für die Muslime der Ort, an dem Mohammed in den Himmel aufgestiegen ist – nirgendwo auf der Welt liegen der Humus für Zwietracht und die Chance auf Eintracht näher beieinander als in Jerusalem. Die symbolische Präsenz Gottes macht diese Stadt zum globalen Modell für die Glaubensfähigkeit und das Friedensvermögen der Menschheit. Voraussetzung ist die Erkenntnis, dass keine Religion absolute Wahrheitsansprüche erheben, sondern nur als eine Wahrheit der konkrethischen Praxis gelebt werden kann. Was wir in Jerusalem und an vielen anderen Orten stattdessen erleben, ist allzu häufig eine komplizierte Heuchelei und Maskerade, die den Glauben schändet und das Heilige beschmutzt. Der Großteil aller Apokalypsen ist vom Menschen gemacht.

Den Glauben als innere Wirklichkeit und das Wissen als äußere Wirklichkeit zu betrachten hilft uns, Gegensätze anzunehmen und sie nicht auf Gedeih und Verderb überwinden zu wollen. Die Seele, der Geist, das Bewusstsein sind – allen Fortschritten der Hirnforschung zum Trotz – noch immer weitgehend unerkannte Dimensionen. Fast jeder Mensch hat in seinem Leben durch die Liebe einen Moment des heiligen Zaubers erlebt. Diese Spuren detailliert freizulegen oder gar bewusst erzeugen zu wollen, ist immer zum scheitern verurteilt. Dies müssen wir wohl hinnehmen. Zumindest haben wir alle eine Ahnung, wie diese Liebe im universalen Sinne wirken könnte. Auf der Höhe dieser Gedanken und Gefühle können wir jene heilige Sphäre erklimmen, in der das Reich Gottes alles umfasst. Darin liegt der Sinn menschlichen Seins, der alles Lebendige als Gemeinschaft verbindet. Konkrethisch formuliert ist unsere Aufgabe klar: die Verwirklichung des Gemeinsamen und die Schaffung eines vereinten Menschenverstandes.

Meiner Ansicht nach ist Gott die einzige Wahrheit, der wir uns alle in einem umfassenden Sinne annähern. Natürlich ist jeder frei, zu glauben oder nicht zu glauben. Die Minderheit der Nichtgläubigen steckt jedoch in einer Sackgasse – so wie jene, die am Sinn des Lebens zweifeln und dennoch weiterleben. Denn der Pfad zu Gott führt nur über den Glauben. Die Religionen zeigen uns unterschiedliche Wege auf, wie wir dieses Ziel erreichen können. Zugleich sind sie Bestandteil unserer Realität und dementsprechend eingebunden in gesellschaftliche Veränderungen. Bei der Koordination zwischen Glaubensvermittlung und systemischem Selbsterhalt begehen sie offensichtlich derart gravierende Fehler, dass sich ihre Heilsbotschaften häufig ins Gegenteil verkehren und Unheil provozieren. Damit meine ich nicht nur die absurden Alleinvertretungsansprüche, sondern vor allem die rückwärtsgewandte Fixierung, die die Zukunft als Kopie der Vergangenheit sehen will.

Sowohl das Geld als globales Hoffnungselixier als auch die Modernisierung mit breiterem Weltwissen, Internetzugang und globalen Konsumvisionen verführen die Menschen, sich immer mehr in der äußeren Welt zu verankern. Gerade für die jüngeren Leute scheint das Reich der materiellen Machbarkeit in greifbarer Nähe. Auf der anderen Seite erleben wir ein Aufbegehren im Islam und im Christentum und eine zunehmende Suche nach anderen spirituellen Quellen. Ohne Dialog und Kooperationsbereitschaft werden diese und andere religiöse Bewegungen lediglich kollidieren oder stranden.

Es sind aber nicht nur Materialismus und Konsumismus, die einem höheren Bewusstsein im Wege stehen. Die noch immer nicht erreichte Gleichberechtigung der Frau in den meisten Religionen und in vielen Gesellschaften ist ein Affront gegen alle Lebensgerechtigkeit. Weder in der goldenen Regel noch in den ethischen Kernbotschaften der Weltreligionen gibt es eine Grundlage für diese Untertanenmentalität. Wenn wir nicht bald aus diesem männerdominierten Wahn erwachen, wird sich auch der aufrichtige Dialog über gemeinsames Glück als scheinheiliges Gefasel erweisen.

Es gibt derart viele Anknüpfungspunkte, in denen die Religionen als Agenten der Gemeinschaftsbildung wahrhaft heilige Dienste verrichten könnten, dass es schmerzt, ihre Schwerfälligkeit und Unbeholfenheit zu beobachten. Wahr ist aber auch: Keiner Frau und keinem Mann, keinem Armen und keinem Reichen, keinem Versehrten und keinem Glückspilz ist der Weg zu Gott versperrt. Von Laotse ist der Satz überliefert, dass derjenige, der die Zustände ändern will, die Menschen verbessern muss. Das ist die konkrethische Aufgabe, der wir uns hier und jetzt gemeinsam zu widmen haben.

Nie zuvor war es möglich, sich in der nun praktikablen Weise zu vernetzen. Wir leben in ständiger Gefahr, uns auf das Sicht- und Greifbare zu beschränken. Doch dies ist der kürzeste Weg in Blindheit und Handlungsunfähigkeit. Öffnen wir die Augen und die Herzen und wirken mit an der Zusammenführung, Pflege und Verbreitung eines vereinten Menschenverstandes! Wir wollen uns weder zu Erfüllungsgehilfen eines monetären Popanz noch einer ausgrenzenden Lehre machen lassen. Unsere Chance auf Einigkeit liegt in der konkrethischen Tat. Es bleiben geografische, ethnische und situationsbedingte Unterschiede, die als Eigenarten Akzeptanz und Toleranz verdienen. Irrtümer und Scheitern sind uns in die Wiege gelegt. Aber aufzustehen und das Schicksal – im Vertrauen auf die Menschheit, das Leben und Gott – immer wieder in die eigenen Hände zu nehmen ist unsere große menschliche Herausforderung. Die sozialen Netzwerke ähneln schon jetzt digitalen Gemeinden. Gehen wir nicht in die Falle, in der der Gläubige zum Konsumenten wird, sondern überfluten wir die technischen Kanäle mit unserem Willen, der Zukunft als Gemeinschaft entgegenzugehen: Gläubige aller Länder, vereinigt Euch!

Über Ethik

Was nutzt uns ein gesunder Menschenverstand, wenn wir ihn nicht einsetzen können oder wollen? Insofern benötigen wir ein alltagstaugliches Wissen über den Zusammenhang von Ethik und Handeln. Zwar braucht die praktische Vernunft eine gedankliche Verankerung im Weltethos, aber es ist unverzichtbar, ethische Werthaltungen aus dem Gefängnis der Wunschvorstellungen zu befreien. Grundvoraussetzung jeder Ethik ist die Bereitschaft des Menschen, das als gut oder richtig Erkannte konkret zum Prinzip des eigenen Wirkens zu machen. Diese Einbettung richtet sich nach gesellschaftlichen und kulturellen Rahmenbedingungen, die sich im Laufe der Zeit verändern können. Über die Wurzel im griechischen Wort *ethos* verweist der Begriff auch auf sittliche und moralische Orientierungsmuster, in denen sich die Sinn- und Wertvorstellungen einer Handlungsgemeinschaft widerspiegeln. Viele sittliche Regeln hat der Mensch verinnerlicht. Sie bestimmen sein Handeln ebenso stark wie die Grammatik das Sprechen.

Die Ethik basiert auf zwei miteinander verwobenen Fragen: Was ist das Gute, und wie kann es in Form des guten Lebens verwirklicht werden? Die eigentliche Aufgabe der Ethik setzt ein, wenn ein moralischer Maßstab seine Gültigkeit eingebüßt hat und die Unterscheidungsmöglichkeit zwischen gut und schlecht nicht mehr zweifelsfrei gewährleistet ist. Im Umgang mit der eigenen Sprache wird das Problem anschaulich: Ist man sich nicht sicher, ob ein bestimmter Ausdruck falsch oder richtig verwendet wird, kann man ein Wörterbuch zur Hand nehmen. Hat man ein sittliches oder moralisches Problem, sind die Lösungswege komplizierter. An dieser Schnittstelle kann ein gesunder Menschenverstand Hilfestellung leisten, indem er sein intuitiv zum Guten hingewendetes Potenzial einsetzt.

Der Mensch lernt schon früh, dass es innerhalb einer Gemeinschaft Regeln gibt, ohne deren Beachtung ein Zusammenleben unmöglich wird. Die moralische Einsicht begreift diese jedoch nicht als Zwang, sondern als garantierten Rahmen für die größtmögliche Freiheit ihrer Mitglieder. Diese Grunderfahrung besagt, dass menschliche Handlungs- und Willensfreiheit nicht unbegrenzt ist, sondern sich an den berechtigten Ansprüchen der Mitmenschen orientiert. Die Herausforderung besteht darin, vor diesem Hintergrund zu eigenen Entscheidungen zu gelangen, ohne sich bevormunden oder entmündigen zu lassen. Mit Immanuel Kant könnte man sagen, dass die Mündigkeit des Individuums darin liegt, sich seines Verstandes selbständig zu bedienen. Insofern schreibt uns die Ethik nicht vor, was gut ist, sondern ebnet lediglich den Weg, auf dem etwas als gut Erkanntes erreicht werden kann.

Ethik erzeugt selber keine Moral, sondern vermittelt die Einsicht, mit Moral adäquat umzugehen. Unter Moral versteht man die Gesamtheit der Werte und Normen, die eine kulturelle Gemeinschaft verbindlich anerkennt. Ein wesentliches Ziel der Ethik ist somit die Analyse der moralischen Qualität menschlichen Handelns; in diesem Zusammenhang also die positive Beurteilung und Akzeptanz menschlicher Fähigkeiten und Werte sowie der gute Wille, diese Anlagen zu schützen und zu fördern. In der Regel wissen die meisten von uns, ohne lange nachdenken zu müssen, ob etwas gut oder schlecht ist. Hier unterscheiden sich Fragen der Moral nicht wesentlich von Fragen des Geschmacks oder des täglichen Lebens. Niemand wird zögern, Ehrlichkeit und Treue für gut, Diebstahl oder Mord für schlecht zu halten. Ebenso wird die Schutzbedürftigkeit von Kindern von praktisch allen Menschen als selbstverständlich anerkannt. Zugleich entwickeln alle Kulturen ihren eigenen moralischen Sinn und auch ihr spezifisches Urteilsvermögen. Mit diesen Prägungen sind Gefühle und Empfindungen verbunden, die die Angehörigen der jeweiligen Kultur verinnerlicht haben. Diese sittlichen Kräfte, die die Lebenshaltungen von Menschen bestimmen, sind unterschwellig präsent, ohne ihnen dauernd bewusst zu sein. Aber wenn diese sittlichen Prägungen in Grenzsituationen irritiert werden, entsteht im positiven wie im negativen Sinne die Gefahr der Manipulation. Ein Beispiel wäre die Ablehnung Andersdenkender aus Angst, sie könnten die eigene Lebenswelt bedrohen.

Eine bestehende Aversion gegenüber Angehörigen einer anderen Kultur oder Religion lässt sich ohne aufwendige Bewusstseinsarbeit nicht verändern. Hier reichen ethische Appelle, die gutes Handeln lediglich einfordern, nicht aus. Stattdessen wird die umfassende Beschäftigung mit der Originalität und den Standpunkten einer anderen Kultur zur unverzichtbaren Voraussetzung einer Ethik, die über den eigenen Tellerrand hinausblickt. Ohne den Willen, das individuelle und gesellschaftliche Vermögen der anderen zu erkunden und ihre Vorstellung vom guten Leben zu begreifen, kann keine ethische Übereinkunft stattfinden. Das gilt nicht nur für den Dialog zwischen den

Kulturen und zwischen den Religionen, sondern auch für die Verständigung innerhalb einer Gesellschaft. Das Verhältnis zwischen den Generationen, die Wertempfindung für Kinder, Ehe und Familie oder die Wertschätzung von Fremden, Zugewanderten und Arbeitslosen wird ohne den bewussten Versuch, ihr jeweiliges Vermögen anzuerkennen, nicht entschieden verbessert werden können.

Begriffe wie Würde, Ehre oder Gerechtigkeit werden in den unterschiedlichen Kulturen verschieden ausgelegt. Sowohl der palästinensisch-israelische Konflikt als auch die Konfrontation zwischen Islamisten und westlichen Nationen deuten auf fundamental entgegengesetzte Lesarten hin. Darüber hinaus sind zentrale Werte immer wieder zeitgeistigen Interpretationen ausgeliefert. Wir sehen das an der Gerechtigkeitsdiskussion in vielen Teilen der Welt. Niemand scheint in der Lage, diesen grundlegenden Begriff allgemeingültig zu entschlüsseln. Stattdessen beobachten wir eine Inflation von Teilaspekten, die aus dem umfassenden Phänomen herausgebrochen werden: Wie sie auch heißen – Verteilungsgerechtigkeit, Zugangsgerechtigkeit, Teilhabegerechtigkeit, Generationengerechtigkeit, Leistungsgerechtigkeit, Bedarfsgerechtigkeit, Geschlechtergerechtigkeit, Familiengerechtigkeit, Bildungsgerechtigkeit –, sie alle besitzen eine eigene Logik, die zeigt, dass in jedem Land viele unterschiedliche Interessengruppen Anspruch auf ihre eigene Variante von Gerechtigkeit erheben.

Friedrich Nietzsche hat uns einen wichtigen Hinweis gegeben: „Die Lehre von der Gleichheit ist das Ende der Gerechtigkeit." Die Menschen sind nicht gleich. Gerade ihre Einzigartigkeit erfordert bei dem Versuch, ihnen Gerechtigkeit widerfahren zu lassen, die Suche nach ihrem persönlichen Potenzial. „Jedem das Seine" ist eine angemessene Gerechtigkeitsformel, wenn man diesem Eigenen mit Respekt begegnet. Die angewandte Ethik, die wir brauchen, denkt also mehr aus dem Inneren des Menschen heraus und versucht, das Gute anhand seiner Möglichkeiten zu ermessen.

Um das erkannte Gute auch lebenspraktisch zu verwirklichen, muss die Ethik jedoch über ihren theoretischen Radius hinauskommen. In diesem zweiten Schritt geht es um eine Verdichtung, Verdeutlichung und die nähere Bestimmung des Erkannten. Leitlinien für das ethische Handeln müssen anschaulich und alltagstauglich umrissen sein, um im gegenwärtigen Zeitalter der Orientierungslosigkeit als Richtlinien dienen zu können: Sie müssen konkrethisch sein.

Dies soll der Wiederentdeckung und Entfaltung eines gesunden Menschenverstands zugutekommen. Eine zentrale Herausforderung der Konkrethik liegt in der Überwindung des existenziellen Gegensatzes zwischen moralischem Kleinmut und technologischem Größenwahn. Diese schwerwiegende Diskrepanz beschneidet unser Handlungsvermögen, da wir uns stärker von selbst verursachten Sachzwängen dominieren lassen, als uns zu moralischen Konsequenzen durchzuringen. Ob es um die Folgen der Finanzkrisen, der Gen- und Atomtechnologie, um das Arm-Reich-Gefälle oder um kulturelle Konflikte geht, eins müssen wir klären: Wollen wir das menschliche Schicksal dem Fortschritt einer Avantgarde von Privilegierten überlassen, oder nutzen wir den Fortschritt für die Verbesserung des menschheitlichen Status quo insgesamt?

Frei nach Bertolt Brecht rate ich, lieber mehr zu können, als man macht, als mehr zu machen, als man kann. Diese Losung sollte nicht als prinzipielles Verweigerungsdogma missverstanden werden, sondern lediglich zum dynamischen Innehalten anregen. Vor dem Hintergrund der aktuellen Problemlagen und eines akuten Mangels an politischen Zukunftsvisionen bedarf es einer individuellen und globalen Konkrethik. Sie kann dazu beitragen, die weltumspannenden Gegensätze zwischen Armut und Reichtum, Isolation und Teilhabe zu verringern und sie stattdessen konsequent auszugleichen. Ziehen wir nämlich jetzt nicht die wohlverstandenen Konsequenzen aus unserem Verhalten, werden wir unausweichlich mit den unabsehbaren Folgen konfrontiert. Bevor uns die Zeit davonläuft, sollten wir konkrethische Entscheidungen treffen und einen den Erfordernissen angepassten Lebensstil entwickeln.

Um ein gelingendes Leben für viele zu ermöglichen, müssen wir uns alle bewegen. Der Wille zum Guten kann nicht länger erhofft oder delegiert werden, er wird zur Herausforderung für jeden Einzelnen. Gerade die Ethik ist im Moment in Gefahr, instrumentalisiert zu werden. Wir sind umzingelt von Ethikern und Ethikkommissionen, die oftmals nur als sprachliche Legitimierer unangenehmer Vorgänge benutzt werden. In diesem waghalsigen Prozess wird eine Salami-Ethik gezwungen, mehr und mehr Abstriche zu machen. So wie die Logik des Ökonomischen auf allen gesellschaftlichen Gebieten obsiegt hat, wird nun auch ein Teil der Ethik zunehmend vom Primat des Nutzens vereinnahmt.

Wahrscheinlich erinnern sich viele Leser an Erich Fromms *Haben oder Sein* aus dem Jahre 1976. Die Feststellung des Philosophen und Sozialpsychologen, dass das „physische Überleben der Menschen von einer radikalen seelischen Veränderung des Menschen abhängt", war vor über 30 Jahren visionär und ist heute aktueller denn je. Die extrem vernachlässigte Dimension des Psychologischen wurde schon damals ganz deutlich angemahnt. Fromm meinte allerdings realistisch, dass eine Verankerung der Seins-Orientierung nicht ohne Anstrengung zu erreichen sei, da man in Zeiten des Konsumismus ganz selbstverständlich davon ausgehe, dass wer nichts habe, auch nichts sei. Die Haben-Orientierung sah Fromm grundsätzlich negativ, da sie die Gier nach Geld, Ruhm und Macht zum beherrschenden Lebensthema hochstilisiere. Das unentwegte Habenwollen mache den Konsum zur Falle ohne Ausweg, denn je mehr man habe, desto mehr wolle man, ohne darin jedoch Befriedigung zu finden. In der Existenzweise des Seins erkannte Fromm zwei unterschiedliche Formen: eine lebendige und authentische Bezogenheit zur Welt im Gegensatz zum bloßen Haben und das wahre Wesen einer Person im Gegensatz zum Schein. Nur in der Berücksichtigung beider Aspekte können wir die latenten Fallen der Scheinheiligkeit umgehen.

Die Bedeutung von Fromms Werk bleibt wegweisend. Die Frage des moralischen Verhältnisses zwischen Haben und Sein findet daher auch in der Konkrethik den Raum, Antworten zu erproben. In einem Punkt weiche ich jedoch von Fromms Auffassung ab. Im Haben, verstanden als materieller Reichtum, sehe ich durchaus eine Chance, Werte und Fähigkeiten einzusetzen, um einer bewussten Verantwortung innerhalb einer Gesellschaft gerecht zu werden. Um persönliche und gesellschaftliche Entwicklungen voranzubringen, bestimmt so nicht mehr der pathologische Zwang zur Anhäufung die Dynamik, sondern der Nutzen des Mehrwerts. In Bezug auf die Bedeutung des Seins stimme ich wieder mit Fromm überein, dass es um die wahre Natur, um das wahre Vermögen des Individuums geht. Dazu gehören auch die Seele, der Glaube, die Intuition und der Menschenverstand.

Vor diesem Hintergrund stellt sich für den Menschen die konkrethische Aufgabe, Haben und Sein in einen dynamischen Zusammenhang zu bringen. Wenn es uns gelingt, das Materielle und das Immaterielle in ein Verhältnis der gegenseitigen Förderung zu bringen, haben wir die historische Chance unserer Zeit ergriffen. Vom Talent, vom gesunden Menschenverstand, von der Seele bis zum Bewusstsein haben wir es mit Begriffen zu tun, die den dogmatischen Rationalisten schwer greifbar erscheinen. Es ist allerdings höchste Zeit, die inneren Befindlichkeiten des Menschen als maßgeblichen Teil der Realität zu begreifen. Momentan sind wir im Begriff, das Humane zum Nebensächlichen zu deklassieren, indem wir endgültig das Geld, den Konsum und das Geschäftliche an die Spitze unserer Prioritätenliste setzen.

Die Beziehung zwischen Haben und Sein wird zum zentralen Kampfplatz unserer Zukunftsgestaltung. Es ist eine Aufgabe der Konkrethik, die vernachlässigte Seite des Seins unmissverständlicher hervorzuheben, um so zu einem neuen Wertebewusstsein zu gelangen. Gerade die Kultur des Immateriellen wird in der Zukunft eine wichtigere Rolle als das Ökonomische, Produktive und Materielle spielen. Es wird großer Anstrengungen bedürfen, um unmissverständlich und radikal zu verdeutlichen, dass das Humanvermögen der Menschen die am weitesten verbreitete und am wenigsten genutzte Ressource auf dem Erdball ist.

Vom Anonymen Realismus

Wir sind ständig mit einer paradoxen Gegenwart voller Gegensätze konfrontiert, in der wir uns zurechtzufinden versuchen. Zentrale Fragen bleiben ungelöst – selbst wie unser Universum entstanden ist, wissen wir immer noch nicht genau. Wir rätseln, was unser Gehirn vermag und wie es das anstellt, ganz zu schweigen von den unerforschten Dimensionen unserer Gefühlswelt. Wir wissen zwar, wer unsere Eltern sind, zumindest in den meisten Fällen, aber ob wir sie wirklich verstanden haben, bleibt ungeklärt. Die meisten uns betreffenden Prozesse sind komplex, und wir können sie in ihrer Wechselwirkung nur unzureichend einschätzen. Unsere gesamte Welt ist geprägt von den hier skizzierten Undurchschaubarkeiten und Gegensätzen. Sie erscheint uns zugleich als real und als anonym, also auf der einen Seite wirklichkeitsnah und auf der anderen Seite unbekannt und undurchschaubar. Deshalb ist unser Wahrnehmungsvermögen notorisch überfordert. Was wissen wir überhaupt mit Sicherheit? In der unüberschaubaren Bibliothek des Weltwissens sind uns einige Werke geläufig, in einem unendlichen Ozean von Informationen gehen wir rettungslos unter, in einem Universum optionaler Sachverhalte sehen wir den Wald vor lauter Bäumen nicht. Unsere Zukunft bleibt verborgen in einem unerschöpflichen All von Möglichkeiten. Das Zusammenspiel von Wissen in unverdaulichen Mengen und von Nichtwissen in unvorstellbaren Ausmaßen erzeugt ein Vakuum an Gewissheit, einen Schwebezustand alles Geltenden.

Ein gesunder Menschenverstand steckt vor dem Hintergrund dieser allgegenwärtigen Unklarheiten unentrinnbar in der Klemme. Auf welcher Basis eines großen Gesamtbildes soll man sein Leben ausrichten? Wie soll man seine Fähigkeiten optimieren, wenn man die entscheidenden Zusammenhänge nicht identifizieren kann? Wie sollen Reiche etwas gestalten, wenn ihnen ihre Verantwortung nicht klar wird? Wie sollen all jene Menschen einen Beitrag leisten, die es kaum schaffen, zu überleben? Und dennoch schwimmen alle tagaus, tagein in diesem Meer der Widersprüche: situationsbedingt, krisenabhängig, ohne großen Plan und roten Faden. Wir suchen den Arzt auf, wenn etwas nicht funktioniert, möglichst erst, wenn die Beschwerden nicht mehr zu leugnen sind. Vielleicht lassen wir uns anregen, unsere Ernährung umzustellen, aber wir können uns nicht zwischen Ayurveda und Trennkost entscheiden, und so bleibt es beim Vorsatz oder bei inkonsequenten Experimenten – wohlgemerkt: Nur ein kleiner Teil der Menschen hat überhaupt eine Wahl; für die große Mehrheit wäre es schon ein Segen, überhaupt vor diesem Problem zu stehen. Im Gepäck haben wir unsere zufällige Ration vermeintlicher Fakten. Morgen werden sie wahrscheinlich überholt sein, weil neue Erkenntnisse gewonnen wurden. Dann gibt es neue Entscheidungen und entsprechende Richtungswechsel. Das Verhalten auf den Ebenen der nationalen und internationalen Entscheidungsträger sieht nicht wirklich anders aus. Diesen Zustand einer allgegenwärtigen Betriebsamkeit, die ziellos und situativ voranschreitet, diese Gleichzeitigkeit von fragmentarischer Abstraktion und aushebelnder Realität bezeichne ich als Anonymen Realismus.[87]

Eine weitere Zuspitzung liegt in der Tatsache, dass die uns umgebenden Phänomene einander zunehmend widersprechen oder in sich widersprüchlich sind. Wir leben im Zeitalter der Paradoxien. In der Wissenschaft erreichen Nanotechnologie, Gen- und Gehirnforschung immer neue Leistungspotenziale, sodass wir uns auf der einen Seite bald selbst kreieren können. Auf der anderen Seite ist fraglich, ob wir diesen Prozess noch kontrollieren. In wohlhabenden Gesellschaften wird das Leben immer länger, es gibt immer mehr ältere Menschen, aber vor diesem hoffnungsvollen Horizont sinkt die Geburtenrate derart dramatisch, dass Kinder zur Verheißung werden. Die bisherige politische Kräfteverteilung transformiert sich in neuen Machtzentren, obwohl die alten Führungseliten das nicht wahrhaben wollen. Und im persönlichen Alltag verbreitet der Zusammenbruch verlässlicher Gewohnheiten Angst und Zweifel, obwohl die medizinische Entwicklung noch nie so fortgeschritten und der allgemeine Lebensstandard noch nie so hoch gewesen ist wie jetzt.

Während ich beklage, dass die meisten Menschen ihre wahre Innenwelt aus vielerlei Gründen verleugnen, konfrontieren uns die Neurowissenschaften mit grundlegenden Fragen einer ganz anderen Größenordnung. Was wir so krampfhaft als unser bewusstes Selbst freilegen wollen, erscheint ihnen nur als eine elegante Benutzeroberfläche, hinter der es allerdings keinen Ich-Kern geben soll. Würde unsere Zurechnungsfähigkeit als bloße Einbildung entlarvt, könnte das unser gesamtes Rechtssystem aus den Angeln heben. So ungeheuerlich der Gedanke, dass wir zur Übernahme von Verantwortung gar nicht befähigt sein sollen, auch anmutet – die Geschichte menschlicher Entgleisungen scheint ihn zu bestätigen. Die Zwischenbilanz: Verantwortung ist ein konkrethisches Vermögen, das es noch zu verstehen und umzusetzen gilt. Dazu bedarf es sozialer und kultureller Rahmenbedingungen, die für den normalen Bürger nachvollziehbar sind.

Ungeachtet dessen rollen mit den modernen Neurotechnologien Herausforderungen auf uns zu, denen wir bislang in keiner Weise gewachsen sind. Mit neuen Psychopharmaka soll unsere Intelligenz, unser Gedächtnis oder unsere Aufmerksamkeit auf ganz neue Leistungsebenen befördert werden. Wir sollen lernen können, uns an Träume zu erinnern, sie bewusst zu erleben und sogar zu steuern. Die Entdeckung des Geistes als eine Art Muskel kann vollkommen neuartige Trainingsmethoden bedingen, um unsere Fähigkeiten abzurufen. Nun klingt hier auch deutlich eine Form der Manipulation mit, die nicht überall auf Begeisterung stößt – beispielsweise wenn der Staat irgendwann auch in die Gehirne seiner Bürger schauen kann. Wenn mit dem Hirnscanner bereits vor der Pubertät eine antisoziale Persönlichkeitsstörung diagnostiziert werden kann, freut sich die Polizei. Bei den Eltern dürfte die Vorstellung, dass die Gehirne ihrer Kinder durchleuchtet werden, andere Gefühle wecken.

In den Industrienationen steuern wir auf gesellschaftliche Handlungsmöglichkeiten zu, die den Rahmen unserer bisherigen kulturellen Vorstellungen sprengen. Demgegenüber vegetiert der überwiegende Teil der Menschheit – zumindest gemessen am Lebensstandard der Wohlstandsmilieus – vor sich hin. Vor diesem Hintergrund fragt man sich besorgt, wie wir in Zukunft friedlich miteinander leben sollen. Wie können wir angesichts der skizzierten Umstände in unseren Gesellschaften Zielorientierung und Verbindlichkeit herstellen und sinnvolle Strategien für die Zukunft in Angriff nehmen? Wollen wir eine fundamentale und konkrethische Veränderung erreichen, müssen wir das Heft in die Hand nehmen und uns erst einmal Klarheit über die Situation verschaffen. Erst wenn ein Mindestmaß an gesundem Menschenverstand verwirklicht ist, kann eine Veränderung unserer Gesellschaftsstrukturen sinnvoll beginnen. Im Moment rufen alle nach Reformen, aber ihr Ton verrät, dass sie nur die eigenen meinen. Der Wille zur Gemeinschaft ist derzeit nichts anderes als die scheinheilige Sehnsucht nach einem schönen Wetterbericht. Unterdessen verfolgt jeder seine eigenen Ziele.

Von dem deutschen Dramatiker Friedrich Hebbel stammt der viel zitierte Spruch, das Leben sei eine furchtbare Notwendigkeit, die auf

Treu und Glauben angenommen werden müsse. Tausende von Jahren hat man den darin zum Ausdruck kommenden Fatalismus einfach hingenommen und für selbstverständlich gehalten. Erst seit dem letzten Jahrhundert ist die Zahl der daran Zweifelnden unaufhörlich gewachsen. Nun scheint der Fortschrittsoptimismus wieder an sein Ende gekommen zu sein, obwohl die Wissenschaft uns spektakuläre Ergebnisse beschert. Unsere konkreten Lebensbedingungen in Bezug auf die Kindersterblichkeit, Krankheiten oder das Alter haben sich in ungeahnter Weise verbessert. Aber jedes Fortschreiten beseitigt nicht nur Missstände, es erzeugt auch wieder neue. Die Gentechnologie ist das anschaulichste Beispiel, wie nah Fluch und Segen beieinanderliegen. Die Wirkungskraft einer Erkenntnis kann sich erst entfalten, wenn ihr durch einen bewussten Willen eine konkrethische Richtung gegeben wird. Ohne diesen Willen, etwas bewusst zu gestalten, stehen Einsichten erst einmal nur für sich. Und in einer Flut unüberschaubarer Vielfalt geschehen die Dinge neben- und gegeneinander. Wirklich planbar sind sie nicht.

Schon in welches Elternhaus, in welches Milieu, in welche Zeit wir hineingeboren wurden, entzieht sich gänzlich unserem unmittelbaren Verständnis. Der Kontinent, die Hautfarbe, das Umfeld prägen uns schicksalhaft, ohne dass wir bei irgendeiner Instanz Beschwerde einlegen könnten. Wir sind ausgestattet mit Gesichtern, Körpern und ganz verschiedenen Anmutungen, deren Architektur uns dauerhaft, aber nicht hinterfragbar begleitet. Diejenigen, die das Glück haben, sich auf Schulbänken wiederzufinden, müssen erkennen, dass Talent und Begabung ungleich verteilt sind. Mit einigen Mitschülern, später Kollegen, schließt man Freundschaften, andere lösen Aversionen in uns aus. Erotik und Sexualität wirken macht- und geheimnisvoll in unsere Leben hinein. Aber jede Kultur hat ihre eigene Wahrnehmung dieser intimen Sphären. Voller Elan treffen wir weichenstellende Entscheidungen, die uns mitunter nach einigen Jahren als verhängnisvolle Fehler erscheinen.

Wir sind Zeitzeugen von Wundern und Katastrophen, die wir in unseren kühnsten Fantasien nicht hätten erfinden können. Wir erreichen in vielen Ländern mehrheitlich ein über Jahrtausende unvorstellbares Alter und sehnen uns dennoch nach ewiger Jugend. Auf der einen Seite werden, gemessen an ihren Perspektiven, Milliarden von Menschen alt geboren. Alle gemeinsam bewohnen wir das Reich der Ungewissheit. Mit diesem Anonymen Realismus arrangieren wir uns täglich, obwohl Berge von Wissen und Ratschlägen zur Verfügung stehen. Man schätzt, dass eine einzige Sonntagsausgabe der *New York Times* mehr Informationen enthält, als eine Person im 17. Jahrhundert während ihres gesamten Lebens verarbeiten musste. Informatives Material wird in unermesslicher Weise kontinuierlich produziert. Man kann getrost davon ausgehen, dass alles heute Denkbare irgendwo im Universum der Speichermedien gesagt oder geschrieben ist. Es gibt keine noch so absurde Themenwahl, die nicht aufgrund verfügbarer Daten untermauert werden könnte. Hier treffen wir den Anonymen Realismus im Maschinenraum seiner Produktivität. Was nützt dieser planetarische Fundus, wenn man nicht weiß, was man sucht oder braucht?

Im medizinischen Bereich beispielsweise ist die uferlose Produktion von Papieren längst zur gefahrvollen Gratwanderung geworden. Im Internet kursieren unterschiedlichste und weitschweifende Erklärungen zu allen möglichen Krankheiten. Es ist nicht ersichtlich, ob die Aussagen eine überprüfbare Qualität besitzen. Vertraut sich der ohnehin überforderte praktische Arzt in einer akuten Situation einem dieser Medien an, um schnelle Informationen zu erhalten, geht er ein hohes Risiko ein. Als Reaktion darauf haben die Universitäten in medizinischen Abteilungen Arbeitsbereiche etabliert, die diese Flut von Texten sondieren und bei geeigneter Qualität kennzeichnen.

Unmittelbar neben der Überinformation steht der eklatante Mangel an Wissen. Eine Vielzahl neuer Erkenntnisse ist den meisten Menschen gar nicht zugänglich, oder ihre Folgen sind für sie nicht abschätzbar. Das kann bei einer schlecht geschriebenen oder flüchtig gelesenen Gebrauchsanweisung für Feuerwerkskörper zum Verlust einer Gliedmaße führen. Bei einer nuklearen Havarie mit dem Austritt radioaktiver Substanzen sind Millionen Menschen gefährdet. Trotzdem machen wir uns mehr Gedanken über die Nebenwirkungen bestimmter Vitaminpräparate als über die Atomkraft, gentechnische Manipulationen oder den immer deutlicher werdenden Klimawandel. Der gesamte Bereich des Risikos ist ein anonym-realistischer Drahtseilakt, der weit mehr Komponenten beinhaltet als nur Eintrittswahrscheinlichkeit und Schadenshöhe.

Menschliches und materielles Vermögen kann nur geschützt werden, wenn die konkrethische Übernahme von Verantwortung gewährleistet ist. Im politischen oder beruflichen Umfeld dürfen bewusst oder fahrlässig erzeugte Schäden nicht ohne Konsequenzen bleiben. Der Sinn von Verantwortung liegt auch und gerade in der unbestechlichen

Anwendung von Sanktionen. Von einer solchen effektiven Umsetzung sind wir jedoch derzeit noch weit entfernt.

Eine aufklärende Funktion käme den Medien zu, die uns neben der ernsthaften Nachrichtenübermittlung und der Interpretation des Zeitgeschehens mit grundsätzlichen Lebensinformationen zu versorgen haben. Das gelingt in vielen seriösen Fällen, aber trotzdem gilt es, die Spreu vom Weizen zu trennen. Erhellende Sachinformationen sind leider nicht attraktiv und damit wenig absatzfördernd. Auch die Medienbranche unterliegt der Produktlogik, und dies kommt nicht unbedingt der Befriedigung unseres Aufklärungsbedürfnisses zugute. Gerade die Speisung niederer Instinkte wie Neid, Ausgrenzung und Besserwisserei wird aus kommerziellen Gründen in vielfacher Form bedient. Um sich im Labyrinth der unterschiedlichen Informationskanäle selbstbewusst zu bewegen, bedarf es einer hohen Medienkompetenz. Es ist hilfreich, die Branche, ihre Positionierung und ihre Netzwerke zu kennen, um eine Botschaft überhaupt einordnen zu können. Um sich in einer Flut von Informationen zurechtzufinden, brauchen wir ein Orientierungsvermögen, das uns zumindest vage die Richtung erahnen lässt. Zugleich ist die Verantwortung der Medien gegenüber der Gesellschaft unerbittlich einzufordern. Natürlich ist es eine Zumutung, dass man praktisch einen Führerschein zur Mediennutzung braucht, um die subjektiven Urteile einordnen zu können. Für unser Verständnis wäre es eine große Hilfe, wenn sich die Medien im Dienste der Bevölkerung um mehr Objektivität und Verstehbarkeit bemühen würden. Aber abgesehen von wenigen seriösen Ausnahmen spürt man die vorherrschende Einschätzung, Leser, Zuschauer oder Nutzer für dumm zu halten oder für dumm zu verkaufen.

Betrachtet man die medialen Dienstleistungen aus konkrethischer Sicht, erkennt man vor allem einen schwerwiegenden Widerspruch. Einerseits wird legitimerweise die Freiheit der Presse gefordert, andererseits wird diesem hohen demokratischen Gut substanziell und qualitativ kaum Rechnung getragen. Es geht darum, den Gegensatz zwischen moralischem Urteilsvermögen und subjektiver Beliebigkeit durch eine unabhängige Instanz und durch aufmerksame Mediennutzung transparent zu machen. Es gehört zum Schutz unserer Freiheit, auch die mediale Welt im Sinne ihrer verwirklichten Aufgaben kritisch zu würdigen und sie nicht bedingungslos von den Folgen ihres Handelns freizustellen. Konkrethisch agierende Medien könnten einen unverzichtbaren Beitrag leisten, um einen gesunden Menschenverstand zu unterstützen und zu kultivieren, statt ihn ständig mit Vorurteilen und zwischenmenschlichem Müll zu überfluten. Im negativen Fall werden sie zu den eigentlichen Souffleuren scheinheiliger Verlautbarungen.

Insgesamt kann man annehmen, dass der Mensch sich selbst und die ihn umgebende Welt nur in fragmentarischen Auszügen versteht. Dieser Anonyme Realismus macht es zwingend notwendig, sich mit neuer konkrethischer Ernsthaftigkeit auf allen Ebenen um die Stärkung von Verantwortung zu bemühen. Erst wenn gegenseitige Verlässlichkeit zur menschlichen Grundausstattung gehört, können Brücken des Vertrauens über die Niederungen der Käuflichkeit gebaut werden. Es gibt heutzutage keinen anderen Weg, das Unbekannte zu durchdringen, als die Bildung und Aneignung von zielgerichtetem Wissen. Aus konkrethischer Sicht brauchen wir eine lösungsorientierte Logik der Informationsverbreitung, um wieder Positionen der Urteilsfähigkeit herzustellen. Es geht darum, das Für und Wider einer Haltung, einer Methode, eines Produkts abzuwägen, um seinen Wert in der Praxis zu erproben. Da man nur das erkennt, was man einordnen kann, bleibt das Hohelied der Meinungsvielfalt, des technologischen Fortschritts und der Wissensgesellschaft so lange hohle Schönrednerei, bis die überwiegende Zahl der Menschen über das lebenspraktische Vermögen verfügt, damit konkret etwas anzufangen. Wer partout nicht wissen will, was der Strom macht, wenn er in der Dose steckt, der muss zuweilen die Dunkelheit ertragen.

Erinnern wir uns. Unmittelbar vor dem Jahrtausendwechsel reichte das Spektrum der Zukunftsprognosen von der Erreichbarkeit der Unsterblichkeit bis zur Apokalypse. Inmitten dieses Tumults und Rätselratens stand die Gesamtheit unserer technologischen Errungenschaften auf Messers Schneide. Niemand wusste, ob die Zeitumstellung bei den Computern nicht für einen weltweiten Zusammenbruch der Technik sorgen würde. Die Erde war ein führerloses Raumschiff im All der eigenen Erfindungen. Macht und Herrschaft schienen für einige Momente aufgehoben. Am Ende war das Spektakulärste, dass gar nichts geschah. Spätestens zu diesem Zeitpunkt konnte man ahnen, dass wir im Zeitalter der Paradoxien und des Anonymen Realismus angelangt waren.

Knapp zwei Jahre später dürfte dies auch einer weltweiten Öffentlichkeit klar geworden sein, die am Fernseher verfolgen konnte, wie zwei Flugzeuge die New Yorker Ikonen der Unangreifbarkeit in Schutt und Asche verwandelten. Allein das Wort „Selbstmordattentäter" demonstriert das Paradoxe mit grausamer Präzision. Entweder begehe ich einen Selbstmord oder ein Attentat. Beide Aktivitäten in einem Vorgang zu komprimieren ist ein Symptom unserer paradoxen Zeit. Der radikale Verlierer steigert seine Feigheit ins Unermessliche, indem er Unschuldige zu Erfüllungsgehilfen verurteilt. In der Sekunde der Explosion gipfelt die Eitelkeit in einer Machtfülle, die durch das Wissen um die mediale Multiplikation verliehen wird. Die Supermacht erstarrte in Ohnmacht vor der Tat einiger Wahnsinniger und entfachte vor den Augen der Weltöffentlichkeit mit falschen Beweisen einen ruinösen Krieg, der die Postulate von Befreiung und Selbstbestimmung ad absurdum führte. Auch die immer noch gängige Vorstellung der Terroristen, mit ihren Taten die Zukunftsaussichten ihrer Glaubensbrüder zu verbessern, ist absurd. Am Ende stärken sie jene Kräfte, zu deren Schwächung sie ihr Leben weggeworfen haben. Zugleich ist auch diese Form der Bedrohung grenzenlos. Und sie verweist – wie wir mittlerweile in Europa gesehen haben – auf die irrwitzige Gefahr, dass nun schon ein Einzelner der Welt den Krieg erklären kann.

Der Widerspruch und die Scheinheiligkeit sind überall da zu Hause, wo die Ökonomie die Welt vor sich hertreibt. Die Verdammnis der Vorteilsmehrung verkehrt alles in sein Gegenteil. Wer auf dem kapitalistischen Markt tätig ist, fühlt sich allzu oft für sein Überleben zu etwas gezwungen, das er eigentlich gar nicht will. Wer möchte den Verlierern der Gesellschaft nicht helfen? Aber die Notwendigkeit, Sozialkosten zu verringern, führt den Staat dazu, sie auszugrenzen. Niemand will die Umwelt zerstören, aber zur Senkung der Produktionskosten nimmt man es in Kauf. Wer will in Zeiten bemerkenswerter Erfolge Mitarbeiter entlassen? Aber die Interessen der Aktionäre lassen keine andere Wahl. Kaum jemand will Arbeitsplätze ins Ausland verlagern, aber der Druck der Konkurrenz zwingt dazu. Im Fegefeuer der Märkte ist die Lehre Darwins zur Waffentechnik geworden. Die Regeln des Anstands und der Integrität scheinen aufgehoben. Eine Welt ist mit sich selbst in Konkurrenz getreten, und selbst die Gewinner fühlen sich schlecht.

Es ist paradox, aber was uns am meisten bedroht, ist der Erfolg. Wie wir es auch drehen und wenden, immer produzieren die Phänomene ihr eigenes Gegenteil. Wie in dem wohl bekanntesten Paradoxon des Kreters, der behauptet, alle Kreter würden lügen. Seine Aussage ist genau dann falsch, wenn sie wahr ist, und genau dann wahr, wenn sie falsch ist. In dieser klassischen Version wird das Paradoxe deutlich als ein unauflöslicher Widerspruch. Wir werden uns mit Sicherheit daran gewöhnen müssen, Widersprüche nicht nur zu ertragen, sondern mit ihnen zu leben.

Außer Robinson Crusoe, einigen Eremiten und einer Handvoll Soziopathen sind wir alle definitiv soziale Wesen. Wir sind abhängig von anderen, von politischen, ökonomischen, kulturellen und religiösen Verhältnissen und von den Rahmenbedingungen der uns umgebenden Gesellschaft. Und wir schöpfen unsere Momente des Glücks aus diesem Miteinander. Mittlerweile bezieht sich diese Wechselseitigkeit auch auf globale Aspekte. Insofern sind wir zwangsläufig nicht nur Einzelne, sondern Teil der Allgemeinheit. Diese Konstellation hat Gültigkeit seit Anbeginn der Menschheit und war schon den Jägern und Sammlern vertraut.

Erst in den letzten Jahrzehnten ist diese Perspektive durch den zunehmenden Individualismus in den Wohlstandsgesellschaften stark eingeschränkt worden. Nun kehrt aber die Einsicht, dass wir in einer Welt leben und voneinander abhängig sind, wieder mit Vehemenz ins Alltagsleben zurück. Ob Klimawandel, globale Finanzmärkte, Terrorismus, Naturkatastrophen, Weltpolitik, das Internet oder Epidemien – die Liste der Komponenten einer zum Dorf gewordenen Welt könnte endlos weitergeführt werden. Jeder Mensch auf diesem Planeten ist zugleich auch ein Weltbürger. Diesen Prozess haben wir noch keineswegs verinnerlicht. An die neue paradoxe Rolle, dass wir uns sowohl als Individuen als auch als globale Gesellschaft repräsentieren, müssen wir uns erst gewöhnen. Es gilt, die alten Wertesysteme in die neue Logik zu übertragen, die verständlichen Ängste vor dem Neuen zu überwinden, um die Chancen dieser Zeitenwende in Anspruch nehmen zu können. Erst wenn die veränderten Sichtweisen in unserem Urteilsvermögen angekommen sind, können wir uns gemeinsam in jene Richtung bewegen, die schon heute von einer Reihe vorbildhafter Persönlichkeiten erkannt und gelebt wird. Dass unser individuelles Verhalten in der Summe globale Konsequenzen hat, ist der konkrethische Ausgangspunkt des Menschen im 21. Jahrhundert.

Die Widersprüche zwischen Individuellem und Globalem gilt es auch auf der Ebene der Länder und Nationen auszutarieren. Noch vor 20 Jahren wäre uns die Vorstellung, den westlichen mit dem östlichen Teil Europas zusammenzubringen, utopisch erschienen. Jetzt ist dieses Projekt Wirklichkeit geworden, und neue Hindernisse stellen uns auf die Probe. Man sucht die Gemeinschaft und will gleichzeitig die nationalstaatliche Souveränität nicht aufgeben. An die Stelle der Einigungsvision tritt allzu oft die bloße Verteidigung eigener Interessen. Politiker nutzen das europäische Gerangel, um in den eigenen Ländern ihre Position zu verbessern.

Deutlich spürbar wird die Unfähigkeit, in paradoxen Strukturen zu denken. Die meisten aktuellen Probleme liegen oberhalb der nationalstaatlichen Ebene und können gar nicht mehr innerhalb der Staaten gelöst werden. Gerade die Einschränkung auf die nationale Perspektive wird zum schlimmsten Feind der Entwicklung des eigenen Landes. Zwei herausragende Soziologen, Ulrich Beck und Anthony Giddens, sind sich einig in ihrem Urteil: „Die Europäische Union ist in einer viel besseren Position, das Wohlergehen einer Nation zu mehren, als ein Staat allein, etwa auf den Gebieten der Ökonomie, der Einwanderung, der inneren Sicherheit, Umwelt, Verteidigung und vielen anderen mehr."[88] Damit Europa lernt, auf der Bühne der Weltpolitik mit einer Stimme zu sprechen, müssen zwei vermeintlich widersprüchliche Prozesse erfolgreich umgesetzt werden: die Stärkung der nationalstaatlichen Solidarität sowie der solide weitere Ausbau der Europäischen Union. Nur dieser Weg erweitert den Radius von Demokratie, Frieden und leistungsstarken Wirtschaftsbeziehungen. Aber ohne eine konkrethische Positionierung innerhalb der Weltgemeinschaft bleibt der schon so weit fortgeschrittene Einigungsprozess eine Reise ohne Ziel.

Wenn wir die Welt zugleich als real und als anonym wahrnehmen, also auf der einen Seite wirklichkeitsnah und auf der anderen Seite als unbekannt und undurchschaubar, klingt das widersinnig. Zumindest widerstrebt es dem, was sich in der allgemeinen Meinung als das Übliche oder Richtige darstellt. Unser Alltag ist geprägt durch Vorgänge, die einander unauflösbar widersprechen. Wenn es „das Normale" im überkommenen Sinn aber kaum noch gibt, weil sich unser Leben in den letzten Jahrzehnten so grundlegend verändert hat, wovon können wir dann noch ausgehen? Worin liegt die Botschaft der vermehrt paradoxen Zustände? Die Zeit des „Alles oder Nichts" gehört unwiederbringlich der Vergangenheit an. Unsere Aufgabe ist es nun, in den Kategorien des „Sowohl-als-auch" denken zu lernen. Wenn man den militanten Islamisten realistisch als Bedrohung einschätzt und zugleich dem Islam ohne Vorurteil begegnen will, muss man den gesunden Menschenverstand pragmatisch einsetzen. Solange man aufgeregt und ignorant alles in einen Topf wirft, erreicht man auf allen Ebenen ungewollt das Gegenteil. Es liegt unmittelbar in unserem eigenen Interesse, den friedlich lebenden Muslim vor seinem im Terror verrannten Glaubensbruder zu schützen. Das mag kompliziert sein, aber fest steht: Einfacher wird es für uns in den komplexen Welten nicht mehr werden.

Entweder sind wir bereit, unsere verschiedenen Werte und Fähigkeiten konkrethisch auszuarbeiten und praktikable Konsequenzen zu ziehen, oder wir werden von irrationalen Folgen ungefragt überwältigt. Das Virus der Scheinheiligkeit ist in diesem Zusammenhang ein gefährlicher Manipulator. Das Zeitalter der Paradoxie lehrt uns zum einen, dass wir nicht alles machen können, was wir wollen. Eine in meinen Augen wenig betrübliche Nachricht. Zum anderen verweist es darauf, dass diejenigen, die Teil des Problems sind, auch Teil der Lösung sein sollten. Der unauflösliche Widerspruch zwingt uns, zu handeln. Er öffnet den gedanklichen Raum, nach Alternativen und Konsequenzen zu suchen, die bisher nicht durchgespielt worden sind.

In der Geschichte der Menschheit haben wir noch nie so viel gewusst. Noch nie waren die praktischen Möglichkeiten einer sinnvollen Lebensführung für alle so weit ausgebildet. Und trotzdem ermangelt es ganzen Kontinenten an Lebenswert und Lebenswürde. Ist es nicht die große Ironie des 21. Jahrhunderts, dass Milliarden Menschen aufgrund von Kriegen, Korruption und ökonomischer Chancenlosigkeit Hunger leiden, während Hunderte Millionen andere durch Übergewicht chronische Erkrankungen entwickeln? Es geht um die Herstellung einer neuen, besseren Balance zwischen Glück und Unglück, Erfolg und Misserfolg, Lust und Schmerz.

Können wir die Dinge verändern, aber wollen es nicht? Oder wollen wir zwar, können es aber nicht? Ich bin davon überzeugt, dass wir wollen und können, wenn wir die Geißel der Scheinheiligkeit in unserer Selbstbetrachtung überwinden. Aber unsere Anstrengungen stecken noch in den Kinderschuhen. Dies wiederum hat unter anderem mit unserem paradoxen Glücksempfinden zu tun. Wenn Menschen im Vergleich zu anderen reicher werden, fühlen sie sich glücklich. Aber wenn eine ganze Gesellschaft reicher wird, empfinden die Einzelnen dies nicht als Glück. Die Glücksempfindung ist so privat, dass wir sie nur auf ganz wenige uns bekannte Personen übertragen können. Je stärker der andere in der Anonymität versinkt, desto geringer ist unsere Anteilnahme. Deshalb wächst die Spendenbereitschaft in dem Maße, wie anrührende Bilder einer Notlage Gestalt verleihen. Vielleicht liegt die Überwindung des Mangels, gönnen zu können, gerade im Erlernen der Fähigkeit, sich am Glück anderer zu erfreuen. Dazu gehört auch, das eigene Glückstalent immer wieder zu trainieren. Was wir uns selbst nicht gönnen, können wir schwerlich anderen zugestehen. Wir müssen erst noch die paradoxe Tatsache begreifen, dass auch Handlungen, die man unterlässt, Konsequenzen haben. Die wesentliche Erkenntnis steckt darin, dass wir endgültig für uns selbst und andere verantwortlich sind.

Aus dem herrschenden Anonymen Realismus ergibt sich zwangsläufig, dass wir kaum noch auf eindeutige Erfahrungen zurückgreifen können. Die Konkrethik will dazu beitragen, diesen offenen Erkenntnisraum zu identifizieren, und bietet durch die Analyse der Verhaltensfolgen die Möglichkeit, Unklarheiten systematisch zu reduzieren. Sie kann eine Landkarte bereitstellen, um durch den unermesslichen Raum des Anonymen Realismus zu navigieren. Die umgesetzte Tat vollzieht eine Synthese und Versöhnung der Gegensätze. Sie ist kein intellektuelles Konstrukt, sondern ein roter Faden für einen gesunden Menschenverstand. Wir müssen lernen, zwischen den Polaritäten zu vermitteln, ohne die Unterschiede aufheben zu wollen.

Vom vereinten Menschenverstand

Ursprünglich wollte ich vom globalen Menschenverstand sprechen. Die Globalisierung ist jedoch ein unaufhaltsamer externer Prozess. Der Wille zur Vereinigung dagegen entspringt einer inneren Bereitschaft, die eng mit der eigenen Umwelt zusammenhängt: Jede Kultur hat ihre eigenen Vorstellungen vom Glück. So erfährt auch ein gesunder Menschenverstand sprachlich und inhaltlich unterschiedliche Ausprägungen. Im Kern sieht er Dinge, wie sie sind, und tut, was getan werden muss. Darin liegt sein vereinigendes Potenzial. Ralph Waldo Emerson sagt es so: „Du musst dir dein Werk wählen; du musst dir das aussuchen, was dein Gehirn kann, und alles andere zum Teufel werfen. Nur so kann jener Überschuss an Lebenskraft sich ansammeln, der nötig ist, damit der Schritt vom Wissen zur Tat vollbracht werden kann."[89] Insofern ist die Konkrethik die Verwirklichung eines gesunden Menschenverstands. Natürlich gibt es nicht „den singulären gesunden Menschenverstand". Ebenso wie es nicht eine Kultur gibt, sondern eine Fülle davon. Das Maß der Gesundheit eines Menschenverstandes ist daher davon abhängig, dass auch andere Ausprägungen des Menschenverstandes akzeptiert werden können. Insofern wäre ein vereinter Menschenverstand die Summe all jener Erscheinungsformen des Menschenverstandes, auf die man sich zum Vorteil der Menschheit einigen sollte. Damit dies funktioniert, sehe ich keine andere Möglichkeit, als diese auszuhandelnde Schnittmenge gesetzlich zu verankern.

Die Scheinheiligkeit führt dagegen nur eine Inszenierung im eigenen Interesse auf. Tückisch suggeriert sie, der Mensch hätte sein Schicksal vollkommen in der Hand. Tatsächlich können wir auf das Schicksal wenig Einfluss nehmen – nämlich nur in der Art und Weise, wie wir darauf reagieren. Kriegerische Verhältnisse bekommt man nur in den Griff, wenn man sich mit den menschengemachten Ursachen beschäftigt und diese verändert. Die übliche Praxis, diese große Frage mit Modellen und Expertengremien anzugehen, ist bisher nicht erfolgreich gewesen.

Wenn die arabischen Aufstände von Unternehmensberatungen geplant worden wären, hätte niemand den Mut aufgebracht, sich ungewissen Gefahren auszusetzen. Auch das Ende der Deutschen Demokratischen Republik war nicht das Resultat eines Businessplans, sondern das emotionale Überkochen einer kollektiven Bereitschaft, endlich Nein zu sagen. Der ungeheure Mut dieses Aufbegehrens hat die Sorge um das eigene Schicksal in den Hintergrund gerückt. Ein weiteres Beispiel aus der jüngsten Vergangenheit: Die deutsche Bundesregierung hatte sich trotz vieler Proteste mit ökonomischem Kalkül für die Fortführung der Atomkraft entschieden. Nur wenige Monate später verursachte die epochale Katastrophe im japanischen Fukushima einen derartigen Stimmungswechsel in der deutschen Bevölkerung, dass binnen weniger Wochen alle alten Beschlüsse gekippt wurden. Eine jahrzehntelange Debatte wurde praktisch über Nacht ausgehebelt, weil die Stimmberechtigten im Lande den Regierungsparteien sonst das Vertrauen entzogen hätten. In all diesen Fällen sind Menschen konkrethisch tätig geworden und haben das Unerwartete vollbracht. Natürlich gab es überall vor und hinter den Kulissen politische Raufereien, um das neue Szenario scheinheilig auszuschlachten. Entscheidend ist, dass sich in diesen Beispielen ein gesunder Menschenverstand zumindest vorerst durchsetzen konnte. Das ist ermutigend für weitere Schritte zur konkrethischen Selbstbefreiung.

Die Idee eines vereinten Menschenverstandes ist nichts Neues. Blickt man auf Jahrtausende Kulturgeschichte mit ihren Reflexionen über die Welt und den Kosmos zurück, findet man überall Hinweise. Die Suche nach einem verbindenden und verbundenen Gemeinsamen ist ein zutiefst menschlicher Traum, der unsere Ahnung und unser Gefühl einer gegenseitigen universalen Abhängigkeit dokumentiert. Die prominenteste Institution zur Umsetzung dieser Hoffnung sind die Vereinten Nationen. Zu einer greifbaren Wirklichkeit ist diese philosophische, religiöse und soziale Vorstellung aber erst in den letzten Jahrzehnten geworden. Der für die vernetzte Welt der Daten-, Handels- und Finanzströme signifikante Begriff der Globalisierung markiert diese entscheidende Veränderung, die vielen Menschen allerdings eher bedrohlich als segensreich erscheint. Diese Bedenken sind, je nach kulturellem Standpunkt, nachvollziehbar. Der Prozess der universalen Vernetzung ist jedoch nicht mehr aufzuhalten und schon jetzt der zentrale Ausgangspunkt aller weiteren Entwicklungen. Die globale Welt ist eine Tatsache, ein vereinter Menschenverstand wäre die angemessene konkrethische Willensentscheidung.

Auch in diesem Zusammenhang haben wir es mit schwerwiegenden Paradoxien zu tun. Auf der einen Seite leben und arbeiten höchstens 500 Millionen Menschen bereits in globalen Strukturen. Und sie stehen zumeist in irgendeinem Wettbewerb beziehungsweise in ökonomischer Konkurrenz, sodass der Eigennutz gegenüber dem Gemeinsinn in den Vordergrund tritt. Auf der anderen Seite ist zwar die überragende Mehrheit der Menschheit von globalen Prozessen betroffen, aber ihre alltägliche Realität vollzieht sich in einem begrenzten lokalen Umfeld. Erfreulicherweise gibt es unter den praktizierenden Weltbürgern Millionen Menschen, die bereits mit humanitären und philanthropischen Aktivitäten im Sinne eines vereinten Menschenverstandes handeln. Sie haben den Sinn für das Ganze entwickelt und dienen der Verwirklichung einer vernetzten Gemeinschaft, denn sie haben eingesehen, dass man die Globalisierung nicht sich selbst und einigen dominanten Kräften überlassen kann.

Stellvertretend für alle guten Geister möchte ich an dieser Stelle Hans Küng erwähnen. Seit Jahrzehnten hat der Professor für Ökumenische Theologie sich mit seiner „Stiftung Weltethos" im Dialog der Kulturen und Religionen verdient gemacht. Im Zentrum seiner Arbeit steht das Weltethos, also nicht so sehr die ethische Lehre oder ein System, sondern die innere moralische Grundhaltung des Menschen. Als herausragender Religionsforscher hat er neben vielen anderen weltweiten Anregungen schon im Jahre 1993 eine Erklärung des Parlaments der Weltreligionen initiiert, die das Ethos der Menschheit durch Grundprinzipien und Weisungen dokumentiert. Auch die Konkrethik profitiert von dieser maßgeblichen Zusammenstellung der moralischen Grundlagen für eine nachhaltige Verbesserung der individuellen und globalen Ordnung. Küng sagt zu Recht, dass es ohne ein Weltethos und den Dialog der Religionen und Kulturen keine neue Weltordnung geben kann. Mit allem Respekt und großer Bewunderung für dieses außergewöhnliche und couragierte Lebenswerk muss jedoch auch seine eigene Einschätzung erwähnt werden, dass „dieses Ethos keine direkten Lösungen für all die immensen Weltprobleme" bieten kann. Er nennt seine Perspektiven „eine realistische Hoffnungsvision"[90].

Die Kenntnis ethischer und religiöser Wertvorstellungen ist unverzichtbar, um eine gemeinsame Zukunftsvision zu entwickeln. Das Wissen um eine gemeinsame Grundmoral reicht aber bereits auf kurze Sicht nicht aus. Was uns tatsächlich weiterbringt, ist allein die radikale Verwirklichung des Gemeinsamen: Für die Konkrethik bedeutet das Küng'sche Werk ein manifestes Instrumentarium zur Kennzeichnung des vereinten Menschenverstandes. Jener dort aufgezeigte Grundkonsens „über gemeinsame Werte, Maßstäbe und Haltungen" sowie die

Hinweise für eine „autonome Selbstverwirklichung und solidarische Verantwortung"[91] bilden ein Koordinatensystem, das im aktiven Dialog der Menschen zu konkrethischen Handlungen aufruft. In Bezug auf eine globale Solidarität müssen wir uns, entgegen unserer stammesgeschichtlichen Programmierung, umgehend in der Einsicht üben, dass wir unseren eigenen Interessen konkrethisch dienen, wenn wir auch den anderen ihr verdientes Recht einräumen. Der archimedische Schnittpunkt ist der Wille zur überbrückenden Gemeinsamkeit. Ansonsten wird die Weltgesellschaft immer tiefer in den kriegerischen Gräben der Ausgrenzung versinken.

Der vereinte Menschenverstand ist kein Organ des strategischen Kalküls, sondern die vernünftige Stimme unserer Innerlichkeit. Nach einer Phase unerträglicher Hörigkeit der Politik gegenüber den Finanzmärkten sollten wir das derzeit herrschende Chaos als Gelegenheit nutzen, um unser angestammtes Recht als souveräne Bürger wieder einzuklagen. In der Selbstverpflichtung, die Stimmen des vereinten Menschenverstandes miteinander zu vernetzen, liegt die Kraft, auf die Geschehnisse der Welt konkret einzuwirken. So zutreffend die Metapher auch sein mag, dass wir auf globaler Ebene in einem Boot sitzen, vor dem Hintergrund vollkommen entgegengesetzter Lebensqualitäten und Güterverteilungen wirkt sie momentan geradezu lächerlich. Insofern ist es unerlässlich, auch die Stimmen der anderen zu hören. Wir müssen erst noch lernen, sie nicht vorschnell in unserem Sinne auszulegen. Gemeinsame Empfindungen und gemeinsame Überzeugungen werden erst in der ernsthaften Beschäftigung miteinander errungen. Die Anstrengung des konkrethischen Konsenses ist das Ende der scheinheiligen Kür vorläufiger Verlautbarungen: Hier geht es um die Ergebnisse verwirklichter Maßnahmen. Auf diese Weise kann der vereinte Menschenverstand zu einer unüberhörbaren Autorität heranwachsen, die uns allmählich aus unserer Rolle als passive Realitätsempfänger befreit. Wir werden jedoch nachhaltig erarbeiten und offenlegen müssen, welche Ausprägungen die praktische Vernunft je nach Kultur und Individualität erfährt. Erst im Hinblick auf die möglichen Gemeinsamkeiten kann der Menschenverstand zu einer globalen Dimension aufsteigen.

Im Menschenverstand wirken ein innerer einheitstiftender Sinn, eine urteilende Vernunft, ein gemeinsames Basiswissen und der Wille zur Gemeinschaftlichkeit. Alltagswissen und intuitive Wahrnehmung geben ihm eine doppelte Funktion, einerseits als Ausgangspunkt und anderseits als Handlungsziel. Aber auch der Menschenverstand ist natürlich nicht frei von Paradoxien. Als Jedermannverstand wird ihm eine gewisse Banalität unterstellt, und als gesunder Normalzustand obliegt ihm ein wesentliches Urteilsvermögen. So reicht sein Spielraum vom Durchschnittswert bis zum Ideal. In Anbetracht der unterschiedlichen Einschätzungen von Gesundheit und der vielfältigen Grade von Lebensqualität geht es in nächster Zukunft nicht darum, für alle das gleiche Ideal zu verfolgen, sondern die jeweils konkret mögliche Verbesserung anzustreben. In diesem Sinne ist der vereinte Menschenverstand ein unaufhörlicher Prozess der Selbstverbesserung der Menschheit, um den inneren Kräften eine äußere Gestalt zu verleihen. Diese große Umkehrung, eben nicht länger von den äußeren Faktoren gesellschaftlicher Sachzwänge dominiert zu werden, sondern die Welt unseren gemeinsamen Werten dienstbar zu machen, ist der Kern konkrethischen Handelns. Jedem Menschen soll das ihm Adäquate zugesprochen werden, aber nicht allen das Gleiche.

Um zu lernen, Gutes zu tun, muss man Gutes tun. Um zu üben, einen Dienst zu erweisen, muss man Dienste erweisen. Um ein Anliegen zu realisieren, muss man es in die Tat umsetzen. Um die Liebe zu erfahren und zu bewahren, muss man trotz aller Widrigkeiten immer wieder den Weg der Liebe beschreiten. Wenn wir das nicht mehr infrage stellen, können wir konkrethisch leben, so wie wir selbstverständlich atmen. Wir haben erst dann gelernt, etwas richtig zu machen, wenn wir es richtig gemacht haben.

Die gemeinsame Initialzündung, um den vereinten Menschenverstand zu verwirklichen, ist die Befreiung der Mehrheit der Menschheit aus ihrer unzumutbaren Armut. Je länger wir uns hinter unkonkreten Idealen verstecken, desto weniger werden wir tatsächlich Einfluss nehmen. Gerade in wohlhabenden Ländern trifft man auf unzählige Menschen, die sich zwar nach dem ewigen Leben sehnen, aber mit einem verregneten freien Tag nichts anzufangen wissen. Selbst die kleinste Tat hat mehr Kraft als ein großer Gedanke, der ohne Wirkung bleibt. Im Alltag hört man immer wieder den Spruch der Erschöpften, es gäbe so viel zu tun, aber man wisse nicht, wo man anfangen soll. Im unerschöpflichen Meer unseres Bewusstseins gibt es nur eine Chance der Orientierung, und zwar, sich auf etwas zu konzentrieren und es dann umzusetzen. In diesem Moment entsteht ein richtungsweisender Pfad, wo vorher ringsum nichts als Fläche war.

Wer sich im Negativen verfängt, in all dem, was nicht geht oder gegen andere gerichtet ist, zieht in den seelischen Krieg. In der vermeintlichen Komplexität unserer Welt gibt es so viele gemeinsame Ausgangspunkte, dass sich Hass und pauschale Ablehnung als fürchterliche Ignoranz entlarven. Die Emotionen der Angst, der Trauer, des Zorns, des Glücks oder der Freude werden über die entsprechenden Gesichtsausdrücke weltweit verstanden und angenommen. Niemand zweifelt an der Mutterliebe oder der Geschwisterliebe. Die Liebe insgesamt ist universal. Auch die Sprachen der Welt vereinen einige grundlegende Gemeinsamkeiten, nicht zuletzt die Grammatik. Überall kennt man Klatsch und Lüge und alle Menschen reden unentwegt über zwischenmenschliche Dinge, die ihr unmittelbares Leben betreffen. Allen Kleinkindern ist gemein, die Sprache ihres Umfelds oder sogar gleichzeitig eine zweite zu erlernen. Linguisten haben 60 universelle Grundbegriffe wie „ich", „du", „gut", „schlecht", „tun", „haben", „leben" und „sterben" identifiziert, die allein schon den Radius eines vereinten Menschenverstandes skizzieren. Auch die groben Zeiteinteilungen in Vergangenheit, Gegenwart und Zukunft sind in allen Kulturen bekannt; ja sogar die Nacht wird übereinstimmend als bedrohlich betrachtet. Psychologen weisen darauf hin, dass es universelle Schönheitskriterien gibt, die sich in der Vorstellung der idealen Proportion begegnen. Und von Ethnologen erfahren wir, dass das Spielen eine universelle Fähigkeit darstellt. Selbst die Kunst ruft eine kulturübergreifende Faszination hervor, die nicht nur die Hochkulturen für sich vereinnahmen können. Vor diesem Hintergrund wird deutlich, dass es ein gemeinsames Erbe der Menschheit gibt.[92] Dieser an verschiedenen Orten und zu unterschiedlichen Zeiten entstandene globale Schatz ist die Grundlage eines übergreifenden Geistes. Aus dieser Quelle nährt sich der alles aufeinander beziehende vereinigte und vereinte Menschenverstand.

Dennoch bleibt der große Gegensatz zwischen der persönlichen, lokalen und regionalen Lebenswelt und der Sphäre universeller Vernunft. Es ist für uns fast unmöglich, uns auf eine derart abstrakte Ebene einzulassen, ohne die Auswirkungen auf die konkrete lebensweltliche Situation tatsächlich zu spüren. Jeder ist sich selbst der Nächste, umso mehr in Zeiten der Not. Für Milliarden Menschen ist dieser Zustand nicht Ausdruck einer individuellen Wahl, sondern unerbittliche Folge ihrer Chancenlosigkeit. Die Einforderung der Menschenrechte ist zwar völlig unverzichtbar, aber ohne Konkretisierung und Umsetzung am Ende ein leerlaufendes Perpetuum mobile. Um der Würde des Menschen realitätstauglich gerecht zu werden, bedarf es einer grundsätzlichen lebensertüchtigenden Minimalausstattung. Diese Grundversorgung muss je nach Kultur und Entwicklungsstand eine unabhängige Beteiligung am täglichen Leben sicherstellen. Angesichts weltweit angehäufter Privatvermögen in Höhe von 122 Billionen Dollar – laut einer Schätzung aus dem Jahre 2011 – wäre ein solches Grundlagenmodell auf jeden Fall theoretisch zu realisieren. De facto sind wir aus vielerlei Gründen weit davon entfernt, das Machbare auch zu tun.

Deshalb lautet die existenzielle Frage, wie wir erst einmal ein gemeinsames Weltverständnis erzeugen können. Bislang verfügen wir über verschiedene Interpretationen, wie unterschiedliche Menschen ihre Welt verstehen. Diese disparaten Weltbilder stehen in Konkurrenz miteinander, und die Suche nach dem Gemeinsamen wäre ein wichtiger Schritt, um sie in ihrer Originalität zu respektieren und gleichzeitig miteinander zu verbinden. In der Begegnung stark differierender Kulturen, Religionen und Generationen ist nicht ohne Weiteres davon auszugehen, dass ein *common sense* auf allen Gebieten besteht. Je weiter der Erfahrungshorizont voneinander abweicht, desto schwerer wird es für Menschen, Gruppen und Kollektive, auf eine gemeinsame und gültige Selbstverständlichkeit zurückzugreifen. Hier die Gemeinsamkeiten zu identifizieren und für das Trennende Lösungsschritte zu erproben ist die Aufgabe eines umfassenden interkulturellen und interreligiösen Verständigungsprozesses nach konkrethischen Kriterien.

All dies steht im starken Widerspruch zu einer Weltordnung, die uns die zufällig Mächtigen von oben herab aufdrücken wollen. Um diese grundlegende Einsicht kommen wir nicht herum: Die Wahrheit des Gemeinsamen müssen wir alle zusammen immer wieder suchen und erzeugen, denn sie betrifft uns alle. Ohne Kommunikation, Kooperation und Zusammenwirken im Zeichen dieses willentlich gesetzten Zieles bleibt die Hoffnung auf eine gemeinsame Welt aussichtslos.

Dass die globalen Bedingungen des menschlichen Lebens für unsere Zukunftsfähigkeit eine entscheidende Rolle spielen, ist neu. Diese Einsicht muss erlernt, geübt und verarbeitet werden. Ein vereinter Menschenverstand ist auch ein entscheidendes Werkzeug des lebenslangen Lernens. In zwei oder drei Generationen wird es gelungen sein, den Gegensatz zwischen eigener und globaler Welt zu verinnerlichen. Was wir leisten müssen, ist die geistige und emotionale Übung, die Gegensätze zu verbinden. Nur so kann etwas Neues, Gemeinsames entstehen. Im Inneren des Menschen ist eine Weltformel schon längst zu finden, ob man sie nun Gott oder höheres Bewusstsein nennt. Entscheidend ist das intuitive Gespür, dass alles als Teil eines ganzheitlichen Zusammenhangs existiert und dass alles miteinander verbunden ist. Werte, die sich wie Frieden oder Liebe aus der Innerlichkeit entwickeln, brauchen keine akademische Evidenz, denn sie beweisen sich nur in der konkrethischen Tat und im wirklichen Leben.

Das Internet wird noch in 100 Jahren nicht in der Lage sein, die Komplexität unseres Gehirns nachzubilden. Bislang benutzen wir es lediglich als technisches Hilfsmittel, um unsere Bedürfnisse zu befriedigen. Wenn wir uns für die Einsicht öffnen, dass das Gehirn alle Optionen eines göttlichen Musters enthält, machen wir uns frei von Grenzen und Gegensätzen. In diesem Sinne verbindet der vereinte Menschenverstand alle Gehirne der Menschheit miteinander. Die Möglichkeiten dieses ungeheuren Kraftfeldes liegen bereit, um konkrethisch genutzt zu werden.

Ein gesunder Menschenverstand kommt oft in Redensarten und Sprichwörtern zum Ausdruck, und selbst Kulturen, die nicht oder kaum miteinander in Verbindung stehen, besitzen verwandte Sprichwörter. Sie mögen sich in der Metaphorik unterscheiden, da sie verschiedenen Hintergründen entstammen, aber im Kern lassen sie sich als Hinweistafeln des Gemeinsamen lesen. Ob es sich um die Sprichwortsammlungen der Sumerer, Inder, Chinesen oder Zitate von Aristoteles, Cicero, Goethe oder Martin Luther handelt – immer versuchen diese Weisheiten, eine Brücke zu bauen um ein Problem zu lösen.

In ihrem Ausdruck sind sie jedem zugänglich und weder für oben noch für unten geschrieben. Diesen Wortbildern ist es immer leichter als ihren Sprechern und Benutzern gefallen, Landesgrenzen zu überschreiten. Dennoch sind sie alles andere als unfehlbar. Sie widersprechen einander mitunter, und man kann sie auch in scheinbar unangemessenen Momenten einsetzen. Trotz ihrer Teilwahrheiten sind sie Ausdruck der weltweiten Sehnsucht nach Verankerung und Orientierung, nach Weisheit und Zusammengehörigkeit.

Eine übereinstimmende Haltung zeigen sie dort, wo es um die Abwehr von Scheinheiligkeit geht. In China sagt man: „Bewerte das Pferd nicht nach seinem Sattel." In Japan: „Auch wenn der Papagei gut spricht, bleibt er doch ein Vogel." In Deutschland: „Kleider machen Leute." In Saudi-Arabien: „Ein Esel ist ein Esel, auch wenn er Sprünge macht wie eine Gazelle." In Spanien: „Selbst wenn der Affe Seide trägt, bleibt er ein Affe." Und in Malaysia: „Glaube nicht, im Wasser seien keine Krokodile, nur weil du keine Wellen siehst." Es ist für den normalen und vereinten Menschenverstand nicht immer einfach, die Struktur der Scheinheiligkeit zu durchschauen. Auch ein Halsabschneider kann ein liebender Vater und geselliger Bekannter sein. Außerdem nimmt der Widerspruch zwischen äußerer und innerer Verfassung der Menschen ständig zu. Je größer die finanzielle Verfügungsgewalt, die ideologische Verblendung oder die materielle Gier, desto leichter trägt man die Masken des Scheins wie bei einem Kostümfest. Die Diskrepanz zwischen Schein und Sein ist bei vielen so unkenntlich, dass sie die eigene Lüge als Wahrheit empfinden.

Es bedarf der Übung, den Gegensatz zwischen dem, was man sein sollte, und dem, was man ist, zu erkennen, auszuhalten und faktische Veränderungsschritte einzuleiten. Dabei handelt sich in der Tat um eine konkrethische Kunst. Das gilt gegenüber anderen genau wie sich selbst gegenüber. Die allgemeine Anstrengung, Scheinheiligkeit zu verbergen, lässt allerdings auf eine gemeinsame Sehnsucht nach Aufrichtigkeit schließen. Deshalb besteht Grund zu der Hoffnung, dass die Maskerade der Scheinheiligen in sich zusammenfällt, wenn wir ihnen schlicht und einfach die Aufmerksamkeit entziehen. Das setzt allerdings Ehrlichkeit mit sich selbst voraus.

Nährboden des natürlichen Lebens bleibt die unergründliche Seele. Die Anmaßung, das menschliche Leben von außen nach innen gestalten zu wollen, mündet in eine unabsehbare Vergeudung. Die schwerwiegenden Lebensprobleme werden fortbestehen. Sie sind keine technischen Aufgaben, die sich endgültig lösen lassen, sondern existenzielle Herausforderungen, an deren Bewältigung wir unablässig zu arbeiten haben. Dabei hat jede Generation ihre eigenen Gestaltungsflächen. Die Jungen von heute werden die Alten von morgen sein: Auch ihre Zeit läuft ab. Das macht jedes Leben kostbar und einzigartig. Es ist die Einsicht in diese Daseinsbestimmung, die uns vor Scheinheiligkeit und Verdummung schützt. Ein Rädchen in den Kontrollfantasien anderer zu sein macht uns zu Untoten mitten im Getriebe. Die permanente Anforderung, uns mit der Welt zu versöhnen, lässt uns teilhaben am Entfaltungsprozess des Lebendigen.

Solange äußere und interessengebundene Faktoren unser Zusammenleben bestimmen, bleibt ein vereinter Menschenverstand ein Talent und eine Hoffnung, die nicht zum Tragen kommen. Seit mehr als 3000 Jahren kennen wir die goldene Regel: „Was du nicht willst, dass man dir tu, das füg auch keinem anderen zu!" Diese zentrale Botschaft aller Weltreligionen und Kulturen verankert den Ausgangspunkt allen Handelns in der eigenen Innerlichkeit. Erst dann wird der Bogen zur Welt der anderen gespannt: Man erlegt niemandem auf, was man selbst keinesfalls erleiden möchte. Warum ist es so schwer, dieser seit Jahrtausenden existierenden Einsicht Geltung zu verschaffen? Weil wir bis heute immer noch in kriegerischen Zeiten leben und uns die Herrschaft der Mächtigen paralysiert. Genauso wahr ist jedoch der Optimismus von Thomas Paine, einem der Gründerväter der Vereinigten Staaten, der im Jahre 1776 mit seinem Manifest über den *common sense* eine der Grundlagen der demokratischen Bewegung schuf. Heute kann sein Motto auf eine globale Perspektive übertragen werden: „Wir haben die Kraft, die Welt neu zu beginnen. Der Tag der Geburt einer neuen Welt steht bevor."

Nachwort

Ernest Hemingway war ein großartiger Schriftsteller – und eine komplexe Persönlichkeit. Krieg, Scheinheiligkeit und gesunder Menschenverstand waren ihm vertraut. Er durchstreifte die Wälder der Gegensätze und spannte den Bogen zwischen Talent und Mühsal, Mut und Angst, Testosteron und Poesie. Sein Himmel war manchmal von Triumph und oft von Dunkelheit erfüllt. Es war das Schreiben, das ihn letztlich mit Energie versorgte. „Alles, was du tun musst, ist einen wahren Satz schreiben. Schreib den wahrsten Satz, den du weißt." So das Credo dieses brillanten Borderliners, der den Satz von Martin Walser „Nichts ist ohne sein Gegenteil wahr" mit seinem Blut unterschrieben hätte. Dieses Dilemma zwischen Vernunft und Gefühl kennzeichnet auch die Turbulenzen unserer Gegenwart. Wer wirklich zur Besinnung kommen will, muss zuerst den Kampf mit dem scheinheiligen inneren Schweinehund gewinnen. Hier zu siegen bedeutet aber nicht die Vernichtung des Gegners, sondern die Fähigkeit zur Versöhnung. Nur wer Kopf und Bauch in Balance bringt, hat mit einer Entwicklung begonnen, die ihn weiterbringen wird. Sich selbst und andere zu überwinden heißt, sie mitzunehmen.

Wir können Hemingway nicht mehr fragen, was er vom derzeitigen Theater der Welt hält. Aber wir sollten uns alle bemühen, einen wahren Satz und einen gemeinsamen Sinn zu finden, der uns endlich eine Perspektive gibt. Ein gesunder Menschenverstand ist eine lebendige Kraft, und doch wird er jeden Tag aufs Neue massiv auf die Probe gestellt. Ob Billionenlöcher in Staatshaushalten oder Billionenverluste in periodischen Börsencrashs, man fühlt sich dem Chaos ausgeliefert. Auch bizarre Mörder und Totschläger am Ruder einiger Regierungen übersteigen unser Fassungsvermögen. Dass im Jahre 2011 in den USA zum ersten Mal ein Konzern mehr Liquidität als die US-Regierung besaß, irritiert. Oder dass Monate nach dem Super-GAU in Fukushima die Radioaktivität höher war als jemals zuvor auf der Welt. Und dass dies just in dem Moment zum Vorschein kam, als die öffentliche Aufmerksamkeit nachgelassen hatte. Im gleichen Jahr erklärte erstmals in Norwegen ein einzelner Mensch seiner Umwelt den Krieg. Der rechtsnational gesinnte Täter lenkte den in diesen Kreisen üblichen hasserfüllten Antisemitismus auf den Islam. Getötet hat er seinem Verständnis nach die „Islamversteher". Die Beispiele für Paradoxie und Wahnsinn können von Monat zu Monat rund um den Globus endlos fortgeführt werden.

Die Weltgesellschaft ist bislang kaum mehr als eine technische Option, die im Rahmen eines massenmedialen Resonanzbodens existiert. Nur drei Prozent der Menschheit leben außerhalb ihres Geburtslandes. Nur zwei Prozent aller Telefongespräche sind grenzüberschreitend. Allein im Außenhandel erreicht die Globalisierung 20 Prozent des Weltsozialproduktes. Der indische Ökonom Pankaj Ghemawat schätzt den gesamten Globalisierungsgrad bisher auf nur 20 Prozent.[93] Natürlich wird sich diese Tendenz weiter verstärken: Die Globalisierung hat die Finanz- und Wirtschaftsmärkte schon längst weltweit durchdrungen. Dennoch bleibt der Mensch an sein Gehirn, an seinen Körper, an seine Scholle und an seine Umgebung gebunden mit allen ihn prägenden Faktoren. Die noch kleine Schar der Weltbürger rekrutiert sich in erster Linie aus privilegierten Kreisen in Politik, Wirtschaft, Handel, Wissenschaft, Kunst und der Vermögenden.

Das Internet trägt zu einer schnelleren Übertragung der Informationen bei und schafft immer weiter gespannte Netzwerke. Aber für einen gesunden Menschenverstand gilt es zu lernen, zwischen Vogelperspektive und Alltagsblick zu unterscheiden. Das Koordinatensystem des gesellschaftlichen Lebens hat jetzt zwei voneinander abhängige Achsen, eine nationale und eine universale. Ohne die Akzeptanz und Berücksichtigung dieser unumgänglichen Gleichzeitigkeit sehen wir die Welt nur noch mit einem Auge. Und das Koordinatensystem des inneren Lebens hat ebenfalls zwei voneinander abhängige Achsen, eine emotionale und eine rationale. Ohne die bereitwillige Annahme dieser Gegensätze bleiben wir blinde Passagiere in einer naturabhängigen und selbst geschaffenen Welt. Bedenken wir immer: Nichts ist ohne sein Gegenteil wahr.

Alles in allem durchleben wir eine globale Vertrauenskrise. Nichts ist in dieser Phase so greifbar wie die Sehnsucht nach Klarheit, nach Handfestem und Gegenständlichem. Der Mensch braucht einen roten Faden, an dem entlang er sich die Welt erklären kann. Unsere Simulationsgesellschaften bieten zwar zahllose persönliche, politische und wissenschaftliche Interpretationen, aber damit kommen wir der Wirklichkeit nicht greifbar näher. Seit Jahrzehnten sind wir Zeugen eines heillosen Kampfes um Aufmerksamkeit, der die Scheinheiligkeit fast schon industriell erzeugt. Wir sind umzingelt von symbolischen Handlungen, welche die Konturen unserer Problemlagen vernebeln. Gleichzeitig erleben wir überall eine verzweifelte Suche nach Sinn. In diesem Chaos sind speziell die Führungspersönlichkeiten in allen Lebensbereichen aufgefordert, Klartext zu denken und zu sprechen. Es geht um das konkrethische Prinzip, komplexe Sachverhalte nachvollziehbar und verständlich darzustellen, um eindeutige Lösungen umzusetzen. Wir haben endgültig genug von fruchtlosen Absichtserklärungen.

Selbst die Demokratien verhalten sich unvernünftig. Sie finanzieren ihre Staatsleistungen mit uferlosen Schulden, setzen das Hab und Gut ihrer Nationen ausnahmslos auf die Gegenwart und belasten die kommenden Generationen maßlos mit Zins- und Tilgungsverpflichtungen. Der gegenwärtige Schuldenkrieg hat seine Ursache letztlich in der organisierten Bankenrettung. Die Metastasen des Finanzsektors haben eine systemische Größe erreicht, die die Politik abhängig und erpressbar macht. Sie hat die wichtigste politische Entscheidung über die Geld- und Kreditschöpfung dem Finanzbereich überlassen und sich damit selbst entmündigt. Ihr legitimer Führungsanspruch verflüchtigt sich in scheinheiligen Konstruktionen. Den Bürgern wird auf ähnlich heuchlerischem Niveau suggeriert, dass sie am schnellsten reich würden, wenn sie sich Geld liehen. Damit könnten sie Aktien, Immobilien und Anleihen erwerben, die infolge der kreditgetriebenen Inflation im Preis steigen. Diese verlogenen Verhältnisse belegen, dass wir längst ins Reich der Scheinheiligkeit eingetreten sind.

Der fundamentale Mangel an konkrethischen Verhaltensweisen hat nicht nur die Zerstörung des geistigen Gesamtzusammenhangs unserer Erfahrungswelten, sondern auch einen tiefen Graben zwischen Politik und Bürgern zur Folge. Wenn die Demokratie weiterhin als Selbstbestimmung des Volkes begriffen werden soll, bedarf es eines Mindestmaßes an Einheit, an Mitbestimmung und geteilten Überzeugungen. Sobald solche solidarischen Leistungen einem gesunden Menschenverstand nicht mehr zugänglich sind, beginnt die unaufhaltsame Selbstauflösung. Auf der globalen Ebene gelten die gleichen Spielregeln. Ohne Vertrauen und Verlässlichkeit, ohne konkrethische Werte wird der universale Krieg der Ungleichheit immer größere Kreise ziehen. Pervers ist in diesem Zusammenhang die Tatsache, dass die Folgen der Kriege immer Menschenmassen treffen, aber die Verursachung oft auf Einzelne zurückgeführt werden kann: Selbstmordattentäter, Diktatoren, Schwerverbrecher und neuerdings auch Hacker. Auch die drei Finanzhändler Nick Leeson, Jérôme Kerviel und Kweku Adoboli, die ihren Banken Baring, Société Générale und UBS Milliardenschäden zufügten, sind Beispiele einer gefährlichen Scheinheiligkeit, die Geldvernichtung verschleiert. Unabhängig von den einzelnen Straftaten bleibt die Frage ungeklärt, welche Personen und Kreise in diese Machenschaften involviert waren. Solange hier keine lückenlose Aufklärung betrieben wird, bleibt der Menschenverstand verstört zurück, weil man ihm den Boden der Glaubwürdigkeit unter den Füßen weggezogen hat.

Ich habe in diesem Buch viele Vorgänge, die Opfer nach sich ziehen, Kriege genannt. Die perfide Struktur dieser und künftiger Kriege lässt sich anhand der neuen Drohnentechnologie auf den Punkt bringen. Drohnen sind ferngelenkte und unbemannte Fluggeräte, die sowohl zur Aufklärung als auch zum Töten eingesetzt werden können. Dieses machtvolle Waffensystem hat den ambivalenten Charakter, das eigene Risiko zu minimieren und gleichzeitig den Schaden des Feindes präzise zu maximieren. Ein einflussreiches und lohnendes Geschäft – man schätzt diesen Markt in den kommenden zehn Jahren auf ein Volumen von 95 Milliarden Dollar. Von der Größe eines Segelflugzeugs bis zur tragbaren Mikrodrohne wird dieser scheinheilige Flugkörper mit Sicherheit ein Exportschlager. Neben der detaillierten Aufklärungsleistung und der chirurgischen Tötungskapazität verweist dieses Gerät vor allem auf die Zukunft der Kriege. Die Kriegsführung wird immer mehr automatisiert und irgendwann sogar autonomisiert. Die unbemannte Flugtechnik wird früher oder später auf Frachtflugzeuge und auf zivile Flugzeuge übertragen, denn automatisierte Systeme haben den scheinbaren Vorteil, von menschlicher Unzulänglichkeit unabhängig zu sein. Diese Option führt mit hoher Wahrscheinlichkeit in eine Zukunft, in der Kriege im Rahmen ihrer digitalen Strukturen nicht mehr von Kommandierenden, sondern von Algorithmen geführt werden. Sind wir erst einmal dort angelangt, ist die Chance, Vorgänge von einem konkrethischen und menschlichen Ermessen abhängig zu machen, vertan.

Spätestens an dieser Stelle sollte deutlich geworden sein, wie groß die Gefahr ist, wenn wir von virtuellen Automatismen dominiert werden. Die Konkrethik ist die letzte Bastion der menschlichen Entscheidungsgewalt. Welche Diskrepanz zwischen konkrethischer Verantwortung und virtuellem Leben herrscht, dokumentiert eine Aussage des mittlerweile verstorbenen Apple-Gründers. Steve Jobs war über seinen Konkurrenten Google erzürnt, weil er das Handy-Betriebssystem Android für eine Abkupferung seines iPhones hielt. Über den Tod hinaus hinterließ er in seiner autorisierten Biografie die Worte: „Ich werde

Android zerstören, denn es ist ein geklautes Produkt. Ich bin bereit, dafür einen thermonuklearen Krieg anzufangen.“[94] Diese Entgleisung eines genialen Erfinders und Unternehmers signalisiert, in welchen geistigen Umlaufbahnen sich heutige Konzernleitungen bewegen. Diese imperiale Mentalität macht den Kampf um Vorherrschaft zwischen Apple, Google, Facebook und Amazon zu einer Gefahr für die Souveränität des einzelnen Bürgers. Wenn sich bald eine Milliarde Menschen auf einer geschlossenen Plattform wie Facebook bewegen und dort ihr Leben gestalten, ist es nicht weit bis zu einem zweiten Personalausweis, der von Firmen dieser Größenordnung ausgestellt wird.

In verschiedenen Studien über den Schutz der Privatsphäre bei Facebook ist deutlich geworden, dass selbst gelöschte Daten weiterhin für andere verfügbar sind. Bald wird es digitale Lebensarchive geben, die weit mehr über uns wissen als wir selbst. Kein Mitglied in einem entsprechenden sozialen Netzwerk zu sein bewahrt einen nicht davor, von Freunden, Bekannten oder Unbekannten erwähnt und beschrieben zu werden. Diese externe Schöpfung einer fremdbestimmten Biografie birgt die Gefahr einer scheinheiligen Inszenierung von enormer Wirkkraft. Wenn es am Ende Firmen sind, die über unsere Persönlichkeit und unsere Privatsphäre verfügen, ist der Traum demokratischer Verhältnisse ausgeträumt. Selbst längst vergessene Worte werden dann zu Waffen. Wenn man nicht will, dass dies geschieht, ist man gezwungen, sich zu isolieren. Ein Zwang, der mit einer sozialen Ausgrenzung einhergeht, die eine neue Gesellschaftsschicht ohne Vertrauen und ohne Solidarität hervorbringt. Neue Frontlinien werden eröffnet, die aus Menschen nicht mehr nur Konsumenten machen, sondern am Ende womöglich Soldaten. Insofern ist die Frage, inwieweit auch das Internet konkrethisch beherrschbar gemacht werden kann, von existenzieller Bedeutung. In diesem Sinne heißt Konkrethik, nicht bedingungslos alles zu tun, was möglich ist, sondern bewusst zu den Maßnahmen zu greifen, die man verstanden hat und verantworten kann. Auch wenn das besagt, Opfer zu bringen. Konkrethisches Handeln bedeutet, überprüfbare, verantwortungsbewusste und umsetzungspflichtige Prozesse in Gang zu setzen. Auf diese Weise kann es auch wieder gelingen, dem Anspruch eines gesunden Menschenverstandes zu genügen.

Wenn wir dies nicht tun, wird alles zu einem Spielball der Scheinheiligkeit, der Interpretation und der Verfügungsgewalt der Stärkeren. Der 11. September 2001 ist auch in dieser Hinsicht ein warnendes Exempel. Über zehn Jahre nach den Anschlägen ringt man immer noch hilflos um eine Deutung. Jordan Mejias, Korrespondent der *Frankfurter Allgemeinen Zeitung*, beschreibt es so: Der Aufbau von Ground Zero war von Anfang an „in einen Mahlstrom unterschiedlicher Interessen geraten. Die Nation sehnte sich nach einem Wahrzeichen ihrer ungebrochenen Stärke. Die Wirtschaft bestand auf gewinnversprechenden Immobilien. Die Hinterbliebenen der Todesopfer verlangten eine würdige Gedenkstätte. Die Stadt träumte von einer neuen Superattraktion, in der sich alles wundersam miteinander verbündete, die Wirtschaft mit der Kultur, das Einkaufsparadies mit dem patriotischen Mahnmal, die Erholungszone mit dem Handelsbrennpunkt.“[95] Aus einer zivilisatorischen Tragödie wurde ein verbissenes Ringen um unterschiedliche Interessen. Entscheidungen lassen sich nur eindeutig treffen, wenn man entweder eine konkrethische oder eine ökonomische Priorität setzt. Tut man das nicht, erzeugt man zwangsläufig Verwirrung. Die entstehende Mischkultur produziert jene Scheinheiligkeit, die sich dem Verständnis eines gesunden Menschenverstandes entzieht. Wenn schon ein in seiner Tragik klar umrissener Anschlag ein solches Interpretationswirrwarr auslöst, welches Chaos wird dann erst aus dem hochkomplexen Phänomen der virtuellen Welten hervorgehen?

Im Rahmen dieses ersten Basistextes wäre es zu früh gewesen, eine Theorie oder eine abgeschlossene Definition der Konkrethik vorzulegen. Gerade hier muss die Theorie der Praxis folgen. Dieses Buch will in erster Linie sensibilisieren. Wenn wir erkennen können, was *nicht* konkrethisch ist, haben wir schon viel erreicht. Solange wir die Sprache scheinheilig missbrauchen, um unhaltbare Zustände zu beschönigen, treiben wir einen Keil zwischen unser Denken und die Wirklichkeit. Wer lügt, traut seinem Gegenüber die Wahrheit nicht zu und erhebt sich arrogant über andere. Wenn wir das nicht länger hinnehmen wollen, müssen wir die Scheinheiligen vertreiben wie einst die Händler aus dem Tempel. Die Konkrethik ist ein Weg, um einen gesunden Menschenverstand neu zu etablieren, und ohne dieses verbindende Element wird es uns nicht gelingen, nationale und globale Eintracht herzustellen. Deshalb steht im Zentrum dieses Buches das Anliegen, einen gesunden Menschenverstand als globale Gemeinschaftsaktivität anzuregen. Es geht um den auf dem Fundament eines verallgemeinerbaren Menschenverstandes beruhenden Willen, das radikal Gute und Richtige tatsächlich zu tun. Was dies im Einzelfall sein könnte, kann mit den im Buch angesprochenen Hinweisen konkreter erfasst werden. Es ist mir bewusst, wie viel Mühsal damit verbunden sein wird. Dennoch steckt in einer konkrethischen Vorgehensweise die lohnenswerte Chance, manchmal sogar den Berg des Sisyphus zu überwinden.

Kriege entstehen letzten Endes immer auch im Kopf. Also sollte ihre Beendigung und ihre Verhinderung ebenfalls dort stattfinden. Insofern verstehe ich den konkrethischen Menschenverstand als ein Instrument der Friedensstiftung. Voraussetzung ist jedoch der Abschied von unserer zur zweiten Natur gewordenen Scheinheiligkeit: Solange der Wohlstand ein Privileg für wenige bleibt, das um den Preis von Ungerechtigkeit und Umweltzerstörung eingeheimst wird, haben wir uns selbst den Krieg erklärt.

Nachtrag:
Von der Macht des Traumes

Wir können es uns nicht leisten, angesichts der globalen Herausforderungen irgendeine Erkenntnisressource zu vergeuden. Und dazu gehören auch die Manifestationen unserer unbewussten Seite. Sigmund Freud ist mit seiner Einsicht, dass wir nicht Herr im eigenen Haus sind, bereits zitiert worden. Einen Weg, Einblicke in jene Kräfte zu gewinnen, die unser Verhalten bestimmen, hat Anna Freud skizziert: „Nur ein Eindringen in das Wesen des Traumes ist imstande, uns die Sprache des Unbewussten deutlich zu machen, d. h., uns von der Existenz einer allen Menschen gemeinsamen primitiven Denkweise zu überzeugen, die im Unterbewusstsein fortlebt, lange nachdem unser Bewusstsein gelernt hat, die Oberherrschaft von Vernunft und Logik anzuerkennen."[96] Diese Einschätzungen decken sich auch mit dem aktuellen Forschungsstand, in dem Träume als eigener Bewusstseinszustand angenommen werden.

Einer der zentralen Aspekte des Traumes sind verhüllte Erfüllungen verdrängter Wünsche. In vielen Kulturen gibt es auch die Überzeugung, dass Träume etwas über die Zukunft sagen. Anna Freud interpretiert diesen Glauben wie folgt: „In Wahrheit ist die Zukunft, die uns der Traum zeigt, nicht die, die eintreffen wird, sondern von der wir möchten, dass sie so einträfe."[97] Diese Erkenntnis unterstreicht das menschliche Dilemma, in erster Linie das zu glauben, was man wünscht. Dass dieser scheinheilige Trick in einer Weltgesellschaft zu unhaltbaren Interpretationen und Verwirrungen führt, habe ich versucht aufzuzeigen. Sigmund Freud konnte außerdem den Nachweis erbringen, dass Vorstellungsinhalte, die im Traum Angst erzeugen, ehemalige Wünsche sind, die nun in der Verdrängung schlummern. Innere Bilder in diesem Sinne zu deuten eröffnet einen fruchtbaren spielerischen und literarischen Freiraum.

Erst wenn wir die unbewussten Begleitumstände menschlichen Handelns besser verstehen, können wir uns daranmachen, einen gesunden Menschenverstand als praktisches Handwerkszeug einzusetzen. Um eine für alle Menschen nutzbare Konkrethik zu etablieren, ist der Traum als emotionale Metapher prädestiniert. Seit Jahrtausenden spielt er in allen Kulturen und Religionen, bei allen Völkern und Stämmen, in Mythen und Sagen, in Philosophie und Psychologie, in allen Schichten und Milieus eine wichtige Rolle. Vom mindestens 4.000 Jahre alten Gilgamesch-Epos über die Weisheiten des Buddha, die Werke Homers, den Talmud bis zur heutigen Gehirnforschung wird versucht, das weite Feld der Träume zu enträtseln. Dieses weltumspannende Phänomen öffnet uns eine geistige und intuitive Tür, um einerseits zu erkennen, wie verbunden wir sind, und andererseits einzusehen, wie hartnäckig wir die gegenseitige Abhängigkeit und die uns umgebende Wirklichkeit ignorieren.

Wem diese Hinführung zu allgemein, zu kulturhistorisch erscheint, der sei auf die Gegenwart verwiesen. Fast jedem ist das Schlagwort „amerikanischer Traum" geläufig. Schlicht übersetzt transportiert es die Botschaft: Jedem ist alles möglich. Jahrzehntelang korrespondierte dieses Motto mit der augenscheinlichen Vormachtstellung der Amerikaner, die nach dem Ende des Kalten Krieges endgültig besiegelt schien. Bei vielen Amerikanern hat dieser Mythos ein Bewusstsein des Auserwähltseins, der Unabhängigkeit und der weltpolitischen Dominanz geprägt. Nun zerschellt dieser Traum an der eigenen Selbstüberschätzung. Das im Unterbewusstsein verankerte Überlegenheitsgefühl hat die Erfordernisse einer sich wandelnden Welt sträflich ignoriert. Denn in der Unfähigkeit, die eigene Rolle zu überdenken, liegt ein sicheres Mittel, an Bedeutung zu verlieren. Durch eindimensionale Verklärung hat man den Boden unter den Füßen verloren und die Zahl der Feinde systematisch erhöht. An diesem Beispiel lässt sich eindrucksvoll zeigen, wie es selbst der größten Supermacht nicht gelingt, den inneren Schweinehund der eigenen Scheinheiligkeit zu überwinden. Die Menschheitsgeschichte ist voller Beispiele solcher trauriger Selbstentwertungen.

Schon bei der Wahl Barack Obamas wurde die gescheiterte Traumarbeit aktenkundig. Die weit über Amerika hinausgehende Rettungshysterie dokumentierte jene aus dem nationalen und globalen Unterbewusstsein hervorbrechende Hoffnung, ein irdischer Heilsbringer möge die Welt erlösen. Dieser auf naiver Wunscherfüllung basierende Glaube ist vielen Beobachtern nicht ernsthaft realistisch erschienen. Obamas „Yes we can" als Leitspruch der Erlösung für eine ganze Nation und eine sich selbst verzweifelt schönredende Welt zeigt, wie verbissen die Wünsche und Hoffnungen am Felsen der Wirklichkeit klammern. Nicht nur diese realitätsvergessene Euphorie und eine Staatsverschuldung in zweistelliger Billionenhöhe laufen einem gesunden Menschenverstand zuwider, sondern auch die Verleihung des Friedensnobelpreises an den US-Präsidenten, bevor dieser etwas über Ankündigungen Hinausgehendes geleistet hatte. Über Preisvergaben lässt sich trefflich streiten, da auch wegweisende Leistungen unterschiedlich bewertet werden. Dennoch liefern Lebenswerke oder geniale Erkenntnisse eine substanzielle Basis der Wertschätzung. Dass im Jahr 2009 eine der wichtigsten Auszeichnungen unseres Planeten für einen bloßen Traum verliehen wurde, dokumentiert einen beängstigenden Realitätsverlust. Wollte das Nobelpreiskomitee in kalkulierter Scheinheiligkeit die damalige Strahlkraft des Ausgezeichneten für die Aufwertung der eigenen Institution nutzen? Da eine Preisverleihung keine standrechtliche Verurteilung ist, blieb dem Gewürdigten die historische Chance, Nein zu sagen. Diese Haltung hätte der Welt in vielerlei Hinsicht eine unschätzbare Botschaft vermittelt. Nicht nur den Tugenden des Verzichts und der Verantwortung wäre ein Denkmal gesetzt worden, es hätte auch der rasante Verfall der politischen Glaubwürdigkeit verlangsamt werden können. Dieser Schritt war für den Präsidenten aber offenbar eine charakterliche Überforderung.

Die Folgen der eitlen Selbstüberschätzung sind problematisch. Es ging nicht um dramatisch sinkende Beliebtheitswerte, vielmehr wirkte die bewusste und unbewusste Enttäuschung und Entmutigung, dass, nach öden Jahrzehnten, der erste – wie Phönix aus der Asche auftauchende – farbige globale Hoffnungsträger an den Kleinlichkeiten und Peinlichkeiten des eigenen Volkes scheiterte, flächendeckend deprimierend. Die USA symbolisieren stellvertretend für die Weltentwicklung ein paradoxes Musterbeispiel für die irrationale Trennung zwischen innerer und äußerer Welt. Kann man zugleich das mächtigste Land und der größte Schuldner der Welt sein? Die legendäre Herabstufung der Kreditwürdigkeit Amerikas im August 2011 auf die Bewertung AA+ dokumentierte eine historische Zäsur. Es ist hoffentlich ein Schritt zur Rückkehr zu einem gesunden Menschenverstand.

Mitten im Zeitalter der Naturwissenschaften, der Speichermedien und Zahlenkolonnen zeigt die Brüchigkeit des amerikanischen Traums, wie weit wir tatsächlich von der Ideologie der Berechenbarkeit und Rationalität entfernt sind. Insofern signalisiert uns die Traummetapher, wie viele unbewusste und kaum nachvollziehbare Faktoren unsere Wahrnehmung beeinflussen. Der Mythos, dass der Mensch die Kontrolle über den Planeten übernommen hätte, ist lächerlich. Wir produzieren eine Unzahl von Nebenwirkungen, die uns nicht als Regieführende, sondern als Laiendarsteller ausweisen. Eine im 21. Jahrhundert endgültig von gegenseitiger Abhängigkeit und Verflochtenheit geprägte Welt braucht eine globale Verfassung. Andernfalls geht der elitäre Blindflug weiter. Dann hätten nicht nur die Hoffnungsträger, sondern auch die Hoffenden versagt.

Dennoch ist ein Traum kein zahnloser Tiger. Martin Luther Kings legendäre Rede im August 1963 in Washington, D.C., kreiste um den einfachen Satz: „Ich habe einen Traum". Diese Initialzündung hat eine machtvolle Bewegung in Gang gebracht. Keine akademische Studie und keine Verlautbarung eines Amtsinhabers hat mit der Kraft dieser Worte konkurrieren können. Präsident Obama selbst ist ein Wirklichkeit gewordener Teil dieses Traumes. Er ist eine Antwort, aber er ist noch nicht die Lösung. Die liegt in den Händen all derjenigen, die bereit sind, weiter zu träumen – und hart dafür zu arbeiten, Traum und Realität in konkreten Schritten einander anzugleichen.

Im Januar 2009 hatte ich einen Traum, der einen wesentlichen Schritt zu dem hier vorliegenden Buch markierte. Normalerweise gehören solche Offenbarungen in die Privatsphäre eines Forschers. Im vorliegenden Fall möchte ich eine Ausnahme machen. Auch wenn ich ansonsten meine Arbeitsanregungen nicht durch nächtliche Eingebungen erhalte, mag dieser Blick hinter die Kulissen belegen, wie eng die emotionalen und rationalen Lebensthemen miteinander verknüpft sind. Es fällt mir leicht, die Inhalte dieses Traums in meinem Gedächtnis wachzurufen. Schwerer ist es, die Fülle der Bilder und ihre Bedeutungen zu dokumentieren. Das große Szenario, das sich mir während der Aufwachphase ins Bewusstsein einprägte, war eine lebendige Collage, vergleichbar in ihrer Anordnung und Komplexität mit dem Gemälde *Die niederländischen Sprichwörter* aus dem Jahre 1559 von Pieter Brueghel dem Älteren. Mehr als hundert Personen stellten die Szenen dieses Werkes nach, zugleich schienen alle Geschichten Episoden aus meinem Leben zu sein. Auch wenn ich Menschen aus unterschiedlichen Milieus erkannte, waren doch alle in bäuerliche oder zumindest ländliche Kleidung gehüllt. Zu hören waren Worte des gesunden Menschenverstandes ohne Missverständnisse und Zweideutigkeiten. Dieser erhellende Lebensrückblick bildete den visuellen Ausgangspunkt für die anschließende Reflexion. Insgesamt ist es unmöglich, das ganze im Traum komprimierte Kaleidoskop der Ereignisse zu schildern, und detaillierte Hinweise würden zu weit in die Privatsphäre vordringen. Aber vier bildnerische Ereignisse in diesem Puzzle möchte ich näher erläutern, weil sie einen konkreten Themenbezug haben.

Die Frage

Eine zentrale Impression war der halb im Schatten thronende Kopf eines Ehrfurcht einflößenden Mannes, der mich an Marlon Brando erinnerte und eindringlich fragte: „Hast du jemals über wirkliche Freiheit nachgedacht? Freiheit von der Meinung anderer, sogar von den eigenen Meinungen?" Ich kannte die Szene aus dem Film *Apocalypse Now* ganz genau. Es ist jener Moment im Dschungel, als Captain Benjamin L. Willard auf den abtrünnigen Colonel Walter E. Kurtz trifft, den er im Auftrag der US-Regierung liquidieren soll. In einem höhlenartigen Innenraum entwickelt sich ein metaphysisches Verhör. Die Begleitumstände des Films spielten in meinem Traum gar keine Rolle. Es war lediglich die Figur des Colonels, der sich von allem Zivilisatorischen losgerissen hatte und anstelle von Willard nun mir ins Gewissen redete: Überwinde deine Ängste und mach dich frei von selbst erzeugten Dämonen!

Mir wurde klar, dass meine Ängste keine Reaktion auf reale Bedrohungen waren, sondern dass mich selbst gemachte Gedanken in Schrecken versetzten. Nicht die Furcht erzeugte die Lähmung, sondern das eigene Zweifeln und Zaudern. Verliert man den Kontakt zu den inneren Gefühlen, landet man in einem Teufelskreis. Es ist ein tragischer Mechanismus, die innere Befindlichkeit mit äußeren Einflüssen zu verwechseln. Viele Erwartungen, die man an sich selbst stellt, sind Übertragungen, die lediglich die Erwartungshaltungen anderer kanalisieren. Dieser Umwandlung gehen wir allzu leicht auf den Leim. Indem wir versuchen, unser Handeln mit diesen Ansprüchen in Übereinstimmung zu bringen, akzeptieren wir uns nicht selbst, sondern erfüllen die eingebildeten Forderungen anderer. Diese Selbstverleugnung führt auf Dauer zu einer Entwertung und Schädigung der eigenen Person und macht krank, abhängig und manipulierbar.

Unsere Gedanken sind nicht wir, und sie sind niemals die ganze Wahrheit. Sie sind Meinungen, Fantasien, Einbildungen, Projektionen und Wunschvorstellungen. Vieles von dem, was unser Grübeln vor sich herschiebt, ist schlicht und einfach Müll. Dennoch sind wir in der Lage, unsere eigene Wahrheit wahrzunehmen. Sie lebt in unserem Inneren und erfordert die Konzentration auf den Moment. Im Jetzt, unter Aufhebung aller Eventualitäten, liegt der Moment des wahren Seins. Jedes einzelne Jetzt folgt auf das vorhergehende und treibt unsere Realität voran. Vor diesem Hintergrund wirkt die Frage nach der Freiheit von der Meinung anderer, sogar von den eigenen Meinungen, wie eine Befreiung. Sich in diesem Sinne frei zu machen bedeutet, sich selbst in diesem Augenblick als konkrethischen Ausgangspunkt wertzuschätzen und zu verteidigen. Es geht eben nicht nur um die Freiheit von etwas, sondern vor allem um die Freiheit für etwas.

Die Beschäftigung mit unserer inneren Welt führt uns in das Mysterium der menschlichen Psyche. In diesem Urgrund lauern die größten Gefährdungen unserer Gegenwart und Zukunft. Scheinheiligkeit, Rivalität, Triebe, Phobien, Größenwahn und Ohnmacht besitzen subtilere Zerstörungskräfte als Umweltkatastrophen, Finanzkrisen oder Glaubenskriege. Wie wollen wir all dies von außen überblicken? Welche physikalische Weltformel oder welches pharmazeutische Präparat kann uns verabreicht werden, um unter diesen Umständen ein globales Weltverständnis zu erringen? Projektionen äußerlicher Lösungen, die in der individuellen Innerlichkeit keinen Widerhall finden, sind nichts als illusionäre Popanze. Sie mögen die Geschäfte beflügeln, aber sie verkrüppeln unsere Seelen. Die Welt da draußen ist derzeit so weit von unserer inneren Wahrnehmung entfernt, dass wir alle Migranten und Vertriebene sind. Auch die Proportionalität der Ansprüche, die Menschen für sich reklamieren, liegt weit außerhalb unseres Fassungsvermögens.

Insofern ist es irreal, von einer einzigen Welt zu sprechen, da sie niemals aus all den verschiedenen Perspektiven und Einschätzungen gleichzeitig wahrgenommen werden kann. Es ist unmöglich, die ganze Wahrheit zu begreifen und zu verstehen. Erst wenn wir diesen Planeten als eine Landschaft kleiner und großer miteinander vernetzter Welten zu sehen lernen, kann sich eine universale Struktur offenbaren. In diesem riesigen Koordinatensystem gibt es eine bereichernde und konfliktträchtige Vielfalt, die an ganz konkreten Stellen der Verbesserung bedarf. Aber dazu brauchen wir eine neue Vision, die von innen klärt, was wir außen wollen. Solange dieser Gestaltungsprozess durch zufällige oder selbstsüchtige Machtmutationen extern bestimmt wird, bleiben wir im Kreislauf der Feindseligkeit gefangen. Es gibt gar keinen anderen Ausweg, als auf die Ebene des Konkreten zurückzukehren und die Innen- und Außenwelt neu miteinander zu synchronisieren.

Was heißt das auf der Ebene des täglichen Lebens? Zum Beispiel, wenn der Arbeitgeber sich in letzter Zeit stark verändert hat? Das Gefühl, Jahre gemeinschaftlich an einem Seil gezogen zu haben, ist verschwunden. Eine offene Firmenkultur ist dem Diktat der Zahlen gewichen. Wo man früher Zugehörigkeit empfunden hat, haben sich Gräben aufgetan. Die innere Übereinstimmung mit dem beruflichen Umfeld ist zu Zweifel und nagendem Unwohlsein geworden. Innen- und Außenwelt sind nicht mehr deckungsgleich. Bleiben wir bei diesem Bild, ohne die unternehmerischen und persönlichen Begleitumstände zu verfolgen. Je weiter sich die innere Befindlichkeit von den äußeren Begebenheiten entfernt, desto dramatischer gerät der Mensch aus dem Gleichgewicht. Die äußeren Sachzwänge führen zu emotionalen Konflikten, die zulasten von Selbstbestimmung und Souveränität gehen. Das Handeln wird fremdbestimmt und die Intuition verdrängt. Der Mensch ist gespalten. Zwischen Sagen und Tun steckt der Keil der Unaufrichtigkeit.

Dieses Muster aus der alltäglichen Praxis können wir auf viele Verhältnisse in der Politik, in der Wirtschaft, zwischen den Religionen und Kulturen sowie in gesellschaftlichen und persönlichen Bereichen übertragen. Anhand dieses Beispiels will ich verdeutlichen, dass es unerlässlich ist, sich im Rahmen realer Möglichkeiten von der Meinung anderer und sogar von der eigenen Meinung frei zu machen. Nur so können wir der Gefahr entgehen, von fremden Erwartungen und Manipulationen infiziert zu werden. Nicht vernachlässigen sollten wir dagegen die eigene innere Wahrheit, die in jedem Akt des konkrethischen Handelns unweigerlich zutage tritt. Sich in schwierigen Lebenssituationen die Frage zu stellen, ob Innen- und Außenwelt deckungsgleich sind, entspricht der Gradlinigkeit eines gesunden Menschenverstands. Wenn ich die Botschaft dieses Traumsegments zusammenfasse, lautet sie: Tu das, was es wert ist, getan zu werden.

Der Januskopf

Die zweite Anregung meines Traums war durch die Titelfigur der 1843 von Charles Dickens veröffentlichten Erzählung *Ein Weihnachtslied* inspiriert: Ich entdeckte mich selbst in der Figur des Ebenezer Scrooge. Im Unterschied zum Original, in dem sich der Protagonist vom hartherzigen und geizigen Misanthropen zum freigiebigen und vorbildlichen Philanthropen wandelt, konkurrierten beide Einstellungen gleichzeitig in meinem Kopf. Das Persönlichkeitsprofil des Ebenezer Scrooge ist aktueller denn je, denn es wirft die Frage auf, inwieweit Reichtum zur Verantwortung verpflichtet.

Über Scrooge als literarische Figur habe ich schon berichtet. An dieser Stelle greife ich nur einige Assoziationen des Traumes nochmals auf. Die *Weihnachtsgeschichte* hat unterhaltenden Charakter und richtet sich sozusagen an Groß und Klein. Sie besitzt eine universale Qualität, da sie in allen Kulturen zumindest ähnlich verstanden werden kann. Insofern ist sie auch ein Musterbeispiel für einen vereinten Menschenverstand. Die Erzählung kann als didaktische und konkrethische Anleitung zur persönlichen Transformation aufgefasst werden. Aber es geht hier keineswegs um den Musterentwurf des einzig richtigen Lebenswandels, sondern um eine innere und emotionale Sensibilisierung aller Menschen und Milieus. Ebenezer Scrooge symbolisiert die beispielhafte Chance, wie man sich verändern kann, um Brücken zu bauen.

Dazu gehört auch die Einsicht, dass keiner von uns ohne Fehl und Tadel ist. Die Attribute des Guten und Schlechten durchziehen uns wie rote und weiße Blutkörperchen. Dieser Zirkulation eine überwiegend positive Gewichtung zu geben liegt in erster Linie in unserer eigenen Verantwortung. Unsere innere Welt ist weitaus gestaltbarer, als die Pharisäer der ewigen Ausreden uns weismachen wollen. Insofern kann Ebenezer Scrooge als Beispiel einer Metamorphose zum Guten verstanden werden. Gleichzeitig symbolisiert er die immerwährende Herausforderung des Menschen, sich in jedem Moment entscheiden zu müssen. In diesen Optionen der Persönlichkeitsgestaltung lauern die Gefahren des Selbstbetrugs und der Scheinheiligkeit.

Die Weltverbesserer haben sich vermehrt wie die Halbwahrheiten. Und ihre Versprechungen sind oft wie Schneebälle, leicht gemacht und schwer zu halten. An den Wohltätigkeitspisten des Guten sind Wechselstuben der Scheinheiligkeit entstanden. Ohne Zweifel spielt die Mitmenschlichkeit seit Jahrtausenden eine unverzichtbare Rolle. Aber in Jahrzehnten medialer Inszenierung ist auch sie zum Vexierbild geworden. Es fällt nicht immer leicht, zwischen Eigennutz und Empathie zu unterscheiden. Diese Undurchsichtigkeit birgt die Gefahr, dass selbst ein der Liebe geweihtes *Weihnachtslied* letztlich der Heuchelei dient. Der Produktcharakter des vermeintlich Guten hat die Scheinheiligkeit als Marketingmethode instrumentalisiert, und das Verheerende an dieser Materialisierung ist die externe Manipulation der inneren Gefühle. Am Ende dieses Prozesses heiligt der Zweck die Mittel. Und dort sind wir in fast allen Lebensbereichen und Wirtschaftsformen angelangt. Die Einsicht aus diesem Traumbild lautet: Im Akt der Scheinheiligkeit werden kriegstreibende und menschenverachtende Maßnahmen gegen den Menschenverstand legitimiert. Nun ist die Zeit reif, die tatsächliche Gewichtung zwischen den Widersprüchen konkrethisch auszuloten.

Die Läuterung

Diese Einsicht führte zur dritten Impression, die sich noch in der Bildwelt der Erzählung von Dickens vollzog. In dieser sind es drei Geister, die die Verwandlung von Ebenezer Scrooge bewirken. Sie konfrontieren ihn gnadenlos mit seinen Gefühlen, indem sie ihm konkrete Situationen seiner Vergangenheit, Gegenwart und Zukunft vor Augen führen. Mit einem Mal ist es ihm möglich, sich selbst von außen zu betrachten. Aus dieser Distanz offenbart sich seine Verbohrtheit, die daraufhin wie ein Kartenhaus in sich zusammenfällt. Dieser Prozess zeigt, dass wirkliche Läuterung knochenharte Selbstanalyse bedeutet.

In meinem Traum entpuppten sich die drei Geister, die die Läuterung von Ebenezer Scrooge bewirken, als Jesus, Buddha und Mohammed. Nun hat Dickens seine Geschichte nicht umsonst als Weihnachtslied in fünf „Strophen" geschrieben. Seit dem 16. Jahrhundert werden in dieser Form volkstümliche Lieder verfasst, die die Geburt Jesu feiern und in der Regel religiöse Inhalte vermitteln. Die Erzählung steht unverkennbar in einem christlichen Kontext. Dennoch kehrt Scrooge zum Schluss eher in die örtliche Gemeinschaft zurück als in die Arme einer Kirche. Dass mich die magischen Helfer an die zentralen Stifter der drei Weltreligionen erinnerten, entsprach meinem gottgläubigen Weltverständnis: Ich habe als christlich geprägter Mensch in buddhistischen, hinduistischen und islamischen Gesellschaften gelebt und ihre spirituellen Grundgedanken wertzuschätzen gelernt. In einem naiven Sinne ist es mir möglich, alle Religionsstifter als Söhne Gottes zu begreifen. Der göttliche Alleinvertretungsanspruch meiner katholischen Heimatkirche schien mir immer unangemessen.

Die menschlichen Verfehlungen im Namen dieser Kirche und anderer Glaubensgemeinschaften dokumentieren eindeutig, dass es unmöglich ist, die Reinheit eines Heiligen Geistes für irdisches Wirken zu instrumentalisieren. Die der Bezwingung des Zweifels und der Festigkeit des Glaubens gewidmeten Lebenswege dieser drei größten Protagonisten der Weltgeschichte sind unvergleichliche Beispiele einer heiligen Selbstüberwindung. Bei aller Strenge und Askese haben jedoch laut

Überlieferung alle drei ihre Forderung nach Religionsfreiheit wiederholt zum Ausdruck gebracht. Bereits egozentrische Umdeutungen der Glaubensorganisationen können als Akt der Scheinheiligkeit verstanden werden: Das Gute oder das in seiner Unbeirrbarkeit Heilige ist oft missbraucht worden, um eigensüchtigen Interpretationen Autorität zu verleihen.

Ein gesunder Menschenverstand hätte die Kraft, sich gegen die Gefahr eines vergifteten und überzogenen Fanatismus zu wehren. Um diese Stärke aber entfalten zu können, braucht er vorurteilsfreie Aufklärung und einen zumindest groben Überblick. Man muss ihn in die Lage versetzen, die innere und äußere Welt auf einer überschaubaren Ebene zu begreifen. Eine globalisierte Weltgesellschaft würde eine gemeinsame Vision befördern. Dieser Weg ist aber ohne die Berechtigung religiöser und kultureller Eigenständigkeit nicht zu beschreiten. Das 21. Jahrhundert kann nur als gesundes Zeitalter erblühen, wenn wir es schaffen, uns vor einer gemeinsamen Erzählung zu versammeln, ohne die persönlichen, lokalen, regionalen und kulturellen Besonderheiten aufzugeben. Damit werden die Traditionen nicht beleidigt, sondern es wird ihre Zukunftsfähigkeit sichergestellt. Wie dieser Pfad zu beschreiten ist, wird sich aus der Willensbekundung der Völker ergeben müssen. Zur globalen Organisation dieser Haltungsbekundung kann die Konkrethik beitragen. Es geht darum, Stimmen aus aller Welt zu sammeln, um einen vereinten Menschenverstand als realistisches Manifest zu entwickeln. Um dieses Ziel zu erreichen, bin ich dabei, eine geeignete Plattform zu entwickeln, die unter *www.concrethics.com* erreichbar sein wird.

Der Rat der Eliten der Gegenwart ist sicher unverzichtbar. Ihre Dominanz aber gilt es in diesem Prozess zurückzudrängen, um sich nicht erneut in scheinheiligen Gerechtigkeitsdiskussionen festzubeißen. Eine grundlegende und praxisorientierte Debatte über die Optimierung von Herrschaftsformen ist unerlässlich. Die Notwendigkeit von Führungsverantwortung auf allen Ebenen der gesellschaftlichen Organisation bleibt unumgehbar. Aber diese tragenden Rollen müssen mit konkrethischen Selbstverpflichtungen verschweißt werden, die bei Ignoranz oder Verfehlung klare Konsequenzen nach sich ziehen. Privilegien dürfen nicht länger als Wettbewerbsvorteile missbraucht werden. Sie bedeuten höchste Verantwortung und erfordern extreme Vertrauenswürdigkeit: die konkrethischen Königsdisziplinen von Integrität und Vorbildhaftigkeit. Die Entscheidungsfindungen müssen einem gesunden Menschenverstand zugänglich sein. Vorsätzliche Zuwiderhandlun-

gen müssen durch strafrechtliche Verfahren nach und nach einge-
dämmt werden. Es ist keine Utopie, sich hier an den höchsten konkrethischen Maßstäben zu orientieren. Meine Assoziationen zu diesem
Traumsegment mündeten in der Gewissheit, dass Ideale wegweisende
Leuchttürme sein können. Aber ihre Umsetzung zu erträumen steht in
keinem Verhältnis zur wahrhaftigen Möglichkeit, sie jeden Tag konkret
zu realisieren. Wir sind, was wir tun. Die mögliche Erfüllung unserer
Träume gelingt nur, wenn wir täglich tun, was wir sagen. Es gilt der Rat
von Quintus Ennius: *dictum factum* – gesagt, getan.

Der Gefangene

Jonathan Swifts *Gullivers Reisen* ist eine Bestandsaufnahme menschlicher Verhältnisse aus der Perspektive eines gesunden Menschenverstands. Diesem Meisterwerk der Weltliteratur ist es gelungen, zu allen
Generationen und Kulturen zu sprechen, indem es verschiedene Formen der Scheinheiligkeit mit einer überbordenden Fantasie demaskiert.
Meine letzte Traumimpression führte mich in diese metaphorische
Welt. In abwechslungsreichen Szenen sah ich mich an Armen, Beinen
und am Kopf gefesselt. In dieser Lage war ich umzingelt von Zwergen
und Riesen, die mich jeweils für ihre Belange einspannen wollten. Unwillkürlich erinnerte ich mich an Swifts Gulliver. Ich sah mich selbst
gefangen genommen – von der Meinung anderer und den dadurch
induzierten Selbsterwartungen. In diesem Moment wurde mir eine
schwerwiegende Verwechslung bewusst: Die mich umzingelnden Riesen oder Zwerge entsprachen nicht ihren tatsächlichen Größenverhält-
nissen, sie waren vielmehr Projektionen meiner eigenen Deutungen.
Auf der einen Seite winkten Eltern, Freunde und Pflichtbekannte mit
ihren Erwartungshaltungen, und auf der anderen Seite thronten jenseits
der Ziellinie Eliten und Prominente mit den Hieroglyphen ihrer Er-
folgsgeschichten. Ich spürte die fremde Tonnenlast aberwitziger Ansprüche und wusste, dass sie sich bei vernünftiger Betrachtung zumeist
als bloße Blendung herausstellen würden. Im Zeitraffer sah ich auf dem
großen Brueghel'schen Seelenbildschirm, in der gefesselten Lage Gullivers, Szenen aus meinem Leben ablaufen, die das Muster eingefahrener
Kommunikationsweisen aufbrachen.

Da leuchtete jener Weltstar, an dessen Lippen dankbare Generationen klebten. Seine Weisheit und seine Toleranz standen fest wie ein
Fels, selbst in den stürmischsten Zeiten. Kein Problem schien zu absei-
tig, um ihm etwas Zitierfähiges zu entlocken. Aber an die Bedürfnisse

seiner Kinder zu denken lag völlig außerhalb seines Blickfeldes. Da stolzierte eine große Dame der Mildtätigkeit in den Rinnsalen des Elends genauso werbewirksam wie auf den Altären der Großzügigkeit herum. Auch wenn ihre Arbeit Früchte trug, blieb die verantwortbare Grenze zwischen Mitgefühl und Geschäft immer ein irritierendes Vexierbild. Nun verwandelte der mächtige Erbe einer bedeutsamen Institution die traditionsreiche Unternehmenskultur in einen nutzbringenden Goldesel. Die für alle sicht- und spürbare Zerstörung der betrieblichen Atmosphäre wurde zum Tabu. Wer mutig aufbegehrte, sprang über die Klinge, wer schwieg, wurde gehört.

Diese und andere Exempel zeigen, wie schwierig es ist, anderen Personen gegenüber wahrhaftig zu sein. Ob man Riesen oder Zwerge vor sich hat, entscheidet letztlich das Auge des Betrachters. Besteht eine existenzielle Abhängigkeit, wird die Scheinheiligkeit eher zur Regel als zur Ausnahme. Konstellationen wie diese lassen sich in aller Welt, in allen Lebensbereichen endlos multiplizieren.

Aber auch die Ausnahmen sind zahlreich. Authentische und nicht korrumpierbare Menschen gibt es überall, ihre stille Kraft und ihre seelische Gradlinigkeit fallen jedoch allzu oft durch den Rost oberflächlicher Neugierde. Da ist die durch einen Unfall gelähmte Frau, die ganz ohne Öffentlichkeit in einem afrikanischen Land den Aufbau von Schulen befördert. Da ist der erfolgreiche Arzt, der sich nur noch der Betreuung von Mittellosen widmet. Da ist die ehemalige Prostituierte, die sich seit Jahrzehnten um eine immer weiter steigende Zahl von Straßenkindern kümmert. Dieser Menschenschlag ist in allen Ländern und in allen Milieus zu finden. Vom Bettler bis zum Milliardär reicht das Spektrum der Uneigennützigkeit. Diese Menschen machen keinen Unterschied zwischen Riesen und Zwergen. Uns werden sie aber meist zwergenhaft verkauft, weil das Gute im Reich der Scheinheiligen ein schlechtes Gewissen macht. Dabei sind dies die wahren Konkrethiker, die sich nicht anmaßen, die Welt besser machen zu wollen, sondern lediglich das tun, was in ihrem Vermögen liegt.

Dies und vieles mehr schoss mir an jenem Morgen während des Erwachens ins Bewusstsein. Das meiste ist wieder im Gedankenstrom versunken. Aber einige widerstandsfähige Einsichten sind seitdem tief in mir verankert. So wie man das Atmen oder Essen nicht vergisst, haben sich einige zentrale Botschaften in mein Bewusstsein eingraviert. Sie besitzen eine spürbare konkrethische Nachhaltigkeit.

Ich möchte dieses Buch mit zwei Zitaten beenden, die uns auffordern, der Scheinheiligkeit mit eigener Verantwortung zu begegnen. Einmal ist es ein Hinweis von Novalis: „Alles ist gut, nur nicht überall, nicht immer und nicht für alle." Und der zweite Satz stammt vom nicht korrumpierbaren Heinrich Heine: „Nur Narren wollen gefallen; der Starke will seine Gedanken geltend machen!"

Quellenhinweise

[1] Marc Aurel: *Selbstbetrachtungen*, Alfred Kröner, Stuttgart 2001.

[2] Ralph Waldo Emerson: *Von der Schönheit des Guten*, Diogenes, Zürich 1992.

[3] Siehe die Fülle an Schwächepotenzialen:
http://synonyme.woxikon.de/synonyme/scheinheilig.php

[4] Andreas Eckert: „Wahrhaft globale Figur", in: *Frankfurter Allgemeine Zeitung*, 17.1.2011, Nr. 13, S. 8.

[5] Wolfgang Reuter u. a.: „Die Billionen-Bombe", in: *Der Spiegel*, Nr. 39, 25.9.2006, S. 90.

[6] Andrew Feinstein: *Waffenhandel*, Hoffmann und Campe, Hamburg 2012, S. 23; vgl. auch: Mark Thompson: „How to save a trillion dollars", in: *Time*, Vol. 177, Nr. 16, 2011, S. 20.

[7] Siehe http://wikileaks.org/

[8] Peter Singer: *Leben retten*, Arche Literatur-Verlag, Zürich 2010, S. 12.

[9] Erläuterung im Kapitel „Über gesunden Menschenverstand", S. 36 ff.

[10] Kafka-Zitat in: http://de.wikipedia.org/wiki/Vexierbild

[11] Robert Nehring: *Kritik des Common Sen*se, Duncker & Humblot, Berlin 2010, S. 21.

[12] Ebenda, S. 30.

[13] Richard Layard: *Die glückliche Gesellschaft*, Campus, Frankfurt am Main und New York 2005, S. 127.

[14] Ludwig Siep: *Konkrete Ethik. Grundlagen der Natur- und Kulturethik*, Suhrkamp, Frankfurt am Main 2004.

[15] Abhijit Banerjee, Esther Duflo: *Poor Economics: A Radical Rethinking of the Way to Fight Global Poverty*, Public Affairs, New York 2011.

[16] Geseko von Lüpke: *Zukunft entsteht aus Krise*, Riemann, München 2009.

[17] Sigmund Freud: Werkausgabe in zwei Bänden, S. Fischer, Frankfurt am Main 1978; siehe im Besonderen „Verdrängung", Bd. 1, S. 432 ff.

[18] Ebenda, S. 402.

[19] Siehe http://buecher.wallstreet-online.de/mediafiles/articles/pdfdemo/978-3-89879-597-5.pdf

[20] Geseko von Lüpke: *Zukunft entsteht aus Krise*, a. a. O.

[21] Ludger Jansen: *Tun und Können. Ein systematischer Kommentar zu Aristoteles' Theorie der Vermögen*, Hänsel-Hohenhausen, Frankfurt am Main 2002, S. 38 ff.

[22] Eine ausführliche Beschreibung der universalen Geschichte des Vermögensbegriffs finden Sie bei Jerra Lui Busch: „Linguistische Analyse zur Bedeutungsgeschichte des Wortes Vermögen", in: Thomas Druyen (Hrsg.): *Vermögenskultur – Verantwortung im 21. Jahrhundert*, VS Verlag für Sozialwissenschaften, Wiesbaden 2011, S. 53–84.

[23] *Wealthibility* ist ein neuer Begriff und eine neue umfassende Philosophie des Vermögens. Der Urheber des vorliegenden Werkes ist Begründer der gleichnamigen Forschungsrichtung und des konzeptionellen Ansatzes dieser Vermögensarchitektur. Der Begriff *wealthibility* ist international als Marke geschützt.

[24] Thomas Druyen: *Happy Princes. The Empowerment of Wealthibility*, Sigmund Freud University Press, Wien 2011.

[25] Die Datenbasis bilden die jährlichen Reichtumsberichte der Boston Consulting Group (http://www.bcg.com/expertise_impact/publications/PublicationDetails.aspx?id=tcm:12-28362) und von Merrill Lynch und Capgemini (www.us.capgemini.com).

26 Siehe www.sfu.ac.at/vermoegenskultur

27 Petra Krimphove: *Philanthropen im Aufbruch. Ein deutsch-amerikanischer Vergleich*, Sigmund Freud University Press, Wien 2010.

28 Gerald Braunberger: „Immer mehr Deutsche werden Stifter", in: *Frankfurter Allgemeine Zeitung*, 7.5.2010, Nr. 105, S. 15.

29 Paul Samuelson: „Kommt in die Strümpfe und arbeitet mehr", in: *Frankfurter Allgemeine Sonntagszeitung*, Nr. 50, 18.12.2005, S. 42.

30 Peter Sloterdijk: *Du musst Dein Leben ändern*, Suhrkamp, Frankfurt am Main 2009, S. 300.

31 Wilhelm Hankel: „Retter, die alles noch schlimmer machen", in: Frank Schirrmacher und Thomas Strobel (Hrsg.): *Die Zukunft des Kapitalismus*, Suhrkamp, Berlin 2010, S. 165.

32 Cord Riechelmann: „Ein Brausen vom Himmel", in: *Frankfurter Allgemeine Sonntagszeitung*, Nr. 22, 11.5.2009, S. 38.

33 Armin Nassehi: „Mit ästhetischer Erziehung aus der Finanzkrise?", in: Schirrmacher/Strobel, a.a.O., S. 78.

34 Wolf Lotter: „Warten auf den Eiermann", in: *Brand eins*, 12. Jahrgang, Heft 5, 2010, S. 44.

35 Nouriel Roubini: „Wir müssen das Biest aushungern", in: *Der Spiegel*, Nr. 19, 2010, S. 74.

36 Carmen M. Reinhart und Kenneth S. Rogoff: *Dieses Mal ist alles anders. Acht Jahrhunderte Finanzkrisen*, FinanzBuch, München 2010.

37 Geseko von Lüpke, a. a. O., S. 12 f.

38 Nicht zu verwechseln mit der seit dem 18. Jahrhundert bekannten Vermögenspsychologie, die sich u. a. speziell mit dem Erkenntnisvermögen und dem Substanzwert der Seele beschäftigte.

39 Jared Diamond: *Kollaps. Warum Gesellschaften überleben oder untergehen*, S. Fischer, Frankfurt am Main 2005.

40 Jürgen Habermas: „Nach dem Bankrott", in: *Die Zeit*, 6.11.2008, Nr. 46, S. 53.

41 Patrick Bernau: „Gegen die Gier ist das Gehirn machtlos", in: *Frankfurter Allgemeine Sonntagszeitung*, 1.3.2009, Nr. 9, S. 43.

42 Ebenda.

43 Ega Friedmann: „Der heilsame Einbruch des Unerwarteten", in: Geseko von Lüpke, a. a. O., S. 49.

44 Karl-Heinz Brodbeck: *Die Herrschaft des Geldes*, Wissenschaftliche Buchgesellschaft, Darmstadt 2009, S. 1 ff.

45 Katsuhito Iwai: „Disequilibrium Dynamics", in: Yale University Press, New Haven 1981, S. 113. Übersetzung durch TD.

46 Brodbeck, a. a. O., S. 1116.

47 Ebenda, S. 6.

48 Claus Peter Ortlieb: „Ökonomie ist eigentlich keine Wissenschaft", in: *Frankfurter Allgemeine Sonntagszeitung*, 9.5.2010, Nr. 18, S. 53.

49 Ullrich Fichtner: „Die Logik des Bankrotts", in: *Der Spiegel*, Nr. 19, 2010, S. 53 ff.

50 Ebenda, S. 53.

51 Siehe http://www.spiegel.de/wirtschaft/unternehmen/0,1518, 693483,00.html

52 *Duden. Das große Wörterbuch der deutschen Sprache*, Bd. 6, Mannheim, Wien, Zürich 2002, S. 2729.

[53] Patrick Welter: „Die Finanzkrise wäre vermeidbar gewesen", in: *Frankfurter Allgemeine Zeitung*, 28.1.2011, Nr. 23, S. 11.

[54] Wendell Berry: „Standing by Words", North Point Press, San Francisco 1983, S. 24 u. 52, übersetzt in: Donella H. Meadows: *Die Grenzen des Denkens*, Oekom, München 2010, S. 202.

[55] Immanuel Kant: *Metaphysik der Sitten*, Akademie-Ausgabe VI, S. 211.

[56] Joachim Bauer: *Prinzip Menschlichkeit*, Hoffman & Campe, Hamburg 2007, S. 34.

[57] Linda Polman: *Die Mitleidsindustrie. Hinter den Kulissen internationaler Hilfsorganisationen*, Campus, Frankfurt am Main und New York 2010.

[58] http://www.valentinoachakdeng.org

[59] Nicholson Baker: *Menschenrauch*, Rowohlt, Reinbek bei Hamburg 2009, S. 7.

[60] Ebenda, S. 28.

[61] Ebenda, S. 40.

[62] Ebenda, S. 83.

[63] David Gelernter: „Eine Aschewolke aus Antiwissen", in: *Frankfurter Allgemeine Zeitung*, 26.4.2010, Nr. 96, S. 29.

[64] Papier von Karl H. Müller: *RISC-Research and Global Powerty: A short overview*, S. 2. Begleittext zur Studie „Growth at the Bottom" von Raman Suri. University of Ljubljana und Wisdom.

[65] Singer, a.a.O., S. 220.

[66] *Deutsches Sozialgesetzbuch IX*, § 2 Abs. 1.

[67] Gerald Hüther: *Bedienungsanleitung für das menschliche Gehirn*, Vandenhoek & Ruprecht, Göttingen 2007. Im Dschungel verfügbarer Literatur bietet dieses Buch eine hervorragende Landkarte.

[68] Ulrich Schnabel: „Die Demokratie der Neuronen", in: *Die Zeit*, Nr. 21, 14.5.2009, S. 40.

[69] Frithjof Bergmann: *Neue Arbeit, neue Kultur*, Arbor, Freiamt im Schwarzwald 2004, S. 350.

[70] Neben Studien, Fachliteratur und eigener Theoriebildung hat mich in diesem Abschnitt vor allem inspiriert: Jonah Lehrer: *Wie wir entscheiden*, Piper, München 2009.

[71] Ebenda, S. 87.

[72] Ebenda, S. 91.

[73] Ebenda, S. 215.

[74] Julia Schaaf: „Ahmeds Vermächtnis", in: *Frankfurter Allgemeine Sonntagszeitung*, 3.5.2009, S. 55.

[75] Laurence C. Smith: *Die Welt im Jahr 2050*, Deutsche Verlags-Anstalt, München 2010, S. 37.

[76] Klaus Brinkbäumer, Ullrich Fichtner: „Die Weltsanierer", in: *Der Spiegel*, Nr. 30, 23.7.2007, S. 42 ff.

[77] Tim Jackson: „Die Unersättlichen", in: *Die Zeit*, Nr. 44, 27.10.2011, S. 72.

[78] Jared Diamond: *Kollaps*, a. a. O.; Laurence C. Smith: *Die Welt im Jahre 2050*, a. a. O.; Claus Leggewie, Harald Welzer: *Das Ende der Welt, wie wir sie kannten*, S. Fischer Verlag, Frankfurt am Main 2009.

[79] George Bernard Shaw: *Frau Warrens Beruf*, Suhrkamp, Frankfurt am Main 1970, S. 48.

[80] Gerald Hüther: *Die Macht der inneren Bilder*, Vandenhoek & Ruprecht, Göttingen 2009, S. 18.

[81] Ebenda, S. 104.

[82] Zitiert nach Steve Jobs: „Bleibt hungrig, bleibt tollkühn", in: *Frankfurter Allgemeine Zeitung*, Nr. 198, 26.8.2011, S. 17.

[83] „Religion", in: *Year in Review 2010, Britannica Book of the Year 2011*, Encyclopedia Britannica Online. Andere Studien schätzen die Anzahl der Menschen ohne Religion annähernd auf eine Milliarde.

[84] Christian Weber: „Der Gottesinstinkt", in: *Süddeutsche Zeitung*, Nr. 297, 25.12.2009, S. 16.

[85] Alexander Smoltczyk: „Der Kreuzzug der Gottlosen", in: *Der Spiegel*, Nr. 22, 26.5.2007, S. 58.

[86] Evelyn Finger: „Harmonie kann man lernen", Gespräch mit Sri Sri Ravi Shankar, in: *Die Zeit*, Nr. 27, 30.6.2011, S. 62.

[87] Vgl. erstmals „Der Anonyme Realismus", in: Thomas Druyen: *Olymp des Lebens*, Luchterhand, München 2003, S. 232–245.

[88] Ulrich Beck, Anthony Giddens: „Ein blau-gelbes Wunder", in: *Süddeutsche Zeitung*, Nr. 227, 6.6.2005, S. 13.

[89] Ralph Waldo Emerson: *Von der Schönheit des Guten*, a. a. O., S. 73.

[90] Hans Küng: *Projekt Weltethos*, Piper, München 1990; Grundlagen: S. 184-203; keine direkten Lösungen: S. 185; Hoffnungsvision: S. 206. Vgl. auch: *Anständig wirtschaften*, Piper, München 2010, sowie viele weitere Bücher dieses Autors.

[91] Hans Küng: *Anständig wirtschaften*, a. a. O., S. 252.

[92] Christoph Antweiler: *Heimat Mensch. Was uns alle verbindet*, Murmann, Hamburg 2009.

[93] Pankaj Ghemawat: „Mythos und Realität der Globalisierung", in: *Frankfurter Allgemeine Zeitung*, Nr. 164, 18.7.2011, S. 10.

[94] Philip Bethke, Markus Brauck, Martin U. Müller, Marcel Rosenbach, Hilmar Schmundt, Thomas Schulz, Janko Tietz: „Die fanatischen Vier", in: *Der Spiegel*, Nr. 49, 5.12.2011, S. 78.

[95] Jordan Mejias: „Wunder sind nicht zu erwarten", in: *Frankfurter Allgemeine Zeitung*, 6.9.2011, Nr. 207, S. 33.

[96] Anna Freud: *Der Sinn der Träume. Einführung*. In: *Sigmund Freud: Werkausgabe in zwei Bänden*. Band 1. Elemente der Psychoanalyse. Fischer Verlag. Frankfurt am Main. 1978. S. 75.

[97] Sigmund Freud: *Über den Traum*. In: *Sigmund Freud: Werkausgabe in zwei Bänden*. Band 1. Elemente der Psychoanalyse. Fischer Verlag. Frankfurt am Main. 1978. S. 106.

www.krieg-der-scheinheiligkeit.de

www.concrethics.com